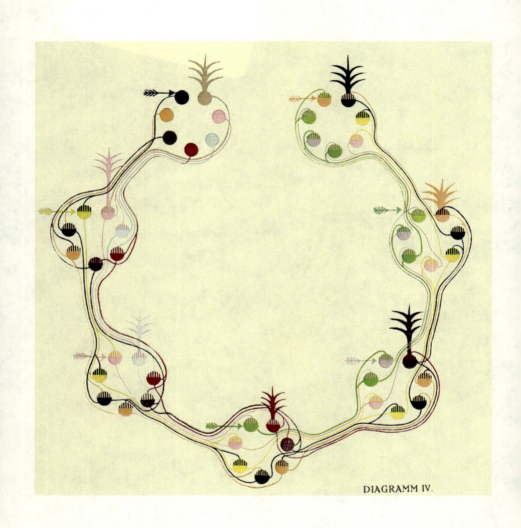

DIAGRAMM IV.

DER MENSCH: WOHER, WIE UND WOHIN

Aufzeichnungen
nach
Hellseherischen
Untersuchungen

von

ANNIE BESANT und C. W. LEADBEATER

DIESER DRUCK DIENT AUSSCHLIESSLICH DER ESOTERISCHEN FORSCHUNG UND WISSENSCHAFTLICHEN DOKUMENTATION.

Für Schäden, die durch Nachahmung entstehen, können weder Verlag noch Autor haftbar gemacht werden.

© Copyright: Irene Huber, Graz 2008
Verlag: Edition Geheimes Wissen
Internet: www.geheimeswissen.com
E-Mail: www_geheimeswissen_com@gmx.at

Alle Rechte vorbehalten.
Abdruck und jegliche Wiedergabe durch jedes Bekannte, aber auch heute noch unbekanntes Verfahren, sowie jede Vervielfältigung, Verarbeitung und Verbreitung (wie Photokopie, Mikrofilm, oder andere Verfahren unter Verwendung elektronischer Systeme) auch auszugsweise als auch die Übersetzung nur mit Genehmigung des Verlages.

ISBN 978-3-902677-56-3

Vorwort.

Der Gedanke der Möglichkeit hellseherischer Beobachtung wird heute nicht mehr für ganz toll gehalten. Zwar ist er weder allgemein noch überhaupt im großen Umfange angenommen worden, doch glaubt eine beständig wachsende, mit leidlichem Durchschnittsverstand begabte Minderheit, dass Hellsehen eine Tatsache ist und als eine vollkommen natürliche Kraft im Laufe der Entwicklung ganz allgemein werden wird. Sie betrachten Hellsehen weder als Wundergabe noch als Ausreifung höchster Spiritualität, hoher Intelligenz oder Reinheit des Charakters; jede dieser Eigenschaften allein oder alle können sich in einem Menschen zeigen, der nicht im geringsten hellsehend ist. Sie wissen, dass es eine in allen Menschen schlummernde Kraft ist und dass jeder sie entwickeln kann, der imstande und gewillt ist, den Preis zu zahlen, der für deren beschleunigte, der allgemeinen Entwicklung vorauseilende Entfaltung verlangt wird.

Sich des Hellsehens zur Erforschung der Vergangenheit zu bedienen, ist nichts Neues. Die Geheimlehre von H. P. Blavatsky ist ein stehendes Beispiel für derartige Anwendung. Ob die auf diese Weise geleistete Arbeit zuverlässig ist oder nicht, ist eine Frage, deren Entscheidung künftigen Geschlechtern überlassen werden muss, Geschlechtern, die diese Kraft besitzen werden, deren wir uns jetzt zu diesem Zweck hier bedienen. Wir wissen, wir werden viele Leser haben, Lernbegierige, die glauben, dass diese Kraft eine Wirklichkeit ist, und, da sie wissen, dass wir ehrlich sind, finden werden, dass dieses Buch nicht nur interessant ist, sondern vieles erklärt und in helleres Licht setzt. Für diese ist es geschrieben. In dem Maße, wie die Zahl der Wissensdurstigen wächst, wird die Zahl unserer Leser zunehmen. Mehr können wir nicht erhoffen. Nach Jahrhunderten, wenn man imstande sein wird, viele bessere, auf ähnlichen Forschungen beruhende Bücher zu schreiben, wird man in Anbetracht der Zeit, in der es geschrieben wurde, dieses Buch als eine interessante Pionierarbeit betrachten.

Beweise für seine allgemeine Richtigkeit können offenbar nicht gegeben werden, obgleich von Zeit zu Zeit wohl Entdeckungen gemacht werden mögen, die eine gelegentliche Feststellung bekräftigen und bestätigen werden. Die Wahrheit hellseherischen Erkundens kann dem großen Publikum ebenso wenig bewiesen werden, wie den Blinden Farben erklärt werden können. Das große Publikum, sofern es dieses Buch liest, wird es mit leerer Ungläubigkeit betrachten; manche werden es für eine interessante Erdichtung halten, andere es langweilig finden, die meisten die Verfasser für in Selbstbetrug befangene „betrogene Betrüger" halten, je nachdem die Urteilenden wohlwollend oder übelwollend sind.

Den Lernbegierigen möchten wir sagen: Nehmt es an, soweit es euch bei euren Studien hilft und das, was ihr schon wisst, klarer und verständlicher macht. Ergänzungen und Verbesserungen werden gewiss in Zukunft gemacht werden, denn wir haben nur einige Bruchstücke einer ungeheuren Geschichte gegeben und die Arbeit war eine überaus schwere.

Die Untersuchungen selbst sind in Adyar im Sommer 1910 gemacht worden. Während der Hitze des Sommers waren viele der hier Studierenden fort und um nicht unterbrochen zu werden, schlossen wir uns jede Woche fünf Abende ein, beobachteten und sagten genau, was wir sahen, und zwei Mitglieder unserer Gesellschaft, Mrs. van Hook und Don Fabrizio Ruspoli, waren so gut, das, was wir sagten, genau so, wie wir es sagten, niederzuschreiben; diese Niederschriften sind beide aufbewahrt worden. Sie sind eingewoben in die vorliegende Geschichte, die zum Teil während des Sommers 1911, als wir uns einige Wochen zu dem Zweck abstahlen, geschrieben und im April und Mai 1912, der Eile unseres vielbeschäftigten Lebens in ähnlicher Weise abgerungen, beendet worden. Diese Art von Arbeit kann nicht inmitten unausgesetzter Unterbrechungen getan werden und der einzige Weg, sie auszuführen, ist, der Welt auf einige Zeit zu entfliehen, in „Klausur zu gehen", wie der Katholik sagen würde.

Wir folgten dem breiten Umriss der Entwicklungslehre, der Theosophie gemäß; diese ist unter „Einführung" in Kapitel I gegeben, beherrscht das Ganze und bildet die Grundlage des Buches. Die Tatsache einer okkulten Hierarchie, welche die Entwicklung leitet und gestaltet, wird für das ganze Werk als Voraussetzung angenommen und einige Glieder derselben treten also unvermeidlicherweise im Laufe der Erzählung auf. Um uns selbst in die ersten und frühesten Stadien zurückzuversetzen, suchten wir unser eigenes dort gegenwärtiges Bewusstsein von damals, von dem auszugehen leichter ist als von einem anderen, — denn nichts anderes war erkennbar. Jenes, unser eigenes Bewusstsein gab uns in der ersten und zweiten Kette sozusagen einen festen Halt- und Stützpunkt. Vom letzten Teil der dritten Kette und weiter folgten wir den Spuren der Geschichte der Menschheit, indem wir einer Gruppe Einzelner nachgingen, außer da, wo diese Gruppe während irgendeiner wichtigen Stufe der Entwicklung anderweitig beschäftigt war, wie zum Beispiel zu Beginn der dritten und der vierten Unter-Rasse der fünften Wurzel-Rasse. Wenn dies der Fall war, verließen wir sie und folgten dem Hauptstrom des Fortschrittes. In Bezug auf Personen können in diesem Bericht verhältnismäßig wenig Einzelheiten gegeben werden, da der weite Bogen, den die Geschichte umspannt, zu gewaltig ist. Ausführliche Beschreibungen vieler Leben sind indessen im „Theosophist" unter dem allgemeinen Titel: „Rents in the Veil of Time" = „Risse im Schleier der Zeit"[1]) veröffentlicht, Risse, durch die man einen Schimmer von der Vergangenheit einzelner erblicken kann. Ein Buch derselben: „Die Leben von Alcyone", wurde im Englischen veröffentlicht und diesem als Anhang eingehende genealogische Tafeln beigegeben, die in jedem Leben die Verwandtschaftsbeziehungen aller so weit identifizierter Charaktere angeben. Arbeit dieser Art könnte ad libitum getan werden, wenn sich Leute dafür fänden.

Da eine Geschichte nicht ohne Namen geschrieben werden kann und Reinkarnation eine Tatsache ist — daher das Wiederauftreten des Einzelnen, derselben Individualität, durch die einander folgenden Jahrhunderte auch eine Tatsache ist, weil der Einzelne viele Rollen unter vielen Namen spielt —, so haben wir Vielen Namen gegeben, an denen sie durch alle Dramen, woran sie teilnahmen, erkannt werden können. Kains[2]) ist uns derselbe Kainz als Macbeth, Richard III., Shylock, Karl I., Faust, Romeo, Matthias, und in jeder seiner Biographien als Schauspieler, spricht man von ihm als von Kainz, welche Rolle er auch spielen mochte, seine fortlaufende Individualität wird durchgängig anerkannt. Ebenso spielt der Mensch in der langen Lebensgeschichte, in der die Leben Tage sind, hunderte von Rollen, bleibt aber immer er selbst — sei er Mann oder Frau, Bauer, Prinz oder Priester. Diesem „Er selbst" haben wir einen ihn bezeichnenden Namen gegeben, so dass er unter allen Verkleidungen, die er angelegt hat, um sich der Rolle, die er spielt, anzupassen, erkannt werden kann. Meistens sind es Namen von Sternbildern oder Sternen. So haben wir zum Beispiel Julius Cäsar den Namen Corona gegeben, Plato

---

1) Bisher nur ein Teil im Deutschen veröffentlicht, und zwar „24 Leben Orions" im Ernst Pieper Ring-Verlag, Düsseldorf.
2) Da wenige deutsche Leser den großen englischen Schauspieler Irving kennen werden, der im Original als Beispiel angegeben ist, so wurde an seine Stelle der große allbekannte deutsche Schauspieler gesetzt. D. Übersetzer.

den von Pallas, Lao Tze den der Lyra. Auf diese Weise können wir sehen, wie verschieden die Richtungen der Entwicklung sind, die früheren Leben, die einen Cäsar, die einen Plato hervorbringen. Es verleiht der Geschichte ein menschliches Interesse und fördert den, der die Reinkarnationslehre zu seinem Studium erwählt hat.

Die Namen derer, die als gewöhnliche Männer und Frauen in dieser Geschichte beständig wiederkehren, die jetzt aber Meister sind, werden manchem jene Großen wirklicher machen. Jene Großen haben bis dahin, wo sie heute stehen, dieselbe Leiter des Lebens erklommen, welche wir jetzt erklimmen. Sie haben dasselbe häusliche Leben, die Freuden, die Sorgen, Erfolge und Misserfolge gekannt, welche die menschliche Erfahrung bilden. Sie sind keine seit unvordenklichen Zeiten vollkommenen Götter, sondern Männer und Frauen, die den Gott in ihrem Selbst entfalteten und in mühevollem Aufstieg das Übermenschliche erreicht haben. Sie sind die Erfüllung des Versprechens dessen, was wir einst werden, die herrlichen Blüten der Pflanze, an der wir die Knospen sind.

Und so lassen wir unser Schiff vom Stapel auf das stürmische Meer der Öffentlichkeit hinaus, um seinem Schicksal entgegensteuernd, sein Fatum zu erfüllen.

Einige der Charaktere in unserer Geschichte:

Die vier Kumaras	Vier von den Herren der Flamme, die noch in Shamballa leben.
Mahaguru	Der Bodhisattva der damaligen Zeit, der als Vyasa, Thoth (Hermes), Zarathustra, Orpheus, schließlich als Gautama erschien und Buddha, der Herr wurde.
Surys	Der Herr Maitreya, der gegenwärtige Bodhisattva, der höchste Lehrer der Welt.
Manu	Das Haupt einer Wurzelrasse. Mit den Vorsilben — Wurzel-Manu oder Samen-Manu — ist er ein noch höher stehender Beamter, der einem größeren Entwicklungszyklus, der einer Runde oder Kette vorsteht. Der Beiname Vaivasvata ist in Hindubüchern sowohl dem Wurzel-Manu unserer Kette, als dem Manu der arischen oder fünften Wurzelrasse gegeben worden.

Viraj	Der Maha-Chohan, sein hohes Amt ist an Rang dem eines Manu oder Bodhisattva gleich.
Saturn	Jetzt ein Meister in einigen theosophischen Büchern „der Venezianer" genannt.
Jupiter	Jetzt ein Meister, der in den Nilgiribergen wohnt.
Mars	Jetzt der Meister M. der „Okkulten Welt".
Merkur	Jetzt der Meister K. H. der „Okkulten Welt".
Neptun	Jetzt der Meister Hilarion.
Osiris	Jetzt der Meister Serapis.
Brhaspati	Jetzt der Meister Jesus.
Venus	Jetzt der Meister Rakoczi, der „Ungarische Adept", der Graf von St. Germain des achtzehnten Jahrhunderts.
Uranus	Jetzt der Meister D. K.
Vulkan	Jetzt ein Meister; in seinem letzten Erdenleben als Sir Thomas More bekannt.
Athens	Jetzt ein Meister; auf Erden als Thomas Vaughan, „Eugenius Philalethes" bekannt.

Alba	Ethel Whyte.
Albireo	Maria-Louisa Kirby.
Alcyone	J. Krishnamurti.
Aletheia	Johan van Manen.
Altair	Herbert Whyte.
Arcor	A. J. Willson.
Aurora	Graf Bubna-Licics.
Capella	S. Maud Sharpe.
Corona	Julius Cäsar.
Crux	Otway-Cuffe.
Deneb	Lord Cochrane (zehnter Earl von Dundonald).
Endoxis	Louisa Shaw.
Fides	G. S. Arundale.
Gemini	E. Maud Green.
Hector	W. H. Kirby.
Helios	Marie Russak.
Herakles	Annie Besant.
Leo	Fabrizio Ruspoli.

Lomia	J. I. Wedgwood.
Lutetis	Charles Bradlaugh.
Lyra	Lao-Tse.
Mira	Carl Holbrook.
Mizar	J. Nityananda.
Mons	Piet Meuleman.
Norma	Margherita Ruspoli.
Olympia	Damodar K. Mavalankar.
Pallas	Plato.
Phocea	W. Q. Judge.
Phoenix	T. Pascal.
Polaris	B. P. Wadia.
Proteus	Der Teshu Lama.
Selene	C. Jinarajadasa.
Sirius	C. W. Leadbeater.
Siwa	T. Subba Rao.
Spies	Francesca Arundale.
Taurus	Jemome Anderson.
Ulysses	H. S. Olcott.
Vajra	H. P. Blavatsky.
Vesta	Minnie C. Holbrook.

Inhalt.

	Vorwort	5
	Einleitung	13

Der Mensch: Woher und Wie.

Kapitel I.	Einführung	19
Kapitel II.	Die erste und die zweite Kette	33
Kapitel III.	Frühe Zeiten auf der Mond-Kette	43
Kapitel IV.	Die sechste Runde auf der Mond-Kette	52
Kapitel V.	Die siebente Runde auf der Mond-Kette	61
Kapitel VI.	Früheste Zeiten auf der Erd-Kette	76
Kapitel VII.	Frühe Stadien der vierten Runde	87
Kapitel VIII.	Die Vierte Wurzel-Rasse	97
Kapitel IX.	Schwarze Magie in Atlantis	107
Kapitel X.	Die Zivilisation von Atlantis	115
Kapitel XI.	Zwei atlantische Zivilisationen — Peru	121
Kapitel XII.	Zwei atlantische Zivilisationen — Peru (Fortsetzung)	143
Kapitel XIII.	Zwei atlantische Zivilisationen — Chaldäa	161
Kapitel XIV.	Die Anfange der arischen Rasse	187
Kapitel XV.	Der Bau der Großen Stadt	198
Kapitel XVI.	Alte Arische Zivilisation, und Herrschaft	205
Kapitel XVII.	Die zweite Unter-Rasse, die Arabische	213
Kapitel XVIII.	Die dritte Unter-Rasse, die Iranische	225
Kapitel XIX.	Die vierte Unter-Rasse, die Keltische	234
Kapitel XX.	Die fünfte Unter-Rasse, die Teutonische	243
Kapitel XXI.	Der Wurzel-Stock und sein Niedersteigen nach Indien	246

Der Mensch: Wohin.

	Vorwort	257
Kapitel XXII.	Die Vision des Königs Ashoka (Einführung)	259

Kapitel XXIII.	Der Anfang der sechsten Wurzel-Rasse	265
Kapitel XXIV.	Religion und Tempel	274
Kapitel XXV.	Familie und Erziehung	298
Kapitel XXVI.	Gebäude, Sitten und Gebräuche	314
Kapitel XXVII.	Schluss	337
	Nachwort	352
	Anhang	354
Kunstbeilagen:		
	Diagramm I	21
	Diagramm II	25
	Diagramm III	28
	Diagramm IV Farbdruck	2

Einleitung.

Das Problem vom Ursprung des Menschen, seiner Entwicklung, seiner Bestimmung ist von unerschöpflichem Interesse. Woher kam er, diese herrliche Intelligenz, dieser Geist, der, auf diesem Erdball wenigstens, die Krone aller sichtbaren Wesen ist? Wie hat er sich, bis zu der Stellung, die er gegenwärtig einnimmt, entfaltet? Ist er plötzlich aus der Höhe herniedergestiegen, ein strahlender Engel, um zeitweilig der Bewohner eines Hauses aus Erde zu werden, oder ist er durch lange, dämmerige Zeiten aufwärts gestiegen, um die Spuren seiner bescheidenen Herkunft vom Urschleim zum Fisch, zum Reptil, zum Säugetier hinan bis zum Menschenreich hinter sich herzuziehen? Und welches ist seine künftige Bestimmung? Wird er sich weiter entfalten, höher und höher klimmen, nur um die lange schiefe Ebene der Entartung, des Verfalls hinabzugleiten, bis er, einen vereisenden Planeten, das Grabmal von Myriaden von Zivilisationen hinter sich lassend, in den Abgrund des Todes sinkt? Oder ist sein Klimmen jetzt nur die Schulung einer unsterblichen geistigen Kraft, dazu bestimmt, nach erlangter Reife das Szepter über eine Welt, ein System von Wellen, eine Reihe von Systemen zu schwingen; ist er wahrhaft ein Gott, der im Werden begriffen?

Auf diese Fragen sind viele Antworten gegeben worden, teilweise oder ziemlich vollständig in den heiligen Schriften der alten Religionen, in bis auf uns gelangte dunkle Überlieferungen von gewaltigen Menschen alter Zeit und durch Ausgrabungen moderner Archäologen, Forschungen von Geologen, Physikern, Biologen, Astronomen unserer Tage. Die modernste Wissenschaft hat die ältesten Urkunden bestätigt, indem sie dem Dasein unserer Erde und ihrer Bewohner einen Zeitraum von gewaltiger Ausdehnung und wunderbarer Kompliziertheit zugesteht. Hunderte von Millionen von Jahren werden ausgeworfen, um dem langsamen und mühsamen Entwicklungsgang der Natur Zeit zu geben, aber weiter und weiter wird der „Urmensch" zurückgeschoben. Wir sehen Lemurien, wo jetzt der Stille Ozean flutet, und das jüngst erst wieder entdeckte Australien wird für eines der ältesten Länder erklärt; Atlantis wird dahin versetzt, wo jetzt der Atlantische Ozean wogt, und Afrika mit Amerika durch eine feste Brücke von Land verbunden, so dass der Lorbeer des Entdeckers der Stirn des Kolumbus entfällt, weil er nur als Nachfolger vorangegangener Generationen von Entdeckern anzusehen ist, von Entdeckern, die ihren Weg von Europa nach dem Erdteil der untergehenden Sonne lange vorher bereits gefunden hatten. Poseidonis ist nicht mehr einfach das Märchen, das abergläubische ägyptische Priester einem griechischen Weisen erzählten; Minos von Kreta, kein Mythos, sondern ein Mensch, entsteigt seinem uralten Grabe; das einst für alt gehaltene Babylon erweist sich als die übrig gebliebene jüngste und letzte einer Reihe von Städten mit hoher Kultur, die unter übereinander lagernden Schichten vergraben, durch die Nacht der Vergangenheit schimmern. Alte Überlieferungen locken den Entdecker zu Ausgrabungen in Turkestan, in Zentralasien, und flüstern von Ruinen der Zyklopen, die nur seines Spatens harren, um das Tageslicht zu schauen.

Und inmitten eines Widerstreites von Meinungen, eines Kampfes um Theorien, des Annehmens und Verwerfens immer neuer Hypothesen, wie wir sie erleben, ist möglicherweise wohl Aussicht vorhanden, dass die Aufzeichnungen zweier Forscher gelesen werden, die Beobachtungen zweier Forscher, die einen sehr, sehr alten Pfad einschlugen, einen Pfad, den heute wenige beschreiten, den indessen mehr und mehr nachdrängende Lernbegierige betreten werden, je mehr die Zeit dessen Zuverlässigkeit erweisen wird. Die Wissenschaft erforscht heute die Wunder dessen, was sie den „subjektiven Geist" nennt, und entdeckt darin seltsame Kräfte, seltsame Quellen, seltsame Erinnerungen. Gesund, im Gleichgewicht und das Gehirn beherrschend, zeigt er sich als Genie, aus dem Gleichgewicht mit dem Gehirn gekommen, irrend und unberechenbar als Wahnsinn. Eines Tages wird die Wissenschaft erkennen, dass das, was sie den „subjektiven Geist" benennt, die Religion „die Seele" nennt, und dass die Entfaltung ihrer Kräfte von dem physischen und dem überphysischen Instrumente, über welches sie verfügt, abhängig ist. Wenn dieses, wohl gebildet, gesund, geschmeidig ist und vollkommen unter ihrer Herrschaft, dann werden die Kräfte des Gesichts, des Gehörs, des Gedächtnisses, die jetzt aus dem „subjektiven Geiste" regellos aufwallen, die normalen und verfügbaren Kräfte der Seele werden. Wenn die Seele aufwärts zu dem in die Materie unseres Systems gehüllten Geiste — zu dem Göttlichen Selbst — strebt, statt sich beständig an den Körper zu klammern, dann wachsen die Kräfte dieser Seele, des wahren, inneren Menschen, und sonst unerreichbare Kenntnisse kommen in seinen Bereich.

Alte und neuere Metaphysiker erklären, dass Vergangenheit, Gegenwart und Zukunft stets gleichzeitig im göttlichen Bewusstsein sind und nur aufeinander folgen, wenn sie sich unter der Zeit, die in Wahrheit die Aufeinanderfolge von Bewusstseinszuständen ist, offenbaren. Unser beschränktes, in der Zeit stehendes Bewusstsein ist unfehlbar gebunden an dieses Aufeinanderfolgen; wir können nur in Aufeinanderfolge denken. Aber wir alle wissen aus Erfahrung von Traumzuständen, dass Zeitmaße sich mit diesem Wechsel des Zustandes ändern, wenn auch die Aufeinanderfolge bleibt. Wir wissen auch, dass in der Gedankenwelt Zeitmaße noch viel mehr wechseln, und dass wir die Aufeinanderfolge von Gedankenbildern, obgleich immer noch an Aufeinanderfolge gebunden, wenn wir mentale Bilder schaffen, mit Willen aufhalten, beschleunigen und wiederholen können. Wenn wir diese Gedankenrichtung weiter verfolgen, wird es uns nicht schwer werden, uns einen zu transzendentaler Kraft erhobenen Geist zu denken, den Geist Eines L o g o s oder Des W o r t e s, Eines Seins, wie es im Johannes-Evangelium I, 1—4 geschildert ist, der in sich selbst alle Geistes-, alle Mentalbilder enthält, verkörpert und, sagen wir, in ein Sonnensystem einordnet in der Reihen- und Aufeinanderfolge seiner sich vorgenommenen und vorgedachten Manifestationen. Alles ist schon vorhanden und auch wiederholt zu überschauen möglich, genau so, wie wir unsere eigenen Gedankenbilder einer wiederholten Durchsicht unterwerfen können, obgleich wir noch nicht die göttliche Kraft erlangt haben, von der so treffend der Prophet Mohammed kündet: „Er spricht nur zu ihm: Sei! und es ist da". Jedoch gleichwie das neugeborene Kind in sich die Potentialitäten seines Vaters hat, so haben wir, die Kinder Gottes, in uns selbst die Potentialitäten der Göttlichkeit. Wenn wir daher die Seele entschlossen von der Erde wenden und die Aufmerksamkeit derselben fest auf den Geist richten, auf die Substanz, deren Schatten die Seele in der Welt der Materie ist — dann kann sie „das Gedächtnis der Natur", d. h. die Verkörperung der Gedanken des L o g o s, sozusagen den Widerschein s e i n e s G e i s t e s, des Mahat, in der Welt der Materie erreichen. Hier weilt die Vergangenheit in ewig lebenden Aufzeichnungen; hier weilt auch die Zukunft, die für die halb entwickelte Seele schwerer zu erreichen ist, weil sie noch nicht in Erscheinung getreten, noch nicht verkörpert, wenn auch genau so „wirklich" ist. Die Seele, die diese Aufzeichnungen liest, kann sie dem Körper übermitteln, sie dem Gehirn einprägen und sie dann in Wort und Schrift niederlegen. Wenn die Seele in den Geist eingegangen ist — wie bei den „vollkommen gewordenen Menschen", bei denen, die die menschliche Entwicklung vollendet haben, bei den Geistern, die „befreit" oder „erlöst"[3]) sind —, dann ist die Berührung mit dem göttlichen G e - d ä c h t n i s unmittelbar, direkt, stets möglich und unfehlbar. Ehe man aber soweit ist, bleibt die Berührung unvollkommen und mittelbar, Beobachtung und Übertragung dem Irrtum unterworfen.

Und die dieses Buch geschrieben, nachdem sie in der Methode unterrichtet worden waren: „in Berührung zu gelangen", aber den Hindernissen ihrer unvollendeten Entwicklung unterworfen sind, haben ihr Bestes getan, „um zu beobachten und zu übertragen", sie sind sich indessen der vielen Schwächen, die ihre Arbeit schädigen, voll bewusst. Gelegentlich wurde ihnen Hilfe gewährt von den „Älteren Brüdern", indem ihnen hie und da einige breite Umrisse, und wo es nötig war, Daten gegeben wurden.

Wie bei anderen Büchern verwandten Inhalts, die in der theosophischen Bewegung dem vorliegenden vorangingen, befindet sich der „Schatz" in „irdenem Gefäß", und während die Verfasser dankbar die gnädig gewährte Hilfe anerkennen, nehmen sie die Verantwortung für alle Irrtümer durchaus auf sich.

---

[3]) Es sind dies die Ausdrücke der Hindus, beziehungsweise der Christen, um das Endziel der rein menschlichen Entwicklung zu bezeichnen.

DER MENSCH: WOHER UND WIE

Kapitel I.

Einführung.

Woher kommt der Mensch und wohin geht er? Die umfassendste Antwort kann nur lauten: Der Mensch als g e i s t i g e s   S e i n, als spirituelles Wesen, geht aus von Gott und kehrt zurück zu Gott; aber das Woher und das Wohin, mit dem wir uns hier beschäftigen, hält sich in weit bescheideneren Grenzen. Wir schreiben hier nur eine einzige Seite seiner Lebensgeschichte ab, indem wir von der Geburt nur einiger weniger Kinder des Menschen in dichte Materie erzählen — was, o noch undurchdrungene Nacht, liegt jenseits dieses Geborenwerdens? — und indem wir ihrem Wachsen von Welt zu Welt bis zu einem Punkte in nur wenige Jahrhunderte entfernte Zukunft folgen, — was, o noch unerwachter Tag, liegt jenseits dieser wallenden Wolken der Morgendämmerung?

Indessen ist obiger Titel, obige Bezeichnung „geistiges Sein" nicht ganz unberechtigt, denn wer von Gott kommt und zu Gott geht, ist eben nicht nur „Mensch". Jener Strahl der göttlichen Herrlichkeit, der im Anfang einer Manifestation aus der Gottheit hervorgeht, dieser „T e i l   m e i n e s   e i g e n e n   S e l b s t", in der Welt des Lebens in einen unsterblichen Geist umgewandelt[1]), ist weit mehr als Mensch. Der Mensch ist nur eine Stufe seiner Entfaltung; Mineral, Pflanze und Tier sind nur Stufen seines embryonalen Lebens im Schoße der Natur, ehe er als Mensch geboren wird. Der Mensch ist die Stufe, auf der Geist und Materie um die Herrschaft ringen, und wenn der Kampf vorüber und der Geist Herr der Materie geworden ist, Gebieter über Leben und Tod, dann geht der Geist in sein Übermenschentum ein und ist nicht mehr Mensch, sondern wirklich Übermensch.

Hier nun beschäftigen wir uns noch mit ihm als Mensch und zwar als Mensch in seinem Embryonalzustande, im Mineral-, im Pflanzen- und im Tierreich, als Mensch in seiner Entfaltung im Menschenreich, als Mensch und seinen Welten, mit dem Denker und seinem Felde der Entwicklung.

Um der in diesem Buche erzählten Geschichte gut folgen zu kön-

---

1) Bhagavad-Gita XV, 7.

nen, verweile der Leser einige Minuten bei der allgemeinen Darstellung eines S o n n e n s y s t e m s, wie die theosophische Literatur[2]) es zeichnet und bei den darin gegebenen breiten Grundlagen der Gesetze der Entwicklung. Es ist denselben nicht schwerer zu folgen, als der technischen Ausdrucksweise jeder Wissenschaft oder anderer Beschreibungen auf kosmischem Gebiete, wie z. B. der Astronomie, und ein wenig Aufmerksamkeit wird den Schüler bald in den Stand setzen, sie zu beherrschen. Alle Studien tieferen Gehalts verlangen immer trockene Vorstudien, die überwunden werden müssen. Der nachlässige, oberflächliche Leser findet sie langweilig, überschlägt sie und gerät dann beim Weiterlesen mehr oder minder in Verwirrung; er baut sein Haus ohne Fundament und muss es immer wieder stützen. Der gewissenhafte Leser sieht diesen Schwierigkeiten mutig ins Auge, überwindet sie ein für allemal, geht mit dem auf diese Weise gewonnenen Wissen leicht weiter und besondere Einzelheiten, die ihm später begegnen, wird er ohne Mühe an die richtige Stelle zu setzen wissen. Wer die erstere Art vorzieht, sollte dieses Kapitel überschlagen und zu Kapitel II übergehen; die klügeren Leser werden gern eine Stunde opfern, um dann das Folgende besser zu beherrschen.

Jener große Weise, Plato, eine der Meisterintelligenzen dieser Welt, dessen erhabene, hohe Ideen die Gedankenwelt Europas beherrschen, tat den bedeutungsvollen Ausspruch: „Gott geometrisiert." Je mehr wir von der Natur wissen, desto mehr bewahrheitet sich diese Tatsache. Die Blätter der Pflanzen sind nach bestimmtem Verhältnis geordnet, $1/2$, $1/3$, $2/5$, $3/8$, $5/13$ usw. Die Schwingungen, welche die aufeinander folgenden Noten einer Tonleiter bilden, können in regelmäßiger Reihenfolge entsprechend beziffert werden. Einige Krankheiten verlaufen nach einem bestimmten Kreislauf von Tagen, und der 7, der 14., der 21. bezeichnen Krisen, die in Fortsetzung des physischen Lebens oder in Tod ausgeben. Es ist nicht nötig, diese Beispiele zu vermehren.

Die Tatsache, dass in der Anordnung unseres Sonnensystems die Zahl Sieben fortwährend wiederkehrt, hat also nichts Überraschendes. Die Sieben ist daher eine „heilige Zahl" genannt worden; eine „bedeutungsvolle Zahl" würde eine bessere Bezeichnung sein. Das Leben des Mondes teilt sich naturgemäß in zweimal sieben Tage des Zunehmens und eine gleiche Zahl des Abnehmens und seine Viertel

---

[2]) Der Wissbegierige kann alles in H. P. Blavatskys „Die Geheimlehren" insbesondere aber in C. Jinarajadasas „Die Grundlagen der Theosophie" beim selben Verlag dieser Schrift finden.

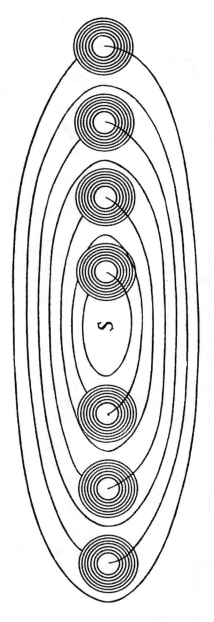

DIAGRAMM I

ergeben unsere Woche von sieben Tagen. Wir sehen diese Sieben als Wurzelzahl unseres Sonnensystems, immer ihre Abteilungen in sieben und diese wieder in Unterordnung von sieben und diese in fernere sieben und so weiter teilen. Wer die verschiedenen Religionen studiert hat, wird an die sieben Amshaspands der Zoroastrier, an die sieben Geister vor dem Throne Gottes der Christen denken; der Theosoph an den höchsten D r e i e i n i g e n   L o g o s des Systems mit seinen Ministern, den „Beherrschern der sieben Ketten"[3]), um sich; jeder, wie der Vizekönig für einen Kaiser, seine eigene Abteilung des Systems regierend. Eingehend beschäftigt uns hier nur eine Abteilung. Das Sonnensystem enthält zehn solcher Abteilungen, denn während es in der Sieben wurzelt, entfalten sich daraus zehn Abteilungen und die Zehn wird daher von den Mystikern „die vollkommene Zahl" genannt. A. P. S i n n e t t hat diese Abteilungen sehr gut als „Schemes of Evolution", Entwicklungssysteme bezeichnet und innerhalb eines jeden dieser Systeme entfaltet sich eine Menschheit oder wird sich darin entfalten. Wir wollen uns nun auf unser eigenes beschränken, aber nicht vergessen, dass die anderen auch vorhanden sind und dass sehr hoch entwickelte Intelligenzen von einem zum andern übergehen können. Ja, während einer bestimmten Stufe der Entwicklung kamen solche Gäste tatsächlich auf unsere Erde, um unserer neugeborenen Menschheit zu helfen und sie zu leiten.

Ein Entwicklungssystem geht durch sieben große Entwicklungsstadien, deren jedes eine Kette genannt wird. Dieser Name verdankt seine Entstehung der Tatsache, dass eine Kette aus sieben zueinander in Beziehung stehenden Globen besteht; es ist eine Kette von sieben Gliedern, jedes Glied ein Globus. Auf Diagramm I sind diese sieben Systeme, um die Zentralsonne stehend, abgebildet, und in jedem System ist jedes Mal nur einer der Ringe in Tätigkeit; jeder Ring jedes dieser sieben Systeme besteht aus sieben Globen; diese sind nicht jeder für sich einzeln gezeichnet, sondern bilden, um Raum zu sparen, das, was hier als Ring dargestellt ist. Das nächste Diagramm zeigt indes die einzelnen Globen.

In Diagramm II haben wir ein einzelnes System, in den sieben Stadien seiner Entwicklung dargestellt, das heißt, in seinen sieben aufeinander folgenden Ketten; es wird jetzt in Beziehung zu fünf der sieben Sphären oder Typen von Materie, die im Sonnensystem vorhanden sind, gezeigt. Materie von jedem Typus besteht aus Atomen

---

3) Sie sind Planeten-Logoï genannt worden, aber der Name verursacht oft Verwirrung und wurde daher hier fortgelassen.

bestimmter Art, alle festen, flüssigen, gasigen und ätherischen Körper eines Typus von Materie sind Aggregate von Atomen einer einzigen Art[4]); diese Materie bezeichnet man je nach der Verfassung und Art des Bewusstseins, auf die sie reagiert, als physisch, astral, mental, intuitionell, spirituell[5]). In der ersten Kette sehen wir ihre sieben Welten, A, B, C, D, E, F, G, angeordnet[6]): A und G, die Wurzelwelt und die Samenwelt, sie befinden sich auf der spirituellen Ebene, denn alles steigt hinab vom Höheren zum Niederen, vom Feinen zum Festen und steigt wieder zum Höheren, bereichert durch den Gewinn der Reise, den Gewinn, der als Samen für die nächste Kette dient. B und F sind auf der intuitionellen Ebene, der eine sammelnd, der andere verarbeitend. C und E befinden sich auf der höheren Mentalebene in ähnlichen Beziehungen. D der Wendepunkt, der Punkt des Gleichgewichts zwischen dem aufsteigenden und dem absteigenden Bogen, befindet sich auf dem niederen Teil der Mentalebene. Diese Globenpaare jeder Kette sind stets eng verbunden, aber der eine Globus ist die angelegte Skizze, der andere das vollendete Bild. In der zweiten Kette sind die Globen alle eine Stufe tiefer in Materie gesunken und D ist auf der Astralebene. In der dritten Kette sind sie noch eine weitere Stufe gesunken und D erreicht die physische Ebene. In der vierten Kette und zwar nur in der vierten, der mittelsten der sieben Ketten, der aus tiefsten in dichteste Materie gehüllten, dem Wendepunkt der Ketten, befindet sich ebenso wie D, dem physischen Globen der vorigen Kette drei der Globen — C, D und E auf der physischen Ebene. Auf der Rückreise gleicht der Aufstieg sozusagen dem Abstieg; in der fünften Kette, ebenso wie in der dritten, befindet sich ein physischer Globus; in der sechsten, gleichwie in der zweiten, ist Globus D der astrale; in der siebenten, gleichwie in der ersten, ist Globus D mental. Mit dem Ende der siebenten Kette hat das System sich ausgewirkt und seine Früchte sind geerntet.

Die sieben Systeme unseres Sonnensystems mögen der Einfachheit halber nach Globus D eines jeden benannt werden, da dies der uns bekannteste Globus ist; es sind: Vulkan, Venus, Erde, Jupiter,

---

4) Siehe, Okkulte Chemie v. Annie Besant u. C. W. Leadbeater.
5) Physische Materie ist die, mit der wir täglich in unserem wachen Leben zu tun haben. Astralmaterie ist die, welche durch Wünsche und Gefühle in Schwingung versetzt wird. Mentalmaterie ist die, welche in ähnlicher Weise auf Gedanken reagiert. Intuitionelle Materie (buddhische im Sanskrit) ist die Materie, welche der höchsten Intuition und der allumfassenden Liebe als Medium dient. Spirituelle Materie (atmische) ist die Materie, in welcher der Schöpferwille waltet.
6) Der Globus A ist links oben; B ist der nächste, der tiefere usw. bis zu G. dem Globus rechts oben.

Saturn, Uranus, Neptun. (Siehe: Diagramm I.) In dem System, zu welchem unsere Erde gehört, war die Kette, die unserer Erdkette voranging, die dritte ihrer Reihe und ihr einziger physischer Globus, Globus D, war der Globus, welcher jetzt unser Mond ist; daher wird die dritte Kette die Lunare genannt, während die zweite und die erste Kette nur durch Zahlen bezeichnet werden; unsere Erdkette ist die vierte in der Reihenfolge und drei ihrer sieben Globen sind daher physisch manifestiert, ihr dritter Globus, C, ist der Globus, welcher der Planet Mars, und ihr fünfter Globus, E, der, welcher der Planet Merkur genannt wird. Auch das Neptun-System, mit Neptun als seinem Globus D, besitzt drei physisch manifestierte Globen — C und E sind die zwei damit verbundenen physischen Planeten, deren Existenz in der theosophischen Literatur erwähnt wurde, ehe die Wissenschaft sie entdeckte und erkannte er hat auch die vierte Kette seiner Reihe erreicht. Das Venus-System erreicht das Ende seiner fünften Kette, folglich hat Venus ihren Mond, den Globus D der vorhergehenden Kette[7]) kürzlich verloren. Es ist möglich, dass Vulkan, den Herschel sah, der aber, wie man sagt, jetzt verschwunden ist, in seiner sechsten Kette ist, darüber besitzen wir aber weder direkte noch vermittelte Kunde. Jupiter ist noch nicht bewohnt, dagegen sind es seine Monde, und zwar von Wesen mit dichten physischen Körpern.

Die Diagramme III und IV stellen die Beziehungen zwischen den sieben Ketten innerhalb eines Systems dar und zeigen den Entwicklungsprozess von Kette zu Kette. Zuerst sollte man Diagramm III studieren; es ist nur eine Vereinfachung von Diagramm IV, welches eine Kopie eines von einem Meister gezeichneten Diagramms ist; dieses, — auf den ersten Blick etwas verwirrend, — wird, sobald man es versteht, sehr klar und einleuchtend gefunden werden.

Diagramm III stellt die sieben Ketten in einem System oder Plane als nebeneinander stehende Kolonnen dar, um die durch die Pfeile bezeichneten göttlichen Lebensströme in ihrem Aufstieg von Reich zu Reich verfolgen zu können. Jede Abteilung einer Kolonne bezeichnet eins der sieben Reiche der Natur — die drei Elementarreiche, das Mineral-, Pflanzen-, Tier- und Menschenreich[8]). Folgen wir

---

[7]) Es sei daran erinnert, dass der Mond der Venus von Herschel gesehen wurde.

[8]) Die drei Elementarreiche sind die drei Stufen des Lebens bei ihrem Abstieg in die Materie — Involution —, und die sieben Reiche können auf einem absteigenden und einem aufsteigenden Bogen wie die Ketten und Globen bezeichnet werden:

    1.Elementar-Reich   das Menschen-Reich.
    2.Elementar-Reich   das Tier-Reich.
    3.Elementar-Reich   das Pflanzen-Reich.
                        Das Mineral-Reich.

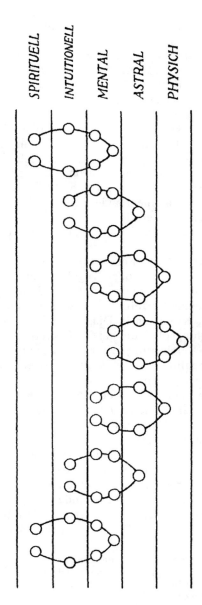

DIAGRAMM II

Lebensstrom sieben, dem einzigen, der durch alle sieben Reiche innerhalb des Systems oder Planes geht; er geht in die erste Kette beim ersten Elementarreichs ein und entwickelt sich darin während der Lebensdauer der Kette; er geht weiter in das zweite Elementarreich auf der zweiten Kette und entwickelt sich darin während der Lebensdauer der Kette; er erscheint im dritten Elementarreich in der dritten Kette und geht in der vierten in das Mineralreich ein; darauf entwickelt er sich der Reihe nach durch das Pflanzen- und das Tierreich in der fünften und der sechsten Kette, und in der siebenten erreicht er Menschentum. Das ganze System versieht auf diese Weise ein Entwicklungsgebiet mit einem Strome des göttlichen Lebens, vom Beseelen der Materie bis hinauf zum Menschen[9]). Die übrigen Ströme haben entweder in einem andern System begonnen und gehen nun in dieses bei dem dort erreichten Punkte der Entwicklung über, oder treten in dieses ein, um darin verspätet das Menschenreich zu erreichen.

Beim Studium von Diagramm IV muss man sich zuerst klar machen, dass die farbigen Kreise oder Kugeln nicht sieben Ketten von G l o b e n sind, wie man annehmen könnte, sondern die sieben Reiche der Natur in jeder einander folgenden Kette; sie entsprechen daher den Abteilungen der Kolonnen in Diagramm III. Wir haben hier einen ganzen Entwicklungsplan, ein ganzes Evolutions-System vor uns, das den Platz jeden Reiches in jeder Kette anzeigt. Der Studierende sollte eine der Farbenlinien aus dem ersten Kreise wählen und sie gewissenhaft weiter verfolgen.

Nehmen wir den blauen durch den Pfeil bezeichneten Kreis links oben; er steht für das erste Elementarreich in der ersten Kette. Nachdem er aus der ersten in die zweite Kette übergegangen ist — in den nächsten Komplex farbiger Kreise — teilt sich dieser blaue Strom bei seiner Ankunft dort; der zurückgebliebenste rückständige Teil, der noch nicht so weit entwickelt ist. um in das zweite Elementarreich weiterzugeben, löst sich vom Hauptstrome ab, geht nochmals in das erste Elementarreich der zweiten Kette, indem er sich mit dem neuen Lebensstrom verbindet — gelb und durch einen Pfeil bezeichnet —, welcher auf dieser Kette seine Entwicklung beginnt und in ihn ein-

---

9) Diese sieben Lebens-Ströme und die sechs dazukommenden Einströmungen hie das niedrigste Elementar-Reich in den übrigen sechs Ketten, dreizehn im ganzen, sind die einander folgenden Impulse, welche für diese das sind, was Theosophen die zweite Lebens-Welle nennen, nämlich den Form entwickelnden Lebensstrom vom zweiten L o g o s , dem Vishnu der indischen, dem Sohne der christlichen Dreieinigkeit

geht. Der blaue Hauptstrom geht weiter in das zweite Elementarreich dieser zweiten Kette, empfängt in sich einige Nachzügler aus dem zweiten Elementarreich der ersten Kette, nimmt sie in sich auf und trägt sie mit sich weiter; man wird bemerken, dass nur ein blauer Strom dieses Reich verlässt: die fremden Elemente sind darin vollständig assimiliert und aufgenommen worden. Der blaue Strom fließt weiter in die dritte Kette, teilt sich, lässt seine Nachzügler zurück, damit sie im zweiten Elementarreich der dritten Kette verbleiben, während die Hauptmasse weitergeht, um das dritte Elementarreich der dritten Kette zu bilden. Wieder empfängt er einige Nachzügler aus dem dritten Elementarreich der zweiten Kette, nimmt sie in sich auf, assimiliert sie und als unverminderter blauer Strom trägt er sie mit sich weiter in das Mineralreich der vierten Kette. Wie vorher, lässt er einige Nachzügler zurück, damit sie sich im dritten Elementarreich der vierten Kette entfalten, empfängt einige aus dem Mineralreich der dritten Kette und assimiliert sie wie vorher. Der Strom hat nun seinen dichtesten Grad und Zustand in der Entwicklung erreicht, das Mineralreich. Darauf verlässt er dieses — wir folgen weiter der blauen Linie — erhebt sich in das Pflanzenreich der fünften Kette, sendet seine Nachzügler dem Mineralreich dieser Kette zu und nimmt die Nachzügler des Pflanzenreiches der vierten Kette auf. Weiter steigt er nun aufwärts ins Tierreich der sechsten Kette, lässt seine ungenügend entwickelten Pflanzen zurück, damit sie diese Stufe ihrer Entwicklung im Pflanzenreich der sechsten Kette vollenden und nimmt unentwickelte Tiere der fünften Kette in sein eigenes Reich auf. Endlich vervollständigt er seine lange Entwicklung, indem er in der siebenten Kette in das Menschenreich eingeht. Er überlässt seine zu wenig entwickelten Tiere dem Tierreich der siebenten Kette, empfängt einige menschliche Wesen aus dem Menschenreich der sechsten Kette und trägt sie mit sich dahin, ihrem siegreichen Endziel entgegen, wo die menschliche Entwicklung vollendet ist und der Übermensch beginnt, dem einen oder andern der sieben Pfade entlang, die ein blauer Federbusch am Ende andeutet. In einem anderen Systeme oder Weltenplane werden die, welche wir als Nachzügler im Tierreich der siebenten Kette zurückließen, im Menschenreich der ersten Kette jenes neuen Systems erscheinen und darin als Menschen Vollkommenheit erreichen. Sie werden in den Kreis eingelaufen sein, der in der ersten Kette des vorliegenden Diagramms dem graubraunen Kreis mit Federbusch entspricht.

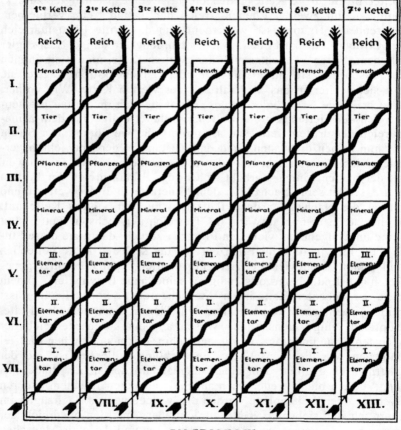

DIAGRAMM III.

Auf diese Weise kann man von Reich zu Reich jeder Linie in den aufeinander folgenden Ketten nachgehen. Das Leben in der zweiten, dem orange-farbigen Kreise, welcher das zweite Elementarreich in der ersten Kette vorstellt, — und daher schon eine Lebensstufe in einer Kette hinter sich hat, oder mit anderen Worten, das als erstes Elementarreich in der siebenten Kette in den Entwicklungsstrom eines vorhergegangenen Systems eingegangen war (siehe den Kreis mit dem Pfeil links oben in der siebenten Kette unseres Diagramms) — erreicht das Menschenreich in der sechsten Kette und geht dann aus dieser weiter. Der Lebensstrom des dritten Kreises, lila, mit zwei Reichen aus einem vorhergegangenen System hinter sich, erreicht das Menschenreich in der fünften Kette und geht von dieser aus weiter. Der Lebensstrom des vierten Kreises, das Mineralreich darstellend, geht in der vierten Kette in die menschliche Entwicklung ein. Der Lehenostrom des Pflanzenreiches geht in der dritten Kette, der des Tierreiches in der zweiten Kette und der des Menschenreiches in der ersten in eine solche ein und fließt dann weiter, und geht dann darüber hinaus.

Wer dieses Diagramm sich gründlich klar zu machen versteht, wird sich im Besitz eines Planes befinden, in dessen einzelne Abteilungen er jede beliebige Anzahl oder Summe von Einzelheiten unterbringen kann, ohne inmitten all ihrer Vielfältigkeit die Übersicht über die allgemeinen Prinzipien und Grundlagen der äonenlangen Entwicklung zu verlieren.

Zweierlei bleibt noch zu erwähnen: das Unterelementar- und das Übermenschenreich. Der vom Logos ausgehende Lebensstrom beseelt zuerst Materie in dem ersten, oder niedrigsten Elementarreich. Wenn daher dieser selbe Strom der ersten Kette in das zweite Elementarreich auf der zweiten Kette eingeht, muss die Materie, welche die des ersten Elementarreiches auf der zweiten Kette werden soll, von einem neuen Lebensstrom des Logos beseelt werden, und so weiter mit jeder der übrigen Ketten[10]).

Wenn das Menschenreich durchschritten ist und der Mensch als befreiter Geist auf der Schwelle seines Übermenschentums steht, öffnen sich ihm sieben Pfade zu seiner Wahl: Er kann in die glückselige Allwissenheit und Allmacht von Nirvana eingehen, um in einem weit über unser Wissen gehenden Wirkungskreis vielleicht

---

10) Mein Vater wirket seither und ich wirke auch." Ev. Joh. S. 17. Siehe in Kapitel V die Beschreibung hiervon auf unserer Erde, als der Geist des Mondes darin inkarnierte.

in einer künftigen Welt ein Avatara, eine Gottes Inkarnation zu werden: was manchmal heißt das „Gewand des Dharmakaya anlegen". Er kann in „die Spiritualsphäre" eingeben; ein Ausdruck, der unbekannte Deutungen deckt, darunter wahrscheinlich die: „das Gewand des Sambhogakaya anlegen". Er kann ein Teil jener Schatzkammer spiritueller Kräfte werden, woraus die Mittler des Logos für ihr Wirken schöpfen; es heißt: „das Nirmanakaya Gewand anlegen". Er kann ein Mitglied der Okkulten Hierarchie bleiben, welche die Welt regiert und beschützt, in der er selbst Vollkommenheit erreichte. Er kann zur nächsten Kette weitergehen, um ihre Formen aufbauen zu helfen. Er kann in die strahlende Engel, die Deva-Entwicklung, eingehen. Er kann sich dem Logos zu unmittelbarem Dienst zur Verfügung stellen, um von ihm an irgendeiner Stelle des Sonnensystems verwendet zu werden, sein Diener, sein Sendbote, der nur lebt, um seinen Willen auszuführen, und irgendwo in dem ganzen System, das er beherrscht, seine Arbeit zu tun. So wie ein General seinen Stab hat, dessen Glieder seine Botschaften nach jeder Stelle des Schlachtfeldes tragen, so sind diese der Stab dessen, der allen gebietet, „seine Diener, die seinen Willen tun"[11]). Dieser Pfad wird für sehr schwer gehalten, er verlangt vielleicht von dem Adepten die größten Opfer, und man betrachtet ihn daher als mit großer Auszeichnung verbunden. Wer zum Generalstabe gehört, hat keinen physischen Körper, sondern bildet sich selbst einen mittels „Kriyashakti" — mittels der „Gestaltungskraft" — aus der Materie des Globus, auf den er gesandt wird. Der Stab enthält Wesenheiten sehr verschiedener Grade, von der Arhatsdsaft[12]) aufwärts. Einige davon haben sich demselben geweiht, als sie Arhatschaft in der Mondkette erreichten; andere sind Adepten[13]); andere haben diese Stufe menschlicher Entwicklung weit überschritten.

Die Notwendigkeit der Existenz eines solchen Stabes entspringt wahrscheinlich außer vielen anderen uns unbekannten Gründen der Tatsache, dass zur Zeit sehr früher Entwicklungsstufen einer Kette — besonders einer auf dem abwärtssteigenden Bogen — oder selbst der jungen Entwicklung eines Globus, mehr Hilfe von außerhalb als später nötig ist. Auf der ersten Kette unseres Systems zum Beispiel war der festgesetzte Grad der Vollendung, der erreicht werden sollte, die erste der großen Initiationen und von ihrer Menschheit erreichte nie-

---

11) Psalm 503, Vera 21.
12) Diejenigen, die die vierte Große Initiation durchgemacht haben.
13) Diejenigen, die die fünfte Große Initiation durchgemacht haben.

mand Adeptschaft. Da solche Stufe der Buddhaschaft noch nirgends nahe kommt, war es demnach notwendig, die höheren Ämter von außerhalb zu versehen. So wurde auch späteren Ketten geholfen und unsere Erde wird sowohl frühere, also jüngere Ketten anderer Systeme mit hohen Beauftragten versehen, als auch den normalen Bedarf für die späteren Globen und Runden unserer eigenen Kette hergeben müssen. Von unserer eigenen Okkulten Hierarchie haben, soweit wir wissen, bereits zwei unsere Erde verlassen, entweder um sich dem Generalstab einzugliedern, oder um von dem Haupte unserer Hierarchie, dem Haupte der Hierarchie eines anderen Globus, außerhalb unseres Systems, zeitweilig überwiesen und geliehen zu werden.

Die menschlichen Geschöpfe, die in einer beliebigen Kette zu einer bestimmten Zeit die Höhe nicht erreicht haben, die der Menschheit auf der betreffenden Kette vorgezeichnet war, sind ihre „Versagenden"; das Versagen mag in großer Jugend und daraus folgendem Mangel an Zeit, oder in ungenügendem Aufwand an Mühe und anderem seine Ursache haben, was aber auch die Ursache sein mag: wenn es nicht gelingt, eine Stufe zu erreichen, von der aus sie genügende Fortschritte machen können, um während des übrigen Lebens einer Kette die am Ende derselben erforderliche Höhe zu erreichen, scheiden aus deren Entwicklung, ehe diese Entwicklung vollendet ist. Und damit solche ihren menschlichen Lebenslauf vollenden können, müssen sie in die nachfolgende Kette an einem Punkte einziehen, der durch die schon erreichte Entwicklungsstufe bestimmt ist. Anderen gelingt es, diesen kritischen Punkt, den „Tag des Gerichtes", für die Kette zu überschreiten, sie machen aber nicht genügend schnelle Fortschritte, um die Höhe zu erreichen, von der aus die sieben Pfade sich öffnen. Diese, obgleich nicht „Versagende", hatten keinen vollen Erfolg, gehen daher auch in die nächste Kette über und führen deren Menschheit, sobald diese eine Stufe erreicht hat, auf der ihre Körper genügend entwickelt sind, um als Werkzeuge für ihre weiteren Fortschritte zu dienen. Wir werden diese verschiedenen Klassen während unserer Studien antreffen, hier wird nur ein Blick auf sie aus der Vogelschau gegeben. Einzelheiten werden sie klarer hervortreten lassen. Nur in der ersten Kette bemerkten wir keine Versagenden, die aus ihrer Entwicklung schieden. Einige hatten zwar keinen Erfolg, ob und wann aber diese Kette ihren Tag des Gerichts hatte, konnten wir nicht erkennen.

Auf der einzelnen Kette fließt die Entwicklungswelle von A bis G und ein Globus nach dem andern ist das Feld ihres Werdens; dieses um-die-Kette-kreisen wird sehr bezeichnend, eine Runde genannt, und siebenmal fließt die Welle um dieselbe, ehe das Leben der Kette vorüber und ihr Werk vollendet ist. Dann werden die Ergebnisse gesammelt und geerntet, sie alle bilden die Saat für die folgende Kette, außer denen, die ihren Lauf als Menschen vollendet haben und Übermenschen werden, auserkoren, auf andere Weise zu dienen, als z. B. um die kommende Kette auf ihrem Wege zu leiten und zu führen, oder sie beschreiten einen anderen der sieben Pfade.

Zum Schluss dieser Einführung sei bemerkt: In der **Monadischen Sphäre**, auf der überspirituellen Ebene, wohnen die **göttlichen Ausstrahlungen**, jene Emanationen, die **Söhne Gottes** genannt, die im kommenden Weltall Fleisch und Söhne des Menschen zu werden ausersehen sind. Sie schauen beständig das Antlitz des Vaters und sind das Engelgegenstück der Menschen. Dieser Gottessohn wird in seiner eigenen Welt technisch „Monade", „Einheit" genannt, und diese Monade oder Einheit ist es, die, wie wir vorher sagten, „in der Welt des Lebens in einen **unsterblichen Geist** gewandelt wird". Der Geist ist die in Materie gehüllte Monade, daher dreifach in ihren Aspekten, Wille, Weisheit, Tätigkeit. Es ist die eigentliche Monade selbst, nachdem sie die Atome der Materie der spirituellen, intuitionellen und mentalen Sphäre sich zu eigen gemacht hat, um welche ihre künftigen Körper sich bilden werden. In der Monade wallt der unvergängliche, unversiegbare Quell des Lebens. So verschleiert der Geist oder die Monade selbst ihre Manifestation in einem Weltall. In dem Maße, wie eine Monade die Herrschaft über die Materie der niederen Sphäre erlangt, übernimmt sie mehr und mehr die Herrschaft über das Werk der Entwicklung und jede große Wahl, die eines Menschen Schicksal entscheidet, wird von dem **Willen der Monade** getroffen, von ihrer **Weisheit** geleitet und von ihrer **Tätigkeit** ausgeführt.

Kapitel II.
Die erste und die zweite Kette.

Wir müssen uns nun der eigentlich einzigen großen Schwierigkeit bei unserem Studium gleich am Anfang zuwenden, nämlich den Entwicklungszyklen auf der ersten und der zweiten Kette unseres Evolutionsplanes. Einer der Meister sagte hierzu lächelnd: „Du wirst wohl imstande sein, es zu sehen, die Frage ist nur, inwieweit du imstande sein wirst, es in verständlicher Sprache wiederzugeben, so dass andere es zu verstehen vermögen." Die Zustände unterscheiden sich so sehr von allem, was wir hier kennen: die Formen sind so zart, so fein, so wechselnd, die Materie ist so durchaus: „der Stoff, aus dem man Träume webt", dass es fast unmöglich ist, das Erschaute in klare Worte zu kleiden. Indessen, wie unvollkommen die Beschreibung auch nur sein kann, sie muss doch versucht werden, damit das spätere Wachstum und die spätere Entfaltung verständlich werden, und wie armselig diese Beschreibung auch ausfallen mag, sie wird besser sein als keine.

Ein wirklicher „Anfang" ist nicht zu entdecken. In der endlosen Kette lebender Dinge kann man ein Glied untersuchen, das in sich möglichst vollständig ist, aber der Urstoff derselben schlummerte, ehe er in einer Kette als Glied erscheint, irgendwo im Busen der Erde, ist aus irgendeiner Mine ausgegraben, in irgendeinem Ofen geschmolzen und in irgendeiner Werkstatt verarbeitet, von irgendeiner Hand geformt worden. Mit unserem Evolutionsplane ist es ebenso. Ohne vorhergegangene Evolutionspläne könnte er nicht sein, denn seine höher entwickelten Bewohner begannen ihre Entwicklung nicht darauf. Genüge es denn zu sagen, dass einige der Teile der Gottheit, ewige Geister, die anderswo den hinabsteigenden Bogen durchzogen — indem sie sich durch stetig sich verdichtende Materie durch die Elementarreiche hindurch „involvierten" und ihren tiefsten Punkt erreichten —, in dem Mineralreich dieser ersten Kette ihren Aufstieg und ihre lange Entfaltung in sich „evolvierender" Materie begannen. Und in dieser Kette, auf der wir unseren ersten Entwicklungsunterricht in dem Mineralreich von damals empfingen, waren wir schon — wir, die wir jetzt die Menschheit unserer gegenwärtigen Erde sind.

Diesen Bewusstseinseinheiten nun von ihrem Leben in den Mineralien der ersten Kette an bis zu ihrem Leben in den Menschen der vierten Kette hier nachzugehen, haben wir uns vorgenommen. Uns selbst, Teilen der Menschheit dieser Erde, wird es leichter, diesen Bewusstseinseinheiten nachzugehen, als uns gänzlich fremden, denn hierin beschwören wir nur aus dem ewigen Gedächtnis Szenen herauf, in denen wir selbst eine Rolle spielten, mit denen wir unlöslich verkettet sind und die wir daher leichter erreichen können.

Sieben Zentren sehen wir, die die erste Kette bilden, das erste und das siebente, wie bereits gesagt, auf der spirituellen Ebene[1]), das zweite und das sechste auf der intuitionellen[2]), das dritte und das fünfte auf der höhermentalen und das vierte auf der nieder-mentalen Ebene. Wir nennen sie nach Art der späteren Globen A und G, B und F, C und E und in der Mitte D, den Wendepunkt des Umlaufs oder Zyklus. In der ersten Runde der vierten Kette, die bis zu einem gewissen Grade eine ungefähre Nachbildung der ersten Kette ist, sagt der in der Geheimlehre angegebene Okkulte Kommentar von der Erde, dass sie „ein Fötus in der Matrix des Raumes" war, und dieser Vergleich kommt uns wieder in den Sinn. Diese Kette bedeutet die künftigen Welten in der Matrix des Gedankens, die Welten, welche später in dichtere Materie geboren werden sollen. Wir können diese Zentren kaum „Globen" nennen, sie sind gleich Zentren von Licht so einem Meer von Licht, Brennpunkten von Licht, durch die das Licht strömt, gewoben aus dem Stoff des Lichtes selbst, und nur Licht, jedoch gemildert durch die Fluten Lichtes, die sie durchströmen; sie sind wirbelnden Ringen gleich, die kreisenden Ringe aber sind nur Licht, durch ihr Wirbeln nur zu unterscheiden, an der Verschiedenheit ihrer Bewegungen; sie gleichen Wasserstrudeln inmitten von Wasser. Dies aber hier sind Lichtstrudel inmitten von Licht. Das erste und das siebente Zentrum sind beide sozusagen Modifikationen spiritueller Materie, das siebente die vollkommene Ausführung des im ersten Zentrum sichtbaren Umrisses, das fertig ausgeführte Bild der ersten hingeworfenen Skizze des göttlichen Künstlers. Darin lebt eine Menschheit, eine sehr verklärte Menschheit, das Ergebnis einer früheren Entwicklung, die ihren Daseinslauf als Menschheit auf dieser Kette (siehe den Kreis rechts oben in der ersten Kette in Diagramm IV) vollenden soll; wie auf dem vierten Globus jeder Runde wird auch auf dieser Kette jedes Wesen seinen niedrigsten Körper er-

---

1) Nivanisch.
2) Buddhisch.

halten — den Körper von Mental-Materie die dichteste, die diese Kette geben kann. Die Höhe der Vollendung auf dieser Kette — deren Nichterlangung die Notwendigkeit des Wiedergeborenwerdens auf der folgenden Kette nach sich ziehen würde — ist die erste der Großen Initiationen oder was ihr dort entspricht. Indessen auf der ersten Kette dort — soweit wir erkennen konnten — gehört keiner zu den „Versagenden", und einige, was auch in späteren Ketten stets der Fall zu sein scheint, überschreiten weit die festgesetzte Höhe. In der siebenten Runde schickten die Glieder der Menschheit, welche die Initiation erhielten, sich an, einen oder den anderen der bereits erwähnten sieben Pfade zu wandeln.

Alle Stufen des Egoseins scheinen auf dieser Kette vorhanden, aber das Nichtvorhandensein niedrigerer Schichten von Materie, an die wir gewöhnt sind, macht einen dem Beobachter auffallenden Unterschied in den Entwicklungsmethoden: es geht nicht allein alles von „oben" aus, sondern entwickelt sich auch von „oben" vorwärts, denn es gibt kein „unten" und keine „Formen" im gewöhnlichen Sinne des Wortes, sondern nur Zentren von Leben; lebende Wesen ohne feste Formen. Es gibt keine physischen und keine astralen Welten — in den ersten drei Globen nicht einmal eine niedere mentale Welt —, aus welcher Impulse aufwärts wallen und die höheren als Antwort darauf herabrufen können, um die bereits auf den niederen Ebenen vorhandenen Formen zu beseelen und zu benutzen. Am nächsten kommt einer derartigen Tätigkeit Globus D, auf welchem die tierähnlichen Gedankenformen aufwärts langen und die Aufmerksamkeit der feinen Zentren, welche über ihnen treiben, auf sich ziehen; dann pulsiert mehr von dem Leben des G e i s t e s in die Zentren und sie ankern sich an die Gedankenformen und beseelen sie, und die Gedankenformen werden zum Menschen.

Es ist schwer, die einander folgenden Runden voneinander zu unterscheiden, sie scheinen ineinander zu fließen, verschwimmenden Fernsichten gleich[3]), und zeichnen sich nur durch geringe Zu- und Abnahme von Licht aus. Die Fortschritte sind sehr langsam; wir erinnern uns des Satya-Yuga der heiligen Hinduschriften, worin ein Leben viele Tausende von Jahren ohne große Veränderungen währt[4]).

---

3) Erinnern wir uns, dass sowohl die erste als die zweite Rasse unserer jetzigen Welt auch etwas von dieser Eigenart zeigte, obgleich auf sehr viel niedrigerer Ebene.
4) Die Hindus, teilen die Zeit in Zyklen, die aus 4 Yugas oder Zeitaltern bestehen, die einander folgen: Das erste in der Reihe, das Satya Yuga ist da, spirituellste und das längste. Wenn das vierte beendet sein wird, dann öffnet sich ein neuer Zyklus, wieder mit einem Satya.

Die Wesen entwickeln sich sehr langsam, während Strahlen magnetisierten Lichtes sie umspielen. Es ist wie ein Geborenwerden, wie das Wachsen in einem Ei oder in einer Blütenknospe innerhalb ihrer Hülle. Während die niederen Entwicklungen eine untergeordnete Rolle zu spielen scheinen, ruht das Hauptinteresse der Kette auf der Entwicklung der „Leuchtenden" — der Devas oder Engel —, derer, die der Regel nach in diesen hohen Regionen leben. Die Menschheit wird von ihnen sehr beeinflusst, meistens schon durch ihre bloße Gegenwart und durch die Atmosphäre, die sie schaffen; und bisweilen kann man einen der „Leuchtenden" sehen, wie er sich eines Menschenwesens annimmt, fast wie eines Spielzeugs oder einer Lieblingssache. Die große Engelevolution hilft der Menschheit schon durch ihr Vorhandensein allein; die Schwingungen, die diese strahlenden, diese leuchtenden Geister in Umlauf setzen, umspielen die niederen Menschentypen, stärken und beleben sie. Wenn wir die Kette als ein Ganzes betrachten, sehen wir sie zunächst als Wirkungskreis für dieses R e i c h   d e r   E n g e l, und erst in zweiter Linie für die Menschheit. Aber vielleicht ist es immer so und nur weil wir Menschen sind, betrachten wir die Welt so recht eigentlich als unser Eigen.

Auf dem vierten Globus kann man hie und da einen der „Leuchtenden" gewahren, wie er einem Menschenwesen bedachtsam hilft, indem er seinem eigenen Körper entnommene Materie in den Menschen überträgt und auf diese Weise die Reaktionsfähigkeit, die Empfänglichkeit des letzteren steigert. Solche Helfer gehören zur Klasse der F o r m e n g e l — der Rupa-Devas —, die gewöhnlich in der niederen Mentalwelt leben.

Wenn wir uns dem Mineralreich zuwenden, befinden wir uns unter solchen ihrer Art, von denen einige auf der Mondkette, andere auf der Erdkette einst Menschen zu werden bestimmt sind. Das in diesen Mineralien schlummernde Bewusstsein soll allmählich erwachen und sich im Laufe langer Zeiten zum menschlichen entfalten.

Das Pflanzenreich ist ein wenig wacher, jedoch recht schwerfällig noch und verschlafen; normaler Fortschritt darin wird das beseelende Bewusstsein auf der zweiten Kette in das Tierreich tragen und auf der dritten Kette in das Menschenreich.

Während wir nun notgedrungen von diesen Reichen als dem Mineral- und dem Pflanzenreiche sprechen müssen, sind es in Wirklichkeit nur reine Gedanken — Gedanken von Mineralien, Gedanken von Pflanzen, mit den Monaden, die in ihnen träumen, sozusagen über ihnen treiben oder schweben, und schwaches Lebenserzittern in diese Luftgestalten niedersenden. Diese Monaden, so scheint es, sind dann und wann gezwungen, ihnen ihre Aufmerksamkeit zuzuwenden, durch sie zu fühlen, durch sie zu sinnen, wenn eine äußere Berührung sie zu verträumtes" Aufmerken zwingt. Diese Gedankenformen sind im Geiste des Beherrschers der sieben Ketten gleich Urbildern und Vorbildern, sie leben in ihm als Frucht seines Nachdenkens und seiner Meditation, eine Welt von Gedanken, von Begriffen und Ideen. Wir sehen, dass die Monaden, die in einem vorangegangenen System permanente Atome erlangten und die über diesen Gedankenformen schweben, sich an sie heften und in ihnen und durch sie sich vage bewusst werden. Wie vage auch dieses Bewusstsein ist, so sind darin doch Unterschiede. Der niedrigste Grad kann kaum noch Bewusstsein genannt werden, da das Leben in den Gedankenformen der Typen dem gleicht, was wir jetzt Erde, Felsen, Steine nennen würden. Von den Monaden, welche sie berühren, kann man kaum sagen, dass sie durch sie irgend etwas gewahren außer einem Druck, der ihnen eine dumpfe Lebensregung entlockt, die sich als Widerstand gegen den Druck äußert und daher sich unterscheidet von dem noch dumpferen Leben in den chemischen Molekülen, die noch nicht mit Monaden verbunden sind und keinen Druck empfinden. Im nächsten Grade, in den Gedankenformen, dem ähnlich, was wir jetzt Metalle nennen würden, ist das Gefühl des Druckes stärker und der Widerstand ein wenig bestimmter; hier ist fast schon eine Anstrengung, sich nach außen dagegen zu stemmen, eine Reaktion, eine Gegentat, die Ausdehnung verursacht. Wenn diese unterbewusste Reaktion nach verschiedenen Richtungen geht, bildet sich das Gedankenvorbild für ein Kristall. Wenn unser eigenes Bewusstsein in dem Mineral war, so bemerkten wir, dass wir nur die unterbewusste Reaktion, die Gegentat davon empfanden, sobald wir aber hervortraten und versuchten, die Gegentat von außen zu empfinden, wurde sie in unserem Bewusstsein zu einem vagen, mit dem Drucke unzufriedenen Missvergnügen, zu einer dumpfen, grollenden Anstrengung zu Widerstand und Gegenstoß. „Ich empfinde wie ein missvergnügtes Mineral", bemerkte einer von uns. Wahrscheinlich fühlte das monadische Leben, das nach Ausdruck rang, ein vages Unbehagen bei der Vereitelung seiner Anstrengungen, und das fühlten wir, als wir aus dem Mineral traten, fühlten es in uns, so wie wir es in dem Teil unseres Bewusstseins fühlten, das zu der Zeit außerhalb der starren Form war. Wenn wir in Eile vorwärts schauen, können wir sehen, dass Monaden, die Kristallen zugehören, nicht in die niedrigsten Formen des Pflanzenlebens auf der nächsten Kette gehen, sondern nur in die höheren und, durch diese gehend, in der Mitte der Mondkette als Säugetiere erscheinen, dort Individualität erlangen und in deren fünfter Runde als Menschen geboren werden.

Eine der verwirrendsten Tatsachen für die Beobachter ist, dass diese „Gedanken von Mineralien" nicht unbeweglich, sondern beweglich sind; ein Hügel; den man feststehend glaubt, fällt um, fließt hinweg oder verändert seine Form; es gibt keine feste Erde, nur ein wechselndes Panorama. Es ist kein Glaube nötig, um diese Berge zu versetzen, denn sie bewegen sich von selbst.

Alle, die am Ende der ersten Kette die für sie vorgezeichnete Höhe erreichten — nämlich das, was, wie vorher gesagt, unserer ersten Einweihung entspricht —, betraten einen oder den andern der sieben Pfade, deren einer zur Arbeit als Bildner der Formen der Menschheit auf der zweiten Kette führte, um dort eine Rolle zu spielen, ähnlich der, welche später auf unserer Erde die „Herren des Mondes"[5]) spielten. H. P. Blavatsky nennt sie „Asuras", d. h. „lebende Wesen"; in der Anwendung wurde später diese Bezeichnung auf lebende Wesen beschränkt, in denen der Intellekt, aber nicht das Gefühlsleben entwickelt war[6]). Diejenigen, denen es nicht gelang, diese Höhe zu erreichen, gingen zu ihrer eigenen weiteren Entwicklung in die zweite Kette, während ihres mittelsten Stadiums, und leiteten deren Menschheit. Als das Ende dieser Kette nahte, erlangten sie Befreiung und Dasein unter deren „Herren"; einige dieser Herren wirkten ihrerseits auf der dritten Kette, indem sie die Formen der zu ihr gehörigen Menschheit bildeten[7]). Die früheste Menschheit der zweiten Kette wurde dem Tierreich der ersten Kette entnommen, das Tierreich der zweiten Kette dem Pflanzenreich der ersten; während das Pflanzenreich der zweiten aus dem Mineralreich der ersten hervor-

---

5) Die Barhishad Pitris d e r G e h e i m l e h r e.

6) Diese Asuras waren auf der zweiten Kette als Barhishad Pitris tätig und auf der dritten als Agnishvatta Pitris und bildeten eine der höchsten Klassen der übermenschlichen Manasaputras, welche d e r G e h e i m l e h r e gemäß auf untere Erde kamen. Man muss im Auge behalten, dass diese Stufen alle übermenschlich sind; augenscheinlich bezeichnen sie die Übermenschen-Stufen des fünften der sieben vorher genannten Pfade. Eine Unklarheit wird in d e r G e h e i m l e h r e dadurch geschaffen, dass derselbe Name Asuras auch auf die angewendet wird, die die Mond-Kette vom ersten Globus seiner siebenten Runde verließen und auf Erden Schwierigkeiten verursachten, indem sie sich weigerten, sich „schöpferisch zu betätigen". Die Leser des „Stammbaum des Menschen" müssen ihn hiernach korrigieren und durch das, was später gegeben wird, ergänzen, denn durch die doppelte Anwendung des Wortes in d e r G e h e i m l e h r e wurde ist zu einem Irrtum verleitet. Die Menschenwesen können als s o l c h e nie auf mehr als zwei aufeinander folgenden Ketten existieren. Um es zu können, müssen sie Übermenschen geworden sein. A. B.

7) Der Geheimlehre gemäß werden sie ihre Barhishad Pitris genannt.

ging. Die drei Elementarreiche des absteigenden Bogens der ersten Kette gingen auf dieselbe Weise in die zweite Kette über und füllten das Mineral- und zwei Elementarreiche, während das erste Elementarreich einem neuen Lebensimpuls vom L o g o s entsprang.

In der zweiten Kette gibt uns der weitere Abstieg in die Materie einen Globus auf der Emotionalebene, das heißt einen Astralglobus, und das dichtere Material macht die Dinge ein wenig zusammenhängender und verständlicher. Wir haben dann die Globen A und G auf der intuitionellen Ebene, B und F auf der höher-mentalen, C und E auf der nieder-mentalen und Globus D auf der Astralebene. Auf diesem untersten Globus glichen die Dinge ein wenig mehr dem, was wir gewöhnt sind, obgleich sie immer noch recht seltsam und märchenhaft erscheinen. So bewegten sich dort mit der Bewegungsfreiheit von Tieren Dinge, die dem allgemeinen Aussehen nach Pflanzen waren, obgleich augenscheinlich mit wenig, wenn überhaupt mit Empfindung begabt. Sie waren nicht an physische Materie verankert und daher sehr beweglich. Die junge Menschheit lebte hier in enger Berührung mit den „Leuchtenden", die noch das Entwicklungsfeld beherrschten, während die Formengel und die Wunschengel — die Rupa-Devas und die Kama-Devas — wenn auch meistens unabsichtlich, die menschliche Entwicklung stark beeinflussten. In vielen, die jetzt auf Globus D Astral-Körper hatten, zeigte sich Leidenschaftlichkeit und Keime hiervon waren in Tieren sichtbar. In Bezug auf die Fähigkeit, auf Schwingungen einzugehen, die die „Leuchtenden" bewusst und unbewusst aussandten, waren Unterschiede zu bemerken, aber die Veränderungen waren sehr allmählich und der Fortschritt langsam. Später, als das intuitionelle Bewusstsein sich entfaltete, fand eine Verbindung statt zwischen dieser Evolutionsebene und dem, dessen physischer Globus jetzt die Venus ist, deren Evolution der unserigen um eine Kette voraus ist und einige kamen von dorther auf unsere zweite Kette; ob sie jedoch zur Venusmenschheit gehörten oder Mitglieder des „Stabes" waren, können wir nicht sagen.

Auffallende Gebilde und von herrlicher Farbe waren in der ersten Runde auf Globus D. Die großen flutenden Wolkenwellen wurden in der folgenden Runde dichter, leuchtender gefärbt, den Schwingungen, welche sie in Formen wandelten, leichter zugänglich; ob es indessen Pflanzen oder Tiere waren, ist schwer zu entscheiden. Viel von der Arbeit wurde in den höheren Ebenen geleistet, es war das Beleben feiner Materie zu künftigem Gebrauch, von wenig Einfluss noch auf die niederen Formen. Gerade so wie jetzt Elementaressenz verwendet wird, um astrale und mentale Körper zu bilden, so suchten damals die Form- und Wunschengel sich weiter zu differenzieren, indem sie sich diese Wolken von Materie dienstbar machten und darin wohnten. Von einer Unterebene zur anderen kamen sie herab in dichtere Materie, doch ohne sich des Menschenreiches zu bedienen. Selbst heutigen Tages noch kann ein Deva oder Engel einen ganzen Landstrich beseelen und damals war derartige Tätigkeit sehr allgemein. Astral- und niedere Mentalmaterie, wechselweise sich durchdringend, formte die Körper dieser Engel, und permanente Atome von Pflanzen, Mineralien und selbst Tieren nisteten sich hie und da ein in solche Engelkörper, hefteten sich an sie und wuchsen und entfalteten sich darin. Aber so wenig wie wir uns für die Entwicklung von Mikroben in uns interessieren, schienen die Engel besonderen Anteil an ihnen zu nehmen. Dann und wann indessen zeigten sie ein wenig Interesse für ein Tier und unter diesen Bedingungen wuchs schnell seine Fähigkeit, zu reagieren.

Während wir Pflanzenbewusstsein auf der zweiten Kette beobachteten und studierten — der Kette, in der wir, die wir jetzt Menschen sind, in der Pflanzenwelt lebten —, finden wir darin ein schwaches Gewahrwerden von darauf spielenden Kräften und ein gewisses Gefühl des Gezwungenseins zu wachsen. In einigen war ein Gefühl des Wunsches, zu wachsen; wie einer der Beobachter bemerkte: „Ich versuche zu blühen." In anderen war ein schwacher Widerstand gegen die ihnen aufgenötigte Richtung des Wachstums und ein vages Tasten nach anderer, selbstgewählter Richtung hin. Einige schienen zu versuchen, irgendwelche Kräfte zu v e r w e r t e n, von denen sie sich berührt fühlten, und in ihrem keimenden Bewusstsein hielten sie alles um sich herum, als für sie vorhanden. Einige versuchten, nach einer sie anziehenden Richtung auszuschlagen, wurden verhindert und empfanden ein vages Bedauern. Eine Pflanze, die der Teil eines Deva war, wurde beobachtet, wie sie auf diese Weise gehindert wurde, da der Deva natürlicherweise die Dinge so einrichtete, wie sie ihm selbst und nicht irgendeinem Bestandteil seines Körpers zusagten. Anderseits, vom unklaren Gesichtspunkte der Pflanze aus, war das Vorgehen des Deva ebenso unverständlich wie uns heutigen Tages das Wetter und oft ganz ebenso unangenehm. Gegen Ende der Kette zeigte sich bei den höherentwickelten Pflanzen ein wenig Denkvermögen (mind), tatsächlich eine ganz hübsche, beginnende Kinderintelligenz, die das Vorhandensein äußerer Tiere wahrnahm, die Nähe einiger gern hatte und sich vor anderen zurückzog. Ein Sehnen, ein Verlangen nach mehr Zusammenschluss war da, augenscheinlich die Folge des niederwärts drängenden Lebens in Materie von größerer Dichtigkeit, der in der Natur wirkende Wille zum Abstieg in dichtere Regionen. Ohne die physische Verankerung waren die Astralformen sehr unbeständig und hatten die Neigung, zweck- und ziellos umherzutreiben.

In der siebenten Runde dieser Kette fiel eine beträchtliche Anzahl ihrer Menschheit als „Versagende" aus, zu weit zurückgeblieben, um noch passende Formen zu finden, gingen sie später in die dritte, die Mondkette, und dort als Menschen weiter. Andere erreichten die Höhe, die jetzt durch die dritte Initiation bezeichnet wird, den Höhegrad, der auf der zweiten Kette als Erfolg vorgezeichnet war, und beschritten dann einen der sieben Pfade, deren einer, ebenso wie vorher, zur Arbeit auf der nächsten Kette führte. Diejenigen, welche nicht zu den „Versagenden" gehörten, sondern nur keinen vollständigen Erfolg hatten, gingen zur dritten Kette über, und zwar in die Runde, welche nach der vorher erreichten Stufe ihnen gemäß war. Die Vordersten aus dem Tierreich wurden individuell auf der zweiten Kette und begannen ihre menschliche Entwicklung auf der Mondkette, gingen sehr schnell durch jene niederen Reiche und wurden Menschen. Auf dieser Kette leiteten sie dann die Entwicklung, bis die schon erwähnten Klassen — zuerst die, welche „versagt", und dann diejenigen, die nicht vollständig erfolggekrönt gewesen waren — von der zweiten Kette dazu kamen und ihrerseits nacheinander die Führer wurden. Die Vordersten aus dem Pflanzenreich der zweiten Kette gingen als Säugetiere in das Mondkettentierreich in deren vierte Runde ein, ohne die Infusorien und niederen Tiertypen — Fische und Reptilien — zu durchlaufen; die übrigen kamen in deren erster Runde als Tiere von niederem Typus hinein. Die Bewusstseinseinheiten in dem Zweite-Kette-Mineralreich gingen weiter in das Pflanzenreich der Mondkette und das Mineralreich wurde aus dem höchsten Elementarreich der zweiten Kette gefüllt. Wie vorher wurde das niedrigste Elementarreich von einer neuen Welle von Leben vom L o g o s erfüllt.

Wir wollen hier ein wichtiges Gesetz erwähnen: Jede der sieben Unter. ebenen, die eine Ebene bilden, wird wieder in sieben geteilt, daher wird ein Körper, während er in seiner Konstitution Materie aller Unterebenen enthält, Betätigung nur in den Unterabteilungen zeigen, die der Zahl der schon durchlebten oder gerade durchlebt werdenden Ketten oder Runden entspricht. Ein Mensch, der in der zweiten Runde der zweiten Kette wirkt, wird in seinem Astral- und Mental-Körper nur die ersten und zweiten Unterabteilungen jeder Unterebene von Astral- und Mentalmaterie zu benutzen imstande sein. In der dritten Runde wird er imstande sein, sich der ersten, zweiten und dritten zu bedienen, doch in Beziehung auf die dritte nicht so vollständig, wie es ihm möglich sein wird, nachdem er in die dritte Runde der dritten Kette gelangt ist, und so weiter. So wirkte später der Mensch auf unserer Erdenkette in der zweiten Runde in der und durch die erste und die zweite Unterabteilung jeder der Unterebenen, schwächer in der dritten und der vierten, während er in der vierten Kette war, so dass, während er Materie aller Unterebenen besaß, nur die zwei niederen Unterabteilungen der zwei niederen Unterebenen voll tätig waren und sein Bewusstsein nur durch diese voll arbeiten konnte. Erst in der siebenten Rasse unserer siebenten Runde wird der Mensch jenen herrlichen Körper besitzen, in welchem jeder Teil in Antwort auf ihn selbst erklingen wird und selbst dann noch nicht so vollkommen wie in späteren Ketten.

Kapitel III.
Frühe Zeiten auf der Mond-Kette.

Auf der Mondkette — der dritten der Reihenfolge nach — findet ein tieferes Untertauchen in Materie statt und der mittelste Globus ist auf der physischen Ebene. Globus A und G sind auf der höher-mentalen, B und F auf der nieder-mentalen, C und E auf der astralen und D auf der physischen Ebene. Dieser Mittelglobus, der Schauplatz größter Betätigung auf der Kette, lebt noch fort als unser Mond, aber der Mond ist nur das, was von ihm übrig blieb, gleichsam sein innerer Kern, nachdem er viel Materie verloren hat. Nach der Zersetzung der Rinde ein an Größe sehr zusammengeschmolzener Globus und auf dem Wege, gänzlich Wrack zu werden — im Grunde ein Leichnam.

Folgen wir den sich entfaltenden Bewusstseinseinheiten, die wir auf der ersten Kette als Minerale, auf der zweiten als Pflanzen sahen, so finden wir den Kamm der vorwärtseilenden Welle, die uns in sich trägt, in seinem Mittelstadium in Form von Säugetieren in die dritte Kette eingeben und auf Globus D, dem Monde, in der vierten Runde erscheinen. Diese Säugetiere sind seltsame Geschöpfe, klein, aber außerordentlich geschäftig, die entwickeltsten unter ihnen sind der Form nach affenähnlich und machen riesige Sprünge. Die Geschöpfe der vierten Runde haben der Regel nach zuerst schuppige Haut, später gleicht die Haut der der Frösche und dann entwickeln die Fortgeschritteneren Borsten, die einen sehr groben stacheligen Pelz bilden. Die Luft ist ganz anders als unsere jetzige Atmosphäre, schwer und beklemmend, sie erinnert an Stickluft, aber augenscheinlich behagt sie den Mondbewohnern. Die Bewusstseinseinheiten, denen wir nachgehen, nehmen die Körper kleiner Säugetiere, lang an Körper, kurz an Beinen, ein Gemisch von Wiesel, Frettchen und Präriehund mit kurzem, struppigem Schwanze, äußerst plump und unfertig. Sie haben rote Augen und können im Dunkel ihre Löcher sehen. Wenn sie aus ihren Löchern kriechen, stellen sie sich auf die Hinterbeine, die im Verein mit dem kurzen starken Schwanze einen Dreifuß bilden, wenden den Kopf von einer Seite zur andern und wittern. Diese Tiere sind ziemlich intelligent und die Beziehungen zwischen Mondtieren und Menschen scheinen, wenigstens in diesem Bezirk, freundlicher zu sein als zwischen wilden Tieren und Menschen auf unserer Erde. Diese Geschöpfe sind nicht gezähmt, fliehen aber nicht, wenn sich Menschen nahen. In anderen Teilen, wo die Menschen noch richtige Wilde sind, die ihre Feinde verzehren, wenn sie ihrer habhaft werden können, und Tiere nur, wenn kein Menschenfleisch zu haben ist, sind die wilden Geschöpfe scheu und fliehen die Nachbarschaft der Menschen.

Nach dieser ersten Stufe des Tierlebens kommen eine Weile Geschöpfe, die viel auf Bäumen leben, die Glieder haben Doppelgelenke, die Füße sind gepolstert, sie sind mit einem rechtwinklig zum Fuße stehenden daumenähnlichen Fortsatz seltsam ausgestattet, dem Sporn des Hahnes gleich und mit einer gebogenen Klaue versehen. Wenn das Tier längs der Unterseite der Zweige schnell dahinrennt, benutzt es diese Kralle, um sich festzuhalten, wobei der übrige Teil der Füße unbenutzt bleibt, wenn es sich aber auf dem Boden bewegt, geht es auf den Polstern und der Sporn steht über dem Boden nach hinten hinaus und hindert nicht die Bewegung.

Andere, höher entwickelte Tiere als diese, viel intelligentere, affenartig an Gestalt, leben gewöhnlich in menschlichen Ansiedlungen, schließen sich sehr an die Menschen ihrer Zeit an und dienen ihnen auf verschiedene Weise. Diese werden individuell auf Globus D dieser vierten Runde und entwickeln auf den Globen E, F und G menschliche, astrale und mentale Körper, während der Kausal-Körper, obgleich vollständig ausgebildet, nur wenig Wachstum zeigt. Diese werden, wie wir sehen werden, die Mondkette in der Mitte der siebenten Runde verlassen und gehen also auf der Mondkette als Menschen durch drei Runden der Entfaltung. Unter diesen, individualisiert und in einer kleinen Gemeinde auf dem Lande lebend, bemerkten wir die Meister unserer gegenwärtigen Zeit, Mars und Merkur, die jetzt an der Spitze der Theosophischen Gesellschaft stehen und in der jetzigen, der vierten Runde der Erdkette, Manu sind Bodhisattva[1]) der sechsten Wurzel-Rasse auf unserer Erde werden.

Das Bewusstsein der Tiere, deren Entwicklung wir folgen, schlief sozusagen nach dem Tode ihrer letzten Körper auf Globus D durch den Rest der vierten Runde und durch die ersten drei Globen der fünften. Sie verloren ihren Astral- und den beginnenden Mental-Körper sehr schnell nach dem Tode des physischen, und da sie keinen

---

1) Es sind dies die offiziellen Titel der Häupter — des Königs sind des Priesters, des Herrschers und des Lehrers — einer Wurzel-Rasse.

Kausal-Körper besaßen, schliefen sie, ohne mit den manifestierten Welten in Berührung zu kommen, in einer Art Himmel voll angenehmer Träume, und die Kluft zwischen diesen und jenen Welten blieb unüberbrückt. Auf Globus D der fünften Runde wurden sie wieder in Körper hinabgeschleudert und erschienen als große affenähnliche Geschöpfe, die vierzig Fuß mit einem Satz nahmen und sich an ungeheuer hohen Luftsprüngen sehr zu ergötzen schienen. Zur Zeit der vierten Menschenrasse auf diesem Globus D wurden sie Haustiere, waren, ungefähr so wie treue Wachthunde heute, die Wächter über ihrer Herren Besitz und die Spielgefährten der Kinder des Hauses. Sie trugen die Kinder auf dem Rücken und in den Armen und entwickelten eine innige Zuneigung zu ihren Menschenherren. Die Kinder nestelten entzückt in ihren dicken, weichen Pelzen und freuten sich an den riesigen Sprüngen ihrer treuen Wächter. Als typisch für die Individualisierung solcher Geschöpfe mag eine Szene gelten.

In einer Hütte wohnt ein Mondmensch mit Weib und Kindern; wir kennen sie später unter den Namen Mars und Merkur, Mahaguru und Surya[2]). Eine Anzahl dieser Affengeschöpfe lebt, ihren Eigentümern ergeben wie treue Hunde, in der Nähe der Hütte, unter ihnen bemerken wir den künftigen Sirius, Herakles, Alcyone und Mizar, denen wir hier, obgleich sie noch „Nichtmenschen" sind, ihre künftigen Namen gehen, um sie später wieder zu erkennen. Ihre Astral- und Mental-Körper sind unter der Einwirkung der menschlichen Intelligenz ihrer Besitzer gewachsen, so wie die gezähmten Tiere sich jetzt unter dem Einfluss unserer eigenen Intelligenz entwickeln. Sirius ist vornehmlich dem Merkur ergeben, Herakles dem Mars; Alcyone und Mizar sind leidenschaftlich anhängliche Diener von Mahaguru und von Surya.

Eines Nachts entsteht Lärm, die Hütte wird von Wilden umringt, diese werden von ihren wütigen und starken Haustieren, behaarten Eidechsen und Krokodilen ähnlich, unterstützt. Die treuen Wächter um ihrer Herren Hütte springen auf und verteidigen sie verzweifelt. Mars tritt heraus und vertreibt die Angreifer, indem er sich einer

---

2) Siehe: „Risse im Schleier der Zeit" im Theosophist von 1910 und 1911. Der Mahagura ist der Lord Gautama, Surya der Lord Maitreya. Warum kamen diese Tiere in so nahe Beziehung mit denen, die auf der weit entfernten Erde einst ihre Meister werden sollten? Waren sie im höheren Falle Pflanzen gewesen, die sie gehegt, so wie wir jetzt Pflanzen hegen — denn die Herren Gautama und Maitreya waren ja schon Menschen auf der zweiten Kette, oder im niederen Falle [ehe sie Menschen worden] Tiere und Pflanzen, die sich zueinander hingezogen fühlten?

Waffe bedient, die diese nicht besitzen. Während er sie aber zurücktreibt, stürzt ein eidechsenartiges Tier hinter ihm so die Hütte, erfasst das Kind Surya und schickt sich an, es fortzuschleppen. Sirius springt dem Tier entgegen, schlägt es nieder und wirft das Kind Alcyone zu, der es in die Hütte zurückträgt. Während Sirius mit der Eidechse ringt und sie nach verzweifeltem Kampfe tötet, fällt er, traurig zugerichtet, besinnungslos auf deren Körper. Inzwischen schleicht ein Wilder hinter Mars und sticht nach dessen Rücken, aber Herakles schwingt sich mit einem Sprunge zwischen seinen Herrn und die Waffe, fängt mit seiner Brust den vollen Stoß auf und fällt sterbend. Die Wilden fliehen nun nach allen Richtungen und Mars, der den Fall eines Geschöpfes gegen seinen Rücken fühlt, schwankt, gewinnt das Gleichgewicht wieder und wendet sich um. Er erkennt seinen treuen Verteidiger, das Tier, beugt sich herab zu diesem, seinem sterbenden Diener, und legt dessen Haupt in seinen Schoß.

Voll inniger Hingebung richtet der arme Affe die Augen auf seines Herrn Angesicht und die Tat des Dienens, vollführt und, von dem leidenschaftlichen Wunsche beseelt, zu retten, ruft eine Antwort, einen Widerhall des Willensaspektes der Monade in einem feurigen, entgegenstürzenden Kraftstrom herab und in dem Augenblick des Sterbens wird der Affe individuell und stirbt so — als Mensch.

Unser verletzter Affe, Sirius, ist von seinem Eidechsenfeinde stark zerbissen und zerfetzt worden, schleppt sich aber noch weiter und wird in die Hütte getragen. Als Krüppel und Wrack lebt er noch ziemlich lange und kann sich nur mühsam fortbewegen. Rührend ist die stumme Treue zu seiner Herrin, seine Augen folgen ihr überall, wohin sie geht. Das Kind Surya pflegt ihn zärtlich, und Alcyone und Mizar, seine Affenkameraden, hängen an ihm. Allmählich wird seine durch Liebe genährte Intelligenz stärker, bis das niedere Denkvermögen (Manus), aufwärts gerichtet, eine Antwort von dem höheren herabzieht und kurz vor seinem Tode der Kausal-Körper ins Dasein flammt. Alcyone und Mizar leben noch eine Weile nach seinem Tode, ihre ausgeprägteste Eigenschaft ist die einzige Hingabe an den Mahaguru und Surya, bis der Astral-Körper, von diesem reinen Feuer angefacht, eine Antwort von der intuitionellen Ebene herabruft; auch sie erreichen Individualisation und gehen dahin.

Diese Fälle sind gute Beispiele für die drei großen Arten der Methoden der Individualisierung[3]), in jeder derselben vollzieht sich das

---

3) Siehe dazu C. W. Leadbeater" „Erscheinungswelten der Individualisation" in „Das Innere Leben" Bd. II.

Niederströmen des höheren Lebens durch einen der drei Aspekte des Dreieinigen Geistes, durch Wille, durch Weisheit, durch tätigen Intellekt. Tat langt hinauf und ruft Willen herab; Liebe langt hinauf und ruft Weisheit herab; Denkvermögen langt hinauf und ruft Intellekt herab. Dies sind die drei „rechten Wege" zur Individualisation. Es gibt noch andere, denen wir uns sogleich zuwenden werden. Es sind Spiegelungen von diesen in dichterer Materie, aber es sind „falsche Wege" und führen zu viel Leid.

Diese Bewusstseinseinheiten, denen wir besonders nachgingen, sind hinfort ausgesprochen menschlich und besitzen denselben Kausal-Körper, dessen sie sich noch bedienen. Auf Globus E erscheinen sie als menschliche Wesen, beteiligen sich aber nicht an deren gewöhnlichem Leben. Sie treiben in einer Atmosphäre wie Fische im Wasser, sind aber noch nicht fortgeschritten genug, um an der normalen Tätigkeit auf dem Globus teilzunehmen. Der neue Astral-Körper wird auf Globus E durch eine Art Protuberanz hervorgebracht, die sich um das permanente Astralatom bildet. Die neu Individualisierten werden nicht als Kinder der Bewohner von Globus E geboren, deren Aussehen, nebenbei bemerkt, nicht gerade einnehmend ist. Man kann nicht sagen, dass ihr eigentlicher Fortschritt als Menschenwesen beginnt, ehe sie wieder auf Globus D in der sechsten Runde landen.

Sicherlich ist im Astral-Körper schon manche Verdichtung und Verbesserung vorhanden, während er in der Atmosphäre von Globus E treibt, ebenso wie im mentalen in der von Globus F, desgleichen im kausalen in der von Globus G. Diese Verbesserung zeigt sich beim Abstieg durch die Atmosphären der Globen A, B und C der sechsten Runde, worin die Materie, die jeder Körper ansieht, in ihrer Art besser und zusammenhängender, also kohärenter ist. Aber, wie gesagt, der wirkliche Fortschritt findet auf Globus D statt, wo ihnen nochmals physische Materie verliehen wird.

Unter den fortgeschrittenen Tieren der fünften Runde, die in Berührung mit primitiven Menschenwesen leben, befinden sich einige, die interessant sind, weil sie später zu einem Typus zusammengezogen werden, der sich auf Ähnlichkeit in der Art der Individualisierung gründet. Sie werden individuell auf einem der vorher erwähnten „falschen Wege". Sie versuchen die Menschenwesen, unter denen sie leben, nachzuahmen, um sich dadurch einen Nimbus von Überlegenheit bei ihren Tiergenossen zu verschaffen, stolzieren voller Eitelkeit umher, zeigen sich und machen sich fortwährend wichtig. Es sind affenartige Geschöpfe, den vorher beobachteten sehr ähnlich, aber entschieden klüger und mit größerer Einbildungskraft oder wenigstens mit nachahmungskräftigeren Fähigkeiten begabt, und so wie Kinder „Erwachsene" spielen, so spielen sie „Menschenwesen" Sie werden individuell durch diese starke Eitelkeit, welche die Fähigkeit des Nachahmens bis zu einem außergewöhnlichen Grade anregt und ein starkes Gefühl des Sichabsonderns verursacht, ein Betonen des dämmernden „Ich" des Tieres, bis die Anstrengung, sich von anderen zu unterscheiden, eine Antwort aus den höheren Regionen herabruft und das Ego sich bildet. Aber die Anstrengung, sich über seine Mitgeschöpfe zu erheben, ohne weder Bewunderung noch Liebe für jemand über sich zu hegen, sich nur zu erheben, uns herabsehen zu können, trägt nicht dazu bei, Tierleidenschaften in menschliche Gefühle umzuwandeln und legt keinen Grund für künftiges, harmonisches Wachsen der Astral und Intellektualnatur. Sie sind voll Unabhängigkeitssinn, sie selbst ihr eigener Mittelpunkt selbstkonzentriert selbstgenügend. Ohne einen Gedanken an Zusammenwirken oder Streben sich zu einem gemeinsamen Zweck zu vereinen, denkt jeder nur an sich selbst. Wenn sie sterben, nachdem sie individuell wurden, verträumen sie die Zeit zwischen Tod und Wiedergeburt auf Globus D in der sechsten Runde zum großen Teil in derselben Weise wie die andern, eben beschriebenen individualisierten Tiere, aber mit einem Unterschiede — einem Unterschiede von ungeheurer Bedeutung für die Richtung des Wachstums —, dass in den vorherigen Fällen die neuen Menschenwesen ihren Sinn hebend auf ihre vergötterten Herren von Globus D gerichtet hatten und ihre Gefühle daher gestärkt und geläutert wurden, die durch Eitelkeit individualisierten hingegen ihren Sinn nur auf sich selbst und ihre eigenen Vorzüglichkeiten richteten und daher keine Zunahme an Gefühlen der Liebe hatten.

Eine andere Gruppe von Tieren wird individuell durch Bewunderung der Menschenwesen, mit denen sie in Berührung kommen, und auch sie versuchen, nachzuahmen, nicht weil sie ihre Genossen überflügeln wollen, sondern weil sie die Menschenwesen für überlegen halten und ihnen gleichen möchten. Sie haben keine starke Liebe für sie, keinen Wunsch, ihnen zu dienen, aber infolge der Bewunderung, die sie für sie als für ihnen überlegene Wesen hegen, ein starkes Verlangen, sich belehren zu lassen und große Bereitwilligkeit, zu gehorchen. Sie werden von ihren Besitzern zuerst zu Kunststücken abgerichtet und dann, kleine Dienste zu leisten, und auf diese Weise reifen sie zu einem gewissen Sinn für Zusammenarbeit mit ihren Besitzern heran. Sie suchen ihnen zu gefallen und ihre Billigung zu erlangen, nicht, weil sie sich besonders viel aus ihnen machen, sondern weil die Erlaubnis, mitzuarbeiten, die aus der erlangten Billigung hervorging, sie den größeren Wesen, mit denen sie arbeiten, näher bringt. Sobald sie, kraft des Wachstums ihrer Intelligenz, individuell werden, ist der Intellekt bereit, sich einer Disziplin zu unterwerfen, zusammenzuarbeiten, die Vorteile vereinter Anstrengung und die Notwendigkeit des Gehorsams einzusehen. Und zu ihrem künftigen, eigenen großen Vorteil tragen sie diesen Sinn für vereintes Arbeiten und die Bereitwilligkeit, sich Anordnungen zu fügen, in ihr Zwischendasein.

Ein anderer Typus entwickelt sich in einer recht unglückseligen Richtung, in der des Geistes, der scharf und aufmerkend durch Furcht geworden ist. Tiere, die gejagt werden, um als Nahrung zu dienen, oder deren Eigentümer rohe Menschen sind, Tiere, die oft grausam behandelt werden, können sowohl durch Anstrengungen, den Grausamkeiten zu entgehen, als auch durch Pläne, um dem Gejagtwerden zu entfliehen, Individualisation erreichen. Sie entwickeln Schlauheit und List und ähnliche Fähigkeiten und zeigen eine aus Furcht geborene, verzerrte Genialität, gemischt mit viel Argwohn, Misstrauen und Rachedurst. Wenn der Geist auf diese Weise, zwar in höchst unerwünschter Richtung, bis zu einem gewissen Grade im Umgang mit Menschen gestärkt worden ist, erfolgt Individualisiersang. In einem Falle bemerkten wir, dass der Genosse eines Geschöpfes getötet wurde, und ein großer Ausbruch von Hass und leidenschaftlicher Rache verursachte Individualisierung. In einem anderen Falle wurde ein luchsartiges Geschöpf individuell, kraft des starken Verlangens, Schmerz zu verursachen, was ein Gefühl von Macht über andere verleiht, aber hier war der Beweggrund wiederum übler Einfluss und böses Beispiel von Seiten des Menschen. Die lange Ruhezeit zwischen Individualisation und Wiedergeborenwerden wird in diesen Fällen ausgefüllt mit Träumen von geglückter Flucht, verräterisch genommener Rache und Grausamkeiten, an denen begangen, die sie während ihres letzten Tierlebens missbrauchten und misshandelten. Das unglückselige Ergebnis wirft die Verantwortung auf den Menschen, der es verursachte, und bildet ein Bindeglied in künftigen Leben. Vielleicht wäre es nicht unvernünftig, alle solchen Individualisierungen als verfrüht anzusehen — „sie nehmen zu früh Menschengestalt an". Wir werden diese Typen in der sechsten Runde wieder treffen, wo sie ihr junges Menschentum nach der Richtung, die die bezüglichen Arten der Individualisierung bestimmten, auswirken. Es scheint, als wenn nur die drei Arten der Individualisierung, verursacht durch ein Niederströmen aus der Höhe, in Dem Plane lägen, und dass das Aufwärtszwingen von unten durch die Übeltaten der Menschen hervorgerufen würde.

Ehe wir sowohl diesen, als unseren Freunden anderer Typen in ihre Leben auf Globus D in der sechsten Runde folgen, wollen wir einen Blick auf die höhere Zivilisation und Kultur der Städte der Mondkette in dieser ihrer fünften Runde werfen. Über den Globus verstreut waren viele Gemeinden, die ein durchaus primitives Leben führten, einige, wie die in der schon erwähnten Hütte, die freundlich, obgleich wenig entwickelt waren, sich im Falle eines Angriffs tapfer zur Wehr setzten, andere, die augenscheinlich aus bloßer Lust an Blutvergießen und aus Grausamkeit wild und streitsüchtig waren und beständig Krieg führten. Neben diesen verschiedenen Gemeinden, einige groß, einige klein, einige Nomaden, einig Hirten, gab es höherentwickelte Menschen, die in Städten lebten, Handel trieben und unter einer richtigen „Regierung" standen. Es schien nicht viel von dem vorhanden zu sein, was man ein Volk nennen würde. Eine Stadt, und rundherum beträchtliches, manchmal sehr ausgedehntes Land mit zerstreut liegenden Dörfern, bildete einen eigenen Staat, und diese Staaten trafen, was Handel, gegenseitige Verteidigung usw. betraf, vorübergehende Abmachungen miteinander.

Ein Beispiel mag zur Erläuterung dienen. Nahe der dem Äquator entsprechenden Zone ist eine große Stadt — indessen gleicht sie mehr einem Friedhof —, rundherum weit ausgedehnte Strecken bebauten Landes. Die Stadt ist, je nach der Klasse ihrer Einwohner, in getrennten Teilen erbaut. Die ärmeren Leute wohnen während des Tages unter freiem Himmel und kriechen des Nachts oder wenn es regnet unter flache Dächer, die an Dolmen erinnern und in längliche Löcher oder Zimmer führen, die in den Felsen gehauen sind. Es sind gewissermaßen Untergrundhöhlen, die tief hineingehen sind miteinander in Verbindung stehen; ein richtiges Labyrinth. Die Eingangstür ist eine ungeheure Steinplatte, die aufrecht auf kleineren, zu Säulen geschichteten Steinen ruht. Diese Räume liegen zu Tausenden aneinander — in Massen dicht zusammengedrängt —, sie fassen die beiden Seiten einer langen kreisförmigen Straße ein und bilden den Außenring der Stadt.

Die höheren Klassen leben in mit Kuppeln überwölbten Häusern innerhalb dieses Ringes auf einer etwas höher gelegenen Fläche mit einer weiten Terrasse davor; sie bildet ebenfalls einen Ring um das Ganze wie der Weg unten. Die Kuppeln ruhen auf kurzen, starken Pfeilern, die über und über verziert sind. Die Verzierungen deuten auf eine ziemlich hoch entwickelte Kultur. Eine ungeheure Menge dieser Kuppeln steht an einer niedrigeren Ecke beisammen und bildet eine Art Gemeindestadt, einen Gürtel, wieder mit einer kreisförmigen Terrasse über der inneren Seite. Der Mittelpunkt der Stadt ist der höchstgelegene Teil und hier sind die Häuser selbst auch größer, mit drei Kuppeln, deren eine die andere überragt; das mittelste hat fünf Kuppeln, eine über der anderen, und jede folgende Kuppel ist kleiner als die darunter befindliche. Die oberen erreicht man auf Stufen, die innen in einen der Pfeiler des Erdgeschoßes gehauen sind und sich oben außerhalb um den Mittelpfeiler winden. Es scheint, als oh sie aus dem Gipfel eines lebenden Felsen gehauen wären. In den höheren Kuppeln scheint keine Vorrichtung für Licht und Luft zu sein. In der obersten hängt von der Mitte herab eine Art Hängematte, da ist der Gebetraum. Es scheint, als dürfe niemand, der betet, während des Gebetes den Boden berühren.

Dies ist augenscheinlich die höchste Menschheit des Mondes, welche später die Herren des Mondes werden, sobald sie das der Mondentwicklung gesetzte Ziel, die Arhatstufe erreichen. Sie sind schon zivilisiert und in einem Zimmer schreibt ein Knabe in einer uns gänzlich unverständlichen Schrift.

Diejenigen von der Lunarmenschheit, die in dieser Runde den P f a d betraten, standen in Verbindung mit einer erhabeneren Schar höherer Wesen. der Hierarchie jener Zeit, von der Kette herübergekommen, um der Entwicklung auf der dritten zu helfen. Diese lebten auf einem hohen und richtig unzugänglichen Berge, aber ihre Gegenwart wurde von denen, die auf dem Pfade waren, empfunden und von der intelligenten Menschheit jener Zeit allgemein als Tatsache angenommen. Ihre Schüler konnten S i e außerhalb ihres Körpers erreichen und gelegentlich stieg einer jener Hohen in die Ebenen hinab und lebte eine Zeitlang unter den Menschen. Die Bewohner des Hauses zu der Mitte der eben beschriebenen Stadt standen in Verbindung mit Jenen und wurden in Angelegenheiten ernsterer Art von ihnen gelenkt und beeinflusst.

Kapitel IV.
Die sechste Runde auf der Mond-Kette.

Wir kommen wieder zu Globus D, jetzt aber in der sechsten Runde, und unsere individualisierten Tiere werden darin als Menschen von einfacher und primitiver, aber weder wilder noch roher Art geboren. Unseren heutigen Begriffen von Schönheit entsprechen sie zwar nicht — das Haar ist wollig, die Lippen dick, die Nase platt und an der Wurzel breit. Sie leben auf einer Insel und die Nahrung ist eben karg geworden, so dass in seinem ersten vollmenschlichen Leben Herakles auf der Szene erscheint, in heftigem Streite mit einem anderen Wilden um ein erbeutetes, recht wenig verlockend aussehendes Tier. Kämpfe der Insulaner untereinander scheinen nicht üblich zu sein; sie kommen nur vor, wenn die Nahrung knapp wird, aber vielfach ist Abwehr der von Zeit zu Zeit vom Festlande her stattfindenden Einfälle nötig, dort sind die Wilden besonders rohe Kannibalen und teuflisch grausam, so dass ihre sanfteren Nachbarn sie sehr fürchten. Diese unliebsamen Nachbarn durchkreuzen die Meerenge auf primitiv aussehenden Flößen, überschwemmen die Insel und zerstören auf ihrem Wege alles. Sie werden von den Inselbewohnern für Dämonen gehalten, die sie aber trotzdem in Selbstverteidigung grimmig bekämpfen. Die Insulaner töten jeden, den sie gefangen nehmen, aber weder foltern sie sie lebend, noch verzehren sie sie tot, wie die Wilden vom Festlande es tun.

Diese Wilden vom Festlande stammen von denen, die in der fünften Runde durch Furcht individualisiert wurden, und unter ihnen erkennen wir Scorpio, dessen Hass gegen Herakles, so auffallend in künftigen Leben, wohl hier seinen Ursprung haben mag, da sie selbst in dieser sehr primitiven Menschheit gegnerischen Stämmen angehören und wütend gegeneinander kämpfen. In Herakles zweitem Leben in dieser Gemeinde ist Scorpio der Anführer eines Angriffes auf einen der die Insel bewohnenden Stämme, den wir sogleich erwähnen werden, und Herakles ist auf Seiten der zu Hilfe eilenden Partei, die ihrerseits die Wilden bei ihrer Heimkehr angriff; es gelang ihnen, sie zu vernichten und einen verwundeten Gefangenen zu retten, welcher, von viel entwickelterem Typus, zurückbehalten worden war, um später gefoltert zu werden.

Zur selben Zeit finden wir unter den Bewohnern der Insel Sirius, Alcyone und Mizar. Wie es scheint, gibt es keine bestimmten verwandtschaftlichen Beziehungen, mit Ausnahme derer, die aus persönlicher Zuneigung und gegenseitiger Anziehung in irgendeinem Leben hervorgehen, denn das Leben ist kommunistisch und es besteht Promiskuität. Die Zeit zwischen Tod und Wiedergeburt ist sehr kurz, meistens nur einige Jahre, und unsere Wilden werden in derselben Gemeinde wiedergeboren. Das zweite Leben bringt sie einen Schritt vorwärts, denn von außen kommt Hilfe und beschleunigt ihre Entwicklung.

Ein Fremder landet auf der Insel, ein Mann von viel höher entwickeltem Typus und hellerer — klar leuchtend blauer — Hautfarbe, als der der lehm-braunen Inselbewohner; sie scharen sich voll Neugier und Bewunderung uns ihn. Da die Inselbewohner folgsam und gelehrig sind, so ist er gekommen, um ihnen etwas Kultur zu bringen und sie dann dem Reiche einzuverleiben, aus dessen Hauptstadt er kam. Das erste, was er tut, ist, sie in Staunen zu versetzen. Er gießt Wasser in ein aus der Schale einer Frucht hergestelltes Gefäß, nimmt ein kleines kugelähnliches Samenkorn aus einem Behältnis und lässt es ins Wasser fallen, es fängt Feuer, er steckt damit einige trockene Blätter an und hat sogleich eine helle Flamme, das erste Feuer, das die Wilden sehen; sie rennen natürlich davon oder klettern auf Bäume und starren mit erschreckten Augen auf dieses seltsam springende, leuchtende Geschöpf. Freundlich lockt er sie heran, sie nähern sich furchtsam, und als sie entdecken, dass nichts Unheilvolles geschieht und das Feuer bei Nacht angenehm ist, sind sie sich schnell darüber einig, dass der Fremde ein Gott sein müsse, und schicken sich an, ihn und das Feuer anzubeten. Nachdem er so Einfluss gewonnen, lehrt er sie ferner, den Boden urbar machen und zu bebauen. Und sie ziehen eine kaktusartige aber rotblättrige Pflanze, die, ähnlich der Brotwurzel unterirdische Knollen treibt; er schneidet die dicken Stiele und Blätter auf, trocknet sie in der Sonne und zeigt ihnen, wie sie eine Art dicker Suppe daraus bereiten können. Das Mark der Stiele gleicht ein wenig dem der Pfeilwurz und der ausgepresste Saft ergibt einen groben süßen Zucker. Herakles und Sirius, treue Kameraden, unterhalten sich in ihrer ungelenken, unwissenden Weise über des Fremden Vorgehen und fühlen sich sehr zu ihm hingezogen.

Inzwischen hatte eine Bande Wilder vom Festlande einen Stamm angegriffen, der in einiger Entfernung von der Ansiedelung unseres Stammes wohnte, hatte fast alle Männer getötet, einige wenige gefangen weggeschleppt, desgleichen, nachdem sie die älteren Frauen getötet hatten, alle heiratsfähigen Frauen und die Kinder. Die Kinder wurden ungefähr wie Tiere getrieben und nur als besonders wohlschmeckende Leckerbissen mitgeschleppt. Ein verwundeter Flüchtling kam mit dieser Nachricht ins Dorf und beschwor die kampffähigen Männer, die unglücklichen Gefangenen zu befreien. Herakles und ein Trupp, einem Scharmützel nicht abgeneigt, machten sich kampfesfroh auf den Weg und überfielen die Wilden, während sie noch schwer vom Schmause waren. Mit Ausnahme von Scorpio, der abwesend war, gelang es ihnen, die ganze Bande zu töten. In einer Hütte fanden sie einen Verwundeten, der augenscheinlich seiner Farbe nach derselben Rasse angehörte, wie der Fremde, der auf die Insel gekommen war. Er war zur Folter aufbewahrt worden, und was danach noch von ihm übrig blieb, sollte verzehrt werden. Sie hoben ihn auf eine Bahre aus gekreuzten Speeren — wenn lange zugespitzte Stöcke Speere genannt werden können, — und brachten ihn nebst zwei oder drei geretteten Gefangenen und den jüngeren Frauen, die man hatte leben lassen, zur Insel zurück. Obgleich er schwer verwundet war, stieß er einen Ruf der Freude als, als er des Fremden ansichtig wurde; es war ein sehr lieber Freund von ihm, aus derselben Stadt wie er. Er wurde in des Fremden Hütte gebracht, wo er blieb bis er wieder hergestellt war. Er erzählte, dass er ausgesandt wurde, um die wilden Stämme an den Festlandsküsten auszurotten; statt dessen wurde sein Heer aber umzingelt und vernichtet, und er selbst und einige seiner Unterbefehlshaber und Mannen lebend gefangen genommen. Diese waren unter furchtbaren Foltern getötet worden, während er noch eine Weile übrig gelassen wurde, um wieder zu Kräften zu kommen, da er zu schwach war, um durch langen Widerstand gegen die Folter viel Vergnügen zu versprechen; das war seine Rettung gewesen. Herakles pflegte ihn in seiner rauen Weise mit Hundetreue, saß stundenlang still und hörte zu, während die Freunde — Mars und Merkur — in einer ihm gänzlich unbekannten Zunge sich unterhielten. Merkur war eine Art Heilkundiger, unter dessen Pflege sein Freund schnell genas, die Wunden heilten und seine Kräfte zurückkehrten.

Unter dem Einfluss von Merkur wurde das Volk ein wenig zivilisierter, und als Mars nach seiner Herstellung sich entschloss, nach der Stadt zurückzukehren, zog Merkur es vor, noch eine Weile bei dem ihm treu ergebenen Stamme, den er erzog, zu bleiben. Um Mars durch den gefährlichen, von den menschenfressenden Wilden bewohnten Gürtel zu führen, wurde eine Geleitschaft mitgesandt und eine kleine Bedeckung geleitete ihn bis in die Stadt. Herakles wollte ihn nicht verlassen und durchaus sein Diener werden. Bei seiner Rückkehr herrschte große Freude in der Stadt, denn man hatte ihn tot geglaubt; die Kunde von der Vernichtung seines Heeres und seinem eigenen k n a p p e n Entrinnen verursachte große Aufregung und sogleich wurden Vorbereitungen für einen neuen Feldzug ins Werk gesetzt.

Die Stadt besaß entschieden eine gewisse Kultur; sie hatte große und schöne Gebäude in den besseren Stadtteilen mit einer großen Menge Läden. Man hielt viele Haustiere, die teils als Zugtiere, teils zum Fahren benutzt wurden. Sie standen mit andren Städten in Handelsbeziehungen. Ein Kanalsystem verband die Stadt mit vielen andren weit entfernten Orten. Die Stadt selbst war in Viertel geteilt; die verschiedenen Klassen bewohnten verschiedene Teile derselben. Im Mittelpunkte der Stadt wohnten Leute von ausgesprochen hoch entwickeltem Typus mit blauer Hautfarbe. Der Herrscher und seine höchsten Edlen standen in Verbindung mit einer Gruppe von Menschen, die in einer einigermaßen schwer zugänglichen Gegend zurückgezogen lebten. Diese, von denen einige später als Die H e r r e n d e s M o n d e s bekannt werden, waren selbst Schüler noch höher Stehender, die aus einer anderen Sphäre dorthin gekommen waren. Einzelnen der Mond-Menschheit gelang es, bis über die Arhat-Einweihung zu kommen und ihre Oberen gehörten augenscheinlich einer Menschheit an, die eine noch weit höhere Stufe erreicht hatte.

Von Diesen gelangte ein Befehl an den Beherrscher der Stadt — welche die Hauptstadt eines großen Reiches war —, die Wilden der Festlandküsten auszurotten. Die Expedition, ein überwältigendes Machtaufgebot, wurde von Viraj angeführt — der einem nordamerikanischen Indianer sehr ähnlich sah —, Mars stand unter ihm: Gegen solch ein Heer hatten die unzulänglich bewaffneten und undisziplinierten Wilden nicht die geringste Aussicht, sich zu halten, und so wurden sie vollständig vernichtet. Wiederum war Scorpio das Haupt eines Trupps und er und seine Leute fochten verzweifelt bis zum letzten Mann. Herakles folgte Mars als dessen Diener und focht unter ihm, und als die Schlacht vorüber war und man beschloss, die friedlichen, folgsamen Wilden von der Insel nach dem Festlande zu verpflanzen, und sie als Kolonie dem Reiche anzugliedern, trafen sich Sirius und Herakles zu ihrem gegenseitigen großen Entzücken wieder und im Verhältnis zu ihrer geringeren Fähigkeit war ihre Freude ebenso groß wie die tiefere von Mars und Merkur auf deren höherer Stufe. Merkur nahm seine Leute zum Festland hinüber und siedelte sie dort als Bodenbebauer an, dann kehrte er mit Mars zur Stadt zurück, während Herakles den Sirius — der durchaus nicht abgeneigt war — überredete, sie zu begleiten. So wurden die Beiden Bewohner der Stadt und erreichten ein hohes Alter; sie hielten mit großer Energie zu ihren beiderseitigen Herren, die sie für Gottheiten einer göttlichen und allmächtigen Rasse ansahen.

Die Ausrottung der Wilden, — obgleich sie einem Befehl zufolge geschah, dem niemand ungehorsam zu sein wagte — wurde von den Mannschaften und selbst von den meisten Anführern nur als ein Teil eines politischen Eroberungsplanes angesehen, unternommen, um die Grenzen des Reiches zu erweitern. Diese Stämme waren ein Hindernis, mussten also aus dem Wege geräumt werden. Vom höheren Standpunkte aus hatten diese Wilden eine Stufe erreicht, über die sie auf der Mond-Kette nicht mehr hinauszukommen imstande waren, weil keine Körper mehr ihrem niedrigen Entwicklungsgrade entsprechend für sie verfügbar waren. Daher wurden sie, als sie starben oder getötet wurden, nicht wieder geboren, sondern gingen in einen Schlafzustand ein. Viele Körper von ähnlich niederem Typus wurden durch seismische Katastrophen, die ganze Landstriche verheerten, vernichtet und die Bevölkerung des Globus wurde erheblich vermindert. Es war der „Tag des Gerichtes" auf der Mond-Kette, die Scheidung zwischen denen, die fähig waren, und denen, die unfähig waren, auf dieser Kette weitere Fortschritte zu machen, und von der Zeit an wurde alles für die übrigen getan, um sie so schnell wie möglich vorwärts zu bringen. Es war die Vorbereitung der übrig gebliebenen Bevölkerung zur Entwicklung auf einer anderen Kette.

Hier sei bemerkt, dass zu dieser Zeit das Jahr ungefähr dieselbe Länge hatte wie jetzt. Die Beziehung des Globus zur Sonne war der heutigen ähnlich, aber anders die Sterne und Konstellationen betreffend.

Der ganze von Merkur einigermaßen zivilisierte Stamm entging dem Schicksal des „Fallengelassenwerdens", während in der Stadt Herakles und Sirius, dank ihrer Anhänglichkeit an ihre beiderseitigen Führer, mit dem Hausstand und den Untergebenen von Mars und Merkur[1]) eben auch noch über die Trennungslinie schlüpften. Sie heirateten — wenn der Ausdruck auf die einfach freien Beziehungen jener Zeit angewendet werden darf — in die untere Klasse der Stadtbe-

---

1) Im Haushalt von Mars waren: Merakles, Siwa, Corona, Vajra. Capella, Pindar, Beatrix, Lutetia, Theodoros, Ulysses, Aurora. Im Haushalt von Merkur: Sirius, Alcyone, Mizar, Orion, Achilles, Hektor, Albireo, Olympia, Aldebaran, Leo, Castor, Rhea.

völkerung und mit sehr geringen Fortschritten folgte eine Wiedergeburt der anderen in den unteren Klassen der zivilisierten Menschheit jener Zeit. Die Intelligenz war sehr gering und die Entwicklung sehr langsam — Sirius wurde in einer Inkarnation als kleiner Handelsmann gesehen, sein Laden war nur ein Loch von 13 Quadratmetern, darin verkaufte er Dinge verschiedenster Art. Herakles wurde zwölf Leben später als Frau gesehen, die Feldarbeit verrichtete, sie war jetzt so weit fortgeschritten, um ihre Ratten und anderes Essbare zu kochen, statt alles, roh zu verzehren. Ein Rudel von Brüdern waren ihre Gatten — Capella, Pindar, Beatrix, Lutetia. Frauen waren zu der Zeit stark in der Minderheit und Polyandrie daher etwas ganz alltägliches.

Sehr viele Leben später waren Vervollkommnungen zu bemerken. Die zu den oben erwähnten Gruppen gehörenden waren nicht mehr so primitiv und andere waren hinter ihnen aufgekommen; sie waren aber nur sehr kleine Arbeitgeber, Kaufleute, Landleute und gelangten auf dem Monde nicht viel über diese Stufe hinaus. In einem Leben, auf das unsere Aufmerksamkeit infolge seltsamer landwirtschaftlicher Vorgänge gelenkt wurde, war Sirius die Frau eines kleinen Landmannes, der auch andere Leute beschäftigte. Die Erntearbeit war ein ziemlicher Alp für sie. Von der Pflanzenwelt gehörten viele, wie wir heute sagen würden, zur Familie der Pilze, aber sie waren von riesenhafter, ungeheuerlicher Art. Es gab Bäume, die in einem einzigen Jahre zu großer Höhe gediehen und halb — tierhaft waren. Die abgeschlagenen Zweige krümmten sich wie Schlangen, wanden sich um die Axtschwinger und zogen sich im Sterben zusammen. Ein roter Saft, wie Blut, schoss unter den Streichen der Axt hervor und das Gewebe des Baumes war fleischartig. Er war auch ein Fleischfresser und ergriff während seines Wachstums jedes Tier, das ihm nahe kam, indem er wie ein Seepolyp seine Zweige rund um dasselbe wand und es trocken sog. Das Einbringen dieser Ernte wurde für sehr gefährlich gehalten und nur sehr starke und geschickte Männer nahmen daran teil.

Nachdem der Baum umgeschlagen und die Zweige abgehackt waren, ließ man sie sterben; und wenn jede Bewegung aufgehört hatte, wurde die Rinde abgezogen und zu einer Art Leder verarbeitet; das Fleisch wurde gekocht und verzehrt.

Viele Gewächse, die wir Pflanzen nennen müssen, waren halb Tier und halb Pflanze; eine Pflanze hatte eine große regenschirmartige Krone mit einem Spalt in der Mitte, welcher es den beiden mit Zähnen bewaffneten Hälften ermöglichte, sich zu öffnen; diese Kiefer weit geöffnet, nach unten gesenkt, hing sie über dem Boden, jedes Tier, das sie streifte, wurde ergriffen und die beiden Hälften schlossen sich über ihm, dann streckte der Stamm sich wieder, die geschlossenen Hälften bildeten von außen wieder das regenschirmartige Dach, während das Tier darin langsam trocken gesogen wurde. Diese Bäume wurden umgehauen, wenn die Kiefer oben und geschlossen waren, und die dabei erforderliche Geschicklichkeit bestand darin, außer Griffweite zu springen, sobald der Gipfel nach unten schwang, um den Angreifer zu erfassen.

Die Insekten waren vielgestaltig und riesenhaft und dienten zum großen Teil den fleischfressenden Bäumen zur Nahrung. Einige Insekten waren fast ein Meter lang und von recht schrecklichem Aussehen; sie wurden von den Menschen sehr gefürchtet. Die Häuser waren im Viereck gebaut und schlossen große Höfe ein, diese waren mit einem starken Netzwerk überdeckt und in den Jahreszeiten, in denen die großen Insekten ihr Wesen trieben, durften die Kinder nicht aus diesem Gehege heraus.

Diejenigen, die in der fünften Runde durch Eitelkeit individuell wurden, wurden zum größten Teil in Stadtbevölkerungen geboren, und ein Leben nach dem andern hatten sie auf Grund gleichen Geschmacks und gleicher Verachtung anderer den Hang, sich zusammenzuscharen, obgleich ihre vorherrschende Eitelkeitsidiosynkrasie sie oft zu Streitigkeiten und vielfach wiederholten Entzweiungen untereinander führte. Die Neigung sich abzusondern wurde sehr verschärft, der Mental-Körper erstarkte in unerwünschter Weise und wurde mehr und mehr eine Kapsel, die anderes ausschloss. Der Astral-Körper verlor an Kraft, weil sie die Tier-Leidenschaften unterdrückten und durch harte und kalte Askese aushungerten, statt sie in Menschen-Gefühle umzuwandeln. Zum Beispiel wurde Geschlechtsliebe erstickt, statt sie in edle Liebe umzuwandeln. Die Folge war, dass ihr Gefühlsleben von Geburt zu Geburt abnahm und sie physisch zu Geschlechtslosigkeit neigten, und während sie in hohem Maße Eigenart und Individualismus ausbildeten, führte gerade diese einseitige Ausbildung sie zu fortwährenden Streitigkeiten und Aufständen. Sie bildeten Gemeinden, die aber wieder zerfielen, weil niemand gehorchen wollte; jeder wollte herrschen. Jeder Versuch seitens höher Entwickelter ihnen zu helfen oder sie zu lenken, führte zu einem Ausbruch von Eifersucht und Rache, da man alles als Absicht auffasste, sie befehligen oder herabsetzen zu wollen. Ihr Stolz wurde immer stärker und sie wurden kalt und berechnend, ohne Mitleid und ohne Gewissensbisse. Als die Lebenswelle weiter in den fünften Globus hinüberfloss — in den der Astralmaterie —, blieben sie in Tätigkeit, jedoch nur kurze Zeit, da der Astral-Körper verzwergt war, bis er allmählich atrophierte und verkümmerte, der Mental-Körper auf dem sechsten Globus hart wurde und seine Elastizität verlor, was zu einer merkwürdigen, keineswegs anziehenden Verstümmelung führte, denn sie erinnerte seltsamerweise tatsächlich an einen Menschen, der vom Knie abwärts seine Beine verloren und seine Bekleidung über dem Stumpf zusammengenäht hat.

Den Typus, der in der vorigen Runde durch Bewunderung individuell wurde und folgsam und gelehrig war, zog es auch zum größten Teil zur Stadtbevölkerung, er bildete zuerst die bessere Arbeiterklasse, stieg von der niederen Mittelklasse zur oberen und entwickelte in bedeutendem Maße Intelligenz. Sie waren frei von dem übergroßen Stolz des vorhergehenden Typus, frei von dem Hochmut, der ihre Aura tief mit Orangegelb durchsetzte — und ihre Aura zeigte ein klares, leuchtendes und mehr goldenes Gelb. Sie ermangelten nicht der Gefühle, diese waren aber eher selbstisch als liebevoll, während sie sie zur Zusammenarbeit mit denen, die klüger waren als sie und zum Gehorsam, führten. Es war ihnen klar, dass Zusammenarbeit zu besseren Erfolgen führte als Streit, und so arbeiteten sie mehr zum eigenen Vorteil mit anderen zusammen, als von dem Wunsche beseelt, Glück unter den Menschen zu verbreiten. Sie waren viel intelligenter als die Leute, auf die wir besonders unser Augenmerk gerichtet haben, und ihre Ordnungsliebe und Disziplin beschleunigte ihre Entwicklung. Aber sie machten den Eindruck, als hatten sie (durch klare Erkenntnis dessen, was zu ihrem eigenen Vorteil war) die in Liebe und Hingebung wurzelnden Eigenschaften, die in ihrem Astral-Körper entstanden und von diesem genährt werden sollten, in ihrem Mental. Körper entwickelt. Daher war der Gefühlskörper nicht genügend ausgebildet, wenngleich nicht verkümmert und atrophiert wie bei dem vorher erwähnten Typus. Indessen zogen auch sie wenig Vorteil aus ihrem Aufenthalt auf Globus E, während sie auf Globus F ihren Mental-Körper bedeutend verbesserten.

Als sehr wertvoll erwiesen sich die Globen E, F und G für die Gruppen von Egos, die auf einem der drei „Rechten Wege" individuell geworden waren und sich daher nach allen Seiten hin entwickelten, statt, soweit es die Intelligenz betraf, so hinkend einseitig wie bei denen, die auf den „Falschen Wegen" individuell geworden waren. Trotz allem werden aber auch diese Egos später gezwungen werden, die Gefühle zu entwickeln, die sie in früheren Tagen vernachlässigt und am Wachsen gehindert hatten. Im langen Lauf der

Zeiten müssen schließlich alle Kräfte vollkommen entwickelt werden, und wenn wir auf den gewaltigen Schwungkreis des Rades der Entwicklung vom Nichtwissen zum Allwissen blicken, verlieren Fortschritt und Methode auf einer bestimmten Stufe die ungeheure Wichtigkeit und Bedeutung, welche sie zu haben scheinen, solange sie durch den Nebel unserer Unwissenheit schimmern und vor unserer Kurzsichtigkeit verschwimmen.

Während diese drei Globen auf dem aufsteigenden Bogen der sechsten Runde der Reihe nach in Tätigkeit traten, kamen die fortgeschrittenen Egos im Astralen und Mentalen sehr schnell vorwärts. Da hier nur diejenigen verkörpert waren, die über den kritischen Zeitpunkt des „Tages Des Gerichtes" auf der Mond-Kette hinweggekommen, so gab es keine hoffnungslosen Nachzügler, die ein Hindernis für die Entwicklung gewesen wären, und so war das Wachstum stetig und schneller als vorher. Nachdem die Runde vorüber war, begannen Vorbereitungen für die Ausnahmebedingungen der Schlussrunde, der siebenten, während welcher alle Bewohner und ein großer Teil der Substanz der Mond-Kette auf ihren Nachfolger übertragen werden sollte, und zwar auf die Kette, deren vierter oder Mittelglobus unsere Erde ist.

Kapitel V.
Die siebente Runde auf der Mond-Kette.

Die siebente Runde einer Kette unterscheidet sich von den vorhergegangenen darin, dass ihre Globen einer nach dem anderen, wenn ihre Bewohner sie zum letzten Male verlassen, in den Zustand der Ruhe und Auflösung eingehen. Sobald der Zeitpunkt für dieses letzte Scheiden von jedem Globus näht, gehen die Bewohner, die zu weiterer Entwicklung auf der Kette befähigt sind, ebenso wie in früheren Runden, zum nächsten Globus weiter; während die anderen, für die die Verhältnisse auf dem späteren Globus ungeeignet sind, die Kette ganz und gar verlassen, sobald sie den Globus verlassen, und in einem später zu beschreibenden Zustande verharren, um ihre Wiederverkörperung auf der nächsten Kette zu erwarten. Daher teilt sich der Strom der von jedem Globus auf dieser Runde Abziehenden — abgesehen von denen, die vielleicht die Arhat-Höhe erreicht haben mögen — in zwei Teile, die einen gehen wie gewöhnlich zum nächstfolgenden Globus über, während andere „zu Schiffe gehen", um über einen Ozean zu segeln, dessen ferne Küste die nächste Kette ist.

Der Regel nach steht es dem Menschen frei — wenn er nicht als zurzeit hoffnungslos ausgefallen ist —, eine Kette nur zu verlassen, wenn er die, für die auf der Kette entwickelte Menschheit, festgesetzte Höhe erreicht hat. Diese Hohe auf der Mond-Kette war, wie wir bereits gesehen, gleich der, welche wir jetzt die vierte oder die Arhat-Einweihung nennen. Aber zu unserer großen Überraschung fanden wir, dass in der siebenten Runde Gruppen von Wanderern von Globus A, B und C auszogen, während die große Masse der Bevölkerung von Globus D die Mond-Kette endgültig verließ, als die Lebenswelle von diesem Globus ging, um weiter nach Globus E zu fluten. Nur eine verhältnismäßig kleine Zahl blieb zurück, um ihre Entwicklung auf den drei übrigen Globen fortzusetzen, und von diesen schieden einige endgültig aus der Kette wenn ein Globus nach dem andern in Untätigkeit versank.

Es scheint, dass in der siebenten Runde das mächtige Wesen, dem der Titel „Samen-Manu einer Kette" gegeben wurde, die

Menschheit und die in niederen Formen lebenden Geschöpfe, die sich darauf entwickelten, in seine Obhut nimmt. Ein Ketten-Samen-Manu sammelt in sich selbst alle diese Ergebnisse der Entwicklung auf der Kette, nimmt sie in seine gewaltige, weithin reichende Aura und überträgt sie nach der Zwischen-Ketten-Sphäre, dem Nirvana der Bewohner der sterbenden Kette, nährt sie in sich selbst und übergibt sie schließlich zur festgesetzten Zeit dem Wurzel-Manu der nächsten Kette, der, den Plan des Samen-Manu ausführend, Zeit und Ort ihrer jeweiligen Einführung in sein Reich bestimmt.

Der Samen-Manu der Mond-Kette schien einen äußerst umfassenden Plan zu haben, demzufolge er die Mondgeschöpfe gruppierte, indem er sie nach ihrem letzten Tode in Klassen, Unterklassen und Unter-Unterklassen teilte, und zwar in ganz bestimmter Weise, augenscheinlich mittels einer Art Magnetisierung; dies verursachte besondere Schwingungsgeschwindigkeiten und diejenigen, die bei einer bestimmten Geschwindigkeit am besten darauf reagierten, wurden zusammengebracht, und die bei einer anderen Geschwindigkeit am besten reagierten, wurden ähnlich gruppiert, und so weiter; diese Methode wandte er an, sobald er es mit ungeheuren Scharen, wie auf Globus D, zu tun hatte. Die Gruppen schienen sich in der Himmelswelt von Globus D automatisch zu bilden, und zwar wie Figuren auf einer schwingenden Scheibe, unter dem Einfluss und beim Anschlagen eines musikalischen Tones. Aber auf den drei früheren Globen erschienen leichter erkennbare Unterschiede von Teilungen und die Bewohner wurden von einem Hohen Ausführenden Beamten, der offenbar nach einem bestimmten Plane arbeitete, verschickt. Dem Samen-Manu halfen bei seiner Riesenaufgabe viele Große Wesen, die seine Anordnungen ausführten, und der ganze weite Plan wurde ausgearbeitet mit einer Ordnung und einer Unumgänglichkeit, einer Unvermeidlichkeit, die einen unaussprechlichen Eindruck machten. Unter anderem schien er die Beamten für die nächste Kette auszuwählen, alle, die im langen Laufe der Entwicklung ihre Mitgenossen überflügeln und in den verschiedenen Runden und Rassen Meister, Manus, Bodhisattvas werden würden. Offenbar wählte er viel mehr aus, als nötig sein würden, gleichwie ein Gärtner viele Pflanzen zu besonderer Kultur aussucht, damit später eine Auswahl daraus getroffen werden kann. Diese Auswahl ging zum größten Teil, wenn nicht ganz, auf Globus D vor sich und wir werden darauf zurückkommen, wenn wir zu jener Welt gelangen. Betrachten wir inzwischen die Globen A, B und C.

Auf Globus A der Mond-Kette sehen wir, dass ein Teil der

Menschheit nicht zu Globus B hinübergenommen, sondern gezwungen wird, die Kette zu verlassen, weil sie darauf keine weiteren Fortschritte machen kann. Dem großen Beamten, unter dessen Obhut der Globus steht, war es nicht gelungen, einige so zu entwickeln, wie er wünschte — er fand einiges Menschenmaterial zu unbiegsam, zu spröde für fernere Entwicklung, und so verschifft er sie, wenn das Leben des Globus vorüber ist. Diese „Boots-Ladung", wie wir sie nennen, denn ihre Zahl ist nicht groß, besteht aus unseren Freunden mit den orangefarbenen Auren, die ihre Mental-Körper bis auf einen Punkt gebracht haben, über den hinaus sie sich auf der Mond-Kette nicht entwickeln können, es sei denn auf unheilvolle Weise; sie haben sich so sehr in ihre Mental-Hülle eingekapselt und die Keime ihrer Astral-Körper so ausgehungert, dass ein weiteres Abwärtsgehen nicht mehr möglich wäre, ohne ihnen zu schaden, übrigens sind sie auch viel zu stolz, um es selber zu wünschen. Der Kausal-Körper ist eine starre, unbiegsame Kapsel, keine lebendige, der Ausdehnung fähige Form, und sie nach Globus B weitergehen lassen, hieße nur eine verhängnisvolle Verhärtung des niederen Manas herbeiführen. Sie sind sehr klug, aber ganz selbstisch und haben sich zurzeit von jedem ferneren Fortschritt abgeschnitten, ausgenommen für einen Fortschritt, der nur unheilvoll sein würde. Der Beamte ist mit diesen orangefarbig Getönten offenbar unzufrieden und tut das Beste, was er für sie tun kann, nämlich sie zu verschiffen. Vorausblickend erkennen wir, dass wir einigen von ihnen auf Atlantis wieder begegnen werden als Herren des Dunklen Angesichts, „Priester des Dunklen Gottesdienstes", die Anführer gegen den Weißen Kaiser, und so weiter. Inzwischen werden sie in der Zwischen-Kelten-Sphäre ruhen, so sehr wie nur je in sich selbst gebannt.

Die vorher erwähnte Gruppe, deren Aura das Goldgelb des geschulten Intellektes anzeigte, ging mit dem Rest der Bewohner der Kette zusammen weiter nach Globus B; sie umfasste einige, die die Arhat-Stufe auf Globus A erreicht hatten und auf Globus B Adepten wurden. Von Globus B wurde die goldgelbe Gruppe fortgeschifft, denn auch sie hatten die Gefühlsseite nicht genügend genährt, um ihnen auf Globus C die Bildung eines annähernd gut entwickelten Astral-Körpers zu ermöglichen. Ihre Willigkeit, zu gehorchen, schuf ihnen eine lichtere Zukunft als die der orangefarbigen, und in Atlantis treffen wir sie wieder als Priester der Weißen Tempel; sie entwickeln allmählich Astral-Körper von gutem Typus. Diese beiden ersten Boots-Ladungen landen bei der Erd-Evolution in deren vierter Runde, sie waren zu weit entwickelt, um auf ihren früheren Stufen daran teilnehmen zu können. Es scheint nötig zu sein, auf jedem Globus die Eigenschaften zu entwickeln, welche, um voll zum Ausdruck zu kommen, eines Körpers aus dem Material des nächsten bedürfen; daher konnten unsere Gelben nicht weiter und mussten nach der Zwischen-Ketten-Sphäre verschifft werden.

Den Globus C verließ eine kleine Schar, die die Arhatstufe erreicht, sowohl Intellekt als Gefühl in hohem Grade entwickelt hatte und keiner weiteren Entwicklung auf der Mond-Kette bedurfte; sie verließen sie daher auf einem der bekannten sieben Pfade. Eine Gruppe derselben interessiert uns besonders, weil sie einen Teil der Abteilung der „Herren des Mondes" bildeten — der Gruppe, die in der „Geheimlehre" Barishad Pitris genannt wird —, welche die Entwicklung der Formen auf unserer Erd-Kette überwachten. Als sie Globus C verließen, wandten sie sich der Region zu, wo die Erd-Kette im Werden begriffen war; ihnen sollte sich später eine Anzahl anderer anschließen, die sich dem gleichen Werke geweiht hatte. Globus A der Erd-Kette begann sich zu bilden, als die Lebenswelle Globus A die Lunar-Kette verließ. Wenn das Leben des Geistes des Globus vorüber ist, nimmt er eine neue Inkarnation an und überträgt sozusagen das Leben mit sich selbst auf den entsprechenden Globus der nächsten Kette. Bis ihre neue Heimat für sie fertig ist, müssen die Bewohner, nachdem sie die Kette verlassen, lange warten, aber die Vorbereitungen für diese Heimat beginnen, sobald der Geist des ersten Globus ihn verlässt und dieser ein toter Körper wird, während er einen neuen Kreislauf des Lebens beginnt, und ein neuer Globus sich um ihn zu bilden anfängt. Die Moleküle werden unter der Leitung von Devas gebaut, die Menschheit hat nichts dabei zu tun. — Der Geist eines Globus gehört wahrscheinlich zu dieser Klasse von Devas und durch das ganze System vollführen Glieder dieser Klasse von Devas das Werk des Aufbauens der Globen. Eine große Lebenswelle, vom Logos ausgehend, baut durch die Vermittlung eines solchen Devas Atome in ein System; dann werden Moleküle, dann Zellen gebaut, und so weiter. Lebende Geschöpfe sind gleich Parasiten auf der Oberfläche des Geistes der Erde; er gibt sich nicht mit ihnen ab und ist sich wahrscheinlich ihres Vorhandenseins gewöhnlich nicht bewusst, obgleich er sie vielleicht ein wenig spürt, wenn sie sehr tiefe Gänge und Schächte graben. Die Arhats, welche, als sie Globus C der Mond-Kette verließen, den Pfad wählten, der zur Erd-Kette führt, wandten sich, wie gesagt, der Region zu, wo Globus A der Erd-Kette im Entstehen war. Er begann mit dem ersten Elementar-Reich, welches so wie Wasser aus artesischen Brunnen aufwärts wellt und nach allen Seiten über den Rand hinausfließt, aus der Mitte des Globus — aus der Werkstatt des Dritten Logos. Es quoll aus dem Herzen der Lotus, wie Saft in ein Blatt quillt. An diesem Stadium der Entwicklung nahmen diese Herren des Mondes selbst keinen tätigen Anteil, sondern schienen den Aufbau einer Welt im Werden nur zu beobachten. Äonen später gesellten sich zu ihnen einige der Herren des Mondes von Globus G der Mond-Kette und diese schufen die Ur-Formen auf Globus A — indem sie, wie die „G e h e i m l e h r e" es ausdrückt, ihre Chhayas oder Schatten dazu gaben — und dann kam das Leben und nahm nacheinander die Formen ein. Die Globen B und C wurden in ähnlicher Weise um ihre betreffenden Geister gebaut, sobald letztere ihre lunaren Vorgänger verließen. Unsere physische Erde wurde gebildet, als die Bewohner Globus D der Mond-Kette verließen. Der Geist des Globus verließ den Mond und der Mond begann sich aufzulösen, und ein sehr großer Teil seiner Masse ging hinüber, um die Erde aufzubauen. Als die Bewohner den Mond endgültig zu verlassen begannen, waren die Globen A, B und C der Erd-Kette schon gebaut. Ehe aber Globus D der Mond-Kette, der Mond, nicht gestorben war, konnte der Bau seines ihm entsprechenden Globus D, unserer Erde, nicht sehr schnell vorwärts gehen.

Die Gruppen, die, klein an Zahl, die Kette von Globus A und B verließen, waren, wie wir gesehen, Leute, die intellektuell vorausgestürmt waren und in der fünften Runde Individualisation erreichten. Die Arhats, die Globus C verließen, wurden in der vierten Runde unter einer Stadtbevölkerung individuell und waren auf diese Weise in eine Zivilisation gekommen, in welcher ein gewisses Vorwärtsdrängen ihre Entwicklung beschleunigte; von fortgeschritteneren Menschen umgeben, wurden sie zu schnellerem Wachstum gestimmt. Um imstande zu sein, aus diesen Bedingungen Vorteil zu ziehen, musste offenbar ihre Entwicklung als Tiere auf der vorherigen Kette einen höheren Punkt erreicht haben als den derjenigen, die in derselben Kette in einfachen Landdistrikten individuell wurden. Es scheint, als ob die Menschheit einer Kette sich nur Dem Pfade nahen und ihn wandeln kann, wenn das Individuellwerden der Tiere auf jener Kette eigentlich aufgehört hat und in Zukunft Individualisationen nur ausnahmsweise vor sich gehen. Wenn die Tür zum Menschenreich für die Tiere geschlossen wird, dann öffnet sich der Menschheit die Tür zu Dem Pfade.

Wie gesagt, die Gruppen, welche die Kette von Globus A, B und C verließen, waren klein an Zahl und die Masse der Bevölkerung ging von jedem Globus in der gewöhnlichen Weise zum nächsten weiter. Auf Globus D aber gestalteten sich die Dinge ganz anders. Als die Zeit für das Absterben des Globus nahte, wurde hier die ungeheure Mehrheit der Bevölkerung, nachdem sie ihre physischen Körper zum letzten Male verlassen, nicht zur Überführung nach Globus E vorbereitet, sondern sie wurde nach der Zwischen-Ketten-Sphäre verschifft, nach dem Lunar-Nirvana, um dort ihre Überführung nach der neuen für sie in Vorbereitung befindlichen Kette zu erwarten. Vergleichen wir die anderen Gruppen, die in Bootsladungen in den Ozean des Raumes hinausgelassen worden waren, so haben wir im Verhältnis zu ihnen jetzt eine riesige Flotte von Schiffen, die auf eben diesen Ozean vom Stapel gelassen und hinausgesandt wurde. Die Hauptflotte verlässt den Mond; von der Bevölkerung bleibt nur wenig zurück, sie ist aus Gründen, die sogleich klar werden sollen, beiseite gesetzt worden; sie verlassen die Globen E, F und G in kleinen Gruppen, eben nur Bootsladungen — um unsere Metapher beizubehalten.

Die Gruppe von Egos, denen wir als Beispiele einer niedrigeren Mondmenschheit folgten, zeigt auf Globus D Spuren entschiedener Vervollkommnung; der Kausal-Körper ist gut ausgebildet, die Intelligenz entwickelter und die Liebe zu ihren Oberen hat sich vertieft und verstärkt; statt einer Leidenschaft ist sie jetzt ein dauerndes Gefühl und hervortretender Charakterzug geworden. Dieser Gruppe kann der Name „Dienende" gegeben werden — denn ist der Instinkt auch noch blind und nur halb bewusst, so ist doch der vorherrschende Zweck und Beweggrund ihres Lebens jetzt der, den über ihnen stehenden, denen sie sich geweiht haben, zu dienen und ihr Wohlwollen zu erwerben. Vorausblickend sehen wir, dass dies durch die lange Reihe der kommenden Leben auf der Erde ihre Eigenart bleibt und in künftigen Zeiten leisten sie viel schwere und raue Pionierarbeit Sie lieben ihre Oberen und sind bereit, ihnen zu gehorchen „ohne Widerrede und ohne Zögern". Mit ihren physischen Körpern ist in dieser Runde eine ausgesprochene Veränderung vorgegangen; sie sind jetzt hell-(leuchtend)blau statt wie vorher lehmbraun. Während ihrer letzten Inkarnationen auf dem Monde werden sie physisch zusammengebracht und lange vorher wird viel an ihnen geformt und verbessert. Um die Bande der Gruppen von Egos untereinander zu stärken, werden sie zur Wiedergeburt in Gemeinden zusammengeführt und eine große Anzahl, ja tatsächlich die meisten der Charaktere aus „R i s s e i m S c h l e i e r d e r Z e i t" erscheinen hier; und wenn wir imstande wären, sie zu erkennen, würden auch die übrigen wahrscheinlich unter den Freunden späterer Tage zu finden sein, denn alle sind „Dienende", bereit, alles zu tun, was ihnen gesagt wird, und dahin zu gehen, wo sie hingesandt werden. Sie sind gezeichnet durch ein leichtes Niederströmen aus dem Höheren Leben, welches eine kleine Ausdehnung eines Fadens intuitioneller Materie verursacht, der, die intuitionellen und mentalen permanenten Atome verbindend, sich, einem schmalen Trichter gleich, nach oben ein wenig mehr als nach unten verbreitert. Viele, weit intelligenter als sie, zeigen dies nicht, er steht in Verbindung mit dem keimenden Wunsche zu dienen, der bei jenen, in anderer Beziehung viel Fortgeschritteneren, nicht vorhanden ist. Die Gruppe enthält viele Typen und besteht nicht, was man vermuten könnte, aus Menschen Eines Strahles oder Temperamentes. Wir sehen hier so manche, die auf einem der drei „Rechten Wege" durch die Aspekte des Willens, der Weisheit und des tätigen Intellekts[1]) individuell werden, jeder derselben durch Hingabe an einen Höherstehenden zur Tat gestimmt. Die Art der Individualisation kommt nur für eine Unter- oder Zwischenabteilung innerhalb der Gruppe als Grund in Betracht und beeinflusst die Länge der Zwischenzeit, des Intervalls, zwischen Tod und Wiedergeburt, nicht aber die Charakteristik der Dienstwilligkeit. Sie beeinflusst die Geschwindigkeit der Schwingungen des Kausal-Körpers, der in den verschiedenen Fällen durch das Bemühen, zu dienen, gebildet wird: 1. durch eine Tat der Hingebung; 2. durch eine starke Gefühlswallung reiner Hingebung und 3. durch Hingebung, verursacht durch Anstrengung, zu verstehen und zu würdigen. Die eigentliche Bildung des Kausal-Körpers vollzieht sich immer plötzlich; er tritt wie durch einen Blitzschlag ins Leben; aber die vorangehenden Umstände sind verschieden und beeinflussen die Geschwindigkeit der Schwingungen des auf diese Weise gebildeten Körpers. Eine Opfertat im physischen Körper ruft Den Willen, und ein Pulsieren in spiritueller Materie ist die Folge; Hingabe, die im Astral-Körper[2]) wirkt, ruft Die Weisheit, und ein Pulsieren in intuitioneller Materie ist die Folge; Tätigkeit des Denkvermögens ruft Den Schaffenden Intellekt, und ein Pulsieren in höherer Mental-Materie ist die Folge. Wir werden unsere Gruppe der Dienenden durch diese Unterschiede sogleich in zwei Abteilungen geteilt sehen, die beiden ersten bilden eine Untergruppe mit einer Zeit, einem Intervall von durchschnittlich 700 Jahren zwischen den Geburten, und die dritte bildet eine zweite Gruppe mit einer Zwischenzeit von durchschnittlich 1200 Jahren. Dieser Unterschied wird

---

1) Atma, Buddhi, Manas.
2) Das Vehikel der Wünsche, des Begehrens, Kama.

auf der Erd-Kette auf einer höheren Stufe der Entwicklung zutage treten und beide Gruppen erreichen die Erde in der vierten Runde mit einer Zwischenzeit von 400 000 Jahren zwischen ihnen, die augenscheinlich geplant wurde, um sie zu einer bestimmten Zeit, wenn ihre vereinten Dienste alle gebraucht werden würden, gleichzeitig zur Wiedergeburt zu bringen. So genau in seinen Einzelheiten ist der Größe Plan. Diese Einteilung berührt nicht die Beziehung zwischen Meistern und Jüngern, da Schüler von jedem der beiden Meister, die einst Manu und Bodhisattva der sechsten Wurzel-Rasse werden, in beiden Untergruppen gesehen wurden. So ist denn der keimende Wunsch zu dienen, den die Höheren Autoritäten gesehen, das Kennzeichen dieser ganzen Gruppe und die Unterschiede in der Individualisation, welche die Zeitdauer zwischen Tod und Wiedergeburt beeinflussen, teilen sie in zwei Teile[3]).

An der Spitze dieser Gruppe stehen viele, die wir jetzt als Meister kennen, und hoch über ihr viele, die schon Arhats waren, die den unter ihnen Stehen, den all die Weisungen und Befehle übermitteln, die sie selbst von weit mächtigeren Wesen empfingen. Der Manu der Rasse — es ist die siebente Rasse des Globus — ist der Führer und dieser gehorcht den Befehlen und führt den Plan des Samen-Manu aus, der alle Vorbereitungen zur Überführung der gewaltigen Völkerscharen leitet. Einige der Fortgeschrittenen ahnen dunkel, dass große Veränderungen bevorstehen, aber die Veränderungen, obgleich so weittragend, gehen zu langsam vor sich, um viel Aufmerksamkeit auf sich zu lenken. Einige arbeiten mit, unbewusst, aber wirksam, während sie denken, dass sie große eigene Pläne ausführen. Einem Manne, zum Beispiel, schwebt im Geiste eine Idealgemeinde vor, er versammelt eine Anzahl Menschen um sich, um diese zu bilden; er versucht, das Wohlwollen eines Meisters, eines Arhat, vom Monde zu erwerben, er zieht die Leute an, die sich um ihn scharen, und so bilden sie eine bestimmte Gruppe mit einem gemeinsamen Ziel und dienen auf diese Weise dem Großen Plan. Wir aus unserer Tiefe blicken auf zu den Arhats und Höheren wie zu Göttern und versuchen jeden leisen Wink, jeden ihrer Wünsche, den wir entdecken können, demütig zu erfüllen.

---

3) Man wird wohl begreifen, dass die siebenhundert und die eintausend zweihundert Jahre Zwischenzeit „Durchschnittsmaße" sind und die „genaue" Länge jeder Zwischenzeit von der Länge und den Bedingungen des vorhergehenden Lebens abhängen werden. Dieser ausgesprochene Unterschied zwischen den Untergruppen scheint zu sein, weil die Glieder der einen Gruppe mit größerer Intensität als die andere in der Himmelswelt leben und auf diese Weise ein gleiches Maß in kürzerer Zeit ausfüllen.

Wenn die Glieder dieser Gruppe Dienender zum letzten Male sterben, weil sie die erforderliche Stufe auf Globus D erreicht haben, werden sie auf der Mental-Ebene, der Himmelswelt — wieder vereint, sie bleiben sehr lange dort und haben im Geiste stets vor Augen das Bild derer, die sie lieben, vorzüglich der fortgeschritteneren Egos, denen sie besonders ergeben sind. Und diese verzückte Hingabe hilft ihrer Entwicklung so sehr, fördert ihre höheren Eigenschaften so außerordentlich, dass sie später für die Einflüsse, die auf sie in der Zwischen-Ketten-Sphäre wirken, empfänglicher sind. Sie sind mit einbegriffen in der allgemeinen Masse der Egos, die H. P. Blavatsky „Solar Pitris" und A. P. Sinnett „Pitris erster Klasse" nennt. Andere gewaltige Scharen erreichen ebenfalls die Mental-Welt — niemand wird wiedergeboren, der eine vorgezeichnete Stufe erreicht hat, diese scheint der Besitz eines voll ausgebildeten Kausal-Körpers zu sein — und unter dem Spiel und der Einwirkung der früher schon erwähnten mächtigen, magnetischen Kraft, die der Samen-Manu auf sie herniederstrahlt, teilen sie sich in große Gruppen. So wie verschieden gespannte Saiten verschiedene Töne erklingen lassen, so schwingen und erklingen auch die Kausal-Körper dieser Menschen auf den Akkord, den Er anschlägt, und danach werden sie ab- und eingeteilt, denn, wie eben gesagt, befindet sich niemand hier außer denen, deren Kausal-Körper voll ausgebildet sind. Viele, die der gleiche Planeten-Herrscher hervorbrachte, werden verschiedenen Gruppen zugeteilt. Freunde kommen in verschiedene Gruppen. Keins der hergebrachten Bande scheint zu gelten. Die Egos werden automatisch ausgesucht und warten auf ihren bestimmten Plätzen, gleichsam wie auf dem Kontinent Europas Leute in verschiedenen Wartesälen der Ankunft ihres Zuges harren, — in diesem Falle, um unser vorheriges Bild beizubehalten, um ihr Schiff zu erwarten.

Wir beobachteten besonders zwei der Schiffsladungen, weil wir selbst einen Teil derselben bildeten; die eine enthielt den kommenden Manu und Bodhisattva, diejenigen, die jetzt Chohans und Meister, zusammen mit vielen der Dienenden, die jetzt Jünger sind oder sich dieser Stufe nähern. All diese gehörten augenscheinlich zu der Unter-Gruppe mit dem Durchschnittsmaß von 700 Jahren zwischen den Erden-Leben. Eine andere enthielt viele, die jetzt Meister und Jünger sind und vielleicht die Hälfte derer, die in „Risse im Schleier der Zeit" erwähnt sind und die zu der Unter-Gruppe gehören, mit der Durchschnittszeit von 1200 Jahren zwischen den Erden-Leben. Diese beiden Schiffsladungen enthielten viele, wenn nicht alle derer, die Den Himmlischen Menschen zu bilden bestimmt sind, und damals wurden sie in diese beiden Unter-Gruppen geteilt. Vaivasvata Manu und der jetzige Bodhisattva wurden zusammen auf Globus D gesehen, aber sie gingen weiter zu den höheren Globen der Mond-Kette. Diese große Masse enthält: 1. die vorher erwähnten Dienenden, eine sehr zusammengewürfelte Gesellschaft vieler Grade und Abstufungen, verbunden durch gemeinsame Charaktereigenschaften. Dann 2. eine große Gruppe hoch entwickelter Egos, die sich Dem Pfade nähern — daher in der Richtung des Dienens, aber der vorigen Gruppe zu weit voraus, um mit ihr in eine Klasse zusammengenommen zu werden — und doch Dem Pfade noch nicht nahe genug, ihn im Laufe des noch übrigen Lebens der Kette zu erreichen. Dann 3. eine große Gruppe sehr guter Menschen, die aber nicht den Wunsch haben, zu dienen, und daher sich noch nicht Dem Pfade zugewandt haben; sie werden die Hauptmasse der Bevölkerung von Atlantis während seiner guten Zeit bilden. 4. Eine kleine, aber auffallende Gruppe von Egos, vereint durch das gemeinsame Merkmal hoch entwickelter intellektueller Kraft, künftige Genies, verschieden in Bezug auf Charakter und Moral, eine Gruppe, in Zukunft offenbar zu Führerschaft bestimmt, die sich aber weder dem Dienste weihen, noch ihren Blick Dem Pfade zugewendet haben. Dann 5. drei sehr große Gruppen: gute und oft religiöse Leute — Kaufleute, Soldaten usw., ziemlich klug, in ihr Selbst konzentriert, hauptsächlich an ihre eigene Entwicklung, ihr eigenes Vorwärtskommen denkend, die nichts vom Pfade wissen und daher ohne den Wunsch sind, ihn zu betreten; 6. bürgerlich durchschnittlich Schwache, eine sehr große Gruppe, deren Typus durch diese Benennung hinreichend gekennzeichnet ist; 7. unentwickelte, wohlmeinende, unerzogene Leute, die niedrigste Klasse derer, deren Kausal-Körper voll ausgebildet ist.

All diese befinden sich in der Himmelswelt des Mondes und erwarten ihre Überführung nach der Zwischen-Ketten-Sphäre. Als Erschütterungen, die das Beraten seiner Oberfläche vorbereiten, den Mond zu zerklüften beginnen, gehen auch andere Typen in jene Welt ein; eine recht ansehnliche Zahl der Solar-Pitris oder Pitris Erster Klasse — imstande, auf den übrigen Globen der Kette, wo wir sie wieder treffen werden, weitere Fortschritte zu machen — kommt zur Himmels-Welt, um zur gegebenen Zeit ihrer Überführung nach Globus E entgegenzuharren.

Nach diesen Pitris Erster Klasse kommt eine sehr große Klasse von Egos, Sinnetts Pitris, „Zweiter Klasse", deren Kausal-Körper noch nicht voll ausgebildet ist; es hat sich ein Netzwerk gebildet, das das Ego mit dem niederen Verstande, dem Manas, verbindet, dem seinem Aussehen nach der Name „Korb-Geflecht" gegeben worden ist. Wenn der Mond sich seiner Auflösung naht, verlassen die meisten derselben ihren Körper zum letzten Male auf der Mond-Kette und werden in der Astral-Welt versammelt. Hier fallen sie in Schlaf, denn sie können darin nicht wirken. Wenn diese Astral-Welt des Mondes unbewohnbar wird, verlieren sie ihren Astral-Körper und bleiben nach innen gekehrt, Zwiebeln gleich, die ihrer Verschiffung nach einem anderen Lande harren, um zu ihrer Zeit nach der Zwischen-Ketten-Sphäre verschifft zu werden und dort lange Zeiten hindurch zu schlafen, bis die dritte Runde der Erd-Kette ein passendes Feld für ihr Wachsen bietet. Einige „Korb-Geflechte" indessen, die Befähigung zu weiterer Entwicklung auf der Mond-Kette zeigen, werden in die höheren Globen übergehen, wenn diese in Tätigkeit treten und dort ihren Kausal-Körper ausbilden, indem sie die Reihen der Solar-Pitris Erster Klasse verstärken.

Die letzte Klasse über den Tieren sind die Tier-Menschen, die „Lunar Pitris Erster Klasse" nach H. P. Blavatsky; die „Pitris Dritter Klasse" nach Sinnett. Sie unterscheiden sich durch zarte Linien oder Fäden von Materie, die das keimende Ego mit dem dämmernden niederen Verstande verknüpfen. Auch sie werden wie die „Korb-Geflechte" in der Astral-Welt gesammelt, wenn sie auf dem Monde zum letzten Male aus dem Körper gehen und bleiben unbewusst in der Mental-Welt. Sie werden zu ihrer Zeit fortgeschifft und schlafen Äonen an Zeit, um endlich die Erd-Kette zu erreichen, die langsame Arbeit des Aufbauens auf Globus A zu beginnen, sich durch alle Reiche bis zum Menschen-Reiche hinanzuarbeiten und dann durch die folgenden Globen der Runde und die darauf folgenden Runden Menschen zu bleiben. Auch einige dieser „Linien", wie wir sie zum Unterschiede nennen können, werden, wenn die große Masse verschifft wird, zurückbehalten und zu fernerer Entwicklung nach Globus E weiter geschickt; sie werden „Korb-Geflechte" und so mit der Klasse, die bisher über ihnen war, vereinigt.

Soweit haben wir das Schicksal der mannigfachen Klassen der Lunar-Menschheit verfolgt. Ein Teil von ihnen fiel in der sechsten Runde aus, die „Versagenden"; sie wurden „aufgehoben", fortgehängt", bis die nächste Kette ein passendes Feld für ihre fernere Entwicklung bot. Einige, die Orange-farbigen, verließen Globus A in der siebenten Runde, andere, die Goldgelben, verließen Globus B. Einige Arhats verließen die Globen A, B und C und einige von ihnen gingen von Globus C zu der sich bildenden Erd-Kette über. Dann die Klassen, die Globus D verließen: die mit voll ausgebildetes" Kausal-

Körper, die mit „Korb-Geflechten", die mit „Linien". Die Übriggebliebenen gingen weiter nach den Globen E, F und G, einige, indem sie jedes Mal den betreffenden Globus verließen, nachdem sie darauf alle Fortschritte, deren sie fähig waren, gemacht hatten. In dieser Weise verließen einige „Korb-Geflechte", Pitris höherer Klasse und Arhats jeden Globus. Die meisten Tiere gingen nach dem Zwischen-Ketten-Nirvans — eine richtige Arche Noah; einige wenige, die Tier-Menschen zu werden sich befähigt hatten, wurden auf die späteren Globen genommen.

Bestimmende Ursache für diese verschiedenen Kausal-Körper ist das Stadium, in dem sich Individualisation vollzog. In den niederen Klassen des Tier-Reiches sind sehr viel Tiere an eine einzige Gruppen-Seele gebunden, ihre Zahl vermindert sich, während sie zur Menschheit emporklimmen, bis in den höheren Tier-Klassen nur 10 bis 20 zu einer Gruppen-Seele gehören. Berührung mit den Menschen kann auf verhältnismäßig niedriger Stufe Individualisation herbeiführen. Wenn ein Tier, sagen wir ein Hund, lange Zeit mit dem Menschen in Berührung war und einer kleinen Gruppe von 10 bis 20 angehört, dann bildet sich bei der Individualisation ein vollständiger Kausal-Körper. Wenn ungefähr 100 in der Gruppe sind — auf der Schäferhund-Stufe —, würde sich ein „Korb-Geflecht" bilden; wenn mehrere Hundert eine Gruppe bildeten — Pariahhunde, herrenlose Straßenhunde, wie in Konstantinopel oder Indien —, würden die verbindenden „Linien" als Andeutung und Anzeichen für den Kausal-Körper sich bilden.

Diese Stufen erinnern uns an gewissermaßen ähnliche Unterschiede im Pflanzen-Reich; die höherentwickelten Pflanzen gehen direkt ins Reich der Säugetiere. Das gutartige und sanfte Tier wird kein grausamer, brutaler Wilder, sondern ein angenehmer, friedlicher Mensch werden. Die Reiche greifen ineinander über und ein wirklich gutes Tier kann ein angenehmerer Gefährte sein, als manches menschliche Geschöpf.

Ein einzelnes Geschöpf kann kürzere Zeit auf der Tier-Stufe bleiben und dafür längere Zeit im Menschen-Reich, oder umgekehrt. Es scheint wirklich nicht darauf anzukommen, da es schließlich immer „dahin gelangt", ebenso wie längere oder kürzere Zeiten in der Himmels-Welt dort unter den Menschen einen gleichen Grad, eine gleiche Stufe des Fortschritts auswirken. Wahrscheinlich ist es nur menschliche Torheit, es sich angenehmer zu denken, zu seiner Zeit jedes Mal das Beste seiner Art gewesen zu sein, und dass man lieber ein Banyan, oder ein Eichbaum als eine Wolke Moskitos, lieber eine prächtige Dogge als ein erd- oder menschenfressender Wilder gewesen sein möchte.

Doch zurück. Die Globen E, F und G scheinen als eine Art Treibhaus für besondere Kulturen benutzt worden zu sein, um einige in den Stand zu setzen, Den Pfad zu erreichen oder Arhatschaft zu erlangen, nämlich die, obgleich sie schon weit auf dem Wege dahin, es auf Globus D doch nicht erreichen konnten, und um es ferner einigen, die sich einer höheren Stufe näherten, zu ermöglichen, diese zu erreichen. Sie waren mehr Zentren als Globen; ihre Bevölkerung klein an Zahl, denn die Hauptmasse der Menschen, und Tierarten war von Globus D verschifft und weiter vermindert worden, indem man von jedem Globus, wenn er zur Ruhe einging, nacheinander je eine Bootsladung hinwegsandte. Die Bootsladung von Globus E bestand aus einigen, die schon auf Dem Pfade waren und die dort Arhats geworden, aus einigen „Korb-Geflechten", die den Kausal-Körper vollendet hatten und einigen „Linien", die „Korb. Geflechte" geworden waren. Als diese Globus E verließen, wurde die übrige Bevölkerung, die aus denen unterhalb der Arhatstufe bestand und den Druck weiteren Vorwärtstreibens ertragen konnte, nach Globus F übergeführt. Die den Globus Verlassenden gingen in das Zwischen-Ketten-Nirvana und wurden dort nach den Klassen eingeteilt, die sie erreicht hatten, sowie nach Postschluss eingelieferte Postsendungen mit Nachporto versehen, in die Postsäcke sortiert werden, zu denen sie gehören.

Etwas Ähnliches vollzog sich auf Globus F, und es war von höchstem Interesse, zu entdecken, dass Gautama Buddha, der Herr und der Herr Maitreya unter denen waren, die sowohl von Globus E als von F weiter gingen und die erste große Initiation auf Globus G empfingen. Sie waren in der siebenten Runde der zweiten Kette zurückgeblieben, nicht imstande, den starken Vorwärtsdruck auf den Globen E, F, G dieser Kette zu ertragen, da die Bedingungen zu streng waren und nur denen möglich, die zu der Höhe, welche für den Erfolg auf dieser Kette vorgeschrieben war, gelangen oder aus der Klasse, in der sie sich befanden, in die nächst höhere übergehen konnten. In der vierten Runde erschienen sie wieder als primitive Menschen und gingen mit den Tieren der zweiten Kette, die fast zur Individualisation reif waren, nach Globus D der Mond-Kette.

Auf Globus F legten beide vereint das Gelübde ab, Buddhas zu werden, aber die Vorbereitungen, der Hergang selbst waren dort anders als auf unserer Erde. Es war eine Art Himmels-Rat in einer Himmels-Welt — das Sukhavati der Buddhisten — und Der Große, vor dem sie ihr Gelübde ablegten, und der als der „amtierende" Buddha es annahm, war der in den Büchern Dipankara genannte. Auf- Globus G erreichten sie Arhatschaft, ehe sie die Kette verließen.

Buddha der Herr, Dipankara kam von der vierten Kette des Venus-Systems. (Der physische Globus dieser Kette war der Mond der Venus, den Herschel gesehen hat, der aber seitdem verschwunden ist.) Er war einer der Glieder des General-Stabes, von dem weiter oben die Rede war, der sich auf jede gerade der Hilfe bedürfende Kette senden lässt.

Dipankara, dem Herrn, folgten in dem hohen Amte als Buddha die Buddhas der Erd-Kette; z. B. wissen wir von Kashyapa, dem Herrn, dem Bodhisattva der dritten Wurzel-Rasse, der in der vierten Wurzel-Rasse Buddhaschaft auf sich nahm, und Gautama, dem Herrn Selbst, dem Bodhisattva der vierten Wurzel-Rasse, der Buddhaschaft in der fünften auf sich nahm. Ihm folgte der Herr Maitreya, der Bodhisattva der fünften Wurzel-Rasse, der in der sechsten Buddhaschaft auf sich nehmen wird. Ihm wird der kommende Bodhisattva der sechsten Wurzel-Rasse — jetzt als Meister K. H. bekannt — folgen, der Buddhaschaft in der siebenten übernehmen wird.

Wir dürfen nicht vergessen" dass ein Buddha ein Beauftragter ist, der über weit mehr als eine Menschheit wacht. Er ist ebenso Der Lehrer der Devas, der Engel wie der Menschen, daher die Tatsache, dass eine gegebene Menschheit auf einer sehr niedrigen Stufe der Entwicklung sich der Notwendigkeit für dieses Hohe Amt nicht bewusst ist.

Wir bemerkten auch den Meister Jupiter unter denen, die auf Globus G Den Pfad betraten.

Das Zwischen-Ketten-Nirvana.

Dem Menschengeiste schwindelt vor den ungeheuren Zeiträumen, mit denen die Entwicklung rechnet, und man flüchtet zu dem alten — und neuen — Begriff, dass Zeit nichts fest Existierendes ist, sondern je nach dem Wirken, nach der Tätigkeit des Bewusstseins des Betreffenden[4]) lang oder kurz ist. Im Zwischen-Ketten-Nirvana ist das wirklich arbeitende Bewusstsein das des Samen-Manu der Lunar-Kette und das des Wurzel-Manu der Erd-Kette. Wer wird zu

---

4) Siehe das anregende kleine Buch „Two New Worlds" (Zwei Neue Welten) von E. E. Fournier d'Albe.

mutmaßen wagen, was für Ihr Bewusstsein Zeit sein mag?

Im Geiste des Samen-Manu ist der Große Plan, der Wurzel-Manu empfängt ihn von ihm und arbeitet ihn in der neuen Kette, der er vorsteht, aus. Resultat und Ergebnis der Entwicklung in der Kette, deren Leben vorüber ist, sind in der Aura des Samen-Manu gesammelt und wenn man Ausdrücke aus unserem alltäglichen Leben anwenden darf, in vollkommener Ordnung und Genauigkeit eingereiht, verzeichnet, gesichtet. Auf diese nach innen gekehrten, ein seltsam langsames, subjektives Leben lebenden Intelligenzen vieler Grade, ohne Zeitbegriffe, ergießt er in Zwischenräumen Ströme seines stimulierenden Magnetismusses. Ein ununterbrochener Strom würde sie in Stücke brechen, daher umspielt er sie, hält inne und sie dämmern weiter, vielleicht Millionen Jahre lang, und nehmen ihn langsam in sich auf; dann spielt wieder ein Strom über sie hin und so weiter und weiter, Millionen auf Millionen von Jahren. Als wir dieses seltsame Schauspiel beobachteten, stiegen allerlei Vergleiche in uns auf: Zwiebeln, sorgfältig in Fächer gelegt, von Zeit zu Zeit von einem Gärtner besichtigt, Lagerstätten in einem Krankenhause, Tag für Tag von einem Arzt besucht. Und die Zeit kam immer näher, in der der Große Gärtner seine Zwiebeln zum Auspflanzen herausgehen sollte, und die Pflanzstätte war die Erd-Kette und die Zwiebeln waren lebendige Seelen.

Kapitel VI.
Früheste Zeiten auf der Erd-Kette.

Inzwischen hatte die Erde sich langsam gebildet und die Herren des Mondes hatten, wie wir gesehen, den Aufbau beobachtet; die Zeit war gekommen, um die Erstlinge derer, die sich in kommenden Zeiten in der neuen Kette entwickeln sollten, dahin zu verschiffen. Der Samen-Manu bestimmte den Inhalt jeder Schiffsladung und die Reihenfolge ihrer Abfahrt; und der Wurzel-Manu verteilte sie, wie sie nacheinander auf Globus A der Erd-Kette anlangten. Hier wollen wir, wenn such nur in flüchtigen Umrissen, kurz die Okkulte Regierung, die Okkulte Hierarchie der Kette schildern, damit der Schüler ein wenig von der Größe des Planes der Entwicklung, den er überblicken soll, zu verstehen vermag.

An der Spitze steht der Samen-Manu der vorhergehenden Kette, Chakshusha, von dessen gewaltigem, weitem Werke wir ein wenig auf der Mond-Kette gesehen haben. Ihm helfen Beamte, die Ihm berichten, wie auf die Einzelnen jeder besonderen Abteilung die Einflüsse wirkten, die Er während ihres Aufenthaltes im Zwischen-Ketten-Nirvana auf sie herniederströmen ließ. Und ebenso wie die an „Alter" wenigst Fortgeschrittenen ausgesandt werden, um die Aufgabe zu vollführen, die einfachsten Formen zu bewohnen, und die Fortgeschritteneren folgen, wenn die Formen sich zu höherer Stufe entwickelt haben, so werden also aus jeder besonderen, vom Monde herübergebrachten Abteilung und aus den im Zwischen-Ketten-Nirvana Aufgehobenen alle diejenigen zuerst aus ihrer Klasse in die neue Welt entsandt, die unter seinem Einfluss während der Zeit des Zurückgezogenseins am wenigsten vorwärts gekommen sind.

Der Wurzel-Manu der Erd-Kette, Vaivasvata[1]), der die ganze Ordnung ihrer Entwicklung leitet, ist eine mächtige Wesenheit von der vierten Kette des Venus-Systems; zwei Seiner Gehilfen kommen

---

1) Der Wurzel-Manu Vaivasvata darf nicht mit dem Manu Vaivasvata der Arischem Wurzelrasse verwechselt werden. Ersterer wer ein weit erhabeneres Wesen, wie aus dem Bericht dieses selben Abschnittes von seinem langen Aufstieg zu ersehen ist.

von derselben Kette und ein Dritter ist ein Hoher Adept, der früh auf der Lunar-Kette Vollendung erreichte[2]). Ein Wurzel-Manu einer Kette muss die Höhe vollenden, die für die Kette oder die Ketten, auf der Er Mensch ist, festgesetzt ist, und einer ihrer Herren werden; darauf wird Er der Manu einer Rasse, dann ein Pratyeka Buddha, dann ein Herr der Welt, dann Wurzel-Manu, dann der Samen-Manu einer Runde und dann erst der Wurzel-Manu einer Kette. Er bestimmt die Arbeit der Manus der Runden und diese verteilen sie unter die Manus der Rassen. Ferner liefert jede Kette eine Anzahl von Erfolg gekrönter Menschen-Wesen. „Die Herren der Kette", deren einige sich der Arbeit auf der neuen Kette unter deren Wurzel-Manu widmen.

Für unsere Kette sehen wir also sieben Klassen von Herren des Mondes unter unserem Wurzel-Manu wirken, die von den sieben Globen der Mond-Kette berufen wurden; sie bilden eine der zwei großen Klassen der Helfer von außerhalb, die bei der Leitung der Entwicklung der Erd-Kette im allgemeinen beteiligt sind. Die zweite wichtige Klasse der Helfer von außerhalb sind als die Herren der Flamme bekannt; Sie kamen von der Venus auf den vierten Globus, in der vierten Runde, in der Mitte der dritten Wurzel-Rasse, um die mentale Entwicklung zu beschleunigen, die Okkulte Hierarchie der Erde zu begründen und die Herrschaft über den Globus zu übernehmen. Ihr gewaltiger Einfluss war es, der die Keime des mentalen Lebens so sehr förderte, dass sie zu Wachstum aufbrachen, darauf folgte das große Niederströmen durch die Monade, die wir die dritte Lebens-Welle nennen, welche die Bildung des Kausal-Körpers, die „Geburt" oder den „Abstieg des Ego" für all die verursachte, die vom Tier-Reich heraufgekommen waren. So unmittelbar war die Antwort der Myriaden von Bewohnern der Erde, dass man oft sagt, Jene hätten den Funken des Geistes „gegeben", „eingesenkt", nicht „projiziert", aber der Funke wurde nur zur Flamme angefacht, nicht eingesenkt, er sprang n i c h t über; die Natur der Gabe bestand im Beschleunigen der schon in der werdenden Menschheit vorhandenen Keimkraft, es war die Wirkung des Sonnenstrahles auf ein Samenkorn, nicht das Säen eines Samenkorns. Durch die Herren der Flamme wurde die Kraft des Logos auf die Monaden konzentriert, so wie die Sonnen-Strahlen durch eine Linse in einen Brennpunkt konzentriert werden könnten, und unter diesem Einfluss erschien der emp-

---

2) Wir müssen daran denken, wenn ein Mensch, der die für die Kette, auf der er sich entfaltet, festgesetzte Höhe erreicht, dass er darauf bleiben und seine Entwicklung da fortsetzen kann, so wie Adepten die die Höhe jett auf unserem Globus vollendeten, ohne ihn so verlassen, höhere Höhen der Hierarchie erreichen können.

fängliche, der antwortende Funke. Das sind die wahren Manasaputras, die Söhne des Geistes, des Manas — die von der fünften, der mentalen Runde der Venus kamen —, die Söhne des Feuers, die Herren der Flamme[3]).

Die sieben Klassen der Herren des Mondes wurden vom Wurzel-Manu über die Erd-Kette verteilt, um die Runden und Globen in ihre Obhut zu nehmen, während die Manus der Rassen sich der besonderen Entwicklung der Rassen, jeder einer Wurzel-Rasse, annahmen.

Die Erste Runde.

Die Herren des Mondes der Globen A, B und C der Lunar-Kette waren die drei Klassen, die, ohne daran teilzunehmen, über dem physischen Aufbau der Globen unserer Kette wachten, so wie sie nacheinander sich um den Geist eines jeden Globus bildeten, wie es vorher beschrieben wurde. Es scheint, sie überwachten die Einzelheiten der Arbeit der Herren, die später Vollendung erreichten. Die niedrigste Klasse von Globus G bildete die primitiven, urtypischen Formen auf Globus A der Erd-Kette in der ersten Runde und führte die „Linien", die ankamen, um sie zu füllen und sich darin zu entfalten. Die nächste Klasse, von Globus F, überwachte die Entwicklung der Formen in der zweiten Runde, die von Globus E die entsprechende Entwicklung in der dritten, und die von Globus D desgleichen die entsprechende in der vierten[4]). Wir finden ferner in der vierten Runde auf dem Mars einige der Herren von Globus E am Werke, während die von Globus D später auf der Erde in Tätigkeit treten.

Als die Entsendung der ersten Wesen, jener Entitäten von dem Zwischen-Ketten-Nirvana begann, brachten die ersten Schiffe die „Linien" und die ganze Masse der Tiere von Globus D der Mond-Kette herüber; die ersten Schiffsladungen folgten einander in Abständen von ungefähr 100 000 Jahren, das weitere Versorgen und Ergänzen hörte dann auf und ein ungeheurer Zeitraum folgte, während dessen die neuen Ankömmlinge, die Bahnbrecher und Pioniere auf unserer Erd-Kette, ihre lange Reise durch die erste und die zweite und einen Teil der dritten Runde fortsetzten.

---

3) Das Wort Manasaputra wird in der Geheimlehre angewendet, um nicht nur diese zu bezeichnen, sondern auch zur Egos, die genügend fortgeschritten sind, um den Keim des Geistes in andern zur Tätigkeit zu beschleunigen, so wie wir es jetzt bei Tieren tun können. So deckt das Wort eine gewaltige Klasse und enthält eine viele verschiedene Grade der Entwicklung.

4) Sie sind alle unter dem Namen „Barhishad Pitris" in der Geheimlehre einbegriffen.

Seltsame Welten! Wirbelnden, schäumenden Strudeln gleich; unsere Erde, die festeste, ist heiß, schlammig, klebrig, und noch scheint wenig ihres Erdreichs selbst wirklich fest verankert zu sein. Sie ist siedend und wechselt fortwährend ihren Festigkeitszustand; ungeheure Kataklysmen verschlingen von Zeit zu Zeit große Massen von Wesen und an ihrem embryonalen Zustand scheint dieses Verschlingen nicht viel zu verschlimmern, sondern sie sind fruchtbar und mehren sich in gewaltigen Höhlen und Grotten, als ob sie auf der Oberfläche lebten.

Die Globen der ersten Runde der Erd-Kette befanden sich auf denselben Stufen, wie die der siebenten Runde der Mond-Kette, Globus A auf der höheren Mental-Ebene, ein Teil der Materie kaum erwacht; Globus B auf der niederen Mental-Ebene, Globus C auf der astralen; Globus D auf der physischen, Globus E wiederum auf der astralem Globus F auf der niederen Mental- und Globus G auf der höheren Mental-Ebene. In der zweiten Runde steigt die ganze Kette hinab und drei Globen werden physisch, C, D und E, aber das, was darauf lebte, war seiner Substanz nach ätherisch und der Form nach „pudding-sackartig", um H. P. Blavatskys plastischen Ausdruck zu gebrauchen. Die Globen C und E, die wir jetzt Mars und Merkur nennen, waren damals physische Materie, aber in glühend gasigem Zustande.

Die menschlichen Körper waren während der ersten Runde auf der Erde ein amöbisch wolkiges, treibendes Etwas, größtenteils ätherisch und daher unempfindlich gegen die Hitze; sie vermehrten sich durch Spaltung. Es schien, als folgten sie einander rassenweise, aber ohne getrennte Inkarnationen, da jede Form eine Rasse lang dauerte. Es gab weder Geburt noch Tod und sie erfreuten sich einer Amöben-Unsterblichkeit Sie standen unter der Obhut der Herren des Mondes, die auf Globus G Arhatschaft erreicht hatten. Einige ätherartige, umhertreibende Geschöpfe schienen, aber mit wenig Erfolg, zu versuchen, Träume von Pflanzen zu sein.

Die Minerale waren etwas fester, denn sie waren zum großen Teil in geschmolzenem Zustand vom Monde auf die Erde herabgeschauert worden; die Temperatur mochte ungefähr 3500 Grad C betragen, denn Kupfer war im Dampf-Zustande und in einem elektrischen Schmelzofen verflüchtigt es sich bei dieser Temperatur. Silizium war sichtbar, aber die meisten Substanzen waren Proto-Elemente, nicht Elemente, und die jetzigen Zusammensetzungen schienen sehr selten zu sein. Die Erde war von ungeheuren Massen Dampfes umgehen, die die Hitze einschlossen, daher kühlte sie sehr langsam ab. Am

Pole befand sich kochender Schlamm, der sich allmählich setzte, und nach einigen tausend Jahren erschien darauf eine grüne Schicht, die pflanzenartig war, oder genauer gesagt, die später vielleicht Pflanzenart annehmen würde.

Zweite Runde.

In der zweiten Runde ist die Temperatur von Globus D bedeutend gesunken, das Kupfer hat sich abgekühlt und ist flüssig, an einigen Stellen fest geworden. An den Polen war etwas Land, aber Flammen brachen daraus hervor, sobald ein Loch entstand, so wie bei einzelnen Stellen an den Seiten des Vesuv-Kegels. Die „Puddingsack"-Geschöpfe schienen die Hitze nicht zu spüren, sondern trieben gleichgültig umher, sie erinnerten in ihrer Gestalt an verwundete Krieger, die ihre Beine verloren und ihre Kleider um den Stumpf genäht hatten; ein Stoß verursachte eine Vertiefung, die wie bei Wassersüchtigen sich langsam wieder füllte. Der vordere Teil dieses Dinges hatte eine Art saugenden Mundes, durch den es Nahrung einsog; so pflegte es sich an ein anderes festzusaugen, es einzuziehen, als ob es durch ein Loch an einem Ei sog, worauf das Angesogene schlaff wurde und starb. Es wurde ein Kampf beobachtet zwischen zweien, die ihren Mund gegenseitig fest aufeinander gesetzt hatten und sich eifrig aussogen. Sie besaßen eine Art Lappenband, der Flosse des Seehundes vergleichbar; sie gaben ein lustiges, zirpendes, trompetendes Geräusch von sich, was Vergnügen bedeutete — Vergnügen, d. h. ein gewisses Allgemeinwohlbefinden, eine Art „Bien-être"; Schmerz dagegen war ein verschwommenes Unbehagen, beides noch nichts ausgesprochenes, nur schwaches Mögen und Nichtmögen. Die Haut war manchmal sägeartig gezackt und warf farbige Schatten. Später wurden sie etwas weniger formlos und dafür menschlicher; wie Raupen krochen sie auf dem Boden. Noch später entwickelten diese nahe dem Nordpol und auf dem dortigen Landkap wohnenden Geschöpfe Hände und Füße, blieben aber außerstande, aufrecht zu stehen. Ein wenig mehr Intelligenz war zu bemerken. Ein Herr des Mondes wurde gesehen — ein Arhat, der auf Globus F der Mond-Kette diese Stufe erreicht hatte —, welcher eine Insel magnetisiert hatte, und eine Herde dieser Geschöpfe dann darauf weidete; sie erinnerten an Seekühe, Walrosse oder Delphine, aber ohne ausgebildeten Kopf; man lehrte sie, zu weiden statt einander auszusaugen. Wenn sie einander verzehrten, zogen sie diesen oder jenen Teil dem anderen vor, als wenn sie Geschmack entwickelten. Die Mulde, die als Mund diente, vertiefte sich zu einer Art Trichter und ein Magen begann zu entstehen, dessen Inneres sich sofort nach außen kehrte, sobald ein unliebsamer Fremdkörper seinen Weg hineingefunden hatte. Einer drehte sein Inneres vollständig nach außen, was ihm nichts zu schaden schien. Da die Oberfläche der Erde noch sehr unsicher war, so verbrannten sie sich gelegentlich oder wurden teilweise gekocht; das war ihnen augenscheinlich unangenehm und wenn es zu weit ging, fielen sie in sich zusammen. Die schwere Atmosphäre bedingte als gewöhnliche Fortbewegungsart ein Umbertreiben, was angenehmer anzusehen war als die sich windende Fortbewegung, die sie auf dem Boden annahmen, was sehr an den „eklen Wurm" erinnerte. Sie vermehrten sich durch Knospung; eine Schwellung erschien, wurde größer, brach nach einer Weile ab und führte ein unabhängiges Dasein.

Ihre Intelligenz war kindlich, man bemerkte einen, der mit seinem Munde nach einem Nachbar gezielt hatte, und als er ihn verfehlte, sein eigenes Schwanzende erwischte und zufrieden daran sog. bis es ihm augenscheinlich ungemütlich wurde und er sich selbst wieder ausspie. Einer fand heraus, dass er aufrecht schwimmen konnte, statt längsseitig, wenn er sein Schwanzende im Schlamm rollte, und er schien sehr stolz auf sich zu sein. Allmählich spitzte sich das Ende mit dem Trichter ein wenig zu und ein kleiner Kern erschien darin, der in fernen, künftigen Zeiten vielleicht Gehirn werden sollte. Eine kleine Erhöhung erschien und die Gewohnheit bildete sich, diese voran, vorwärts zu treiben, als befände sich hier der Mund, und da derselbe fortwährend Stöße empfing, wurde die Entwicklung gefördert.

Zu dieser Zeit entwickelte sich mit Hilfe der schweren, erstickenden Luft das Pflanzenleben zu einer Art Wald-Wachstum, es war etwas Gräserähnliches, aber 40 Fuß hoch und entsprechend dick; diese „Grasbäume" wuchsen im warmen Schlamm und gediehen außerordentlich gut.

Gegen das Ende dieser Periode waren Teile der Erde ganz fest und nur noch mäßig warm. Unter großem tumultuarischen Getöse und Krachen erstarrte und schrumpfte die Erde allmählich zusammen; jeder Hügel war ein tätiger Vulkan.

Der Mars wurde fester, kühlte infolge seiner geringeren Größe schneller ab, aber das Leben darauf glich sehr dem auf der Erde.

Dritte Runde.

In der dritten Runde war der Mars ganz fest und massiv, und einige Tiere begannen sich zu entwickeln, allerdings glichen sie zuerst plumpen, vom Stamme abgesägten Holablöcken. Sie erinnerten an Skizzen von Kindern, die noch nicht zeichnen gelernt hatten. Im Laufe der Zeit aber erschienen Geschöpfe, die entschieden menschlich waren, obgleich mehr wie Gorillas denn wie Menschen.

Die äußere Gestalt des Mars war damals ganz anders, als wir sie heute kennen. Die Wasserfrage war noch nicht entstanden, denn drei Viertel seiner Oberfläche war Wasser und nur ein Viertel trockenes Land. Daher gab es keine Kanäle so wie heute und die allgemein physischen Verhältnisse glichen vielfach denen unserer jetzigen Erde.

Die Leute, die mit der „Linear"-Andeutung des Kausalkörpers begonnen, hatten zu dieser Zeit, wie wir bemerkten, ein gröberes „Korbgeflecht" entwickelt, gröber als das, was die auf des" Monde entwickelt hatten. Als dieses Stadium erreicht war, strömten die in Schiffs-Ladungen vom Samen-Manu wiederum zur Erde entsandten „Korb-Geflechte" vom Monde hinein.

Als wir in das Zwischen-Ketten-Nirvana blickten, um den Einzug der „Korb-Geflechte" auf den Mars zu verfolgen, erlebten wir ein interessantes Schauspiel. Die „Fächer", auf denen die „Zwiebeln" aufbewahrt worden bestanden offenbar aus höherer Mental-Materie, aber die in der Aura des Samen-Manu herübergeführten Zwiebeln wurden durch die spirituelle Sphäre hinübergeleitet und so wurde das Korbgeflecht der Mental-Materie des Mondes aufgelöst und neu gebildet, bevor die einzelnen Geschöpfe ihre Erden-Laufbahn beginnen konnten. Sie pflegten Zeitalter hindurch in der spirituellen Sphäre zu schlafen und dann mit „Korb-Geflecht" von gleichwertiger irdischer Mental-Materie neu bekleidet zu werden, denn die Mental-Materie setzt sich nicht ununterbrochen von Kette zu Kette fort. Die Entfernung kann natürlich außer acht bleiben, da die Erd-Kette so ziemlich dieselbe Stelle einnimmt wie die lunare, aber da die Mental-Materie sich nicht ohne Unterbrechung fortsetzt, bedingt sie die Auflösung und Wiederzusammensetzung der Korbgeflecht Kausal-Körper.

Wir sahen einen Mann mit einer Schiffsladung von „Korbgeflechten" zum Mars kommen, was uns an die Erzählungen der Hindu Puranas erinnerte, worin der Manu den Ozean in einem Schiff durchkreuzend, die Samen für eine neue Welt mit sich führt; und ebenso an die der hebräischen Berichte von Noah, der in der Arche alles barg, was nötig war, um die Erde nach einer Flut von neuem zu bevölkern. Die in den Heiligen Schriften der Religionen erhaltenen Legenden sind oft Erzählungen von Berichten und Überlieferungen aus der Vergangenheit, und der Manu kam wirklich zur Mars-Welt, um der Entwicklung eine neue Anregung, einen neuen Impuls zu geben. Als Er auf dem Mars anlangte, gründete Er dort eine Kolonie seiner „Korb-Geflechte".

Als wir diese besondere Gruppe der ersten Ankömmlinge von „Korb-Geflechten" auf der Erd-Kette verfolgten, gewahrten wir, dass sie von Globus G der Lunar-Kette gekommen waren, wo sie „Korb-Geflechte" geworden. Es waren die am wenigsten entwickelten von dem Volk der „Korb-Geflechte, da sie die letzten waren, die dieses Stadium erreicht hatten. Der Manu leitete sie zur Geburt in die vielversprechendsten Mars-Familien der dritten Rasse, und als sie wuchsen, führte Er sie weiter in Seine Kolonie, wo sie sich schneller zu „Vierter-Rasse-Menschen" entwickeln sollten. In dieser Siedelung bewegten sie sich wie von einem Zentral-Willen regierte Bienen in einem Bienenstocke der Zentral-Wille war der des Manu. Er sandte Ströme von Kraft aus und leitete alles und alle. Noch zwei Gruppen solcher „Korbgeflecht-Bienen kamen zum Mars, nämlich alle, die diese Stufe auf den Globen E und F der Mond-Kette erreichten; sie kamen in der umgekehrten Reihenfolge an, in der sie den Mond verlassen hatten, denn die von Globus F bildeten die vierte Rasse auf dem Mars und die von Globus E die fünfte. Unter der fördernden Sorgfalt des Manu entwickelten sie ein wenig Gemüt und etwas Intelligenz. Zuerst lebten sie in Höhlen, begannen dann bald zu bauen und lehrten auch die Einheimischen unter ihrer Aufsicht zu bauen; so wurden auf jener Stufe der Entwicklung selbst „Korb-Geflechte" Führer.

Sie waren Hermaphroditen, aber der Regel nach war ein Geschlecht immer mehr ausgebildet als das andere, und zur Fortpflanzung waren zwei Individuen nötig. Unter den niederen Typen waren auch andere Arten der Fortpflanzung üblich und es gab einige embryonal menschliche Geschöpfe, von Hydrenart, die sich durch Knospung, und andere, die sich durch Ausschwitzung fortpflanzten, während noch andere Eier legten. Aber unter den „Korb-Geflechten fand man diese nicht.

Die sozialen Verhältnisse in der fünften Rasse änderten sich, als sich mehr Intelligenz entwickelte. Das Bienen-System verschwand, aber noch hatten sie wenig Individualität und bewegten sich meistens in Herden und Horden, die ihr Manu hütete. Die Körbe wurden festere Geflechte und gaben eine Vorstellung davon, was dem sich entfaltenden Leben in denjenigen möglich werden würde, die entschieden das waren, was man einen „Selbstgemachten Manu" nennt, und zwar unabhängig von der großen Anregung, die die Herren der Flamme in der vierten Runde gegeben hatten. Dieser Typus, der sich in Herden bewegt, ist noch heute unter uns weit und breit durch die vertreten, die sich an konventionelle Begriffe halten, nur weil andere sie haben und die ganz und gar von dem beeinflusst werden, „was die Welt sagt". Es sind im Grunde oft ganz gute Leute, aber richtig lämmer- und herdenhaft und äußerst einseitig. Es gibt wohl Unterschiede unter ihnen, aber nur Unterschiede wie unter Leuten, von denen einer seinen Tee nach viertel Kilo, der andere nach Gramm kauft, Unterschiede, die hauptsächlich sie selbst bemerken.

Ein wilder Typus von „Korb-Geflechten", der nicht in Gemeinden lebte, sondern in den Wäldern paarweise herumwanderte, wurde beobachtet. Ihre Köpfe endeten hinten in einer Spitze, dem Kinn vorn entsprechend, und dieser Kopf mit den zwei Spitzen bot einen seltsamen und wenig anziehenden Anblick. Sie kämpften wie Ziegen, indem sie gegeneinander stießen und die Köpfe bestanden oben aus sehr harten Knochen. Es gab auch einige noch niedrigere Typen, seltsam reptilienartige Geschöpfe, die auf Bäumen lebten. Sie waren größer als die „Linien", weit weniger intelligent und verzehrten die letzteren, sobald sich Gelegenheit dazu bot.

Auch fleischfressende Ungetüme gab es auf dem Mars; ein ungeheures krokodilähnliches Tier wurde gesehen, als es einen Menschen wütend angriff, dieser stürzte sich auf das Tier. Er war mit einer Keule bewaffnet, die keine sehr wirksame Waffe zu sein schien. Indessen stolperte er über einen Felsblock, fiel häuptlings in den Rachen des Tieres und erlangte so ein vorzeitiges Ende.

Die dritte Runde auf der Erde glich in vielem der auf dem Mars, die Leute waren kleiner und fester, aber nach unseren heutigen Begriffen noch gewaltig groß und gorillaähnlich. Die Hauptmasse der „Korb-Geflechte" von Globus D der Lunar-Kette kam in dieser Runde auf unsere Erde und führte die menschliche Entwicklung. Die „Korb-Geflechte" vom Mars schlossen sich ihnen später an; alle glichen mäßig intellektuellen Gorillas. Die Tiere waren sehr schuppig und selbst die Geschöpfe, die wir Vögel nennen müssen, waren mehr mit Schuppen als mit Federn bekleidet; sie schienen alle aus einem Allerlei zusammengeflickt, halb Vogel, halb Reptil, und waren abstoßend hässlich. Indessen glich das Ganze doch schon ein wenig mehr einer Welt als die vorhergehenden Globen, ja mehr als alles, was wir überhaupt gesehen hatten, seit wir den Mond verließen. Später wurden Städte gebaut. Die Arbeit der Herren des Mondes — die in dieser Runde Arhats von Globus E waren — glich mehr dem Abrichten von Tieren als dem Entwickeln einer Menschheit. Aber es ist bemerkenswert, dass sie sozusagen an Teilen arbeiteten, nämlich an Teilen der verschiedenen Körper, des physischen und des feinen Ätherkörpers. Die dritten Unter-Ebenen der physischen, astralen und mentalen Sphären wurden besonders durchgearbeitet und die „Spirilla" der Atome auf diesen Unter-Ebenen mehr belebt.

Während der dritten Runde waren die Arten der Fortpflanzung auf unserer Erde die, welche jetzt auf die niederen Reiche der Natur beschränkt sind. In der ersten und zweiten Rasse, die sich noch nicht ganz verdichtet hatten, fand noch Teilung, Spaltung statt, aber in der dritten und den ferneren Rassen waren folgende Arten die Regel: Knospung wie bei den weniger organischen Hydroecen, Ausschwitzung von Zellen aus verschiedenen Organen des Körpers, welche ähnliche Organe hervorbrachten und welche zu einem Miniatur-Doppelbild des Erzeugers heranwuchsen, und das Eilegen, innerhalb dessen das junge Menschen-Geschöpf sich entwickelte. Diese waren hermaphroditisch und allmählich bildete ein Geschlecht sich mehr aus, jedoch nie genügend, um ausgesprochen männlich oder weiblich zu sein.

Das Hinübergehen der Lebens-Welle von einem Globus zum anderen geschieht allmählich und sie greifen vielfach ineinander über; erinnern wir uns, dass Globus A der Erd-Kette sich zu bilden begann, als Globus A der Mond-Kette im Zersetzungsprozess begriffen war; das Entschweben des Geistes des Globus war das Zeichen zur Übertragung der Tätigkeit. Lebens-Tätigkeit dauert also ununterbrochen fort, während Egos lange Zeiten der Ruhe pflegen. Ein Globus „geht in Verdunklung" ein, wenn die Aufmerksamkeit des Logos sich von ihm wendet und ihm auf diese Weise Sein Licht entzogen wird. Er geht in eine Art von Koma, also Schlafzustand über; ein Rest lebender Geschöpfe wird darauf zurückgelassen und diese Geschöpfe scheinen während dieser Zeit nicht an Zahl zuzunehmen. Während aber die Rassen aussterben, weil die Egos, die sie bewohnten, weiter gegangen sind, wird der Globus das Feld für die Innere Runde, ein Ort, auf welchem Egos, um ihre Entwicklung zu beschleunigen, in ein Übergangsstadium zu besonderer Behandlung übergeführt werden können. Der Globus, auf den die Aufmerksamkeit des Logos sich richtet, ersteht zu tätigem Leben und empfängt die Ströme von Egos, die so weit waren, um die Reise fortsetzen zu können.

Ein anderer bemerkenswerter Punkt ist das Wiederkehren von Typen einer höheren Stufe der Entwicklung, auf welcher sie aber nur Übergangs-Stadien bilden. So wie heutigen Tages in der Entfaltung des menschlichen Embryo die Fisch-, Reptil- und niedrigen Säugetier-Typen erscheinen und in wenigen Monaten die Äonen lange Entwicklung der Vergangenheit wiederholen, so sehen wir in jeder Runde eine Periode der Wiederholung der des neuen Vorwärtsschrittes vorangehen. Die dritte Runde arbeitete im Einzelnen mühsamfleißig aus, was die dritte Rasse in der vierten Runde mit verhältnismäßiger Schnelligkeit hervorzubringen pflegte, während die zweite Rasse die zweite Runde ähnlich widerzuspiegeln pflegte und die erste Rasse die erste Runde. Wenn man dieses allgemeine, großzügige Gesetz einmal erfasst hat, wird das Studium leichter, da der Umriss in den die Einzelheiten hineingepasst werden sollen, klarer und deutlicher wird.

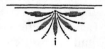

Kapitel VII.

Frühe Stadien der vierten Runde,

Wenn wir im Vorübereilen einen Blick aus der Vogelschau auf die vierte Runde werfen, entdecken wir eine wichtige und weitgehende Veränderung in den Umgebungen, inmitten welcher die menschliche Entwicklung weitergehen soll. In den drei vorhergehenden Runden war die Elementar-Essenz sozusagen noch vom Menschen unberührt, wurde nur von den Devas oder Engeln beeinflusst und entfaltete sich durch deren Einfluss. Der Mensch war nicht genügend entwickelt, um irgendwie ernstlich auf sie zu wirken. Aber in dieser Runde spielt des Menschen Einfluss eine sehr wichtige Rolle und seine auf sich selbst gerichteten und mit sich selbst beschäftigten Gedanken schaffen Wirbel in der ihn umgebenden Elementar-Essenz. Auch die Elementar-Wesen beginnen in dem Maße ihm gegenüber feindseliger zu werden, als er aus dem Tier-Zustand in den des Herrschaft ausübenden menschlichen übergeht, denn er ist von ihrem Standpunkt aus nicht mehr ein Tier unter Tieren, sondern ein unabhängiges und dominierendes Geschöpf, das möglicherweise feindlich und streitbereit, ja aggressiv werden könnte.

Ein anderes äußerst wichtiges Merkmal der vierten Runde, der mittelsten der sieben, ist, dass darin die Tür gegen das Tierreich geschlossen und die Tür zum Pfade geöffnet wird. Beide Bestimmungen sind allgemein, hie und da kann ein Tier, durch ganz besondere Hilfe noch bis zu einem Punkt entwickelt werden, der ihm eine menschliche Verkörperung ermöglicht, aber fast in keinem Falle kann jetzt noch ein menschlicher Körper von genügend niedriger Entwicklung zu seiner Verkörperung gefunden werden. Desgleichen könnte ein Mensch, der Arhatschaft oder mehr auf der Mondkette erreicht hätte, noch höher klimmen. Alle aber unter diesem Range, die vollständige Kausal-Körper hatten, gingen erst auf der Erd-Kette in der späteren dritten und frühen vierten Wurzel-Rasse in deren Entwicklungssphäre über.

In der vierten Runde auf dem Mars finden wir eine Anzahl Wilder, die nicht weit genug gekommen waren, um jenen Globus gegen die Erde einzutauschen, als die Masse der Egos in der vorhergegangenen Runde weiter ging. Wenn der Globus seine Periode der Verdunklung beginnt, kommen auf jedem einige nicht mit und bleiben zurück; sie kehren zu eben diesem Globus wieder, wenn er seine volle Tätigkeit von neuem beginnt, und bilden eine sehr zurückgebliebene Klasse. Diese hier waren „Korb-Geflechte" recht armseliger Art und Wilde von brutales" und grausamem Typus, einige von denen, die aus Furcht und Zorn Individualisation erlangten.

In der vierten Runde begann Mars den Wassermangel schwer zu empfinden. Die Herren des Mondes — Arhats, die auf Globus E „vollendet hatten" — planten das Kanal-System und die „Korb-Geflechte" führten es nach ihren Angaben aus. Die Meere des Mars sind nicht salzig; die polaren Schneekuppen geben, wenn sie schmelzen, das nötige Wasser zur Bewässerung und ermöglichen die Urbarmachung des Bodens, die Bestellung der Felder.

Die fünfte Wurzel-Rasse vom Mars war weiß; sie machte bedeutende Fortschritte und das „Korb-Geflecht" entwickelte sich zu einem vollständigen Kausal-Körper. Diese Leute waren gut, wohlmeinend, freundlich, jedoch nicht fähig, große Ideen und weitgehende Gefühle der Zuneigung oder der Selbstaufopferung zu hegen. Schon auf einer ganz frühen Stufe begannen sie, die Nahrung untereinander zu teilen, statt darum zu kämpfen, und entwickelten zu gewissem Grade soziales Empfinden.

Die erste und die zweite Wurzel-Rasse der Erde waren schon im Gange, ehe der Mars verödete, da für diese primitiven Verhältnisse einige Entitäten verfügbar waren, die aufzunehmen der Mars in seinem späteren Stadium zu fortgeschritten war, und in diesen frühen Zeiten die volle Aufmerksamkeit des Logos nicht auf die Erde gerichtet war. Die Herren des Mondes — Arhats, die auf Globus D der Lunar-Kette Vollendung erreicht hatten, brachten zu diesen frühen Rassen eine Anzahl Zurückgebliebener, so dass diese als besondere Lehrmeister für die Nachzügler dienten, viele derselben vergalten die auf sie verwandte Sorgfalt und gingen als niedrigste Typen in die erste Unter-Rasse der dritten Wurzel-Rasse. Sie besaßen einen eiförmigen Kopf und ein Auge oben auf dem Kopfe, eine wurstförmige Rolle bildete die Stirn, die Kiefern waren vorstehend. Die eiförmige Kopfform hielt sich sehr lange, wurde jedoch in den späteren Unter-Rassen dieser dritten Wurzel-Rasse sehr gemildert; einige finden sich noch in späteren lemurischen Zeiten. Die Blauen, die die gewaltige sechste Unter-Rasse bildeten, und die Weißen, aus denen die siebente Unter-Rasse bestand, waren schönere Typen, jedoch noch Lemurier und zeigten dank der zurückweichenden Stirn Spuren von Eiköpfigkeit. Während der ersten und der zweiten Wurzel-Rasse war die Bevölkerung der Erde sehr beschränkt und diese besondere Hilfe scheint gegeben worden zu sein, weil auf dem vierten Globus der vierten Kette „die Tür geschlossen wird". Überdies wurde alles getan, was möglich war, um alle, aus denen noch irgendetwas gemacht werden konnte, vorwärts zu bringen. ehe die Ankunft der Herren der Flamme in der Mitte der dritten Wurzel-Rasse die Kluft zwischen dem Menschen- und dem Tier-Reich nahezu unüberbrückbar machen sollte.

Der Mars besaß am Ende seiner siebenten Wurzel-Rasse eine recht zahlreiche Bevölkerung, die über die Erde gesät werden konnte, und sie strömte für die dritte Wurzel-Rasse ein, um sich an ihre Spitze zu stellen, bis die fortgeschritteneren Egos von der Mond-Kette herüberkommen und die Führerschaft übernehmen würden. Diese „Korb-Geflechte", deren Kausal-Körper jetzt fertig geworden war, waren auf dem Mars bedeutend vorwärts gekommen und bereiteten nun den Fortgeschritteneren, die bald ankommen sollten, den Weg. Sie kämpften gegen die wilden, reptilienartigen, schleimigen und rückgratlosen Geschöpfe, die „Wasser-Menschen böse und schrecklich" der Stanzen des Dzyan, die wiederverkörperten Überreste der vorigen Runden, welche Wasser-Menschen, d. h. amphibisch, schuppige halbmenschliche Tiere auf dem Mars gewesen waren.

Die vielen Arten und Systeme der Fortpflanzung, die die dritte Runde charakterisieren, erscheinen wieder in dieser dritten Wurzel-Rasse und sind gleichzeitig auf verschiedenen Teilen der Erde vertreten. Die Hauptmasse der Bevölkerung ging durch die einander folgenden Stadien und wurde größtenteils eierlegend, gleichzeitig aber gab es noch verschiedene kleinere Nebenschauplätze, auf denen frühere Methoden fortbestanden. Es scheint, als ob die verschiedenen Systeme der Fortpflanzung den Egos auf den verschiedenen Stufen der Entwicklung entsprachen und für die Nachzügler beibehalten wurden, nachdem die Hauptmasse des Volkes sie überwunden hatte. Das Ei-System wurde sehr langsam aufgegeben; die Schale wurde immer dünner, das menschliche Geschöpf darin entwickelte sich zum Hermaphroditen; dann wurde es Hermaphrodit, in dem ein Geschlecht vorherrschte, und dann wurde es ein eingeschlechtiges Geschöpf. Diese Veränderungen begannen vor einigen sechzehn und einer halben Million von Jahren und umfaßten einige fünfeinhalb bis sechs Millionen Jahre. Die physischen Körper verändern sich sehr langsam und häufig kommen Rückbildungen vor. Überdies war die ursprüngliche Zahl klein und bedurfte der Zeit, um sich zu vermehren. Als dieser letzte Typus ganz stabil geworden war, wurde das Ei im weiblichen Körper bewahrt und die Fortpflanzung ging in der Form vor sich, die noch besteht.

Fassen wir das Gesagte zusammen: Wir sehen die erste Wurzel-Rasse, die erste Runde wiederholen, ätherische Wolkengebilde treiben in heißer, schwerer Atmosphäre, die eine durch wiederkehrende Kataklysmen zerrissene Welt umschloss; sie vermehrten sich durch Spaltung. Die zweite Wurzel-Rasse, die zweite Runde wiederholend, war der unter der zweiten Runde beschriebene „Puddingsack-Typus"; sie vermehrte sich durch Knospung. Die frühe dritte Wurzel-Rasse, die dritte Runde wiederholend, war menschlich-gorillahaft an Form und die Fortpflanzung geschah zuerst durch Ausschwitzung von Zellen, die „Schweißgeborenen" der Geheimlehre. Dann kommen das eilegende Stadium und schließlich das eingeschlechtliche.

Einer ganz besonderen Behandlung wurden einige Eier unterworfen sie wurden von den Herren des Mondes hinweggenommen, sorgfältig magnetisiert und unter gleichmäßiger Temperatur gehalten, bis die menschliche Gestalt, auf dieser Stufe hermaphroditisch, hervortrat; dann wurde sie besonders genährt und sorgfältig entfaltet, und sobald sie fertig war, nahm einer der Herren des Mondes Besitz von ihr; und viele derselben inkarnierten sich, um auf der physischen Ebene zu wirken, und lange Zeit bedienten sie sich dieser sorgfältig vorbereiteten Körper. Auch Devas nahmen einige dieser vorbereiteten Körper. Das scheint erst wenige Jahrhunderte vor der Trennung in Geschlechter gewesen zu sein.

Während die späteren Ei-geborenen die Erde besaßen, kamen die allerbesten „Korb-Geflecht" geraden Wegs von dem Zwischen-Ketten-Nirvana dazu und ihnen folgten kurz darauf die niedrigst entwickelten derer, die auf dem Monde fertige Kausal-Körper erworben hatten. Zwischen den höchsten der ersteren und den niedrigsten der zweiten war nur wenig Unterschied. Die erste Bootsladung des letzteren bestand aus denen, die nur wenig auf den Einfluss des Samen-Manu reagiert hatten, es waren die von den Globen G, F und E der Lunar-Kette, die Mehrzahl von Globus G, die geistig schwerfälligsten von denen, die fertige Kausal-Körper erworben hatten. Die zweite Bootsladung enthielt eine große Anzahl von Globus G, einen geringwertigen Teil von Globus F und einen noch geringwertigeren von Globus E. Die dritte enthielt die besten von Globus G, mit einigen leidlich guten von Globus F und guten von Globus E. Die vierte Bootsladung enthielt die besten von Globus F und alle, mit Ausnahme der allerbesten von Globus E. Die fünfte Bootsladung brachte die besten von Globus E, mit einigen wenigen von Globus D. Alle schienen mehr nach dem „Alter" als nach dem „Typus" ausgesucht zu sein und alle Typen waren unter ihnen vertreten. Ein Einzelner wurde beobachtet, ein Häuptling des wilden Festland-Stammes, welcher Mars auf dem Monde gefangen nahm, einer von denen, die aus Furcht individuell geworden waren. All diese, einige Hunderttausend an Zahl, inkarnierten sich unter den Ei-Geborenen.

Dann kam, vor 10 bis 11 Millionen Jahren, als die Trennung der Geschlechter vollständig durchgeführt war, das bedeutungsvolle Stadium, der wichtige Abschnitt, da einige dieser inkarnierten Herren des Mondes zum siebenstrahligen lemuriochen Polarstern herniederstiegen und Ätherbilder von sich selbst schufen, die dann in größere Dichtigkeit materialisiert wurden und die sie zum Gebrauche für die einziehenden Egos vervielfältigten. Die Herren waren von verschiedenem Typus, die „sieben Menschen jeder an seinem Ort" und gaben Körper, die den sieben Strahlen oder Arten des Temperamentes der Menschheit angepasst waren, und sie vollzogen die Bildung der Gestalten und Formen auf den Spitzen des Sternes.

Auf dieser Stufe gab es vier Menschen-Klassen, die einander drängten, um bessere menschliche Formen zu erhalten. Es waren: 1. die Gruppe der oben erwähnten besten „Korb-Geflechte" mit den fünf Bootsladungen von Globus G, F und E, die fertige Kausal-Körper besaßen; 2. die „Korb-Geflechte" vom Mars; dann 3. die „Linien", die schon all die Zeit über hier gewesen waren; dann 4. die letzten, die sich aus denen zusammensetzten, die erst jetzt aus Tieren heraufgekommen waren. Und unter diesen wieder waren die Tiere, Pflanzen und Mineralien, die uns hier nicht weiter angehen.

Der Einzug dieser Wesen in die Äther-Formen, welche die Herren des Mondes vorgesehen hatten, war eine Art Kampf, denn oft beanspruchten mehrere eine einzige Form und derjenige, dem es gelang, sie zu gewinnen, konnte sie manchmal nur wenige Augenblicke behaupten. Die Szene ruft uns die griechische Vorstellung ins Gedächtnis, dass die Götter die Welt unter schallendes" Gelächter schufen, denn es hatte entschieden seine komische Seite, wie die Egos um die Formen kämpften und, nachdem sie von ihnen Besitz ergriffen hatten, nicht mit ihnen fertig werden konnten. Es ist einer der Abstiege in die Materie; die endgültige Materialisation des Körpers des Menschen, der letzte Vollzug des „Falles des Menschen". Allmählich gewöhnten sie sich an die neuen „Röcke aus Fell" und lebten sich soweit hinein, um die sieben großen Arten der Temperamente hervorzubringen. In verschiedenen Teilen der Welt bestanden noch während langer Zeiten andere Arten der Fortpflanzung. Die aufeinander folgenden Stufen gingen vielfach nebeneinander und griffen ineinander über, was seinen Grund sowohl in der großen Verschiedenheit der Entwicklung hatte als darin, dass die Klassen, die von anderen Runden hineinkamen, nicht in den beiden ersten Wurzel-Rassen auf der Erde gewesen waren. Die Stämme, die noch den früheren Methoden folgten, wurden allmählich unfruchtbar, während die richtigen Männer und Frauen sich sehr vermehrten, bis die Menschheit, so wie wir sie jetzt kennen, sich schließlich über die ganze Welt verbreitet hatte.

Die Formen, wie sie von den Herren des Mondes abgeworfen wurden, sahen leidlich gut aus, da sie aber ätherisch waren, waren sie leicht veränderlich und die einziehenden Egos entstellten sie vielfach. Die daraus geborenen Kinder waren entschieden hässlich; wahrscheinlich dachten diejenigen, die sie benutzten, gewohnheitsmäßig an den eiförmigen Kopf und an die Wurstrollen. Stirn, und daher erschienen diese wieder.

Nachdem viele Generationen wirklich beständig gewordener menschlicher Geschöpfe, Abkömmlinge der ätherischen materialisierten Formen, sich entfaltet hatten, drangen die Arhats darauf, dass diejenigen, die die Globen A, B und C der Lunar-Kette verlassen hatten — weil sie darauf keine weiteren Fortschritte machen konnten —, niedersteigen sollten, um in den Körpern, die jetzt für ihren Einzug fertig waren, sich zu inkarnieren. Es waren drei Bootsladungen; mehr als zwei Millionen Orangefarbige von Globus A, etwas weniger als drei Millionen Goldgelbe von Globus B und etwas mehr als drei Millionen Rosigfarbene von Globus C — im ganzen ungefähr neun Millionen; sie wurden mit der Absicht, Stämme zu bilden, nach verschiedenen Stellen der Erde geführt. Als die Orangefarbigen die ihnen gebotenen Körper sahen, weigerten sie sich, in sie zu ziehen, und zwar nicht aus bösem Willen, sondern aus Stolz, und verschmähten die wenig anziehenden Formen, vielleicht auch aus altem Widerwillen gegen sexuelle Vereinigung. Die Gelben und Rosigfarbigen aber waren willig, gehorchten, und verbesserten allmählich die Körper, die sie bewohnten. Sie bildeten die vierte lemurische Unter-Rasse, die erste, die in jedem Sinne, außer im embryonalen, menschlich war, und man kann dies von dem Augenblick des Verleihens der Formen rechnen. Interessant ist, festzustellen, dass H. P. Blavatsky in der G e h e i m l e h r e von dieser vierten Unter-Rasse als „gelb" spricht, da sie augenscheinlich das Einströmen der Goldgelben von Globus B der Mond-Kette bemerkte. Sie kann sich kaum auf die eingebürgerte Farbe der vierten Unter-Rasse bezogen haben, da diese schwarz war und das Schwarz sich noch bis in die niedrigeren Klassen der sechsten Unter-Rasse fortsetzte, in der die höheren Klassen recht ausgesprochen blau waren. Doch selbst diesen unterlag ein Schatten von schwarzer Farbe.

Das den Orangefarbigen zugewiesene Gebiet war also offen geblieben und die Körper, die sie hatten benutzen sollen, wurden freudig von denen ergriffen, die gerade aus dem Tierreich hervorgingen, es war die niedrigste der vorher erwähnten Klassen, die allerelendesten menschlichen Typen; sie empfanden naturgemäß wenig Unterschied zwischen sich und den Reihen, aus denen sie soeben hervorgegangen waren, und so entstand die „Sünde der Gedankenlosen".

Das Karma, welchen diese Weigerung der Orangefarbigen, den ihnen angemessenen Platz bei der Arbeit, „die Welt zu bevölkern", einzunehmen, zur Folge hatte, ist interessant. Das Gesetz der Entwicklung zwang sie später in Verkörperung und sie mussten niedrigere und gröbere Körper nehmen, da die Herren des Mondes zu anderer Arbeit übergegangen waren. So wurden sie eine rückständige Rasse, verschlagen, aber nicht gut und machten manch eine unangenehme Erfahrung; sie nahmen an Zahl ab, weil sie fortwährend mit der allgemeinen Ordnung in Widerspruch gerieten und wurden zum großen Teil durch Leiden zu Durchschnittsmenschen gehämmert. Einige — stark gewissenlos und rücksichtslos — wurden Herren des Dunklen Angesichts in Atlantis, andere wurden unter den nordamerikanischen Indianern mit den verfeinerten, aber harten Gesichtern gesehen; einige wenige gibt es noch, selbst bis auf den heutigen Tag — gewissenlose Finanzkönige, Staatsmänner wie Bismarck, Eroberer wie Napoleon; aber sie verschwinden allmählich, denn sie haben manche bittere Lehre zu lernen. Sie, die noch kein Herz haben, die immer kämpfen, sich immer überall allem grundsätzlich widersetzen, müssen in einem Reiche des Gesetzes endlich in die richtige Form gehämmert werden. Einige wenige enden bei schwarzer Magie, aber für die Mehrheit ist der ständige Druck zu groß. Es ist ein harter Weg, den man sich wählt, um vorwärts zu kommen.

Das Erscheinen der Herren der Flamme.

Der große lemurische Polar-Stern war noch vollständig und der ungeheure Halbmond, Madagaskar einbegriffen, erstreckte sich bis zum Äquator. Das Meer, das da lag, wo heute die Wüste Gobi ist, brach sich noch gegen die felsigen Schutzwälle der nördlichen Himalaja-Abhänge. Zu dieser Zeit wurde alles auf den dramatischsten Augenblick der Geschichte der Erde vorbereitet — auf das Erscheinen der **Herren** der **Flamme**.

Die Herren des Mondes und die Manus der dritten Wurzelrasse hatten alles Nötige getan, um die Menschen zu dem Punkte zu bringen, an dem der Keim des Denkvermögens belebt und das Niedersteigen des Ego sich vollziehen konnte. Alle Nachzügler waren vorwärts gedrängt worden; in den Reihen der Tiere gab es keine mehr, die imstande gewesen wären, sich zum Menschen zu erheben. Für weitere Einwanderer aus dem Tierreich in das Menschenreich wurde die Tür erst geschlossen, als keine mehr weder in Sicht waren noch imstande, es zu erreichen, ohne Wiederholung der außerordentlich starken Anregung, die während der Entwicklung eines Systems nur einmal an dessen Mittel- und Wendepunkt gegeben wird.

Ein großes astrologisches Ereignis war für den Zeitpunkt ausersehen, als eine ganz besondere Stellung der Planeten zueinander stattfand und der magnetische Zustand der Erde der denkbar günstigste war. Es war vor ungefähr sechseinhalb Millionen Jahren. Und nichts war mehr zu tun übrig geblieben, als was nur Sie tun konnten.

Mit dem gewaltigen Getöse des schnellen Niederstiegs aus unberechenbaren Höhen, umgeben von blendenden Feuermassen, die den Himmel mit zuckenden Flammenzungen erfüllten, schoss der Wagen der Söhne des Feuers, der Herren der Flamme von der Venus durch die Räume der Luft; er hielt und schwebte über der „Weißen Insel", die lächelnd im Busen des Gobi-Meeres ruhte. Grün, strahlend lag sie unter Massen wohlriechender, vielfarbiger Blüten, und die Erde bot ihr Bestes und Schönstes, um ihren kommenden König zu bewillkommnen. Da stand Er. „Der Jüngling von sechzehn Sommern". Sanat Kumara, der „Ewige Jungfrau-Jüngling", der Neue Herrscher der Erde, der in sein Reich gekommen war; mit Ihm seine Schüler, die Drei Kumaras; seine Gehilfen um Ihn; dreißig machtvolle Wesen waren da, groß über jede irdische Berechnung, doch von verschiedenen Graden und Ordnungen, gekleidet in herrliche, mittels Kriyashakti geschaffener Körper, die Erste Okkulte Hierarchie, Zweige des einen sich ausbreitenden Banyan-Baumes, die Wiege und Schule der künftigen Adepten, der Mittelpunkt allen okkulten Lebens. Ihre Wohnstätte war und ist das Unvergängliche Heilige Land, über welchem immer und ewig der Flammende Stern erstrahlt, das Sinnbild des Herrschers der Erde, der unveränderliche Pol, um den das Leben unserer Erde ewig spinnt und webt[1]).

---

1) Die Anwendung dieser okkulten Symbole verführte die Leser der **Geheimlehre** (vielleicht sogar den Verfasser) zu dem Irrtum, dass der „Pol" und „Stern", der im okkulten Kommentar erwähnt ist, der physische Nordpol und Polarstern wären. Ich folgte dieser irrtümlichen Annahme in meinen: „Stammbaum des Menschen." — A. B.

Ein Katechismus sagt: „Von den Sieben Kumaras opferten sich vier für die Sünden der Welt und zur Belehrung der Unwissenden, um bis zum Ende des gegenwärtigen Manvantara zu bleiben . . . Sie sind Das Haupt, Das Herz, Die Seele und Die Saat unsterblichen Wissens." H. P. Blavatsky setzt hinzu: „Höher als Die „Vier" ist nur Einer auf Erden und im Himmel — jenes stille noch geheimnisvollere und einsame Wesen —" der Schweigende Beobachter und Wächter[2]).

Bis zur Ankunft der Herren waren die Schiffsladungen vom Zwischen-Ketten-Nirvana einzeln angekommen, jetzt aber, da die gewaltige Anregung gegeben war, mehrte sich schnell die Fruchtbarkeit so wie alles übrige und ganze Flotten waren nötig, um die Egos zu bringen, die die Körper bewohnen sollten. Sie kamen in Strömen, während andere von niedrigerem Typus Besitz ergriffen von all den Tieren, mit dem Keim des Denkvermögens, die bei der Ankunft der Herren individuell geworden waren, und die Herren der Flamme taten in einem Augenblick für Millionen von Geschöpfen das, was wir jetzt mit vieler Mühe und langsam für einzelne tun.

Und nun kamen die Arhats von Globus A, B und C zur Inkarnation, um dem Manu bei der Gründung und Zivilisierung der fünften, sechsten und siebenten Unter-Rasse der Lemurier zu helfen. Die vierte Unter-Rasse bestand noch, die richtig eiköpfige, mit einer Gestalt von B bis 9 Meter Höhe, lose und plump gebaut und von schwarzer Farbe. Einer, den wir maßen, war 8½ Meter hoch[3]). Ihre Wohnstätten standen im Verhältnis zu ihrer Größe, sie waren zyklopisch im Bau und aus enormen Steinen.

Die Arhats wurden in den späteren Unter-Rassen Könige, die König-Initiaten jener Mythen, die wahrer als Geschichte sind.

Ein König-Initiat pflegte eine Anzahl von Personen um sich zu sammeln, einen Clan zu bilden und dann diesen Clan einige der Künste der Kultur und Zivilisation zu lehren, den Bau einer Stadt zu

---

2) Die Geheimlehre II, 294—293.

3) Man wird nun begierig sein, zu erfahren, wie wir es anstellten, um ihn zu messen: es geschah zunächst, indem wir uns neben ihn stellten, wobei wir bis etwa unterhalb resp. bis in die Höhe seines Knies reichten; dann, indem wir ihn (an der Außenseite des Hauses, d. Übers.) so vor den Balkon im 1. Stockwerk des Hauptquartiers brachten, dass er (vermutlich in kniender Stellung, d. Übers.) gerade seine Hände auf die Brüstung und sein Kinn drauflegen konnte. Später maßen wir dann die Höhe, in der sich die Brüstung befand. Das arme Gebilde (es war ein für diesen Forschungszweck materialisierten Wesen, d. Übers.) fand kein freundliches Willkommen, als sein Kopf über dem Balkon(geländer) erschien. „Nehmt ihn doch fort" rief der Besitzer dieses Balkons; „er ist so hässlich, — hinreichend, um einen jeden zu erschrecken!" — Vermutlich war er es, der arme Kerl.

leiten und ihnen dabei zu helfen. Unter solchem Unterricht wurde eine große Stadt an einer Stelle erbaut, die jetzt zur Insel Madagaskar gehört, und viele andere wurden in ähnlicher Weise über den großen Halbmond hin errichtet. Der Stil der Architektur war, wie oben gesagt, zyklopisch und kraft seiner ungeheuren Größenverhältnisse sehr imposant.

Während des langen Zeitraumes, der so in Anspruch genommen wurde, änderte sich die physische Erscheinung der Lemurier. Das Auge in der Mitte oben auf dem Kopfe, dessen Tätigkeit aufhörte, trat von der Oberfläche in das Innere des Kopfes, um die Zirbeldrüse zu bilden, während die beiden Augen — zuerst eins auf jeder Seite desselben — in Tätigkeit traten. Die griechische Sage von Zyklopen ist allem Anschein nach eine Überlieferung aus früher lemurischer Zeit.

Einige Tiere wurden gezähmt; ein eihäuptiger Lemurier wurde gesehen, als er ein schuppiges Ungeheuer, fast ebenso wenig anziehend wie sein Herr, umherführte. Tiere aller Art wurden roh verzehrt — einige Stämme verschmähten nicht Menschenfleisch — und Geschöpfe von der Art unserer Weichtiere, Schnecken und Würmer, viel größer als ihre degenerierten Abkömmlinge, wurden als besondere Leckerbissen bevorzugt.

Während die sechste Unter-Rasse sich entfaltete, wurde eine große Anzahl Initiierter und deren Jünger vom Zwischen-Ketten-Nirvana zur Erde entsandt[4]), um dem Manu der vierten Wurzel-Rasse zu helfen, indem sie in den besten Körpern, die er bisher entwickelt hatte, sich inkarnierten. Da die allerbesten Körper denen, die ihr Karma erschöpft hatten, gegeben wurden, waren ihre Besitzer imstande, sie zu verbessern und alles aus ihnen zu machen, was ihnen herzugeben möglich war. Diese Arhats und ihre Schüler arbeiteten unter den Herren des Mondes und den Manus der dritten und der vierten Wurzel-Rasse; die siebente Unter-Rasse, die bläulich-weiße, entfaltete sich mit ihrer Hilfe und ergab zur weiteren Gestaltung durch den Manu der vierten Wurzel-Rasse Männer und Frauen von besserem Typus.

---

4) Es muss bemerkt werden, dass, obwohl der allgemeinen Regel nach, die weniger Entwickelten zuerst zur Erde gesandt werden sollten, Ausnahmen gemacht wurden, wo Hilfe nötig war, so wie es bei dieser besonderen Boots-Ladung der Fall war.

Kapitel VIII.
Die Vierte Wurzel-Rasse.

Fast unmittelbar nach seiner Ankunft begann das Haupt der Hierarchie Vorbereitungen zur Gründung der vierten Wurzel-Rasse, indem er den künftigen Manu beauftragte, die kleinsten, festesten und besten der vorhandenen lemurischen Typen auszusuchen. Und während die Gründung und das Wachstum der Kultur und Zivilisation unter den König-Initiaten bei den Lemuriern vorwärts ging, suchte der Manu der kommenden Rasse sorgfältig für seinen Zweck geeignete Egos und wählte entsprechende Inkarnationen für diese aus. In einem Falle sammelte er tausende und wählte schließlich eins, und zwar nach Prüfungen und Versuchen, die sich über viele Jahre erstreckten, weil er augenscheinlich manche Schwierigkeit zu überwinden hatte, bis er wünschenswerte Ahnen für seine Rasse fand. Es wurden Stämme ausgesondert, deren Glieder lange Zeit untereinander heirateten. Der Manu wählte dann die Vielversprechendsten und verpflanzte sie. Er und seine Jünger inkarnierten sich in deren Nachkommenschaft, um sie physisch zu heben. Auf allen Strahlen des Sternes führte er gleichzeitig verschiedene Versuche aus, indem er sich die Unterschiede des Klimas zunutze machte. Zuerst erschien die Aufgabe hoffnungslos, wie wenn man versuchen wollte, Neger und Mulatten untereinander zu verheiraten, um eine weiße Rasse zu erzielen. Aber nach Generationen der Auslese innerhalb eines Stammes pflegte er ein oder zwei zu nehmen und sie mit einem oder zwei anderen, in ähnlicher Weise von einem anderen Stamme Ausgewählten zu gatten. Der Manu der dritten Rasse hatte für seine sechste Unter-Rasse einen blauen Typus entwickelt und einen bläulich-weißen für seine siebente, obgleich die Masse der Lemurier schwarz blieb. Auch mischten sich einige von der vierten Unter-Rasse mit den Blauen, und langsam, sehr langsam wurde der allgemein lemurische Typus verbessert. Bemerkenswert ist, dass, sobald in andern Teilen der Welt ein hellfarbigerer oder besserer Typus entstand, dieser dem Manu gesandt wurde, welcher dann versuchte, einen passenden Gatten oder eine Gattin für den Betreffenden zu finden. Wir beobachteten einen, der solcherweise von der Stadt auf Madagaskar gesandt wurde, und ähnlich kamen andre von anderswoher.

Nach Ankunft der Initiierten, die wir am Schluss des letzten Kapitels erwähnten, wurden schnellere Fortschritte gemacht, denn die besten Körper, durch ihre Innewohner sehr verbessert, wurden vom Manu genommen, um seine erste Unter-Rasse zu gestalten. Die vierte Rasse empfing also letzten Endes, dank der großen Zahl Entwickelter, die die Führerschaft übernahmen und die Dinge vorwärts drängten, eine sehr schöne Grundlage und eine sorgfällige erste Pflege. Der Manu war endlich imstande, die durch die Eingeweihten sehr verbesserten Körper der siebenten Unter-Rasse zu nehmen, die sie bewohnt hatten, um sie als Kern für seine erste Unter-Rasse, die Rmoahal, die vierte Wurzel-Rasse zu benutzen. Alle, die in die vierte Wurzel-Rasse hinübergenommen wurden, waren in diesen Körpern die Eingeweihten und ihre Jünger, und auf dieser Stufe wurde niemand von denen genommen, die vorher auf der Erdkette sich entfaltet hatten.

Subba Rao unterschied in seiner Einteilung die Lemurier als blau-schwarz, die Atlantier als rot-gelb und die Arier als braun-weiß. Wir sehen den Manu der vierten Rasse das Blau aus der Farbe seines Volkes ausschalten, indem er es durch das Violett ins Rot der Rmoahal Unter-Rasse übergehen ließ und es mit dem Blauweiß der siebenten lemurischen Unter-Rasse mischte. So erhielt er die erste Unter-Rasse, die voll menschlich zu sein schien und die wir uns als unter uns lebend vorstellen könnten. Nachdem der Rassentypus vollständig eingeführt war, hatte er das Material für das warme Rotbraun der Tolteken, der dritten Unter-Rasse, jenes herrlichsten und königlichsten aller atlantischen Völker, die die Welt Dezennien von tausenden von Jahren beherrschen. Nach langer Zeit geduldiger Arbeit, nach ungefähr einer Million von Jahren, in denen er diese erstaunliche Sorgfalt und Mühe verwendet hatte, erreichte er eine annehmbare Ähnlichkeit mit dem Typus, den hervorzubringen er die Aufgabe erhalten hatte. Darauf gründete er endgültig die Rasse, inkarnierte selbst darin und berief seine Jünger, um in seiner eigenen Familie Körper zu nehmen; so bildete seine Nachkommenschaft die Rasse. Im wörtlichsten Sinne ist der Manu der Ahnherr einer Rasse, denn der physische Vorfahr der ganzen Rasse ist eben ihr Mann. Aber selbst die unmittelbaren Nachkommen des Manu waren, von unserem gegenwärtigen Standpunkt aus beurteilt, keine sehr anziehend aussehende Gesellschaft, obgleich eine große Verbesserung im Verhältnis zur umgebenden Bevölkerung. Sie waren kleiner, hatten aber noch kein der Rede wertes organisierten Nervensystem, und ihre Astral-

Körper waren formlos. Außerordentlich ist, was er aus einem solchen Körper für sich selbst machte, indem er ihn nach seinem eigenen astralen und mentalen Körper formte und bildete und die Pigmente der Haut milderte, bis er sie mehr in die Farbe umgearbeitet hatte, die er für seine Rasse haben wollte.

Danach gingen viele Generationen hin, ehe die junge Rasse von ihrem Kontinent, Atlantis, Besitz ergriff; aber von diesem Zeitpunkt an beginnen Schiffsladungen von Egos vom Zwischen-Ketten-Nirvana hereinzukommen, um die Körper der vierten Rasse zu bewohnen. Der Manu vereinbarte mit dem Wurzel-Manu, ihm eine große Anzahl von Egos zu senden, die zur Inkarnation bereit waren. Es waren die von Globus D der Mond-Kette, mit fertigen Kausal-Körpern, die in der vierten und fünften Lunar-Runde individuell geworden waren. Einige davon kamen in die Tlavatli-Unterrasse und einige später in die toltekische, nachdem sie sich entwickelt hatte; und dann inkarnierte er selbst wieder in letzterer und gründete die Stadt der Goldenen Tore, die erste einer Reihe von Städten dieses Namens. Die Gründung geschah vor ungefähr einer Million von Jahren, einhundertfünfzigtausend Jahre vor der ersten großen Katastrophe, die den atlantischen Kontinent zerriss.

Zu der Zeit war die toltekische Rasse kraft ihrer großen Überlegenheit die herrschende. Es war eine Kriegerrasse, die über die ganze Welt zog und ihre Bewohner sich unterwarf, aber nirgends und niemals bildeten ihre reinen Typen die niederen Klassen. Selbst in der Stadt der Goldenen Tore war nur die Aristokratie und die Mittelklasse toltekisch, die unteren Klassen waren gemischten Blutes und zum großen Teil aus Männern und Frauen zusammengesetzt, die in Kriegen mit anderen Unter-Rassen gefangen und von ihren Eroberern zur Knechtschaft erniedrigt worden waren.

Zu dieser Zeit landete auf der Erde eine Schiffsladung von Egos; unter ihnen interessiert uns besonders eine Gruppe, die sehr zusammenhielt, da sie viele alte Freunde enthielt, Sirius, Orion, Leo und andere. Einige derselben wurden bei ihrer Ankunft vom Vaivasvata Manu — dem Manu der fünften Rasse — gezeichnet und auserlesen, ein Teil seines künftigen Materials zu werden. Daher spricht H. P. Blavatsky von der Gründung der fünften Rasse als vor einer Million von Jahren, obgleich sie erst um 79 997 v. Chr. aus Atlantis fortgeführt wurden. Diese letzteren bildeten die Gruppe mit der Durchschnittszeit von 1200 bis 1000 Jahren zwischen Tod und Wiedergeburt[1]).

---

1) Diese Zwischenzeiten müssen vorbehaltlich genommen werden; die Zeiten zwischen Tod und Wiedergeburt in dieser Gruppe und in der weiter unten erwähnten waren, was diese Länge betrifft, verhältnismäßig und bedingt.

Die Zeit zwischen Tod und Wiedergeburt war damals natürlich etwas kürzer, denn das in diesen primitiven Leben gesammelte Material war, wie dünn es auch ausgebreitet wurde, nicht groß genug, um eine lange Zwischenzeit auszufüllen. Die Menschen waren tiefer Gefühle noch nicht fähig, wenn sie auch schon etwas von dem Himmelsieben hatten. In der Himmelswelt hielten diese Egos zusammen, und die zarten filmartigen Wesen, die in der intuitionellen Sphäre mit ihnen verbunden waren, zeigten eine starke Affinität zueinander. In den unteren Sphären machte sich augenscheinlich ein dumpf tastendes Gefühl geltend, „als ob ihnen etwas fehle", als ob sie die Abwesenheit der alten Freunde früherer Leben und des Zwischen-Ketten-Intervalls dunkel empfänden, derer, die noch im Zwischen-Ketten-Nirvana weiter schliefen und erst nach ferneren 400 000 Jahren zur Erde kommen sollten. In der intuitionellen Sphäre standen diese 700-Jahr-Leute mit der 1200-Jahr-Gruppe in Berührung, aber nur wenn erstere auf die Erde kamen war eine Zeit allgemeiner Freude unter den Egos in der höheren Mental-Sphäre, dank hauptsächlich der Ankunft derer, die am innigsten geliebt und verehrt wurden — der künftigen Meister. Die meisten, die mit ersterer Gruppe unmittelbar verbunden waren, befanden sich noch in jenem Nirvana, während andere mit der Gruppe von 1200 Jahren zur Erde gekommen waren, darunter die beiden künftigen Meister, die jetzt Engel-Körper haben[2]). Vielfach nahm man seine Zuflucht dazu, die Wiedergeburt ein wenig zurückzuhalten oder ein wenig zu beschleunigen, um die Gruppe bei den Inkarnationen zusammenzuhalten.

In einem dieser ersten Leben kam Corona[3]) — ein sehr guter Kämpfer —aus der Stadt der Goldenen Tore und besiegte den Tlavatli-Stamm, in dem unsere Freunde inkarniert hatten. Obgleich er nichts von den Banden zwischen ihm und ihnen wusste, wurde er doch davon beeinflusst und behandelte den Stamm gütig: statt sie als Sklaven fortzuschleppen, führte er mehrere Verbesserungen bei ihnen ein und fügte den Stamm dem Tolteken-Reiche ein. Sirius wurde mehrmals in der Tlavatli-Unterrasse geboren und ging dann in die toltekische über. Vorausblickend sahen wir ihn einst unter den Rmoahals inkarniert, um mit Ursa und anderen zusammenzukommen, dann werden mehrere Leben in der turanischen, der vierten Unter-Rasse — einer chinesischen Stufe — durchlebt und eine Anzahl in der akkadischen, der sechsten. Man sah ihn Handel treibend unter ei-

---

2) Es waren einst Sie Thomas More und „Philalethes" Thomas Vaughan.
3) In späterer Geschichte als Julius Cäsar bekannt.

nem Volke, das den Phöniziern späterer Zeiten glich. Er nahm die Unter-Rassen nicht in besonderer Reihenfolge, und danach ist es schwer, schon jetzt über diese Frage allgemeine Regeln aufzustellen. Es kamen weitere Schiffsladungen mit Egos an und die Hauptursache der Trennung schien die Art der Individualisierung zu sein. Egos aller Strahlen oder Temperamente von ähnlich gemeinsamer Entwicklungsstufe wurden untereinander vermischt, aber nicht solche mit den verschiedenen Zeiträumen zwischen den Wiedergeburten. Auch fand keine Vermischung der großen Klassen der Mond-Menschen mit den Tier-Menschen statt. Wenn ein einzelner nicht durch die innere Runde gegangen war und deren besonderes Vorwärtstreiben durchgemacht hatte, wonach er in die nächsthöhere Klasse über ihm gelangte, blieben die weitgesteckten Unterscheidungsgrenzen bestehen und keine Klasse überholte die andere. Selbst als die „Korbgeflechte" ihre Kausal-Körper fertig hatten, war der Korb-Ursprung noch zu unterscheiden.

Die erste Schiffsladung mit der 700-Jahr-Gruppe gelangte um 600 000 v. Chr. auf die Erde, etwa 250 000 Jahre nach dem ersten großen, den Kontinent Atlantis zerreißenden Kataklysmus, der ersten großen Sintflut. Mit ihnen kamen die künftigen Meister, Mars und Merkur und andere. Mars wurde im Norden in einer Tlavatli-Unterrasse geboren und hatte Surya und Merkur zu Vater und Mutter. Herakles war als eine ältere Schwester auch in der Familie. Surya war das Oberhaupt des Stammes, und Mars, sein ältester Sohn, wurde bald sein vorzüglichster Krieger[4]). Mit fünfzehn Jahren blieb er für tot auf dem Schlachtfelde, man suchte nach ihm, und seine Schwester, die ihm leidenschaftlich ergeben war, fand ihn und pflegte ihn wieder gesund. Er folgte seinem Vater als Haupt des Stammes und machte damals seine erste Erdenerfahrung im Herrschen.

Eine ganz kleine, aber interessante Gruppe, nur 105 an der Zahl, kam um dieselbe Zeit, 600 000 v. Chr. an, aber nicht vom Monde. Es war ein Kontingent, welches das Haupt der Hierarchie hatte kommen lassen und aus solchen zu bestehen schien, die auf der Venus Lieblingstiere der Herren der Flamme gewesen und durch Zuneigung so stark mit jenen verbunden waren, dass sie sich ohne sie nicht hätte entwickeln können. Sie waren auf der Venus individuell geworden, wurden hierher gebracht und er versetzte sie alle in den ersten und in den zweiten Strahl. Hier waren noch andere kleine Gruppen, deren Entwicklung nicht der allgemeinen Regel entsprach. So zum Beispiel

---

[4]) Siehe das Vorwort für diese und andere Namen.

wurde eine kleine Gruppe, die zur dritten Runde gehörte, zur besonderen Behandlung, die nur unter Merkur-Bedingungen möglich war, zum Merkur entsandt und dann hierher zurückgebracht. Als Vorbereitung für die fünfte Wurzel-Rasse wurden einige einer Behandlung dieser Art unterzogen. Hier wollen wir erwähnen, dass H. P. Blavatsky von einigen spricht, die vom Merkur zur Erde kamen.

Herakles dritte Geburt auf der Erde fand in demselben Stamme statt, zu dem viele Glieder der Gruppe wieder vereinigt wurden. Sie besaßen einen gewissen Grad von Bildung und Zivilisation, indessen waren die Häuser bloß Hütten und die Bekleidung war — da das Klima warm — spärlich. Dieses Leben zeichnete sich aus durch das Wiederanknüpfen des unerwünschten Bandes mit Scorpio und erhielt daher für die Betreffenden große Bedeutung. Der Stamm, in dem Herakles Krieger war, wurde von einem sehr wilden Stamme, zu dem Scorpio gehörte, angegriffen. Der Plan des letzteren war, den andern Stamm zu überfallen und ihn als Opfer ihrer Gottheit hinzuschlachten oder, falls dies fehlschlüge, Selbstmord zu begehen und dadurch Gewalt zu erhalten, die Feinde von der andern Welt aus zu quälen. Sie vollführten magische Riten und Zeremonien von Obeah-artigem Charakter, die, obgleich im geheimen geübt, doch dem Herakles bekannt geworden zu sein scheinen. Der schließliche Selbstmord war für den Erfolg des ganzen Planes der Betätigung nach dem Tode wesentlich und die unheimlichen Zaubersprüche mit vielen fürchterlichen „Beschwörungen und Verwünschungen" wurden erst dann wirksam. Und die Wirkung derselben wurde augenscheinlich von ihren Feinden ebenso gefürchtet, wie von ihnen selbst geschätzt. Der Angriff schlug fehl und sie schickten sich an, die Alternative des Sieges auszuführen, einen allgemeinen Selbstmord unter gräulichen Riten. Herakles, teils weil seine Religion den Selbstmord verbot, teils von abergläubischer Furcht und teils von dem Gedanken bewegt, dass die Wilden schöne sehnige und muskulöse Sklaven abgeben würden, trat dazwischen und rettete eine Anzahl derselben, die er gefangen nahm und band. Später verschworen sich diese Leute, ihn zu ermorden und er ließ sie hinrichten. So begann wiederum, diesmal auf der Erde, eine lange Reihe von noch nicht erschöpften Feindseligkeiten.

In Bezug auf die engen Bande, die zwischen den einzelnen sich bildeten und Hunderte von Leben dauerten, wollen wir erwähnen, dass von dieser Zeit an eine Gruppe von Personen innerhalb der großen Gruppe der 1200- und 700-Jahr-Leute — eine Gruppe sich bildete, die wir um des Unterschieds willen den „Clan" nennen wollen —, während sie fast jedes Land der Erde besuchten und im allgemeinen zusammenhielten; besonders Sirius sehen wir selten außerhalb dieser kleinen Gruppe heiraten. Bei einem Blick aus der Vogelschau bemerken wir, dass der ganze große Clan sich gelegentlich versammelte, wie — um einige der vielen Beispiele zu wählen — in der Stadt der Goldenen Tore, als Mars König war, in Peru, als er Kaiser war, auf dem Festland nahe der Weißen Insel unter dem Manu und in der zweiten und dritten Unter-Rasse während ihres Werdens und Wanderns. Herakles entwickelte sich zu einem kriegerischen Menschen und hielt sich sehr zu Mars; der friedlichere Sirius folgte ständig Merkur; Alcyone und Mizar gehören auch mehr zu diesem Schlag. Viele, die der Gruppe in weiterem Sinne angehören, mit denen wir in jenen frühen Tagen sehr vertraut zusammen waren, scheinen auf dem Wege abgefallen zu sein und wir haben sie in diesem Leben nicht getroffen. Einige mögen gerade jetzt in der Himmelswelt sein. Ferner ist die Theosophische Gesellschaft ein Beispiel des Sammelns dieses selben Clans, und fortwährend kommen Menschen hinein, die sich gegenseitig als alte Freunde wieder erkennen. Andere wieder, wie Corona, warten gerade jetzt wieder auf eine günstige Gelegenheit zur Inkarnation.

Lange Zeit noch kamen Schiffsladungen an und hörten erst mit der Katastrophe von 75 000 v. Chr. auf, und der Ausspruch also, dass die Tür geschlossen wurde, bezieht sich augenscheinlich nur auf die Tiere, die Menschwerdung erlangten, und nicht auf die, deren Kausal-Körper schon entwickelt war. Die anthropoiden Affen, von denen H. P. Blavatsky spricht als noch zulässig für menschliche Körper, würden zum Tierreich des Mondes gehören, nicht zu dem der Erde; sie nahmen die durch „die Sünde der Gedankenlosen" geschaffenen Körper an und sind die Gorillas, Schimpansen, Orang-Utans, Paviane und Gibbons von heute. Man kann sie in Afrika antreffen, wo sie sich möglicherweise in noch vorhandenen, sehr niedrigen menschlichen Rassen lemurischen Typs inkarnieren.

Wenn wir im Jahre 220 000 v. Chr. in die Stadt der Goldenen Tore kommen, sehen wir dort Mars als Kaiser, er trägt den erblichen Titel „Göttlicher Herrscher", ihm überliefert und vererbt von denen, die vor ihm dort geherrscht hatten, den Großen Eingeweihten früherer Tage. Merkur war der oberste Hierophant, der Hohepriester, das Haupt der Staatsreligion. Es ist auffallend, wie unzertrennlich diese beiden durch die Zeiten gehen, der eine stets der Herrscher, der Krieger, der andere stets der Lehrer, der Priester. Bemerkenswert ist auch die Tatsache, dass wir Mars nie im Körper einer Frau sahen, während Merkur von Zeit zu Zeit einen weiblichen Körper annahm.

Zu dieser Zeit fand eine ziemlich vollzählige Sammlung des Clan statt. Der Thronfolger war damals Vajra, und Ulysses, der als Anführer große Erfolge an der Grenze gehabt hatte, war Hauptmann der kaiserlichen Garde. Diese Garde wurde von einer auserlesenen Gruppe von Männern gebildet. Selbst die gewöhnlichen Soldaten derselben gehörten den oberen Klassen an und der Palast stand unter ihrer Hut. Ihre Aufgabe war nicht, in den Krieg zu ziehen, sondern vielmehr in prächtiger Uniform herumzustolzieren, der Person des Monarchen während der Zeremonien aufzuwarten und die Pracht des Hofstaates und den Glanz des Herrschers zu erhöhen. Später indessen, nach dem Tode von Ulysses, wurde Vajra Hauptmann der Garde und überredete seinen Vater, ihm zu gestatten, seinen Trupp ins Feld zu führen; stets stürmisch und ruhelos, war er nicht damit zufrieden, ein Leben des Glanzes und des Luxus zu fühlen, und seine Soldaten, die ihn um seiner „Schneidigkeit" und um seines Mutes willen vergötterten, waren sehr bereit, ihre goldenen Brustharnische gegen die strengere Kriegsrüstung zu vertauschen. Unter ihnen finden wir eine Anzahl aus unserem Clan: Herakles mit Pindar, Beatrix, Gemini, Capella, Lutetia, Bellona, Apis, Arcor, Capricorn, Theodoros, Scotus und Sappho. Drei Tlavatli-Jünglinge, Hygieia, Bootus und Alkmene, die sein Vater in der Schlacht gefangen und ihm geschenkt hatte, waren des Herakles Diener. Die Soldaten waren ausgesprochen rauflustig und hatten Freude an Ess- und Trinkgelagen, um danach in der Stadt umherzuschwärmen; aber sie hatten das Verdienst, Gelehrsamkeit zu achten, den Priestern ehrfurchtsvoll zu begegnen und der religiösen Zeremonien als eines Teiles ihrer Palastpflichten zu warten. Sie hatten untereinander einen gewissen Ehrenkodex, den sie sehr strenge einhielten; dieser enthielt das Gebot: „Schutz den Schwachen." Ihre Häuslichkeiten waren nicht ohne eine gewisse Verfeinerung, wenn auch nicht gerade nach unseren heutigen Begriffen.

Der Tod des Ulysses, des Hauptmannes der Garde, darf nicht unerwähnt übergangen werden, denn er verband zu unlöslichem Bande die drei hauptsächlich dabei beteiligten Personen. Der Kaiser Mars hatte die Sorge um seinen Sohn Vajra, einen wagemutigen sorglosen Jüngling, in die Hände des Hauptmannes gelegt; die Zeiten waren gefährlich, Verschwörungen in der Goldenen Stadt an der Tagesordnung und die Gefangennahme der Person des Thronfolgers würde ein großer Triumph für die Verschwörer gewesen sein. Daher wollte Ulysses, sehr zu des jungen Mannes Empörung, dem Prinzen nicht gestatten, die Gärten des Palastes zu verlassen. Eines Tages saß der Hauptmann mit dem Prinzen in einiger Entfernung vom Palast, als eine Bande Verschwörer äußerst waghalsig unter dem Schutze eines Gebüsches heranschlich und die beiden plötzlich überfiel. Der Prinz wurde besinnungslos niedergeschlagen, Ulysses, über seinem Körper stehend, focht ingrimmig gegen die Angreifer, während er laut um Hilfe rief. Seine Rufe wurden gehört, und als er, aus vielen Wunden blutend, vielfach durchbohrt auf den Körper seines jungen Herrn fiel, kamen einige Soldaten der Garde angestürmt und die Verschwörer ergriffen die Flucht. Die beiden bewusstlosen Körper wurden auf Bohren gelegt und zum Thronzimmer des Palastes getragen, wo der Kaiser saß, zu dessen Füßen man sie niedersetzte. Der sterbende Hauptmann erhob die Augen zu seinem Kaiser: „Sire, vergeht, ich tat mein Bestes."

Der Kaiser beugte sich herab und tauchte den Finger in das Blut, das aus des Hauptmannes Brust quoll, er berührte damit die Stirn des sterbenden Mannes, seine eigene Stirn und seine Füße und voll unendlichen Wohllauts ertönte seine Stimme in das Schweigen: „Bei dem Blute, das für mich und mein Eigen vergossen: das Band zwischen uns soll niemals gelöst werden. Scheide in Frieden, treuer Diener und Freund!"

Die Worte erreichten das Ohr des Ulysses, dessen Sinne schon im Schwinden waren, und lächelnd starb er. Der junge Prinz, nur betäubt, erholte sich wieder. Und das Band überdauerte ein Jahrtausend nach dem anderen und wurde das für alle Zeit unzerreißbare Band zwischen Meister und Jünger.

Die Leben des Herakles waren lange in keiner Weise bemerkenswert. Im Körper eines Mannes wurden sie mit Kämpfen zugebracht, in dem einer Frau mit Gebären zahlreicher Kinder.

Das Umsichgreifen der schwarzen Magie in Atlantis führte zur zweiten großen Katastrophe im Jahre 200 000 v. Chr., welche die großen Inseln Ruta und Daitya als Reste des großen Kontinents, der Europa und Afrika mit Amerika verband, übrig ließ. Sie bestanden, bis die Katastrophe von 75 025 v. Chr[5]) sie mit den Wassern des Ozeans, den wir jetzt den Atlantischen nennen, überflutete.

Während der nächsten hunderttausend Jahre gedieh das Volk von Atlantis zu reichem Wohlstande und schuf eine gewaltige, aber überüppige Zivilisation, deren Mittelpunkt die Stadt der Goldenen Tore war — man hatte den Namen beibehalten, aber das Reich erstreckte sich weit und breit über die Welt, sowohl über Afrika als über den Westen.

---

5) Gewöhnlich ungefähr angegeben als die Katastrophe 80 000 v. Chr.

Unglücklicherweise verbreitete sich mit der Zivilisation auch wieder das Wissen, welches Herrschaft über die Natur verleiht und welches, zu selbstsüchtigen Zwecken gebraucht, schwarze Magie wird.

Mitglieder des Clans kamen mehr oder weniger hinein, manchmal wurden sie in Familien geboren, die tief darin steckten und fielen ab; manchmal spielten sie mit der Schwarzkunst und färbten ein wenig davon ab. Einige Erfahrungen von Alcyone, die ihn in einem späteren Leben oft in Form von Träumen quälten, mögen hier wiedergegeben werden[6]). Sie fanden in einem Leben statt, das um das Jahr 100 000 v. Chr. fiel; Corona war damals der Weiße Kaiser der Stadt der Goldenen Tore; Mars war General unter ihm und Herakles die Gattin des Mars. Es wurde ein großer Aufstand geplant und ein Mann mit seltsamen und üblen Kenntnissen — ein „Herr des dunklen Angesichts" im Bunde mit den dunklen Erdgeistern, die das „Reich des Pan" bilden, jene halb menschlichen, halb tierischen Geschöpfe, die Urbilder der griechischen Satyre — sammelte allmählich um sich ein ungeheures Heer, welches ihm als dem Kaiser folgte, dem Kaiser der Mitternachtssonne, dem Dunklen Kaiser, der sich dem Weißen entgegenstellte. Der Gottesdienst, den er einsetzte, in dem er sich selbst als Gottheit zum Mittelpunkte machte — ungeheure Bildnisse von ihm selbst waren in den Tempeln aufgestellt — war sinnlich und rauschend und fesselte die Menschen durch Befriedigung ihrer tierischen Leidenschaften. Der Weißen Höhle der Initiation, der Einweihung in der Stadt der Goldenen Tore wurde die Dunkle Höhle, in der die Mysterien des Pan, des Erdgottes gefeiert wurden, gegenübergestellt. Alles wirkte so auf eine neue große Katastrophe hin.

Vor hundertundzwanzig und einigen Leben war Alcyone der Sohn eines Mannes, der den schaurigen Riten dieses dunklen Kultus folgte, er hielt sich indessen viel abseits und schreckte vor den wilden Orgien des Animalismus, der die Hauptmasse der Anbeter fesselte und bestrickte, zurück. Aber wie es so oft der Fall ist: durch die Schönheit einer Frau verlockt, fiel er in die Falle und erfuhr ein schmerzlich trauriges Geschick. Die Geschichte mag wiedergegeben werden, da sie Verhältnisse beleuchtet, die später das schwere Schicksal, das von der Okkulten Hierarchie über Atlantis verhängt wurde, heraufbeschworen.

---

6) Siehe Kapitel IX.

Kapitel IX.

Schwarze Magie in Atlantis.

Eine Begebenheit.

Zwischen Wachen und Träumen liegt Alcyone am Ufer eines plätschernden Bächleins im Grase. Sein Gesichtsausdruck ist verwirrt, ja bekümmert, seines beunruhigten Gemütes Widerschein. Er ist der Sohn einer begüterten und mächtigen, der Priesterschaft angehörigen Familie, jener „Priesterschaft der Mitternachtssonne", die sich dem Dienste der Götter der Unterwelt geweiht hat. Im Dunkel der Nacht, in düsteren unterirdischen Höhlen, von denen Gänge hinab, tief hinab in unbekannte Tiefen führten, suchten die Priester diese Götter.

Zu dieser Zeit hatten die großen zivilisierten Völker von Atlantis sich in zwei einander entgegengesetzte Lager gespalten: das eine, welches zur altehrwürdigen Stadt der Goldenen Tore als ihrer heiligen Hauptstadt emporsah, hielt am überlieferten Gottesdienst der Rasse fest, an der Anbetung der Sonne in der Schönheit ihres Aufgangs, in die leuchtenden Farben der Morgenröte gekleidet, umkreist von den strahlenden Jünglingen und Jungfrauen ihres Hofstaates, der Sonne im Zenite himmlischen Glanzes, der strahlenden Stärke ihres Mittagshimmels, ihre blendenden Strahlen von Leben und Glut weit verbreitend; der Sonne im prachtvollen Lager ihres Unterganges, die Wolken, welche sie als Verheißung ihrer Rückkehr hinterlässt, noch in seltenste, zarteste Farbentöne tauchend. Das Volk verehrte sie anbetend mit Tänzen, mit Weihrauch und mit Blumen, mit fröhlichen Gesängen und Opfern von Gold und Edelsteinen, mit freudigem Lachen und Musik, mit fröhlichem Spiel und friedlichem Sport. Über diese Kinder der Strahlenden Sonne herrschte der Weiße Kaiser, und sein Geschlecht hatte während langer Jahrtausende unbestritten das Szepter geführt. Allmählich aber waren die seinen Reichsverwesern unterstehenden außerhalb liegenden Reiche unabhängig geworden und schickten sich an, sich zu einem Staatenbunde, zu einer Föderation zu vereinigen, sie scharten sich um einen Mann, der unter ihnen aufgetreten war, eine auffallende, aber finstere Erscheinung.

Dieser Mann namens Oduarpa, ehrgeizig und verschlagen von Natur, hatte erkannt, dass es notwendig sein würde, um diesem Staatenhunde Bestand zu verleihen und sich dem Weißen Kaiser gegenüberstellen zu können, die Mittel der dunkleren Magie zu Hilfe zu rufen, einen Pakt mit den Bewohnern der Unterwelt zu schließen und einen Tempeldienst einzusetzen, der das Volk durch Sinnesfreuden und durch die gespenstigen, unheiligen Zauberkräfte, die dabei in die Gewalt seiner Adepten kämen, anlocken würde. Mittels solchen Paktes hatte er selbst sein eigenes Leben über ein ungewöhnliches Zeitmaß hinaus verlängert und sich gegen Lanz- oder Schwerthieb dadurch unverwundbar gemacht, dass er eine Metallschicht um seinen Körper materialisierte, wenn er in die Schlacht zog, von der Waffen wie von einem Kettenhemd abglitten. Er erstrebte die Oberherrschaft, war nahe daran, sie zu erlangen und träumte davon, gekrönt im Palast der Stadt der Goldenen Tore zu thronen.

Der Vater unseres Jünglings war einer seiner nächsten Freunde, wusste um seine geheimsten Anschläge und beide hofften, dass der Knabe sich befleißigen würde, ihre ehrgeizigen Pläne zu fördern. Der Jüngling aber hatte seine eigenen Träume und Hoffnungen, die er stillschweigend im Herzen nährte. In nächtlichen Visionen hatte er die erhabene Gestalt von Mars gesehen, dem General des Weißen Kaisers Corona, hatte in seine tiefen bezwingenden Augen geblickt und wie aus weiter Ferne seine Worte vernommen: „Alcyone, du bist mein, meines Volkes, einer der Meinigen, und unfehlbar wirst du zu mir kommen und dich zu mir bekennen. Verpflichte dich nicht meinen Feinden, du, der du mein bist." Und er hatte sich gelobt, ihm untertan und der Vasall dieses seines Herrn zu werden.

Hieran dachte Alcyone, als er grübelnd am Bache lag. Denn ein anderer Einfluss wirkte auf ihn und sein Blut rann heiß durch seine Adern. Unzufrieden mit seiner Gleichgültigkeit bei ihrem Gottesdienst — schauderte er doch schon vor den äußerlichen Riten, dem Tieropfer und der Darbringung starker Getränke — hatten sein Vater und Oduarpa den Plan ersonnen, ihn durch die Verlockungen einer Jungfrau in die Mysterien zu ziehen; diese, Cygnus, dunkel und schön wie der sternbesäte Mitternachtshimmel, liebte ihn innig, hatte aber bisher vergeblich versucht, sein junges Herz durch ihre Reize zu gewinnen. Zwischen ihre düster glänzenden Augen und seinen halb gebannten Blick schob sich beständig das strahlende Antlitz seiner Vision, vernahm er wieder das ergreifende Flüstern: „Du bist mein.

Schließlich jedoch von ihrer Mutter, einer richtigen alten Hexe hierzu überredet, die ihr gesagt, dass sie nur so seine Liebe gewinnen könne, hatte sie ihn so weit gebracht, ihr zu versprechen, dass er sie in die unterirdischen Höhlen begleiten wolle, wo die magischen Riten vollzogen wurden, welche die Bewohner der Unterwelt aus ihren Schlupfwinkeln heraufbeschworen, von denen man das verbotene Wissen gewann, das die menschliche Gestalt in die tierische der Lust und des Mordens verwandelte, um so den Leidenschaften der im Menschen verborgenen Bestie Gelegenheit zu freiem Spiel zu geben. Cygnus hatte alle Künste, die ihre eigene Leidenschaft sie gelehrt, spielen lassen, um sein Herz zu gewinnen, und seine Gleichgültigkeit zur Glut entfacht, die allerdings nicht von Dauer, aber, solange sie anhielt, warm war. Und heute glühte die Leidenschaft in ihm und die Macht der Verlockungen schwang das Szepter über ihm. Denn Cygnus hatte ihn erst verlassen, nachdem sie ihm das Versprechen abgeschmeichelt hatte, sie nach Sonnenuntergang in der Nähe der Höhlen zu treffen, wo die Mysterien vor sich gingen, und er rang zwischen seiner Sehnsucht, ihr zu folgen, und seinem Widerwillen vor den geahnten Szenen, an denen teilzunehmen man von ihm erwarten würde. Die Sonne sank hinter den Horizont und der Himmel dunkelte, während Alcyone noch grübelnd dalag; mit einem Schauder sprang er auf, war aber jetzt entschlossen und lenkte seine Schritte dem Stelldichein zu.

Zu seinem Erstaunen hatte sich eine ansehnliche Gesellschaft auf dem Platze versammelt; sein Vater war dort mit seinen Priesterfreunden und Cygnus, auf dem Haupte einen Halbmond, das Zeichen der Braut, umgeben von einer Schar von Jungfrauen, alle in gazeartigen, sternbesäten Gewändern, durch welche die braunen geschmeidigen Glieder dunkel schimmerten; eine Schar von Jünglingen seines Alters, unter denen er seine nächsten Freunde erkannte, warteten auch, angetan mit gefleckten Tierfellen als einziger Bekleidung und leichten Zimbeln in den Händen, die sie anschlugen, während sie ihn wie Faune umtanzten.

„Alcyone, Heil!" so riefen sie, „Liebling der Dunkeln Sonne, Kind der Nacht! Schau hin, wo dein Mond und seine Sterne deiner harren! Erst aber musst du sie uns, ihren Verteidigern, abgewinnen."

Plötzlich wurde Cygnus mitten unter den Tänzern fortgewirbelt und verschwand im Dunkel der Höhle, die weit offen vor ihnen gähnte, und Alcyone wurde ergriffen, seiner Gewänder beraubt, ihm ein Fell, gleich dem der übrigen übergeworfen und berauscht, rasend gemacht, setzte er ihr nach unter Gelächter und Zurufen der anderen: „Hoho! junger Jäger, nur rasch, sonst erliegt dein Wild der Meute!"

Nach wenigen Minuten hatte Alcyone, mit der schreienden Menge auf den Fersen, die äußeren Höhlen durchjagt und eine weite Halle erreicht, die in hochrotem Lichte erstrahlte. In der Mitte erhob sich ein riesiger Thronhimmel, rot von Farbe und mit großen Karfunkeln besät, die das Licht wie Flecken feurigen Blutes zurückwarfen; unter dem Baldachin ein mit Gold eingelegter Thron aus Kupfer und davor ein gähnender Abgrund, aus dem Flammenzungen geisterhaft und brüllend hervorbrachen, emporleckten, und schwere Wolken seltsamen Weihrauchs erfüllten berauschend und toll machend die Luft.

Die Ratte riss ihn mit sich fort und er wurde in einen wilden lärmenden Wirbel von Tänzern verwickelt, die schrieen, heulten, wilde Sprünge in die Luft machten, den Thron unter dem Baldachin umkreisten und riefen: „Oduarpa! Oduarpa! Komm, wir begehren dein."

Ein dumpfes Donnerrollen kroch murrend um die Wände der Höhle, wurde lauter und lauter und endete mit einem furchtbaren Schlage gerade über ihnen; die Flammen züngelten auf und inmitten derselben stieg Oduarpas mächtige Gestalt herauf, stahlgrau in seiner magischen Hülle, streng, majestätisch, mit ernstem, ja trauriges" Gesicht, wie ein gefallener Erzengel, aber stark, von unbeugsamem Stolz und eiserner Entschlossenheit. Er nahm den Thron ein, und die ganze Zeit, während des Folgenden saß er schweigend und finster, ohne an dem Lärmen und Toben, das nun folgte, teilzunehmen. Er winkte mit der Hand und die tolle Orgie hob aufs neue an, die wildesten Tänzer badeten in den über die Wände des Abgrundes hinaus leckenden Flammen, und schwangen sich hoch in die Luft empor. Alcyone hatte Cygnus inmitten der Jünglinge und Mädchen entdeckt und toll vor Aufregung setzte er ihr nach; sie wich ihm geschickt aus, und ihr Geleit narrte ihn; kaum sie berührend, sah er sie sich wieder wie im Wirbelwind entführt. Keuchend, wild geworden, nahm er endlich einen verzweifelten Anlauf, und ihr Gefolge flüchtete unter Schreien und Lachen, jeder Jüngling mit einem Mädchen; er sprang auf Cygnus zu und umflog sie mit seinen Armen.

Wilder und wilder ward die laute Lust; Sklaven mit ungeheuren Kannen starken Getränkes erschienen, andere folgten mit Humpen. Tollheit des Trunkes gesellte sich der Tollheit der Bewegung, und die geisterhaften Flammen sanken tief zu rötlichem Zwielicht herab. Die Orgie, die nun folgte, bleibt besser verborgen als beschrieben.

Doch seht! Dem Schacht, aus dem Oduarpa hervorgekommen war, entsteigt ein wilder Aufzug, behaarte, langarmige, spaltfüßige, tierköpfige Zweifüßer mit über die Schultern wehenden Mähnen, schauderhaft, abschreckend, nichtmenschlich und doch furchtbar menschlich. Sie halten in ihren klauenartigen Händen Fläschchen und

Büchsen, und während sie sich unter die wildesten Tänzer mischen, reichen sie diese den tollsten, von Trank und Lust vollsten Schwelgern. Diese reiben ihre Glieder mit der Salbe aus den Büchsen und trinken den Inhalt der Fläschchen und seht! bewusstlos fallen sie in wirren Haufen zu Boden; aber aus jedem zusammengekauerten Klumpen springt eine Tierform knurrend und raubgierig und verschwindet aus der Höhle hinaus in die Nacht.

Mögen die lichten Götter den Wanderern beistehen, die diesen verhexten astralen Materialisationen begegnen, wild und gewissenlos wie Tiere, grausam und schlau wie Menschen! Aber die lichten Götter schlafen und nur der Schwarm der Mitternachtssonne, Gespenster und Kobolde und alles Böse ist unterwegs. Vor Morgengrauen kehren die Geschöpfe zurück, den Rachen von Blut triefend, das Fell schmutzbefleckt, und kauern über den am Boden liegenden zusammengesunkenen Gestalten, sinken in sie hinein und verschwinden.

Von Zeit zu Zeit wurden derartige Orgien gehalten. Oduarpa benutzte sie dazu, seine Macht über das Volk zu mehren und an vielen Orten setzte er ähnliche Riten ein, in denen er sich stets zur Hauptfigur machte, wobei er ein Gegenstand regelrechter Anbetung wurde und so das Volk allmählich durch allgemeine Ergebenheit an ihn zusammenschweißte, bis er der anerkannte Kaiser sein würde. Seine Beziehungen zu den Bewohnern der Unterwelt, in späteren Zeiten, wie schon oben erwähnt, das „Reich des Pan" genannt, gab ihm außerdem viel Gewalt und er hatte zuverlässige Statthalter, die, durch das gemeinsame Wissen um die grausigen Schändlichkeiten jenes Reiches und die Teilnahme daran an ihn gebunden — stets beflissen waren, seinen Befehlen nachzukommen.

Schließlich gelang es ihm, ein sehr großes Heer zu sammeln; nun begann er seinen Vormarsch gegen den Weißen Kaiser, indem er den Weg nach der Stadt der Goldenen Tore einschlug. Er hoffte, nicht nur durch offene Waffengewalt, sondern auch durch den Schrecken, den seine höllischen Verbündeten verbreiten würden und durch die grauenhaften Verwandlungen der schwarzen Zauberer in Tiergestalten, einzuschüchtern und zu siegen. Er selbst hatte eine Leibgarde von gezauberten Tieren um sich, mächtige Wunschgebilde der Gedankenformen in physischen Körpern materialisiert, die ihn beschützten und jeden verschlangen, der sich ihm in feindlicher Absicht nahte. Wenn eine Schlacht tobte und der Ausgang zweifelhaft war, ließ Oduarpa plötzlich auf seine Feinde die Horden seiner dämonischen Bundesgenossen los, die beißend und kratzend in das Schlachtgewühl stürzten und unter den überraschten Heerscharen Schrecken verbreiteten. Wenn dann seine Feinde die Flucht ergriffen, sandte er diese schnellen Dämonen zur Verfolgung hinter ihnen her, die Banden von Zauberern nahmen ebenfalls tierische Formen an und fraßen sich voll an den Körpern der Gefallenen.

So erfocht er sich seinen Weg immer weiter nach Norden, bis er in die Nähe der Stadt der Goldenen Tore kam, wo das letzte Heer des Weißen Kaisers kampfbereit lag. Alcyone hatte im Heer als Soldat mitgekämpft, zum Teil in eines" Zauberbann befangen und doch genügend wach, um innerlich über seine Umgehung tief unglücklich und entsetzt zu sein. Cygnus hatte mit anderen Mädchen das Feldlager begleitet. Der Tag der Entscheidungsschlacht brach an; das kaiserliche Heer wurde vom Weißen Kaiser, Corona, in eigener Person angeführt und der rechte Flügel des Heeres stand unter dem Befehl seines zuverlässigsten Generals, Mars. In der vorhergehenden Nacht hatte Alcyone wieder seine frühere Vision und hatte die innig geliebte Stimme vernommen: „Alcyone, du kämpfst gegen deinen wahren Herrn und morgen wirst du mir von Angesicht zu Angesicht begegnen. Zerbrich alsdann dein Rebellenschwert, und überantworte dich mir; du wirst an meiner Seite sterben und alles wird noch gut werden."

Und so geschah es in der Tat. Denn in dem wütenden Zusammenprall der Schlacht, als die kaiserlichen Truppen wankten und der Kaiser gefallen war, sah Alcyone den General Mars, das Antlitz aus seiner Vision, sich tapfer der Übermacht erwehren. Mit einem Schrei sprang er vorwärts, brach sein Schwert entzwei und einen Speer ergreifend deckte er Mars den Rücken, indem er grimmig einen Soldaten durchbohrte, der von hinten nach Mars ausholte. In diesem Augenblick eilte Oduarpa schäumend vor Wut im Sturmschritt herbei, schlug Mars zu Boden und mit einem weithin über das Schlachtfeld gellenden Ruf befahl er Cygnus herbei, indem er sie durch schnellen Zauberspruch in ein wildes Tier verwandelte, das mit fletschenden Zähnen auf Alcyone losstürmte, der von Blutverlust geschwächt hinsank. Aber während der Tat selbst schrie in Cygnus' Seele die Liebe, die ihr Leben gewesen war, auf und wirkte ihre Erlösung und Befreiung; denn ihrer Liebe starker Strom verwandelte die Form raubgierigen Hasses in eine liebende Frauengestalt, und mit einem Todeskuss auf das Antlitz des sterbenden Alcyone hauchte sie ihr Leben aus.

Herakles, die Gemahlin von Mars, wurde bei dem Sturm auf die Stadt der Goldenen Tore, der Oduarpas Sieg folgte und vervollständigte, gefangen genommen; voll Entrüstung wies sie seine Zudringlichkeiten ab und stach, einen Dolch ergreifend, mit Aufbietung aller

Kräfte nach ihm. Der Dolch glitt an seiner metallischen Schutzhülle ab, lachend schlug er sie nieder und während sie halb bewusstlos dalag, vergriff er sich an ihr; als sie ihr Bewusstsein wieder erlangte, rief er seine grauenhafte Tiere herbei, die sie in Stücke rissen und verschlangen.

Auf einem Haufen Leichen thronend, von seiner tierischen und halbtierischen Leibwache umgeben, wurde Oduarpa zum Kaiser der Stadt der Goldenen Tore gekrönt und maßte sich den durch ihn entweihten Titel eines „Göttlichen Herrschers" an. Aber sein Triumph war von kurzer Dauer, denn mit einem großen Heer zog Vaivasvata Manu gegen ihn zu Felde und seine Gegenwart allein trieb die Bewohner von „Pan, Reich" in die Flucht, während er die künstlich, mittels schwarzer Magie geschaffenen Gedankenformen zerstörte. Ein vernichtender Sieg zerstreute das Heer des Kaisers und er selber wurde in einen Turm eingeschlossen, in den er nach der Niederlage in der Verwirrung des Handgemenges geflüchtet war. Das Gebäude wurde in Brand gesteckt und er ging elend zugrunde, indem er buchstäblich in seiner materialisierten metallischen Haut zu Tode geschmort wurde.

Vaivasvata Manu reinigte die Stadt und stellte die Herrschaft des Weißen Kaisers wieder her, indem er einen zuverlässigen Diener der Hierarchie mit diesem Amte betraute. Eine Zeitlang ging alles gut, langsam jedoch griff das Übel wieder um sich und das südliche Zentrum wurde abermals mächtig; bis schließlich derselbe Herr des schwarzen Angesichtes in einer anderen Verkörperung wieder erschien, den Weißen Kaiser seiner Zeit wieder bekämpfte und eine eigene Herrschaft wider jenen aufrichtete. Jetzt sprach das Haupt der Hierarchie das Urteil, und wie uns der Okkulte Kommentar berichtet, sandte der Große König des strahlenden Angesichtes — der Weiße Kaiser — zu seinem Bruder-Regenten: „Macht euch bereit. Erhebt euch, ihr Männer des guten Gesetzes — und geht quer durch das Land, so lange es noch trocken ist." Der „Stab der Vier" — der Kumaras — wurde erhoben. „Die Stunde hat geschlagen, die schwarze Nacht ist da." Die „Diener der großen Vier" warnten ihr Volk und viele entkamen. „Ihre Könige kamen zu ihnen in ihren Vimanas[1]) und führten sie hin zu den Ländern des Feuers und der Metalle [Osten und Norden][2]), Explosionen von Gasen, Fluten und Erdbeben zerstörten Ruta und Daisys, die gewaltigen Inseln von Atlantis, die von

---

1) Wagen, dis sich in der Luft fortbewegten — die vorzeitlichen Äroplane.
2) S. Geheimlehre Teil II, S. 445, 446.

der Katastrophe von 200 000 v. Chr. übrig geblieben waren, und nur die Insel Poseidonis blieb bestehen, der letzte Rest des ungeheuren, einst gewaltigen Erdteils Atlantis. Diese Inseln gingen 75 025 v. Chr. zugrunde, während Poseidonis bis 9 564 v. Chr. standhielt, als der Ozean auch darüber hinging.

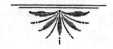

Kapitel X.

Die Zivilisation von Atlantis[1])

Atlantis bevölkerte viele Länder mit seinen Unter-Rassen und schuf eine Reihe glänzender Zivilisationen. Ägypten, Mesopotamien, Indien, Nord- und Südamerika kannten sie, und die Reiche, die sie gründeten, bestanden lange Zeit und erreichten einen Höhepunkt des Glanzes und der Pracht, den die Arische Rasse noch nicht überflügelt hat. Die Kapitel XI—XIII über Peru und Chaldäa in diesem Werke schildern Überreste ihrer Größe und mögen durch einige hinzugefügte Einzelheiten ergänzt werden.

Scott-Elliott beschreibt die berühmte Stadt der Goldenen Tore folgendermaßen: „Ein herrlich bewaldetes, parkähnliches Land umgab die Stadt; über einen großen Teil desselben waren die Herrensitze der vermögenden Klassen verstreut. Gegen Westen erhob sich eine Bergkette, welche den Wasservorrat der Stadt lieferte. Die Stadt selbst war am Abhang eines Hügels erbaut, welcher sich etwa 200 Meter über die Ebene erhob. Auf dem Gipfel dieses Hügels befanden sich der Palast und die Gärten des Herrschers, in deren Mitte ein nie versiegender Wasserstrom aus der Erde hervorquoll, der zuerst den Palast und die Springbrunnen in den Gärten mit Wasser versorgte, sich sodann nach vier Richtungen ergoss und in Wasserfällen in einen Kanal oder Wallgraben herabfiel. Letzterer umschloss die Palastgründe und trennte sie so von der Stadt, die sich unterhalb auf jeder Seite ausdehnte. Von diesem Kanal leiteten vier Stromrinnen durch vier Stadtteile zu Wasserfällen, welche ihrerseits einen anderen, die Stadt umgebenden Kanal auf einer tiefergelegenen Ebene mit Wasser versorgten. Es gab drei solcher Kanäle, die konzentrische Kreise bildeten, von denen der äußerste und tiefstgelegene noch immer höher als die Ebene war. Auf dieser niedrigsten Ebene empfing ein vierter Kanal, und zwar rechtwinkelig dazu, das ununterbrochen fließende

---

1) Ein guter Bericht hierüber kann in „Atlantis" von W. Scott-Elliott nachgelesen werden. Die Verfasser des vorliegenden Buches waren unter den Mitarbeitern, die den Stoff darin ordneten und zusammenstellten, sodass das Gebiet uns sehr vertraut ist.

Wasser und leitete es seinerseits in das Meer. Die Stadt dehnte sich über einen Teil der Ebene aus, bis hinauf zu dem Rande dieses großen äußersten Wallgrabens, der sie umgab und sie durch eine Reihe von Wasserstraßen schützte, die sich im Verhältnis von 12 zu 10 Meilen im Viereck erstreckten.

Wir sehen also, dass die Stadt in drei große Gürtel eingeteilt war, von denen jeder von seinen Kanälen umsäumt wurde. Eine kreisförmige Rennbahn und weite öffentliche Gärten verliehen dem oberen Gürtel, der gerade unter dem Palastgebiet lag, den ihm eigentümlichen Charakter. Die meisten Häuser der Hofbeamten lagen ebenfalls auf diesem Gürtel, desgleichen befand sich hier eine Einrichtung, zu der wir in der Neuzeit kein Gegenstück besitzen. Der Ausdruck „Fremden-Herberge" deutet bei uns auf gewöhnliches Aussehen und schmutzige Umgebung, dieses aber war ein Palast, wo alle Fremden, die in die Stadt kamen, aufgenommen wurden, so lange sie verweilen mochten; sie wurden während der ganzen Zeit als Gäste der Regierung betrachtet und behandelt. Die freistehenden Häuser der Einwohner und die verschiedenen über die Stadt verstreuten Tempel nahmen die zwei anderen Gürtel ein. In den Tagen toltekischer Größe scheint es keine wirkliche Armut gegeben zu haben, da selbst die Schar der Sklaven, die zu den meisten Häusern gehörte, gut genährt und gekleidet wurde, immerhin aber gab es eine Anzahl verhältnismäßig ärmlicher Häuser in dem niedrigsten Gürtel gegen Norden, ebenso außerhalb des äußersten Kanals gegen das Meer. Die Bewohner dieses Teils hatten meist mit Schifffahrt zu tun und ihre Häuser, obwohl freistehend, waren enger zusammengebaut als in anderen Stadtteilen."

Andere große Städte, in der Ebene erbaut, wurden durch ungeheure Erdwalle geschützt, die sich nach der Stadt zu senkten und sich mitunter abstuften, während sie auf der Außenseite mit dicken zusammengefügten Metallplatten verkleidet waren; diese wurden von großen, tief in die Erde getriebenen Holzpfeilern gestützt; waren diese an ihrem Platze und durch schwere Querriegel verbunden, so waren die Platten, die wie Stufen übergriffen, durch sie befestigt und dann war der Raum zwischen dem Erddamm und der Verschanzung mit festgestampfter Erde ausgefüllt. Das Ganze bildete eine tatsächlich undurchdringliche Verschanzung gegen die gewöhnlichen Waffen der Zeit Speere, Schwerter, Bogen und Pfeile. Jedoch lag eine solche Stadt notwendigerweise offen gegen Angriffe von oben, und die Atlantier brachten die Herstellung von Luftschiffen, die wir heute Äroplane nennen würden, bis zu einem hohen Grad von Vollkommenheit. Wenn also eine solche Stadt angegriffen werden sollte, wurden diese Kriegsvögel ausgesandt, um über ihr zu kreisen und auf sie Bomben niederzuwerfen, die in der Luft platzten und einen Schauer äußerst giftiger, dem menschlichen Leben verderbliche Gase entluden. Hinweise hierauf können in den Kämpfen gefunden werden, die in den großen Epen und Puranas der Hindus erzählt werden. Diese besaßen gleichfalls Waffen, welche Hagel von glühenden Pfeilen schlenderten, die sich weit und breit verstreuten, während sie wie tödliche Raketen durch die Luft sausten, und noch manches andere, alles von in den höheren Zweigen der Wissenschaft wohlbewanderten Männern hergestellt. Viele derselben werden in den ältesten oben angeführten Büchern beschrieben und es wird erwähnt, dass sie ihnen von einem höheren Wesen verliehen wurden. Die Kenntnisse, die ihre Herstellung erforderte, wurden nie allgemein bekannt.

Das Landbestellungssystem der Tolteken wird in den Kapiteln über Peru beschrieben werden. Das Fehlen von Armut und der allgemeine Wohlstand der Bevölkerung waren größtenteils die Folge eines für alle vorgesehenen allgemeinen Anfangsunterrichtes. Das ganze Regierungssystem war von den Weisen zum Besten aller geplant worden, nicht von einzelnen Klassen zu deren eigenem Vorteil. Infolgedessen war der allgemeine Wohlstand ungleich größer als in den modernen Zivilisationen.

Die Wissenschaft machte große Fortschritte, da es üblich war, sich des Hellsehens zu bedienen und die Vorgänge in der Natur, die heutzutage den meisten verborgen sind, wurden leicht erforscht und beobachtet. Auf Kunst und Gewerbe wurde sie gleichfalls häufig und nutzbringend angewendet. Die Sonnenstrahlen, durch buntes Glas geleitet, wurden verwandelt, um das Wachstum der Pflanzen und Tiere zu fördern; zur Veredelung viel versprechender Arten wurde wissenschaftliche Züchtung sorgfältig betrieben; Versuche von Kreuzungen wurden angestellt — die Kreuzung von Weizen mit verschiedenen Gräsern brachte zum Beispiel verschiedene Arten Getreide hervor; weniger befriedigend waren die Versuche, aus Bienen Wespen zu erzeugen und weiße Ameisen aus Ameisen[2]).

---

2) Weizen, Bienen und Ameisen wurden von der Venus durch die Heeren der Flamme gebracht und die Kreuzung von diesen mit schon auf der Erde bestehenden Arten brachten die erwähnten Ergebnisse hervor. Die Naturgeister, welche die Obhut über einige Abteilungen der Tier- und Pflanzenentwicklung hatten, versuchten auch auf eigene Hand Zufuhren von einem andern Planeten nachzuahmen, obwohl sie nur auf die Erde beschränkte Hilfsmittel hatten, Ihre nur teilweise erfolgreichen Bemühungen sind für einige der oben erwähnten unliebsamen Ergebnisse verantwortlich.

Die samenlose Banane wurde aus einer Art Melone gezüchtet, welche wie die Melone selbst große Samenmengen enthielt. Kräfte, deren Kenntnis verloren gegangen ist, waren der damaligen Wissenschaft bekannt. Einige derselben wurden sowohl zum Betrieb von Luftschiffen als auch von Schiffen benutzt; eine andere, um das Gravitationsgesetz dahin abzuändern, dass die Erde die Körper abstieß, statt sie anzuziehen, wodurch das Emporheben von gewaltig großen Steinen mit großer Leichtigkeit vollführt werden konnte. Die subtileren Kräfte wurden nicht auf mechanischem Wege beherrscht, sondern durch Gedankenkraft, mittels des vollständig erfassten und ausgebildeten Mechanismusses des menschlichen Körpers: „der Vina mit den tausend Saiten". Metalle wurden vielfach verwendet und wunderschön verarbeitet, und zwar wurden vorwiegend Gold, Silber und Aurichalcum zur Ausschmückung sind zu Haushaltsgegenständen verwandt. Sie wurden häufiger auf chemischem Wege hergestellt als in der Erde gesucht, und oft künstlerisch angewandt, um die Pracht von Verzierungen, die in leuchtenden Farben ausgeführt waren, zu erhöhen. Die Rüstungen waren prächtig damit eingelegt, und diejenigen, die lediglich zum Schmucke bei Umzügen und Zeremonien getragen wurden, waren des Öfteren ganz aus kostbaren Metallen gefertigt. Goldene Helme, Panzer und Beinschienen wurden bei solchen Gelegenheiten über Tuniken und Strümpfe von leuchtendsten Farben getragen — vorwiegend scharlachrot und orangegelb, sind ein auserlesener Purpur.

Die Nahrung war in den einzelnen Klassen verschieden. Die Maste des Volkes aß Fleisch, Fisch und selbst Reptilien — vielleicht sollte man gar nicht „selbst" sagen, wenn man an die Schildkrötengerichte unserer Festessen erinnert. Der Leichnam eines Tieres, mit seinem ganzen Inhalt, wurde die Brust und den Bauch herunter aufgeschlitzt und über ein großes Feuer gehängt; wenn er gar war, wurde er vom Feuer genommen, das Innere ausgekratzt und bei den feineren Leuten auf Schüsseln gelegt, während die einfacheren sich um den Körper selbst scharten und ihre Hände in sein Inneres gruben, um schmackhafte Leckerbissen herauszuholen — ein Verfahren das manchmal zu Streitigkeiten führte. Der Rest wurde weggeworfen oder den Haustieren gegeben; das Fleisch selbst wurde als wertlos betrachtet. Die höheren Klassen genossen ähnliche Kost, nur die unmittelbar zum Hof gehörigen veranstalteten derartige Festessen im geheimen. Der göttliche König und die Ihm eng Verbundenen nahmen nur solche Nahrung zu sich, die aus Getreide, auf verschiedene Weise zubereitet, aus Gemüse, Früchten und Milch bestand, wobei letztere flüssig getrunken oder zu vielen süßen Speisen verwendet wurde. Vielfach wurden auch Fruchtsäfte als Getränke genossen. Es wurde beobachtet, dass einige der Höflinge und Würdenträger, während sie öffentlich an dieser milderen Nahrung teilnahmen, sich sachte in ihre Privatgemächer schlichen und schmackhaftere Fleischgerichte zu sich nahmen, worunter Fisch „haut gout", damals in Gunst wie Wild heute, einen nicht unwesentlichen Bestandteil bildete.

Die Regierung war autokratisch und in der Blütezeit der toltekischen Zivilisation unter den göttlichen Königen hätte keine Regierungsform für das Volk glücklicher gewählt werden können. Als aber die unbegrenzte Macht, die sie besaßen, in die Hände jüngerer Seelen überging, schlichen sich Missbräuche ein und Schwierigkeiten entstanden; denn hier wie überall begann der Verfall durch die Verderbtheit der Höchstgestellten. Dem System gemäß waren die Statthalter für die Wohlfahrt und Zufriedenheit in ihren Provinzen verantwortlich und Verbrechen oder Hungersnot wurden als Folgen ihrer Nachlässigkeit oder ihres Unvermögens angesehen. Sie wurden hauptsächlich aus den oberen Klassen gewählt, jedoch wurden viel versprechende Kinder, wo sie bemerkt wurden, für die höheren Schulen ausersehen, um für den Staatsdienst herangebildet zu werden. Das Geschlecht war nicht ein Hindernis, um irgendeine Stelle im Staate zu bekleiden.

Das ungeheure Anwachsen von Reichtum und Luxus untergrub allmählich jene glänzendste Zivilisation, die die Welt je gesehen hat. Das Wissen wurde zu persönlichem Gewinn herabgewürdigt und die Herrschaft über die Naturkräfte wurde, statt im Dienste der Menschheit verwendet, Mittel und Werkzeug der Unterdrückung. Infolgedessen sank Atlantis herab trotz seiner herrlichen Vollkommenheit und der Macht seiner Reiche. Die Führerschaft in der Welt ging in die Hände einer Tochterrasse, der arischen, über, welche noch nicht den Höhepunkt ihres Glanzes und ihrer Macht erreicht hat, obgleich ihr viele herrliche Werke in der Vergangenheit zur Ehre gereichen. Sie wird sich in einigen Jahrhunderten zu größerer Höhe erheben, als selbst Atlantis in seinen blühendsten Zeiten.

Um ein lebendigeres und anschaulicheres Bild von der Stufe der Zivilisation zu geben, welche sie erreichten, haben wir zwei Tochterzivilisationen gewählt, die weit entfernt von dem großen Zentrum der vierten Wurzelrasse in späteren Tagen emporblühten, — die eine aus der dritten, der toltekischen Unterrasse, die andere aus der vierten, der turanischen Unterrasse. Diese bildeten keinen Teil der im Sommer 1910 gemachten und im vorliegenden Buch verzeichneten Forschungen, sondern während des letzten Jahrzehnts des 19. Jahrhunderts wurden sie von den Verfassern in gemeinsamer Arbeit mit einigen anderen Mitgliedern der T. G. unternommen, deren Namen zu nennen uns indessen nicht freisteht. Einer der Verfasser kleidete sie in die Form von Artikeln für die „Theosophical Review" und diese Artikel sind hier als Teil eines weit umfassenderen Werkes an der geeigneten Stelle abgedruckt.

Kapitel XI.

Zwei atlantische Zivilisationen
Die Tolteken im alten Peru, 12000 v. Chr.

Die Zivilisation von Peru im 13. Jahrtausend v. Chr. glich so sehr derjenigen der toltekischen Herrschaft auf ihrem Höhepunkt, dass wir nach gründlichem Studium jener Periode uns ihrer hier als Beispiel atlantischer Zivilisation bedienen. Ägypten und Indien boten zu ihren atlantischen Zeiten ebenfalls Beispiele, aber im großen Ganzen sind die hauptsächlichsten Merkmale des toltekischen Reiches am besten in dem hier beschriebenen Peru wiedergegeben. Die Regierung war autokratisch — in jenen Tagen war keine andere Regierungsform möglich.

Um dies zu begründen, müssen wir in Gedanken auf eine viel frühere Zeit zurückblicken, nämlich auf die ursprüngliche Absonderung der großen vierten Wurzel-Rasse. Es ist einleuchtend, dass der Manu und seine Beamten — große Adepten einer viel höheren Evolution —, als sie sich unter der jungen Rasse inkarnierten, an deren Entwicklung sie arbeiteten, jenen Menschen durchaus Götter an Wissen und Macht zu sein schienen, so sehr waren sie ihnen in jeder erdenklichen Beziehung überlegen. Unter solchen Umständen war nur eine autokratische Form der Regierung möglich, denn der Herrscher war der einzige, der wirklich Wissen besaß, und musste somit die Oberaufsicht über alles übernehmen. Diese Großen wurden daher die natürlichen Herrscher und Führer der kindlichen Menschheit. Sie genossen unbedingten Gehorsam, denn man erkannte, dass Weisheit Autorität verleiht, und dass die größte Hilfe, die dem Unwissenden gegeben werden konnte, darin bestand, dass er geleitet und erzogen würde. Hieraus entstand die Ordnung der neuen Gesellschaft, wie überhaupt wahre Ordnung immer kommen muss, nämlich von oben nach unten und nicht von unten nach oben. Als die neue Rasse sich ausbreitete, blieb das Prinzip bestehen und auf dieser Grundlage waren die mächtigsten Reiche der fernen Vergangenheit begründet worden, indem sie in den meisten Fällen unter großen König-Initiaten begannen, deren Macht und Weisheit ihre jungen Reiche durch alle Anfangsschwierigkeiten leiteten.

So geschah es, dass, selbst als die ursprünglichen Göttlichen Herrscher ihre Stellung den Händen ihrer Schüler eingeräumt hatten, das wahre Regierungsprinzip noch verstanden wurde und dass daher, wenn ein neues Königreich gegründet wurde, das Bestreben immer darauf gerichtet war, auch unter den neuen Umständen die ausgezeichneten Einrichtungen so getreu wie nur möglich nachzuahmen, wie sie die göttliche Weisheit bereits der Welt gegeben hatte. Erst als die Selbstsucht sowohl unter dem Volk als unter den Herrschern entstand, änderte sich allmählich die alte Ordnung und machte unklugen Versuchen und Regierungsformen Platz, die, statt von Pflichterfüllung, von Habsucht und Ehrgeiz erfüllt waren.

Zu der Zeit, mit der wir uns beschäftigen — 12 000 v. Chr. —, waren die früheren Städte der Goldenen Tore schon vor vielen tausend Jahren in den Wellen versunken, und obwohl der größte der Könige der Insel Poseidonis den schönen Titel, der ihnen einst zukam, sich noch anmaßte, unternahm er nichts, um die Regierungsweisen nachzuahmen, die ihnen einen so über alles gewöhnliche Maß menschlicher Einrichtungen hinausgehenden Bestand verliehen hatten. Immerhin war einige Jahrhunderte vorher von den Herrschern des später Peru benannten Landes ein gut aufgenommener Versuch gemacht worden, um das Leben jenes alten Systems neu zu erwecken, natürlich in einem viel geringeren Maßstabe. Zurzeit, von der wir sprechen, war diese Wiederbelebung in voller Blüte, vielleicht auf dem Höhepunkt ihres Glanzes, obgleich sie ihre Wirksamkeit viele Jahrhunderte hindurch behielt. Mit dieser peruanischen Wiederbelebung beschäftigen wir uns jetzt.

Es ist etwas schwierig, eine Vorstellung von dem physischen Äußern der das Land bewohnenden Rasse zu geben, denn keine jetzt auf Erden lebende Rasse gleicht jener genug, um einen Vergleich zu ermöglichen, ohne unsere Leser nach der einen oder der anderen Richtung hin irrezuführen. Diejenigen Vertreter der großen dritten Unterrasse der atlantischen Wurzelrasse, welche noch auf der Erde vorhanden sind, sind heruntergekommen und verdorben, wenn man sie mit der Rasse auf ihrem Glanzpunkt vergleicht. Unser Peruaner besaß die hohen Backenknochen und im Allgemeinen die Gesichtsform, die wir mit dem höchsten Typus der roten Indianer verbinden, und doch ließen Abweichungen in seinem Äußern ihn fast mehr als Arier, denn als Atlantier erscheinen. Sein Ausdruck war von Grund aus von dem unserer modernen Rothäute verschieden, denn er war gewöhnlich frei, fröhlich und sanft, und in den höheren Klassen machten sich oft scharfer Intellekt und große Güte bemerkbar. Er war rötlich-bronzefarben, im Ganzen heller in den oberen Klassen und dunkler in den niederen, obgleich die Vermischung der Klassen derartig war, dass selbst diese Unterscheidung kaum möglich ist.

Die Gemütsart dieser Leute war im Ganzen glücklich, zufrieden und friedlich. Es gab nur wenig angemessene und gut angewandte Gesetze und daher beobachtete das Volk natürlicherweise das Gesetz. Das Klima war größtenteils sehr schön und ermöglichte es ihnen, ohne übermäßige Mühe das Land zu bestellen, so dass sie eine reiche Ernte ohne allzu große vorherige Anstrengungen erhielten — ein Klima, das geeignet war, die Leute zufrieden zu machen und geneigt, sich das Leben so angenehm wie möglich zu gestalten. Begreiflicherweise verlieh solch eine Stimmung unter dem Volke den Herrschern eines Landes von vornherein einen ungeheuren Vorteil.

Wie schon erwähnt, war die Herrschaft eine absolutistische, dennoch wich sie so sehr von irgendeiner gegenwärtig bestehenden ab, so dass das bloße Erwähnen keinen Begriff von den Zuständen gibt. Die Grundnote des ganzen Systems war Verantwortlichkeit. Gewiss, der König besaß absolute Gewalt, aber desgleichen auch die absolute Verantwortung für alles. Er wurde von frühester Jugend für das Verständnis so erzogen, dass er es als Schande für seine Verwaltung, als Vorwurf für seine Regierung, als Fleck auf seiner persönlichen Ehre ansah, wenn irgendwo in seinem weiten Reiche ein vermeidbares Übel irgendwelcher Art vorkam, z. B. wenn ein arbeitswilliger Mann nicht die ihm zusagende Arbeit erhalten konnte, oder selbst wenn ein Kind krank war und keine angemessene Pflege zur Hand war.

Er hatte einen großen Regierungs-Stab von Helfern um sich, um ihn bei seinen Unternehmungen zu unterstützen und unter deren Obhut er das ganze gewaltig große Volk in der sorgfältigsten und zweckmäßigsten Weise in Unterabteilungen einteilte. Zunächst wurde das Reich in Provinzen eingeteilt, über jede von denen eine Art Vizekönig gesetzt war; unter diesen standen, was wir heute Statthalter von Grafschaften nennen könnten, und unter ihnen wiederum die Gouverneure, Statthalter von Städten oder kleineren Bezirken. Jeder von diesen war dem zunächst über ihm Stehenden für das Wohl jeder Person in seiner Abteilung unmittelbar verantwortlich. Dieses Verteilen in der Verantwortlichkeit wurde weiter durchgeführt bis herunter zu einer Art Hauptmann, einem Beamten der 100 Familien in seiner Obhut hatte, für die er in jeder Weise verantwortlich war. Er war das unterste Glied der regierenden Klasse, aber gewöhnlich ließ er sich seinerseits bei seiner Arbeit von einigen Hilfe leisten, die er aus jedem zehnten Haushalt zu einer Art von freiwilligen Helfern ernannte, um ihm möglichst sofort zu berichten, wenn irgend etwas gebraucht wurde oder irgend etwas schief ging[1]).

Wenn in diesem ausgebreiteten, großartigen Netz von Beamten irgendwie einer seine Arbeit vernachlässigte, so veranlasste ein Wort darüber zu seinem nächsten Vorgesetzten sofortige Untersuchung; denn dieses Vorgesetzten eigene Ehre war mit der vollen Zufriedenheit und dem völligen Wohlbefinden eines jeden innerhalb seines Verwaltungsbezirkes verknüpft. Diese unermüdliche Wachsamkeit in der Ausübung der öffentlichen Pflicht war nicht so sehr durch das Gesetz (obgleich es das unzweifelhaft gab), als durch ein allgemeines Gefühl innerhalb der Beamtenklasse eingeprägt, ein Gefühl, das der Ehre des „Gentleman, des Ehrenmannes" entspricht, eine viel stärkere Kraft, als es der Zwang irgendeines äußeren Gesetzes je sein kann; denn es ist in Wahrheit das Wirken eines höheren inneren Gesetzes — das Gebot des für seine Persönlichkeit erwachenden Egos zu etwas, was das Ego weiß.

Man wird sehen, dass wir hier mit einem System bekannt gemacht werden, das in jeder Hinsicht gerade auf den entgegengesetzten Gedanken dessen aufgebaut ist, was heute unter dem Namen „moderner Fortschritt" geht. Der Umstand, der eine so begründete Regierung möglich und wirksam gestaltete, war die in allen Klassen der Gemeinde vorhandene aufgeklärte öffentliche Meinung — eine öffentliche Meinung, die so klar und bestimmt, so tief ein. gewurzelt war, dass sie es jedem nahezu unmöglich machte, seine Pflicht gegen den Staat zu verletzen. Jemand, der sich darin vergangen hätte, würde als ungebildet angesehen worden sein, des großen Vorzugs unwürdig in diesem großen Reiche der „Kinder der Sonne", wie diese ersten Peruaner sich selbst nannten, Bürger zu sein. Man würde auf ihn mit demselben Entsetzen und Mitleid herabgeblickt haben, wie im mittelalterlichen Europa etwa auf einen Exkommunizierten.

Aus diesem Stande der Dinge — der für uns kaum verständlich ist, so west ist er von irgendetwas jetzt Bestehendem entfernt — entsprang ein anderer, fast ebenso schwer vorstellbarer Umstand. Im alten Peru gab es eigentlich keine Gesetze und folglich keine Gefängnisse; ja, unser System von Strafen und Bußen wäre dem hier in Frage kommenden Volke gänzlich vernunftwidrig vorgekommen. In ihren Augen war das einzig lebenswerte Leben das eines Bürgers des

---

1) Die Leser der alten Hindu-Literatur werden sogleich die Ähnlichkeit zwischen diesem System und dem unter den Ariern in frühen Zeiten herrschenden bemerken. Dies ist ganz natürlich da die auf einander folgenden Manus alle Mitglieder derselben Hierarchie sind und sich mit ähnlicher Arbeit beschäftigen.

Reiches. Aber es war durchaus selbstverständliche Voraussetzung, dass jeder seinen Platz in der Gemeinde nur unter der Bedingung inne hatte, dass er seine Pflicht gegen dieselbe erfüllte. Wenn jemand dieser Erwartung nicht entsprach (was allerdings kaum jemals vorkam, eben wegen der oben beschriebenen Macht der öffentlichen Meinung), wurde eine Erklärung seitens des Beamten, der jenes Mannes Bezirk zu verwalten hatte, erwartet und wenn er bei der Untersuchung tadelnswert befunden wurde, an erhielt er von jenem Beamten einen Verweis. Etwas wie dauernde Pflichtvernachlässigung wurde für ebenso verwerflich gehalten wie Mord oder Diebstahl, und für all diese Vergehen gab es nur die eine Strafe der Verbannung.

Der Gedanke, auf welchen diese Einrichtung sich gründete, war ein außerordentlich einfacher. Der Peruaner war der Meinung, dass der gebildete Mensch sich vom wilden hauptsächlich dadurch unterscheidet, dass er seine Pflichten gegen den Staat, mit dem er eine Einheit bildete, anerkannte und sie treu erfüllte. Wenn jemand seine Pflichten n i c h t erfüllte, wurde er alsbald zu einer Gefahr für den Staat. Er zeigte sich unwürdig, an dessen Wohltaten teilzunehmen, wurde infolgedessen davon ausgeschlossen, und es stand ihm frei, unter den barbarischen Stämmen an den Grenzen des Reiches zu leben. In der Tat ist es vielleicht bezeichnend für die Stellungnahme der Peruaner in dieser Sache, dass das Wort, das in ihrer Sprache jene Stämme bezeichnete, wörtlich übersetzt lautet: die „Gesetzlosen".

Es war indes nur selten nötig, zu dieser äußersten Strafe der Verbannung seine Zuflucht zu nehmen, meistens wurden die Beamten verehrt und geliebt, und ein Wink von ihnen war mehr als hinreichend, um jeden unruhigen Geist auf den Pfad der Ordnung zurückzuführen. Selbst die wenigen Verbannten waren nicht unwiderruflich aus ihrem Heimatlande ausgestoßen; nach Ablauf einer bestimmten Zeit war es ihnen erlaubt, versuchsweise ihren Platz unter zivilisierten Menschen wieder einzunehmen um, sobald sie sich desselben wert gezeigt hatten, die Vorteile der Bürgerschaft wiederum zu genießen. Unter den mannigfaltigen Ämtern bekleideten die Beamten oder Väter, wie sie genannt wurden, auch das der Richter, obgleich es, da es eigentlich keine Gesetze an unserem Sinne des Wortes zu verwalten gab, vielleicht mehr unserem Begriff des Schiedsrichters entsprach. Alle Streitigkeiten, die zwischen zwei Menschen entstanden, wurden vor sie gebracht und in diesen wie in allen anderen Fällen konnte sich jeder, der mit einer Entscheidung nicht zufrieden war, immer an den nächst höheren Beamten wenden, so dass es innerhalb des Bereiches der Möglichkeiten lag, einen schwierigen Fall selbst bis vor den Thron des Königs zu bringen.

Keine Mühe wurde von den höheren Beamten gescheut, um gleicherweise allen erreichbar zu sein, und ein Zweig des zu diesem Zwecke eingeführten Brauches bestand in einem sorgfältig durchdachten System von Besuchen. Zu diesem Zwecke unternahm der König selbst einmal in sieben Jahren eine Rundreise durch sein Reich. In derselben Weise bereiste es der Statthalter einer Provinz jedes Jahr und seine Untergebenen mussten sich ihrerseits ständig mit eigenen Augen davon überzeugen, dass es den ihrer Obhut Unterstellten in jeder Hinsicht gut ging, und jedem, der sie zu befragen oder Berufung bei ihnen einzulegen wünschte, Gelegenheit dazu zu gehen. Diese verschiedenen königlichen und amtlichen Umzüge gingen mit außerordentlichem Pomp vor sich und waren im Volke stets ein Anlass zu größter Freude.

Das Regierungssystem hatte mit dem unserigen wenigstens soviel gemeinsam, dass ein vollständiges und sorgfältiges Eintragungsverfahren eingeführt war. Geburten, Ehen und Todesfälle wurden mit peinlicher Genauigkeit verzeichnet und in ganz moderner Weise Statistiken zusammengestellt. Jeder Hauptmann über Hundert besaß eine Einzelliste der Namen aller, die unter seiner Verwaltung und Obhut standen, und hatte für jeden einzelnen eine eigentümliche kleine Tafel, worauf die hauptsächlichsten Ereignisse seines Lebens in der Reihenfolge, wie sie eintraten, eingetragen wurden. Seinem Vorgesetzten berichtete er seinerseits keine Namen, sondern Zahlen: so und so viele krank, so viele gesund, an viele Geburten, so viele Todesfälle usw. Diese kleinen Berichte wurden nach und nach zusammengetragen, so wie sie auf der amtlichen Stufenleiter höher und höher einliefen, bis ein Auszug daraus den Monarchen selbst erreichte, der auf diese Weise eine Art ständiger Zählung und Schätzung seiner Landeskinder zur Hand hatte.

In noch einem Punkte glich das alte System dem unserigen, nämlich in der außerordentlichen Sorgfalt, mit der das Land vermessen, eingeteilt und vor allem gegliedert wurde. Der Hauptzweck dieser Einrichtung war, Kenntnis von der genauen Beschaffenheit des Bodens in jedem Teil des Landes zu erlangen, damit die zweckmäßigste und geeignetste Frucht darauf angebaut und der Boden möglichst gut genutzt werden konnte. Ja, man kann sagen, dass mehr Gewicht dem, was wir heute wissenschaftliche Landwirtschaft nennen würden, beigelegt wurde, als irgendeinem anderen Gebiet.

Dies führt uns unmittelbar zur Betrachtung der vielleicht merkwürdigsten aller Einrichtungen dieser alten Rasse, nämlich ihres Bodensystems. Diese einzigartige Einrichtung war dem Lande außerordentlich angepasst, so dass die weit tieferstehende Rasse, die Jahrtausende später die heruntergekommenen Nachkommen unserer Peruaner besiegte und zu Sklaven machte, dieselbe, so gut sie konnte, fortzusetzen strebte. Desgleichen wurde die Bewunderung der spanischen Eroberer durch Überreste derselben hervorgerufen, die noch zur Zeit ihrer Ankunft im Gange waren. Es mag dahingestellt bleiben, ob sich ein solches System in weniger fruchtbaren und dichter bevölkerten Gegenden ebenso erfolgreich anwenden ließe, jedenfalls bewährte es sich glänzend zu der Zeit an dem Ort, wo wir es in Anwendung finden. Wir müssen nun versuchen, dieses System zu erklären, indem wir, um der Übersichtlichkeit willen, zunächst mit dem großzügigen Umriss desselben beginnen und viele Punkte von wesentlicher Bedeutung auf spätere Abschnitte verschieben.

Damals wurden jeder Stadt oder jedem Dorf aus ihren Umgebungen Ländereien bestellbaren Landes bis zu einer gewissen Höhe zugeteilt, ein Bestand, der streng im Verhältnis zu der Zahl der Einwohner stand. Unter diesen Einwohnern befand sich in jedem Falle eine große Zahl Arbeiter, die dazu ausersehen waren, das Land zu bebauen, was wir jetzt wohl eine Arbeiterklasse nennen würden. Zwar arbeiteten alle anderen gleichfalls, letztere aber waren für diese besondere Art der Arbeit ausersehen. Wie diese Arbeiterkaste geworben und ergänzt wurde, muss später erklärt werden. Lassen wir es für den Augenblick dabei bewenden, zu erwähnen, dass alle ihre Mitglieder zwischen 20 und 45 Jahre alt, Männer also in der Blüte ihres Lebens und ihrer Kraft waren, und dass weder alte Männer noch Kinder, und weder kränkliche noch schwächliche Leute in ihren Reihen zu finden waren.

Das irgendeinem Dorf zwecks Bebauung zugeteilte Land wurde zunächst in zwei Hälften geteilt, die wir das Gemeindeland und das Privatland nennen wollen. Beide Hälften mussten von den Arbeitenden bestellt werden, das Privatland zu ihrem eigenen jeweiligen Nutzen und Unterhalt und das Gemeindeland zum Wohle der Gemeinde. Die Bestellung des Gemeindelandes kam also etwa dem Zahlen von Steuern und Abgaben in unserem modernen Staate gleich. Begreiflicherweise wird sogleich der Gedanke auftauchen, dass eine Abgabe, gleichbedeutend mit der Hälfte von jemandes Einkommen, oder welche die Hälfte der aufgewandten Zeit und Kraft beansprucht — in diesem Falle ein und dasselbe —, ungemein schwer und höchst unbillig sei. Warten wir ab, bis wir erfahren, was mit dem Ertrag dieser

Abgabe geschah und welche Rolle sie im öffentlichen Leben des Volkes spielte, ehe der Leser sie als eine drückende Steuer und Last verurteilt. Auch muss man sich vergegenwärtigen, dass die praktische Folge der Anordnung keineswegs hart war. Die Bebauung sowohl des Gemeindelandes als des Privatlandes bedeutete weit weniger schwere Arbeit als zum Beispiel die eines Landmannes bei uns, denn wenn sie auch mindestens zweimal jährlich einige Wochen stetiger Arbeit vom Morgen bis zum Abend verlangte, gab es doch lange Zeiten dazwischen, während welcher alles Notwendige spielend in zweistündiger Tagesarbeit geschafft werden konnte.

Das Privatland, mit dem wir uns zuerst beschäftigen wollen, war mit äußerster Gewissenhaftigkeit und Gerechtigkeit auf die Einwohner verteilt. Jedes Jahr nach der Ernte wurde eine bestimmte Menge Landes jedem Erwachsenen, ob Mann, ob Frau, zugewiesen. Die ganze Bebauung wurde jedoch von den Männern ausgeführt. Auf diese Weise erhielt ein verheirateter Mann ohne Kinder zweimal so viel, ein Witwer mit, nehmen wir an, zwei unverheirateten erwachsenen Töchtern dreimal so viel als ein unverheirateter Mann. Wenn aber eine dieser Töchter heiratete, blieb ihr ihr Anteil, d. h. er ging von ihrem Vater auf ihren Mann über. Für jedes dem Paar geborene Kind wurde ein kleiner Bestand hinzugefügt, welcher mit dem Alter des Kindes anwuchs, wobei die Absicht natürlich die war, dass jede Familie immer das zu ihrem Unterhalt Nötige besitzen sollte.

Jeder konnte mit seinem Lande unbeschränkt tun, was er wollte, nur nicht es brach liegen lassen. Irgendeine Frucht musste er darauf ziehen, aber solange er seinen Unterhalt davon bestritt, war das übrige seine eigene Sache. Gleichzeitig standen ihm stets die besten Ratschläge der Sachverständigen zur Verfügung, so dass er nicht Unwissenheit vorschützen konnte, wenn seine Auswahl sich als ungeeignet herausstellte. Jemand, der nicht zu unserer so genannten „Arbeiterklasse" gehörte, d. h. jemand, der seinen Unterhalt auf andere Weise erwarb, konnte entweder seinen Teil in seiner Mußezeit bebauen oder es für sich von einem Zugehörigen jener Klasse neben dessen eigener Arbeit tun lassen. In letzterem Falle gehörte jedoch der Ertrag nicht dem ursprünglich dazu Berechtigten, sondern dem, der die Arbeit getan hatte. Die Tatsache, dass auf diese Weise ein arbeitender Mann die Arbeit von zwei Männern ausführen konnte, was häufig recht gern getan wurde, ist ein weiterer Beweis dafür, dass die Bewältigung der festgesetzten Arbeitszeit wirklich eine äußerst leichte Aufgabe war.

Es machte Freude feststellen zu können, dass stets viel warme

Gefühle und Hilfsbereitschaft in Bezug auf diese Landarbeit vorhanden waren. Wer eine zahlreiche Familie und viel Kinder hatte, und somit ein ungewöhnlich großes Grundstück, konnte immer auf gütige Hilfe seitens seiner Nachbarn rechnen, sobald diese ihre eigene leichtere Arbeit beendet hatten; und ebenso wenig fehlte es jemand, der einer Ferienzeit, einer Erholungszeit bedurfte, nie an einem Freunde, der ihn an seinem Platze während seiner Abwesenheit vertrat. Die Frage von Krankheit wird nicht berührt, aus Gründen, die sogleich ersichtlich sein werden.

Über die Verwendung der Erzeugnisse entstanden niemals Schwierigkeiten. Die meisten wählten Getreide, Gemüse oder Früchte, die sie selbst zur Nahrung verwenden konnten; ihren Überschuss verkauften sie gern oder tauschten ihn gegen Kleider und andere Waren ein. Schlimmsten Falles war die Regierung stets darauf eingerichtet, bereitwillig jede angebotene Menge von Getreide zu einem etwas unter dem Marktpreis festgesetzten Preise zu kaufen, um es in den ungeheuer großen Scheunen aufzustapeln, die für den Fall einer Hungersnot oder einer Notlage beständig nachgefüllt und voll gehalten wurden.

Nunmehr wollen wir sehen, was mit dem Ertrage jener anderen Hälfte des bebauten Landes geschah, dem Lande, das wir Gemeindeland nannten. Das Gemeindeland wurde seinerseits wiederum in zwei gleiche Hälften geteilt, von denen also jede ein Viertel des gesamten Ackerbodens des Landes beging, die eine das Land des Königs, die andere das Land der Sonne genannt. Das Gesetz wollte, dass das Land der Sonne bestellt werden musste, ehe jemand auch nur eine Scholle seines eigenen Bodens wendete; war das getan, so mochte jeder sein eigenes Land bebauen, und erst nachdem die ganze übrige Arbeit geschehen war, brauchte er seinen Teil zur Bestellung des Landes des Königs beizutragen; verzögerte daher unerwarteterweise schlechtes Wetter die Ernte, so hatte der König zuerst den Verlust davon und konnte, außer bei ausnahmsweise ungünstigem Wetter, kaum den Privatanteil des Volkes beeinträchtigen, während derjenige des Landes der Sonne auf alle Fälle vor einer gänzlichen Missernte bewahrt blieb.

In Bezug auf die Bewässerungsfrage, die in einem zum großen Teil so unfruchtbaren Lande immer von Wichtigkeit ist, wurde stets dieselbe Reihenfolge und Anordnung befolgt. Ehe nicht das Land der Sonne genugsam bewässert war, wurde kein Tropfen von dem kostbaren Nass anderswohin geleitet; ehe nicht jedermanns Privatfelder hatten, was sie bedurften, war von keiner Bewässerung des Königslandes die Rede. Der Grund für diese Maßnahme wird späterhin ersichtlich werden, wenn wir die Verwendung des Ertrages aus diesen verschiedenen Abteilungen kennen lernen werden.

Hieraus ersehen wir, dass ein Viertel des gesamten Wohlstandes des Landes unmittelbar in die Hände des Königs gelangte. Denn auch aus dem Gewinn aus Fabriken oder Bergwerken war die Verteilung die gleiche; ein Viertel zuerst der Sonne, sodann eine Hälfte dem Arbeiter und das bleibende Viertel schließlich dem Könige. Was tat nun der König mit diesen ungeheuer großen Einkünften?

Erstens unterhielt er das ganze Triebwerk der Regierung, das bereits erwähnt worden ist. Die Gehälter der gesamten Beamtenklasse, von den staatlichen Vizekönigen großer Provinzen bis hinab zu den verhältnismäßig bescheidenen Hauptleuten über Hundert, wurden von ihm gezahlt und nicht nur ihre Gehälter, sondern alle Ausgaben ihrer verschiedenen Amts-Reisen und Besuche.

Zweitens führte er aus jenen Einkünften all die prächtigen öffentlichen Bauten in seinem Reiche auf, deren einige uns als Ruinen heute nach 14000 Jahren noch in Staunen versetzen. Die wunderbaren Landstraßen, die durch Berge von Granit ausgehauen waren, die all die großen und kleinen Städte im ganzen Reiche untereinander verbanden und mittels staunenswerter Brücken über die unwegsamsten Schluchten führten, die glänzende Reihe von Aquädukten, die als Kunstwerke der Technik in keiner Weise unseren heutigen nachstanden und das lebenspendende Nass bis in die entlegensten Winkel eines häufig unfruchtbaren Landes führen konnten, all dieses wurde mittels der aus den Besitzungen des Königs erzielten Einkünfte erbaut und erhalten.

Drittens baute er eine Reihe von ungeheuer großen Scheunen, die er stets neu füllen ließ und die sich in geringen Abständen über das ganze Reich erstreckten, denn manchmal kam es vor, dass die Regenzeit ganz aussetzte und dann bedrohte Hungersnot den unglücklichen Landmann. Deshalb bestand die Vorschrift, dass immer für zwei Jahre Vorrat für das ganze Volk vorhanden sein musste, ein Vorrat an Lebensmitteln, wie ihn wohl keine andere Rasse der Welt je aufzubewahren versucht hat. Das Riesenunternehmen wurde jedoch ungeachtet aller Schwierigkeiten getreulich durchgeführt, obgleich selbst die gewaltige Macht des peruanischen Herrschers es nicht ohne das Verfahren zustande gebracht hätte, die Nahrung zu komprimieren, was eine der Erfindungen ihrer Chemiker war — ein Verfahren, das später erwähnt werden wird.

Viertens unterhielt er aus seinen Einkünften sein Heer, denn er besaß ein Heer und sogar ein äußerst gut geschultes Heer, obwohl er es ermöglichte, es zu vielen anderen Zwecken als nur zu Kämpfen zu verwenden, denn in dieser Hinsicht war selten etwas zu tun, da die wenigen zivilisierten Stämme, die sein Reich umgaben, seine Macht kennen und respektieren gelernt hatten.

Es wird richtiger sein, sich jetzt nicht aufzuhalten, um die besondere Arbeit des Heeres zu beschreiben, sondern vielmehr unsere erste Skizze der Verfassung dieses alten Staates fertig zu stellen, indem wir die darin von der großen Gilde der Priester der Sonne innegehabte Stellung beschreiben, soweit es die bürgerlich weltliche Seite der Tätigkeit jener Priesterschaft betrifft. Worauf verwandte diese Körperschaft ihre großen Einkünfte, die an Höhe denen des Königs gleichkamen, wenn letztere auf ihrer Höhe standen und zu Zeiten der Not und des Mangels viel mehr Gewissheit boten, nicht vermindert zu werden?

Der König vollbrachte schon Wunder mit seinem Teil des Reichtums des Landes, aber seine Taten und Werke verblassen im Vergleich zu denen der Priester. Erstens unterhielten sie die glänzenden Tempel der Sonne, über das ganze Land hin verstreut, unterhielten sie in solchem Maßstab, dass manches kleine Dorf-Heiligtum goldenen Schmuck und goldene Verzierungen hatte, die heute Tausende von Marken wert wären, während die großen Kathedralen der größeren Städte in einem Glanze erstrahlten, der seither niemals wieder irgendwo auf Erden annähernd erreicht worden ist.

Zweitens ließen sie der gesamten männlichen und weiblichen Jugend des Reiches eine freie Erziehung zuteil werden, nicht nur eine einfache „Volksschulbildung", sondern eine sachliche und fachgemäße Schulung, die sich stetig durch Jahre angestrengten Fleißes bis in ihr zwanzigstes Jahr und manchmal bedeutend weiter erstreckte. Einzelheiten dieser Erziehung werden später gegeben werden.

Drittens — und dies wird unseren Lesern als die außerordentlichste ihrer Aufgaben erscheinen — nahmen sie sich vollständig aller Kranken an. Damit ist nicht gemeint, dass sie lediglich die Ärzte jener Zeit waren (obgleich sie es auch waren), sondern, dass sobald jemand, ob nun Mann, ob Frau oder Kind, irgendwie erkrankte, er in die Obhut der Priester kam oder, wie sie es anmutiger ausdrückten, er wurde „Gast der Sonne". Der Kranke war sofort und gänzlich aller seiner Pflichten gegen den Staat enthoben und bis zu seiner Genesung empfing er aus dem nächsten Tempel der Sonne nicht allein die nötigen Heilmittel, sondern auch seine Nahrung ohne jegliches Entgelt, während er in einem bedenklichen, ernstlichen Falle gewöhnlich in den betreffenden Tempel wie in ein Krankenhaus aufgenommen wurde, um sorgfältigerer Pflege teilhaftig zu werden. War der kranke Mann der Ernährer der Familie, so wurden seine Frau und die Kinder bis zu seiner Genesung ebenfalls „Gäste der Sonne". Heutzutage würde eine dieser auch nur entfernt ähnliche Einrichtung sicher zu Betrug und Missbrauch führen; das hat seinen Grund darin, dass in modernen Nationen noch jene aufgeklärte und allgemein verbreitete öffentliche Meinung fehlt, welche derartiges im alten Peru ermöglichte.

Viertens — und vielleicht wird dieser Sachverhalt noch mehr Staunen erregen als der letzte — war, ausgenommen die Beamtenklasse, d i e g e s a m t e B e v ö l k e r u n g über 45 Jahre gleichfalls „Gast der Sonne". Man war der Ansicht, dass jemand, nachdem er vom 20. Jahre ab — von welchem Alter an zum ersten Male von ihm erwartet wurde, dass er seinen Teil der Staatsbürden zu übernehmen beginnen würde — 25 Jahre hindurch gearbeitet hatte, Ruhe und Bequemlichkeit für den Rest seines Lebens verdient hatte, worin dieses auch bestehen mochte. Folglich konnte jeder, wenn er oder sie das Alter von 45 Jahren erreichte, sobald er wollte, sich einem der Tempel anschließen und eine Art zurückgezogenes, beschauliches, den Studien gewidmetes Leben führen oder, falls er es vorzog, mit seinen Angehörigen wie vorher weiterleben und seine Mußezeit nach Belieben ausfüllen. In jedem Falle jedoch war er jeglicher Arbeit für den Staat enthoben und sein Unterhalt wurde von der Priesterschaft der Sonne bestritten. Natürlich war es zu keiner Weise verboten, irgendwelche von ihm bevorzugte Arbeit fortzusetzen, und in der Tat zogen es die meisten vor, sich irgendwie zu betätigen und wäre es auch nur mit einer Liebhaberei gewesen. Tatsächlich wurden viele der wertvollsten Entdeckungen und Erfindungen von denen gemacht, die, da sie nicht nötig hatten, ununterbrochen zu arbeiten, mit Muße ihren Gedanken nachhängen und nach Belieben Versuche anstellen konnten, was kein beschäftigter Mann in dem Maße tun konnte.

Mitglieder der Beamtenklasse jedoch zogen sich nicht mit 45 Jahren vom tätigen Arbeitsleben zurück, ebenso wenig wie die Priester selbst, außer im Falle von Krankheit. In diesen beiden Klassen herrschte die Ansicht, dass die vermehrte Weisheit und Erfahrung des Alters zu kostbar sei, um nicht verwertet zu werden. Die Priester und Beamten starben also meist in ihrem Berufe.

Nunmehr ist ersichtlich, warum die Arbeit der Priester als die wichtigste angesehen wurde und warum die Beisteuer zu dem Schatz der Sonne nicht ausfallen durfte, was auch ins übrigen versagen mochte, denn von ihnen hing nicht nur die Religion des Volkes, sondern auch die Erziehung der Jugend und die Pflege der Kranken und Betagten ab. Was durch dieses seltsame System vor Zeiten erzielt wurde, war folgendes: Jeder Mann, jede Frau war einer gründlichen Bildung sicher, wobei für die Ausbildung jeder besonderen Begabung, die er oder sie besitzen mochte, gesorgt wurde; darauf folgten 25 Jahre der Arbeit, stetiger allerdings, aber niemals weder von ungeeigneter Art, noch von die Kräfte übersteigender Größe, und danach ein gesichertes Leben geruhsamer Muße und Bequemlichkeit, in dem die Menschen gänzlich frei von jeglicher Angst oder Sorge leben konnten. Einige waren natürlich ärmer als andere, aber was wir jetzt Armut nennen, war unbekannt; Mangel war unmöglich, während noch hinzukam, dass es eigentlich keine Verbrechen gab. Kein Wunder, dass Verbannung aus einem solchen Staate als die bitterste irdische Strafe empfunden wurde und dass die barbarischen Stämme an den Grenzen in denselben aufgenommen wurden, sobald sie zum Verständnis seines Systems gelangt waren.

Es wird von Interesse für uns sein, die religiösen Vorstellungen dieser Menschen der alten Zeit zu untersuchen. Wenn wir ihren Glauben unter die uns jetzt vertrauten Glaubensbekenntnisse einreiben sollten, so müssten wir ihn als eine Art Sonnenkultus bezeichnen, obgleich sie natürlich nie auch nur einen Augenblick lang daran dachten, die physische Sonne anzubeten. Indessen betrachteten sie dieselbe als etwas weit Höheres, denn ein bloßes Sinnbild; wenn wir ihre Gefühle mit theosophischen Ausdrücken zu benennen versuchen, kommen wir ihnen vielleicht am nächsten, indem wir sagen, dass sie die Sonne als den physischen Körper des Logos betrachteten, obgleich ihnen das eine Bestimmtheit des Begriffes beimisst, die sie wahrscheinlich für unehrerbietig gehalten haben würden. Sie würden einem Frager geantwortet haben, dass sie den Geist der Sonne anbeteten, den Geist, von dem alles ausginge und zu dem alles zurückkehren müsse, durchaus keine unbefriedigende Erklärung einer gewaltigen Wahrheit.

Sie scheinen keine klare Vorstellung von der Wiederverkörperungslehre gehabt zu haben. Sie waren dessen ganz gewiss, dass der Mensch unsterblich ist und sie glaubten, dass sein schließliches Schicksal darin bestände, zum Geist der Sonne zurückzugehen, vielleicht eins mit Ihm zu werden, obwohl dies in ihren Lehren nicht klar ausgedrückt war. Sie wussten, dass vor dieser letzten Vollendung viele andere lange Perioden des Daseins eintreten mussten, wir können aber nicht entdecken, dass sie sich mit Bestimmtheit vergegenwärtigten, dass jeder Teil eben dieses zukünftigen Lebens sich wieder auf dieser Erde abspielen würde.

Die auffallendste Eigenart der Religion war ihre Freudigkeit. Kummer oder Sorge irgendwelcher Art wurde für ganz gottlos und undankbar gehalten, da gelehrt wurde, dass die Gottheit ihre Kinder glücklich zu sehen wünsche und sie Selbst betrübt sein würde, wenn sie ihre Kinder bekümmert sähe. Den Tod betrachteten sie nicht als einen Anlass zur Trauer, sondern vielmehr zu einer Art feierlicher und ehrfürchtiger Freude, weil der Große Geist wieder eins seiner Kinder für würdig gehalten hatte, ihm näher zu kommen. Andererseits wurde, wenn wir den Gedanken weiter verfolgen, Selbstmord mit dem größten Abscheu als gröbliche Anmaßung betrachtet. Wer Selbstmord beging, versetzte sich unaufgefordert gewaltsam in höhere Reiche, für die er seitens der einzigen Autorität, die das erforderliche Wissen zur Entscheidung dieser Frage besaß, noch nicht für reif gehalten wurde. Indes war zu der Zeit, über die wir schreiben, Selbstmord tatsächlich unbekannt; denn das Volk als Ganzes war eine höchst zufriedene Rasse.

Ihr öffentlicher Gottesdienst war von einfachster Art. Täglich wurde der Geist der Sonne gepriesen, aber nicht gebeten; denn man lehrte sie, dass die Gottheit besser als sie wusste, was für ihr Wohlergehen dienlich wäre, eine Lehre, der man heutigen Tages gern ein besseres Verständnis entgegengebracht sehen möchte. Früchte und Blumen wurden in ihren Tempeln geopfert, nicht aus der Vorstellung heraus, dass der Sonnengott einen solchen Gottesdienst wünsche, sondern einfach als Zeichen, dass sie Ihm alles verdankten; denn eine der auffallendsten Lehren ihres Glaubens war die, dass alles Licht, alles Leben und alle Kraft von der Sonne käme, eine Lehre, die durch die Entdeckungen der modernen Wissenschaft völlig gerechtfertigt wird. Anlässlich ihrer großen Festlichkeiten wurden glänzende Umzüge veranstaltet und die Priester erteilten dem Volke besondere Ermahnungen und Unterweisungen. Diese Predigten oder Unterweisungen selbst aber zeichneten sich durch Einfachheit aus, da größtenteils mit Hilfe von Bildern und Parabeln unterrichtet wurde.

Einst geschah es, dass wir im Laufe unseres Nachforschens des Lebens einer bestimmten Person derselben in eine dieser Versammlungen folgten und mit ihr die bei dieser Gelegenheit von einem alten weißhaarigen Priester gehaltene Rede anhörten. Die wenigen einfachen Worte, die dort geäußert wurden, gehen vielleicht eine bessere Vorstellung von dem inneren Wesen und Geiste dieser Religion aus einer alten Welt wieder, als irgendwelche von uns gegebene Beschreibung. Der Priester, mit einer Art goldenen Mantels bekleidet, der das Abzeichen seines Amtes, seiner Würde war, stand auf der obersten der Tempelstufen und schaute über seine Zuhörer hin. Alsdann begann er zu ihnen mit angenehmer, sanfter und doch tönender Stimme zu sprechen, ganz vertraulich, mehr wie ein Vater, der seinen Kindern eine Geschichte erzählt, denn wie jemand, der eine wohldurchdachte Rede hält.

Er sprach zu ihnen über Ihn, den Herrn der Sonne, und forderte sie auf, des eingedenk zu sein, dass alles, was sie zu ihrem körperlichen Wohlbefinden nötig hätten, von Ihm ins Leben gerufen, von Ihm erschaffen wäre, dass die Welt ohne sein strahlendes Licht und seine Wärme kalt und tot und jegliches Leben unmöglich sein würde; dass sie seiner Tätigkeit das Wachsen der Früchte, des Getreides, die ihre Nahrung bildeten, verdankten, und selbst das frische Wasser, das Wertvollste und Notwendigste von allem. Dann erklärte er ihnen, wie die Weisen von altersher gelehrt hatten, dass hinter dieser Tat, dieser allen sichtbar wirkenden Kraft stets eine noch größere unsichtbare Kraft wirke, die jedoch für diejenigen, deren Leben im Einklang mit dem ihres Gottes stand, wahrnehmbar sei; ferner wie das, was die Sonne in einer Hinsicht für das Leben ihrer Körper täte, in der gleichen Eigenschaft von Ihm in einem anderen und noch wunderbareren Sinne für das Leben ihrer Seelen getan würde. Er wies auf die ununterbrochene Dauer dieser beiden Betätigungen hin und dass, wenn auch die Sonne für den Blick ihrer Kinder auf der Erde manchmal verborgen und unsichtbar wäre, die Ursache solch zeitweiliger Verdunkelung in der Erde und nicht in der Sonne zu suchen sei, denn sie brauchten nur die Berge hoch genug zu ersteigen, um sich über die schattenhaften Wolken zu erheben und die Entdeckung zu machen, dass ihr Herr während der ganzen Zeit im hellen Glanze erstrahle, vollständig unberührt von dem Schleier, der von unten aus so dicht erschien.

Von hier aus war der Übergang leicht gemacht zur geistigen Niedergedrücktheit oder zum Zweifel, die manchmal die höheren Einflüsse von der Seele fernzuhalten schienen, und der Priester war besonders emphatisch in seiner feurigen Versicherung, dass trotz allen Scheines des Gegenteils die Übereinstimmung sich auch hier bewähre, ferner, dass die Wolken stets Gebilde der Menschen selbst wären und dass sie sich nur genügend erheben sollten, um zu erkennen, dass Er unverändert sei und dass geistige Kraft und Heiligkeit stetiger denn je während der ganzen Zeit herniederströmten. Niedergeschlagenheit und Zweifel müssten deshalb als der Unwissenheit und Unvernunft entsprungen und als Undank gegenüber dem Geber aller Güter verworfen werden.

Der zweite Teil der Predigt war gleichfalls praktisch anwendbar. Der volle Segen der Tätigkeit der Sonne, fuhr der Priester fort, könne nur von denen erfahren und ganz empfunden werden, die selbst eine ausgezeichnete Gesundheit besäßen. Das Zeichen einer in jeder Beziehung vollkommenen Gesundheit bestände aber darin, dass die Menschen ihrem Herrn, der Sonne, gleichen sollten. Wer sich voller Gesundheit erfreute, wäre selbst eine Art kleiner Sonne und ströme auf alle rings umher Kraft und Leben aus, so dass durch seine bloße Gegenwart die Schwachen gestärkt würden, den Kranken und Leidenden geholfen werde. Genau so, fuhr er fort, wäre jemand mit moralischer Gesundheit auch eine geistige Sonne und strahle Liebe, Reinheit und Heiligkeit auf alle aus, denen das Glück zuteil würde, mit ihm in Berührung zu kommen. Die Pflicht des Menschen sei die, sagte er, sich dankbar für die Gaben seines Herrn zu erweisen, erstens dadurch, dass er sich bereit hielt, sie in ihrem ganzen Umfange zu empfangen und zweitens, indem er sie unvermindert an seine Mitmenschen weitergäbe. Diese beiden Ziele könnten nur auf einem Wege erreicht werden — durch jene ständige Nachahmung der Güte des Geistes der Sonne, der allein Seine Kinder immer näher und näher zu sich heranzöge.

So war diese Predigt von vor vierzehntausend Jahren, und so einfach sie war, können wir nicht umhin, einzuräumen, dass ihre Lehre hervorragend theosophisch ist und dass uns daraus eine weit umfassendere Kenntnis der Tatsachen der Wirklichkeiten des Lebens entgegenleuchtet, als aus vielen redegewandteren Ansprachen, die heutigen Tages gehalten werden. Hier und da bemerken wir andere, kleinere Punkte von besonderer Bedeutung, zum Beispiel die genaue Kenntnis der Ausstrahlung von überschüssiger Lebenskraft seitens eines gesunden Menschen weist offenbar auf das Vorhandensein einer hellseherischen Fähigkeit unter den Vorfahren, von denen die Überlieferung hergeleitet wird.

Man wird sich erinnern, dass die Priester der Sonne außer ihrer rein religiösen Arbeit die Sorge für die vollständige Erziehung der Landeskinder hatten. Jede Ausbildung war gänzlich frei und ihre Anfangsstufen waren genau die gleichen für alle Klassen und beide Geschlechter. Die Kinder besuchten in sehr frühem Alter Vorbereitungsklassen und in allen wurden Knaben und Mädchen zusammen unterrichtet. In diesen wurde etwas unserem heutigen Elementarunterricht Entsprechendes gelehrt, obgleich die dazugehörigen Fächer bedeutend davon abwichen. Lesen, Schreiben und selbst eine gewisse Art des Rechnens wurde allerdings gelehrt, und jedes Kind musste Fertigkeit in diesen Fächern erwerben; jedoch umfasste der Lehrplan weit mehr, was zu bezeichnen und einzureihen nicht ganz leicht ist, nämlich eine Art von Auszug der Kenntnisse aller allgemeinen Lebensregeln und gemeinsamen Lebensinteressen, so dass ein Kind, ob Knabe, ob Mädchen, im Alter von 10 bis 11 Jahren nie in Unwissenheit darüber sein konnte, auf welche Weise die täglichen Lebensbedürfnisse beschafft wurden oder wie irgendwelche allgemein übliche Arbeit getan wurde. Die größte Güte und Zuneigung herrschte in den Beziehungen zwischen Lehrern und Kindern, und es war nichts vorhanden, was im Entferntesten dem ungesunden System von Strafaufgaben und Strafen entsprochen hätte, was eine so hervorragende und so verwerfliche Rolle im modernen Schulleben spielt.

Der Schulstunden waren es viele, aber die Beschäftigungen so verschieden und schlossen so vieles in sich, was wir nicht als Schularbeit betrachten würden, dass die Kinder niemals übermüdet wurden. Jedes Kind lernte zum Beispiel gewisse einfache Gerichte zu bereiten und zu kochen, giftige von heilsamen Früchten unterscheiden, Nahrung und Obdach zu finden, falls es sich im Walde verirrt hatte, die einfacheren Werkzeuge, die für die Zimmermannsarbeit zum Bauen oder für den Landbau erforderlich waren, zu handhaben, mit Hilfe des Standes der Sonne oder der Sterne seinen Weg von Ort zu Ort finden, desgleichen sowohl ein Boot lenken als schwimmen, klettern und mit erstaunlicher Geschicklichkeit springen. Sie worden gleichfalls in der Behandlung von Wunden und wie sie sich bei Unglücksfällen zu benehmen hätten, unterwiesen; such wurde ihnen die Anwendung gewisser pflanzlicher Heilmittel erklärt. Dieser ganz verschiedenartige und auffallende Lehrplan war nicht nur graue Theorie. Ständig wurde von ihnen verlangt, alles in die Praxis umzusetzen, so dass sie, ehe sie diese Vorbereitungsschule verlassen durften, außerordentlich geschickte kleine Leute geworden waren, die in fast jeder schwierigen Lage, die entstehen konnte, bis zu einem gewissen Grade imstande waren, selbständig zu handeln.

Sie wurden auch sorgfältig über die Verfassung ihres Landes aufgeklärt und die Gründe für die verschiedenen Sitten und Einrichtungen wurden ihnen gegeben. Andererseits wussten sie nicht das Geringste von vielen Dingen, die europäische Kinder lernen; sie kannten keine Sprache außer ihrer eigenen, und obgleich großes Gewicht darauf gelegt wurde, diese rein und richtig zu sprechen, wurde die Gewandtheit mehr durch beständige Übung als durch Beachtung grammatischer Regeln erlangt. Sie wussten nichts von Algebra, Geometrie oder Geschichte, und nichts von der Geographie jenseits ihres eigenen Landes. Nach Verlassen dieser ersten Schule hätten sie ein wohnliches Haus bauen, aber keinen Grundriss davon anfertigen können. Sie wussten nicht das Geringste von Chemie, waren aber wohlbewandert in den allgemeinen Grundsätzen praktischer Gesundheitspflege.

Die Kinder mussten eine gewisse festgesetzte Stufe in all diesen verschiedenen „Befähigungen zu guter Bürgerschaft" erreicht haben, ehe sie diese Vorschule verlassen durften. Die meisten erreichten diese Stufe mit Leichtigkeit mit dem zwölften Jahre; einige der weniger begabten brauchten einige Jahre mehr. Auf den Hauptlehrern dieser Vorhereisungsschulen ruhte die ernste Verantwortung, des Schülers künftigen Beruf zu entscheiden oder vielmehr ihm dabei mit seinem Rat beizustehen; denn keiner dieser jungen Menschen wurde jemals dazu gezwungen, sich einer Arbeit zu widmen, die er oder sie nicht mochte oder ungern tat. Einen bestimmten Beruf musste jedoch jeder wählen, und nachdem man sich entschieden hatte, wurde man in eine Art technischer Schule versetzt, die besonders dazu geeignet war, für den erkorenen Lebensweg vorzubereiten. Hier verbrachte man die übrigen neun oder zehn Jahre seiner Schulzeit, hauptsächlich bei praktischer Arbeit von der Art, welcher man seine Kräfte zu widmen willens war. Durch dieses Merkmal zeichnete sich der ganze Lehrplan aus; es gab verhältnismäßig wenig theoretischen Unterricht; aber nachdem den Knaben und Mädchen etwas einige Male gezeigt worden war, wurden sie stets angehalten, diese Arbeit selbst auszuführen und sie so lange zu wiederholen, bis sie Fertigkeit darin erlangt hatten.

All diese Einrichtungen waren indessen sehr elastisch; wurde zum Beispiel ein Kind für die besondere Arbeit, die es unternommen hatte, nach gehöriger Prüfung als ungeeignet befunden, so war es ihm erlaubt, nach Beratung mit seinen Lehrern einen anderen Beruf zu wählen und sich in die betreffende Schule versetzen zu lassen. Solche Versetzungen scheinen indessen selten gewesen zu sein, denn in den meisten Fällen hatte das Kind, ehe es die erste Schule verließ, eine bestimmte Neigung für den einen oder den anderen offen vor ihm liegenden Lebensweg gezeigt.

Jedes Kind, welcher Geburt es auch sein mochte, hatte Gelegenheit, so ausgebildet zu werden, dass es, wenn solches sein Wunsch war und seine Lehrer den Wunsch billigten, der Beamtenklasse des

Landes beitreten konnte. Die Ausbildung für diesen Ehrendienst war jedoch so außerordentlich schwer und der verlangte Befähigungsnachweis so hoch geschraubt, dass die Zahl der Bewerber niemals übermäßig groß war. Ja, die Lehrer hielten immer Ausschau nach Kindern mit außergewöhnlicher Begabung, um sie für diese ehrenvolle, aber schwierige Laufbahn ausstatten zu können, falls sie willens waren, dieselbe zu ergreifen.

Außer dem Beruf der Beamten und der Priester gab es verschiedene andere, unter denen ein Kind seine Wahl treffen konnte. Es gab viele Arten von Gewerben — einige mit viel Aussicht auf in mancher Beziehung künstlerischer Entwicklung. Es gab verschiedene Arten der Metallverarbeitung, es gab Maschinen herzustellen und zu verbessern, und es gab Bauwerke nach Baustilen aller Art zu errichten. Das hauptsächlichste Interesse und Streben des Landes jedoch war wohl bei dem wissenschaftlich betriebenen Landbau zu finden.

Von diesem hing der Wohlstand des Volkes zum großen Teile ab und deshalb wurde ihm von jeher große Aufmerksamkeit geschenkt. Mittels einer langen Reihe geduldig ausgeführter Versuche, die sich über viele Generationen erstreckten, hatte man sich der Ertragsfähigkeiten der verschiedenen im Lande vorhandenen Bodenarten gründlich vergewissert, so dass es über diesen Gegenstand zu der Zeit, mit der wir uns beschäftigen, bereits eine große Menge überkommener, ausprobierter Methoden und Mittel gab. Genaue Berichte aller Versuche wurden aufbewahrt, eine Einrichtung, die wir jetzt Archive der Landbau-Abteilung nennen würden — aber die allgemeinen Ergebnisse wurden in einer Reihe von kurzen Lehrsätzen für den Volksgebrauch zusammengestellt und so geordnet, dass sie leicht von den Lernenden behalten werden konnten.

Es wurde jedoch von denjenigen, die sich dem Beruf des Landbaues widmeten, durchaus nicht erwartet, dass sie sich ausschließlich auf die Ansichten ihrer Vorfahren beschränkten. Im Gegenteil, jedem neuen Versuch wurde jegliche Förderung zuteil, und jeder, dem es gelang, ein neues und nützliches Düngemittel zu entdecken oder eine Arbeitsmaschine zu erfinden, wurde höchlich geehrt und von der Regierung belohnt. Über das ganze Land verstreut war eine große Anzahl von Regierungsgütern, wo junge Leute sorgfältig ausgebildet wurden, und hier wiederum ebenso, wie in den früheren Schulen, war der Unterricht weniger theoretisch als praktisch, denn jeder Schüler lernte gründlich jede Einzelheit der Arbeit selbständig auszuführen, die er später zu überwachen hatte.

Auf diesen Ausbildungsgütern wurden auf Kosten der Regierung alle neuen Versuche angestellt. Der Erfinder hatte, was heute so häufig das Hindernis für seinen Erfolg bildet, keine Schwierigkeit, einen Kapitalisten zu finden, um seine Erfindung oder Entdeckung zu erproben; er unterbreitete einfach seinen Gedanken dem Oberhaupt seines Bezirkes, der, falls nötig, durch einen Rat von Sachverständigen unterstützt wurde; und wofern diese keinen augenscheinlichen Fehler in seinen Ausführungen entdecken konnten, wurde sein Vorschlag versucht oder seine Maschine unter seiner eigenen Aufsicht und Leitung erbaut, und zwar ohne irgendwelche Unkosten oder Sorgen seinerseits. Wenn der Versuch bestätigte, dass seine Erfindung etwas taugte, wurde sie sofort von der Regierung angenommen und überall angewandt, wo sie von Nutzen sein konnte.

Dem Landmann standen sorgfältig ausgearbeitete Theorien über die Anwendung der verschiedenen Düngemittel auf die verschiedenen Bodenarten zur Verfügung. Sie benutzten nicht nur das Mittel, das wir heute zu dem Zwecke aus eben jenem Lande einführen, sondern stellten auch Versuche mit allerhand chemischen Zusammensetzungen an, von denen einige außerordentliche Erfolge erzielten. Sie besaßen ein geistvolles, wenn auch beschwerliches System der Trockenlegung von Feldern, das indes mindestens so wirksam war wie irgendein noch heute angewandtes Verfahren.

Sie waren auch im Bau und in der Verwendung von Maschinen sehr weit gekommen, obgleich die meisten einfacher und grober als die unserigen waren und sie nicht die außerordentliche Genauigkeit im Zusammenfügen der kleineren Teile besaßen, die ein hervorragendes Merkmal moderner Arbeit ist. Andererseits waren ihre Maschinen, obgleich oft groß und schwerfällig, sehr wirksam und gerieten anscheinend durchaus nicht leicht in Unordnung. Ein Probestück, das wir bemerkten, war eine merkwürdige Sämaschine, deren Hauptteil aussah, als ob dazu der Legestachel eines Insektes als Vorbild gedient hätte. Sie hatte etwas von der Gestalt eines sehr großen, niedrigen Wagens, und während sie über das Feld gezogen wurde, bohrte sie in gewissen Abständen voneinander automatisch zehn Reihen Löcher, ließ ein Samenkorn in jedes fallen, begoss es mit Wasser und rechte den Boden wieder eben.

Augenscheinlich besaßen sie gleichfalls einige Kenntnisse von Hydraulik, denn viele ihrer Maschinen wurden mittels Wasserdruckes getrieben, besonders die bei ihrem ausgebreiteten Bewässerungssystem angewandten, welches außerordentlich vollkommen und wirkungsvoll war. Ein großer Teil des Landes war hügelig und konnte in seinem ursprünglichen Zustande zu keinerlei Vorteil bebaut werden.

Diese alten Bewohner jedoch steckten es terrassenförmig ab, ganz ähnlich wie es heute in den Hügelländern von Ceylon geschieht. Wer mit der Eisenbahn von Rambukkana nach Peradeniya gefahren ist, dem werden kaum viele Beispiele dieser Art Arbeit entgangen sein. Im alten Peru war jeder Winkel Landes in der Nähe der großen Mittelpunkte der Bevölkerung mit dieser gewissenhaften Sorgfalt nutzbar gemacht.

Ein guter Teil wissenschaftlicher Kenntnisse waren ihnen eigen, aber ihre gesamte Wissenschaft war ausgesprochen streng praktischer Art. Sie hatten keinen Begriff von einem so abstrakt wissenschaftlichen Studium, wie es unter uns der Fall ist. Zum Beispiel betrieben sie eifrig das Studium der Botanik, aber nicht im entferntesten von unserem Standpunkte aus. Sie wussten nichts von einer Klassifizierung der Pflanzen als endogen und exogen, nichts über die Zahl der Staubfäden einer Blume oder über die Anordnung der Blätter am Stiel und kümmerten sich nicht darum; worauf sie Wert legten, war, zu wissen, was für Eigenschaften eine Pflanze besaß, welchen Gebrauch man davon in der Medizin machen konnte, als Nahrungsmittel oder um Farbe zu liefern. Dies wussten sie und zwar gründlich.

Ebenso war es mit ihrer Chemie: es war ihnen nichts über Anzahl und Anordnung von Atomen in einer Karbonverbindung bekannt; ja, soweit wir sehen konnten, wussten sie überhaupt nichts von Atomen. Nur solche Chemikalien interessierten sie, die sie verwerten konnten, die zu brauchbaren Düngemitteln oder Pflanzen-Nährstoffen verbunden, die zu ihren verschiedenen Gewerben und Industrien verwendet werden konnten, die ihnen schöne Farben oder nützliche Säuren lieferten. Alle wissenschaftlichen Studien wurden von irgendeinem praktischen Standpunkte aus betrieben. Sie strebten immer danach, etwas zu entdecken, aber stets in Beziehung zu einem mit dem menschlichen Leben verbundenen Zwecke, niemals um des abstrakten Wissens willen.

Ihr Studium der Astronomie war vielleicht ihr engster Berührungspunkt mit abstrakter Wissenschaft; aber dieses wurde mehr als religiöses, denn als lediglich weltliches Wissen betrachtet. Es unterschied sich von dem übrigen dadurch, dass es rein traditionell war, und dass sie keine Versuche machten, um nach dieser Richtung hin ihren Wissensschatz zu bereichern. Derselbe war meist groß, obgleich genau, soweit er reichte. Sie verstanden, dass die Planeten sich von den übrigen Sternen unterschieden und sprachen von ihnen als von den Schwestern der Erde, denn sie erkannten, dass die Erde einer von ihnen war — oder manchmal als von „den älteren Kindern der

Sonne". Sie wussten, dass die Erde ein Globus ist und Kugelgestalt besitzt, dass Tag und Nacht die Folge ihrer Rotation, der Umdrehung um ihre Achse, und die Jahreszeiten die Folge ihrer jährlichen Revolution um die Sonne ist. Sie waren auch davon unterrichtet, dass die Fixsterne außerhalb des Sonnensystems stehen und betrachteten die Kometen als Boten von diesen anderen Großen Wesen an ihren Herrn, die Sonne; doch ist es zweifelhaft, ob sie auch nur eine annähernd entsprechende Vorstellung von der wahren Größe eines dabei in Frage kommenden Körpers besaßen.

Sie waren imstande, sowohl Sonnen- als Mondfinsternis mit vollkommener Genauigkeit und Zuverlässigkeit vorauszusagen, doch geschah dies nicht mittels Beobachtung, sondern durch Anwendung einer überlieferten Formel. Sie verstanden das Wesen derselben und scheinen ihnen nicht viel Wert beigemessen zu haben. Wir haben reichlich Beweise, um zu zeigen, dass diejenigen, von denen sie ihre Überlieferungen ererbten, entweder einer direkten wissenschaftlichen Beobachtung fähig oder im Besitz hellseherischer Kräfte waren, welche derartige Beobachtung überflüssig machten. Aber zur Zeit unserer Untersuchung besaßen die Peruaner keinen dieser Vorteile. Der einzige Versuch von persönlicher Beobachtung, den wir sie unternehmen sahen, bestand darin, dass sie genau den Mittagspunkt fanden, indem sie sorgfältig den Schatten einer hoben Säule innerhalb des Tempelgebietes maßen und eine Reihe kleiner Pfähle längs Steinrinnen bewegt wurden, um ihn genau zu bezeichnen. Derselbe primitive Apparat wurde angewandt, um das Datum der Sommer- und Winter-Sonnenwende herauszufinden, da in Verbindung mit diesen Zeitabschnitten besondere heilige Gottesdienste stattfanden.

Kapitel XII.
Zwei atlantische Zivilisationen.
Die Tolteken im alten Peru, 12000 Jahre v. Chr.
(Fortsetzung.)

Bei dieser alten Rasse unterschied sich die Architektur in vieler Hinsicht von jeder anderen uns bekannten, und das Studium derselben wäre von größtem Interesse für jeden Hellsehenden, der technische Kenntnisse über den Gegenstand besäße. Unser eigener Mangel an solchen Kenntnissen erschwert es uns, die Architektur im Einzelnen genau zu beschreiben, obgleich wir hoffen, etwas von dem allgemeinen Eindruck wiedergeben zu können, den sie auf den ersten Blick auf Beobachter des gegenwärtigen Jahrhunderts macht.

Sie war gewaltig, doch unaufdringlich, in vielen Fällen zeigte sie Spuren von Jahren geduldiger Arbeit, war aber entschieden mehr zum Gebrauch als zum Schein bestimmt. Viele Gebäude hatten eine große Ausdehnung, aber die meisten derselben würden einem modernen Auge ein wenig unproportioniert erscheinen, denn die Decken waren fast immer viel zu niedrig im Verhältnis zur Größe der Räume. Es war z. B. nichts Ungewöhnliches, im Hause des Statthalters verschiedene Gemächer von der Größe von Westminster Hall zu finden, doch maß keins derselben mehr als ungefähr vier Meter vom Boden zur Decke. Pfeiler waren nicht unbekannt, wurden aber nur sparsam verwendet, und was bei uns heutzutage eine graziöse Säulenreihe vorstellen würde, war im alten Peru häufiger eine Mauer mit vielen Öffnungen darin. Soweit Säulen vorhanden waren, waren sie massiv und oft monolithisch.

Der eigentliche Gewölbebogen mit dem Schlussstein war ihnen offenbar nicht bekannt, obgleich Fenster oder Türen mit einer Halbbogenspitze nichts Ungewöhnliches waren. Zu den größeren derselben wurde manchmal ein schwerer metallner Halbkreis verfertigt und auf den Seitenpfeilern der Öffnung angebracht, aber im allgemeinen vertrauten sie gänzlich dem starken Bindemittel, das sie an Stelle von Mörtel benutzten. Die genaue Beschaffenheit dieses Materials kennen wir nicht, doch erfüllte es seinen Zweck sehr gut. Sie schnitten und fügten ihre ungeheuren Steinblöcke mit der größten Genauigkeit ein, so dass kaum eine Fuge zu bemerken war, dann verkleideten sie die Außenseite jeder Verbindungsstelle mit Ton und gossen ihren „Mörtel" in heißem und flüssigem Zustande hinein. So winzig auch die Spalten zwischen den Steinen waren, fand sie diese Flüssigkeit doch und füllte sie. Nach Erkaltung war sie wie Feuerstein, welchem sie dem Aussehen nach in der Tat sehr glich. Der Ton wurde dann von der Außenseite abgeschabt, und die Mauer war fertig, und wenn jemals nach Verlauf von Jahrhunderten ein Riss im Mauerwerk erschien, so war das sicher nicht in einer der Fugen, denn diese waren stärker als der Stein selbst.

Die Mehrzahl der Häuser der Landbevölkerung war aus Material, was wir Ziegel nennen müssen, gebaut, da sie aus Ton hergestellt wurden, aber die Ziegel waren große Würfel, eine Elle nach jeder Richtung hin messend, und der Lehm wurde nicht gebrannt, sondern mit einem chemischen Präparat vermischt und einige Monate lang, der Luft ausgesetzt um zu härten, so dass diese Würfel der Festigkeit und dem Aussehen nach mehr Zementblöcken als Ziegelsteinen glichen, und ein daraus erbautes Haus stand in keiner Hinsicht einem aus Stein nach.

Alle Häuser, selbst die kleinsten, wurden nach dem klassischen und orientalischen Plane des mittleren Hofraumes gebaut und alle besaßen Mauern von einer Dicke, die uns jetzt ungeheuer erscheinen würde. Die einfachste und ärmste Hütte hatte nur vier Räume, einen auf jeder Seite des winzigen Hofes, auf den sie alle hinausgingen. Da diese Räume gewöhnlich keine äußeren Fenster hatten, war das Aussehen solcher Häuser von der Außenseite einförmig und kahl. Nur sehr geringe Versuche einer äußeren Verzierung wurden in den ärmeren Teilen der Stadt oder des Dorfes gemacht, eine Art Fries mit einem sehr einfachen Muster war gewöhnlich alles, was die Einförmigkeit der Mauern der Hütten unterbrach.

Der Eingang befand sich immer in einer Ecke des Vierecks, und in früherer Zeit war die Tür einfach eine riesige Steinplatte, die wie ein Fallgitter oder ein modernes Rollfenster in Rinnen und mittels Gegengewichten aufging. War die Tür geschlossen, so konnten die Gegengewichte auf einen Block gelegt und losgelöst werden, so dass die Türe eine tatsächlich unbewegliche Masse vorstellte, die auf einen Einbrecher entschieden entmutigend gewirkt haben würde, wenn es überhaupt solche Leute in einem so wohlgeordneten Staate gegeben hätte. In den Häusern der besseren Klasse war diese Türplatte künstlich bebauen und in späterer Zeit oft durch eine dicke Metallplatte ersetzt. Die Art, sie in Bewegung zu setzen, unterschied sich indessen nur wenig, obgleich ein paar Fälle bemerkt wurden, wo schwere Metalltüren sich in Zapfen drehten. Die größeren Häuser wurden ursprünglich nach genau demselben Plane erbaut, jedoch mit viel mehr Verzierung, nicht nur indem der Stein in Muster gemeißelt wurde, sondern auch indem seine Oberfläche durch breite Metallbänder Abwechslung erhielt. In einem solchen Klima waren derartig massiv gebaute Gebäude fast unvergänglich und die Mehrzahl der Häuser, die zu der Zeit, von der wir berichten, vorhanden und bewohnt waren, waren von diesem Typus. Einige spätere jedoch — augenscheinlich in den Jahrhunderten erbaut, als sich die Bevölkerung von der Dauerhaftigkeit des Regierungssystems überzeugt hatte und von dessen Macht, den Gesetzen Respekt zu verschaffen — besaßen eine Doppelreihe von Räumen um ihre Höfe herum, wie sie jedes moderne Haus haben konnte, eine Reihe nach dem Hofe (der in diesem Falle ein schön angelegter Garten war) und die anderen der umgebenden Landschaft zugewandt. Die letztere Reihe hatte große Fenster — oder vielmehr Öffnungen, denn obgleich mehrere Arten von Glas verfertigt wurden, wurde dasselbe nicht zu Fenstern gebraucht, welche nach demselben Prinzip wie die Türen geschlossen werden konnten.

Bei alledem ist ersichtlich, dass der übliche Stil der häuslichen Architektur, in großen und kleinen Häusern gleicherweise, ein wenig streng und einförmig war, obgleich dem Klima bewunderungswürdig angepasst. Die Dächer waren meistens schwer und beinahe flach und fast ausnahmslos entweder aus Stein oder aus Metallplatten hergestellt. Eine der merkwürdigsten Eigentümlichkeiten ihres Hausbaus war der fast gänzliche Mangel an Holz, das sie wegen seiner Brennbarkeit vermieden, und infolge dieser Vorsichtsmaßregel waren Feuersbrünste im alten Peru unbekannt.

Die Art, Häuser zu bauen, war eigenartig. Man verwendete keine Gerüste, sondern während das Haus aufgeführt wurde, füllte man es mit Erde, so dass wenn die Mauern zu ihrer vollen Höhe gediehen waren, sich innerhalb derselben eine ebenso hohe Erdschicht befand. Auf diese wurden die Dachsteine gelegt und dann wurde der heiße Zement wie gewöhnlich dazwischengegossen. Sobald sie aneinander hafteten, wurde die Erde ausgegraben, und das Dach sich selbst überlassen, um sein eigenes, ans Fabelhafte grenzende Gewicht zu tragen, was es dank der Kraft seines Wunder-Zementes stets mit vollkommener Sicherheit getan zu haben scheint. In der Tat gestaltete sich das ganze Gebäude, Dach wie Mauern, nach seiner Vollendung, allen Absichten und Zwecken entsprechend, zu einem einzigen soliden

Block und zwar so, als ob es aus dem lebenden Felsen ausgehauen worden wäre, übrigens eine Methode, die wirklich an einigen Orten an Bergesabhängen angewandt wurde.

In der Hauptstadt war auf einige Häuser ein erstes Stockwerk aufgesetzt worden, aber der Gedanke hatte keine Gnade vor dem Volke gefunden, und solch gewagte Neuerungen waren äußerst selten. Etwas, das der Wirkung einer Reihe von übereinander liegenden Stockwerken gleichkam, wurde in der Tat auf merkwürdige Weise erreicht, und zwar in einigen der Gebäude, in denen die Priester der Sonne oder die Mönche untergebracht waren, aber die Vorkehrung war nicht derart, dass sie in einer völkerreichen Stadt in großem Maßstabe hätte durchgeführt werden können. Eine riesige Plattform aus Erde, etwa 300 Meter im Geviert und etwa fünf bis sechs Meter hoch, wurde zuerst hergestellt und sodann wurde auf derselben, aber fünfzehn Meter nach innen zu von der Ecke aus auf jeder Seite eine andere ungeheure Plattform, 270 Meter im Geviert, errichtet, auf dieser eine andere, deren Seiten 240 Meter maßen, und auf dieser wiederum eine vierte von 210 Metern, und so erhob sich eine auf der anderen, ständig an Größe abnehmend, bis sie eine zehnte Plattform von nur 30 Meter im Geviert erreichten, und in der Mitte dieser letzten erbauten sie dann einen kleinen Altar für die Sonne.

Die Wirkung des Ganzen war etwa die einer großen flachen Pyramide, die sich mittels breiter niedriger Stufen erhob — eine Art Primrose Hill in Terrassen. Aus der senkrechten Front jeder dieser großen Plattformen höhlten sie Zimmer aus — Zellen sozusagen, in welchen die Mönche und ihre Gäste wohnten. Jede Zelle hatte einen äußeren und einen inneren Raum, letzterer erhielt nur von dem ersteren das Licht, welcher nach der Seite mit der Aussicht nach außen ganz offen dalag. Tatsächlich bestand dieser Raum nur aus drei Seiten und einem Dache. Beide Räume waren mit Steinplatten eingefasst und gedielt, die in der üblichen Weise aufs haltbarste zementiert waren. Die Terrassen nach vorn waren als Gärten und Spazierpfade angelegt und so waren die Zellen durchaus angenehme Wohnungen. In verschiedenen Fällen wurde eine natürliche Bodenerhebung dergestalt in Terrassen gehauen, aber die meisten dieser Pyramiden wurden künstlich errichtet. Häufig bohrten sie Tunnels bis in das Herz des niedrigsten Stockwerkes einer solchen Pyramide und erbauten daselbst unterirdische Kammern, die als Lagerräume für Getreide und andere notwendige Vorräte benutzt wurden.

Außer diesen merkwürdigen, abgeflachten Pyramiden gab es die allgemein üblichen Tempel der Sonne, deren einige sehr groß waren und ausgedehnte Flächen Landes bedeckten, obgleich alle für europäische Augen den gemeinsamen Fehler besaßen, zu niedrig für ihre Länge zu sein. Sie waren stets von herrlichen Gärten umgeben, unter deren Bäumen der größte Teil des Unterrichts abgehalten wurde, um dessentwillen diese Tempel mit Recht so berühmt waren.

War auch das Äußere dieser Tempel manchmal weniger imposant und eindrucksvoll als man vielleicht gewünscht hätte, so entschädigte doch das Innere auf jeden Fall reichlich für alle möglichen Fehler. Die große Menge, in welcher die kostbaren Metalle zur Verzierung verwendet wurden, war selbst tausende von Jahren später noch eine Eigenheit des peruanischen Lebens, als es einer Handvoll Spanier gelang, die verhältnismäßig herabgekommene Rasse zu beherrschen, die den Platz derjenigen eingenommen hatte, deren Sitten wir zu beschreiben versuchen. Zu der Zeit, über die wir berichten, waren die Bewohner nicht mit unserer Art des Vergoldens vertraut, doch waren sie außerordentlich geschickt im Aushämmern von Metallen zu großen dünnen Platten, und es war nichts Ungewöhnliches, dass die größeren Tempel buchstäblich mit Gold und Silber bekleidet waren. Die Platten, welche die Wände bedeckten, waren oft einen viertel Zoll dick, und trotzdem waren sie über zarte Steinreliefs gezogen, als ob sie aus Papier wären, so dass von unserem modernen Standpunkt aus ein Tempel häufig eine Stätte unsagbaren Reichtums war.

Die Rasse, welche die Tempel erbaute, betrachtete all dies durchaus nicht als Reichtum in unserem Sinne, sondern lediglich als passende und angemessene Verzierung. Man darf nicht vergessen, dass Schmuck dieser Art keineswegs auf die Tempel beschränkt war, alle Häuser von irgendwelchem Ansehen hatten ihre Mauern mit irgendwelchem Metall bekleidet, geradeso, wie unsere heute tapeziert werden. Den kahlen Stein im Innern sichtbar zu lassen, bedeutete bei ihnen dasselbe, wie z. B. bei uns eine weiße Kalkwand — die lediglich auf Hinterhäuser oder Bauernwohnungen beschränkt ist. Jedoch mit lauterem Gold wie die Tempel waren nur die Paläste des Königs und der ersten Statthalter bekleidet, für die übrige Bevölkerung wurden alle Arten von prächtigen und nützlichen Verzierungen hergestellt, und reiche Wirkungen wurden mit verhältnismäßig wenig Aufwand erzielt.

Bei der Besprechung ihrer Architektur dürfen wir nicht die Kette von Festungen vergessen, die der König um die Grenzen seines Reiches errichten ließ, damit die barbarischen Stämme jenseits der Grenze in Bann gehalten würden. Hier wiederum bedürften wir eines Sachverständigen zur Beschreibung und Beurteilung von irgendwelchem Wert, selbst der größte Laie vermag zu erkennen, dass in vielen Fällen die Lage dieser Befestigungen bewunderungswürdig ausgewählt war, und dass sie ohne Artillerie schier uneinnehmbar waren. Die Höhe und Dicke ihrer Wälle war in einigen Fällen ungeheuer, und sie besaßen die Eigentümlichkeit, wie in der Tat alle hohen Mauern im Lande, dass sie sich allmählich von einer Dicke von vielen Fuß auf dem Grund bis zu weit gewöhnlicherer Größe in einer Höhe von zwanzig bis dreißig Ellen zuspitzten. Wacht-Räume und geheime Gänge wurden im Innern dieser wunderbaren Wälle ausgehauen, und das Innere der Befestigung war dermaßen eingerichtet und so völlig versorgt, dass die Garnison imstande gewesen sein muss, eine längere Belagerung ohne Unbehagen auszuhalten. Die Beobachtenden waren geradezu überrascht von der genialen Einrichtung einer Reihe von Toren, eines innerhalb des anderen, die, durch enge und gewundene Gänge verbunden, jede beliebige Macht, die den Versuch machte, die Festung zu erstürmen, gänzlich der Gnade der Verteidiger ausgeliefert hätte.

Jedoch die staunenswertesten Werke dieses seltsamen Volkes waren ohne Zweifel ihre Straßen, Brücken und Überführungen. Die Straßen wurden hunderte von Meilen durch das Land geführt (einige derselben mehr als tausend Meilen) mit einer souveränen Verachtung und Außerachtlassung der natürlichen Schwierigkeiten, die den kühnsten modernen Ingenieuren Bewunderung abgewinnen würde. Alles wurde in riesigem Maßstabe betrieben, und obgleich die Menge der dazu aufgewandten Arbeit in einigen Fällen nahezu unberechenbar gewesen sein muss, waren die erlangten Erfolge großartig und dauernd. Die ganze Straße war mit flachen Platten gepflastert, ähnlich den Trottoiren und Bürgersteigen unserer Großstädte, aber auf jeder Seite waren den ganzen Weg entlang des Schattens wegen Bäume und wohlriechende Sträucher gepflanzt, welche die Luft mit ihrem Duft erfüllten. Auf diese Weise war das Land von einem Netzwerk prächtig gepflasterter Alleen durchkreuzt, auf denen täglich die Boten des Königs hin- und herfuhren. Diese Männer waren in Wirklichkeit gleichzeitig die Briefträger, da ein Teil ihrer Obliegenheiten darin bestand, Briefe kostenlos für alle und jeden zu besorgen, der welche zu versenden wünschte. Gelangte indessen der Straßenerbauer an eine Schlucht oder einen Fluss, so kam das beharrlich geduldige Genie und die unbeugsame Ausdauer der Rasse zu ihrer größten Entfaltung. Wie schon gesagt, wussten sie nichts von dem Prinzip des wahren Bogens und das, wodurch sie demselben am nächsten kamen, war beim Brückenbau, indem sie jede Steinlage ein weniges über die untere hinauslegten, bis auf diese Weise zwei Pfeiler sich schließlich trafen und ihr wunderbarer Zement den ganzen Bau zu einem massiven Felsen erhärtete. Ihnen war nichts von Abdämmen des Wassers, von Senkkästen und Kofferdämmen bekannt, so dass sie oft unglaubliche Mühe darauf verwendeten, den Lauf eines Flusses zeitweise abzulenken, um ihn überbrücken zu können; oder, in anderen Fällen, bauten sie einen Wellenbrecher in den Fluss hinein, bis sie die Stelle erreicht hatten, wo der Pfeiler stehen sollte, um dann, nachdem er soweit vollendet war, ihren Wellenbrecher wegzureißen. Um dieser Schwierigkeiten willen zogen sie, wo immer es möglich war, Eindämmung dem Brückenbau vor; und oft führten sie eine Straße oder eine Überführung selbst über tiefe Schluchten mit großen Strömen, lieber mittels ungeheurer Dämme, mit vielen Wasserdurchlässen in denselben, hinweg, als mittels einer gewöhnlichen Brücke.

Ihr Bewässerungssystem war ein Wunder an Vollkommenheit und es wurde zum großen Teile selbst von der späteren Rasse fortgeführt, so dass ein großer Teil des Landes, das jetzt wieder zur Wüste geworden ist, grün und fruchtbar war, bis die Wasserversorgung in die noch unbefugteren Hände der spanischen Eroberer fiel. Es ist wahrscheinlich, dass keine von Ingenieuren vollbrachten Heldentaten der Welt jemals größer gewesen sind als die Bauten der Straßen und Aquädukte im alten Peru. All dieses wurde nicht durch aufgezwungene Arbeit von Sklaven oder Gefangenen vollbracht, sondern als regelmäßig bezahlte Arbeit von der Landbevölkerung, die zum großen Teil vom Heere unterstützt wurde.

Der König hielt eine große Anzahl Soldaten, um immer bereit zu sein, gegen die Grenzstämme zu kämpfen. Da ihre Waffen jedoch einfach waren und sie verhältnismäßig wenig Ausbildung irgendwelcher Art bedurften, standen sie während der weitaus meisten Zeit für öffentlichen Dienst anderer Art zur Verfügung. Die Ausbesserung öffentlicher Gebäude aller Art war ganz und gar ihren Händen anvertraut, ebenso hatten sie den beständigen Strom der Postboten in Fluss zu halten, welche die Berichte und Depeschen überbrachten und ebenso den privaten Briefverkehr über das gesamte Reich hin versahen. Die Erhaltung von allem und jedem wurde als gesichert angesehen, sofern sie im Machtbereich des Heeres lag; sollte hingegen eine neue Straße angelegt oder eine neue Befestigung erbaut werden, so wurden gewöhnlich Hilfskräfte hinzugedungen.

Natürlicherweise kam es mitunter vor, dass Krieg ausbrach gegen die weniger zivilisierten Grenzstämme, aber zu der Zeit, von der wir schreiben, waren diese höchst selten Anlass zu ernstlichen Unruhen. Sie wurden leicht zurückgeworfen und Entschädigungen von ihnen gefordert. Manchmal aber, wenn sie höherer Kultur zugänglich zu sein schienen, wurde ihr Land dem Reiche einverleibt und sie wurden dessen Gesetzen und Einrichtungen unterworfen. Selbstverständlich entstanden zuerst allerhand Schwierigkeiten mit solch neuen Bürgern, welche die Sitten nicht begriffen und oft nicht einsahen, weshalb sie sich nach denselben richten sollten. Nach kurzer Zeit jedoch gewöhnten sich die meisten von ihnen ganz leicht an den gewohnheitsmäßigen Gang der Dinge und die unverbesserlichen, die das nickt zu tun vermochten, wurden in andere, noch nicht dem Reiche einverleibte Länder verbannt.

Diese Peruaner waren in ihren Kriegen ziemlich menschlich; da sie allerdings fast stets siegreich waren gegen die wilden Stämme, so fiel es ihnen verhältnismäßig leicht. Sie hatten folgendes Sprichwort: „Du darfst niemals grausam sein gegen deinen Feind, denn morgen wird er dein Freund sein." Bei der Eroberung der benachbarten Stämme bemühten sie sich immer mit so wenig Blutvergießen, als irgend möglich vorzugehen, damit das Volk gern in das Reich käme und die Leute gute Bürger würden mit brüderlichen Gefühlen gegen ihre Eroberer.

Ihre hauptsächlichsten Waffen waren Speer, Schwert und Bogen. Sie machten auch ausgiebigen Gebrauch von der Wurfleine, dem Bula, dem Lasso, einer Waffe, die noch heute von den südamerikanischen Indianern benutzt wird. Es besteht aus zwei Stein- oder Metallkugeln, die durch ein Seil verbunden sind, und wird so geworfen, dass die Beine eines Menschen oder eines Pferdes darin verstrickt werden, diese zu Fall kommen. Bei der Verteidigung einer Festung rollten sie immer große Felsblöcke auf die Angreifer hinab und der Bau der Festungswerke war besonders im Hinblick hierauf eingerichtet. Ihr Schwert war kurz, mehr wie ein großes Messer, und es wurde nur dann benutzt, wenn die Lanze des Mannes zerbrochen oder wenn er entwaffnet war. Sie pflegten gewöhnlich ihre Feinde durch gutgezielte Schauer von Pfeilen zu entnerven und sie dann mit Speeren anzugreifen, ehe sie zur Besinnung kamen.

Die Waffen waren gut gearbeitet; denn das Volk leistete Hervorragendes in der Verarbeitung von Metallen. Sie verwandten Eisen, verstanden aber nicht, es in Stahl zu härten, und es erschien ihnen weniger wertvoll als Kupfer und verschiedenem Messing und Bronzen, weil letztere außerordentlich hart gemacht werden konnten, indem sie dieselben mit einer Art ihres merkwürdigen Zementes durch

Legierung vermengten, während Eisen sich nicht so vollkommen damit verschmelzen wollte. Das Ergebnis dieses Erhärtungsprozesses war auffallend, da selbst reines Kupfer, diesem Verfahren unterworfen, imstande war, eine mindestens ebenso scharfe Schneide wie unser bester Stahl dadurch zu erlangen. Es besteht wenig Zweifel, dass einige ihrer Legierungen härter waren, als irgendein Metall, das heute Verwendung findet.

Vielleicht die schönste Eigenschaft ihrer Metallarbeiten war deren außerordentliche Feinheit und Zartheit. Einige ihrer Gravierungen waren in der Tat wundervoll — fast zu fein, um mit bloßem Auge überhaupt gesehen zu werden, jedenfalls mit unseren heutigen Augen. Am allerschönsten war vielleicht die wunderbare spinnwebenartige Filigranarbeit, in der sie so Hervorragendes leisteten. Es ist unverständlich, wie es ohne Vergrößerungsglas zustande gebracht werden konnte. Einiges war so unbeschreiblich zart, dass es nicht auf gewöhnlichem Wege gereinigt werden konnte. Hätte man es noch so vorsichtig geputzt oder abgestaubt, so wäre es ohne weiteres zerfallen. Deshalb musste man es, wenn es sich als nötig erwies, mittels einer Art Blaserohr reinigen.

Ein anderes Gewerbe, wohl eine Spezialität ihrerseits, war die Töpferei. Es gelang ihnen, den Töpfen eine tiefrote Farbe zu verleihen, indem sie ein chemisches Präparat mit ihrem Lehm vermengten, alsdann legten sie dieselben mit Gold und Silber aus, und zwar in einer Weise, die eine Wirkung erzielte, wie wir sie niemals irgendwo anders sahen. Hier wiederum erregte die außergewöhnliche Zartheit der Linien unsere große Bewunderung. Andere schöne Farben wurden ebenso erzielt, und eine weitere Spielart jenes so überaus nützlichen kieselsteinharten Zementes mit dem zubereiteten Lehm vermischt, verlieh ihr eine Durchsichtigkeit, die fast der unseres klarsten Glases gleichkommt. Ferner besaß sie den großen Vorzug, viel weniger spröde zu sein als das Glas von heute; in der Tat, es hatte viel an sich, was eine Annäherung an Jenes „geschmeidige" Glas zu sein schien, von dem wir manchmal als von einer mittelalterlichen Fabel lesen. Sie besaßen unzweifelhaft die Kunst, eine gewisse Art von dünnem Porzellan herzustellen, das gebogen werden konnte, ohne zu zerbrechen, wie wir später sehen, wenn wir über ihre wissenschaftlichen Leistungen reden werden.

Da dieses Volk so wenig Holz zu verwenden pflegte, mussten Metallarbeiten und Töpfereierzeugnisse zum größten Teile an dessen Stelle treten, und sie befanden sich dabei sehr viel besser als es uns heutzutage möglich scheint. Es besteht kein Zweifel, dass die alten

Peruaner bei ihren dauernden chemischen Versuchen manches entdeckt hatten, was für unsere Industrie noch Geheimnis ist; im Laufe der Zeit werden sie jedoch auch von dieser fünften Rasse wieder entdeckt werden, und wenn das einst geschieht, wird die dringende Not und der Wettbewerb der Gegenwart ihre Anwendung auf alle Arten von Gegenständen erfordern, von denen sich im alten Peru niemand träumen ließ.

Die Kunst des Malens wurde in ausgedehntem Maße ausgeübt und jedes Kind, das besondere Fähigkeiten dafür zeigte, wurde ermutigt, sein Talent aufs höchste zu entwickeln. Die angewandten Methoden waren indessen ganz anders als die unsrigen, und ihre Eigenart vermehrte die Schwierigkeit der Arbeit sehr. Weder Leinwand noch Papier noch Holz-Tafeln wurden als Material zur Unterlage benutzt, sondern stattdessen dünne Platten eines gewissen Silizium-Stoffes. Die genaue Zusammensetzung hiervon war schwer festzustellen, aber eine zarte, gelbliche Oberfläche war ihm eigen, welche ihm sehr das Aussehen von feinem unglasiertem Porzellan verlieh. Es war nicht spröde, sondern konnte wie ein Stück Zinn gebogen werden, und seine Dicke war je nach der Größe verschieden, von der starken Briefpapiers bis zu fester, schwerer Pappe. Auf diese Flächen wurden mittels eines von der Natur selbst gelieferten Pinsels sehr leuchtende und reine Farben aufgetragen. Es wurde einfach ein langgeschnittener Streifen aus dem dreikantigen Stamm einer gewöhnlichen, faserigen Pflanze herausgeschnitten. Etwa ein Zoll am Ende desselben wurde so lange ausgeschlagen, bis nichts zurückblieb als die Faser, die so fein wie Haar, aber fast so fest wie Draht war, und so wurde der Pinsel benutzt, indem der feste Teil desselben als Griff diente. Ein solcher Pinsel konnte natürlich durch ein Verfahren, ähnlich dem Spitzen eines Bleistiftes, immer wieder erneuert werden, wenn er abgenutzt war; der Künstler schnitt einfach die verbrauchte Faser ab und schlug einen weiteren Zoll des Griffes aus. Die scharfausgeprägte dreikantige Form dieses Instrumentes ermöglichte es dem geschickten Maler, es ebenso zum Zeichnen feiner Linien, wie zum Auftragen eines breiten Farbenstriches zu verwenden, indem er im ersten Falle die Ecke und im anderen die Fläche seines Dreieckes benutzte.

Die Farben waren gewöhnlich in Pulverform und wurden je nach Belieben gemischt, aber weder mit Wasser noch mit Öl, sondern mit einem Binde-Mittel, das augenblicklich trocknete, sodass ein einmal aufgetragener Pinselstrich nicht mehr geändert werden konnte. Kein Umriss irgendwelcher Art wurde gezeichnet, sondern der Künstler musste sich so schulen, seine Effekte in einem einzigen Zuge mit sicheren, aber raschen Strichen hinzuwerfen, indem er sowohl den genauen Farbenton als auch die Form in einem zusammenfassenden Eindruck festhielt, nicht unähnlich der Art des Freskomalens oder der einiger japanischer Arbeiten. Die Farben waren außerordentlich wirkungsvoll und leuchtend, und einige übertrafen an Reinheit und Zartheit alles jetzt Verwandte. Es gab ein wundervolles Blau, klarer als das schönste Ultramarinblau, ebenso ein Violett und ein Rosa, das keinem modernen Pigment glich, mittelst deren die unbeschreibliche Herrlichkeit eines Sonnenuntergang-Himmels viel wahrheitsgetreuer wiedergegeben werden konnte, als es heutzutage möglich zu sein scheint. Verzierungen aus Gold, Silber und Bronze und aus einem Metall von tiefroter Farbe, das heute der Wissenschaft unbekannt ist, wurden im Bilde mittelst des Staubes der Metale selbst hervorgebracht, sehr ähnlich den farbigen Malereien und Illustrationen im Mittelalter. Und wie seltsam auch ein solches Verfahren unser modernes Auge anmuten mag, kann doch nicht geleugnet werden, dass es eine Wirkung von geradezu barbarischem Reichtum hervorbrachte, die in ihrer Art außerordentlich überraschend berührte.

Die Perspektive war gut, die Zeichnung genau und ganz frei von der plumpen Unreife, die eine spätere Zeit der mittel- und südamerikanischen Kunst kennzeichnete. Obgleich ihre Landschaftsmalerei in ihrer Art entschieden gut war, betrieben sie dieselbe zur Zeit, als wir sie beobachteten, nicht als Zweck für sich, sondern verwandten dieselbe nur als Hintergrund für Figuren. Religiöse Umzüge wurden häufig als Gegenstand gewählt oder mitunter Szenen, in denen der König oder ein Statthalter eine hervorragende Rolle spielte.

War das Gemälde vollendet (und geübte Künstler vollendeten sie mit unglaublicher Schnelligkeit), so wurde es mit einem Firnis überpinselt, der ebenfalls die Eigenschaft besaß, fast augenblicklich zu trocknen. Das so behandelte Bild war tatsächlich unauslöschbar und konnte lange Zeit dem Regen und der Sonne ausgesetzt werden, ohne irgendeinen bemerkenswerten Schaden zu erleiden.

Eng verbunden mit der Kunst des Landes war seine Literatur, denn die Bücher wurden auf demselben Material und mit derselben Art von Farben geschrieben oder vielmehr illustriert, wie die Gemälde. Ein Buch bestand aus einer Anzahl dünner Platten, gewöhnlich achtzehn zu sechs Zoll groß, die mit Draht zusammengebunden waren, viel häufiger aber in einem Kästchen von drei bis fünf Zoll Tiefe aufbewahrt wurden. Diese Kästchen waren aus verschiedenem Material und mehr oder weniger reich verziert, aber die einfachsten waren aus einem Platin ähnlichen Metall hergestellt und mit geschnitztem Horn verziert, das irgendwie mittels eines Erweichungsverfahrens, ohne Verwendung von Nieten noch Zement auf der metallenen Oberfläche befestigt werden konnte.

Soviel wir bemerken konnten, war den Peruanern das Buchdruckverfahren nicht bekannt. Am nächsten kam demselben der Gebrauch einer Art von gestanzter Platte, um eine Anzahl von Exemplaren gewisser offizieller Bekanntmachungen zur schnellen Verbreitung derselben unter die Statthalter des ganzen Reiches zu bringen. Immerhin konnte kein Fall des Versuches, ein Buch auf diese Weise zu vervielfältigen, beobachtet werden; tatsächlich ist es offenbar, dass solch ein Versuch als Entweihung angesehen worden wäre, da das Volk als solches tiefe Ehrfurcht vor seinen Büchern hegte und sie so liebevoll wie nur je ein Mönch im Mittelalter behandelte. Eine Abschrift eines Buches zu verfertigen, wurde für verdienstlich gehalten und viele derselben waren aufs schönste und kunstvollste geschrieben.

Der Umfang ihrer Literatur war etwas beschränkt. Sie besaßen einige Abhandlungen, die man als durchaus religiös bezeichnen könnte, oder jedenfalls als ethisch, und sie waren größtenteils in dem Stile gehalten, wie der von des alten Priesters Predigt, wovon ein Auszug im vorhergehenden Kapitel gegeben wurde. Zwei oder drei waren sogar von ausgesprochen mystischer Richtung, wurden jedoch weniger gelesen und verbreitet als jene, die man für direkt praktisch hielt. Das interessanteste dieser mystischen Bücher war eins, das dem chinesischen „Klassiker der Reinheit" so sehr glich, dass kaum ein Zweifel besteht, dass es eine Übertragung davon mit geringen Variationen war.

Die gesamte Literatur könnte in zwei Teile geschieden werden: wissenschaftliche Belehrungen und Geschichten mir einer bestimmten Tendenz. Es gab Abhandlungen oder Handbücher über alle Handwerke oder Gewerbe, alle Künste, die im Lande geübt wurden, und zwar waren sie in der Art offizieller Handbücher gewöhnlich nicht das Werk eines Einzelnen, sondern vielmehr eine Übersicht der Kenntnisse über den betreffenden Gegenstand zu der Zeit, da sie geschrieben wurden. Anhang auf Anhang wurden diesen Büchern ständig hinzugefügt, wenn weitere Entdeckungen gemacht oder veraltete Ansichten durch neue ersetzt wurden, und wer eine Abschrift besaß, verwahrte sie fromm, verbesserte sie bis auf den Tag, mit zeitgemäßen Anmerkungen versehen. Da die Statthalter die Verbreitung derartiger Kenntnisse und Informationen übernahmen, waren sie auch in der Lage dafür zu sorgen, dass jeder der sich dafür interessierte, sie erhielt. Auf diese Weise war die peruanische Monographie über jeglichen Gegenstand ein wahres Kompendium nützlichsten Wissens darüber und gab dem Studierenden in gedrängter Form das Ergebnis aller Erfahrungen seiner Vorgänger auf dem besonderen Gebiete.

Die Geschichten trugen fast alle einen allgemeinen Stempel und waren wie gesagt, Geschichten mit einer Tendenz. Ausnahmslos aber war der Held ein König, ein Statthalter oder ein Unter-Beamter, und die Erzählung beschrieb, wie er mit oder ohne Erfolg der verschiedenen schwierigen Lagen Herr wurde, die sich ihm im Laufe seines Dienstes entgegenstellten. Viele dieser Erzählungen waren klassisch, Belehrungen für das Volk, unter ihnen so gut bekannt wie biblische Geschichten unter uns, auf die man ständig Bezug nahm und die als Beispiele für lobenswertes oder nicht wünschenswertes Tun angeführt wurden. So hatte in jeder nur möglichen Lage derjenige, der sich darin befand, im Geiste eine Art Richtschnur für sein Handeln. Ob alle diese Geschichten historisch, ob sie alle Berichte von wirklichen Ereignissen, oder ob einige davon lediglich erdacht waren, ist nicht gewiss, doch besteht kein Zweifel darüber, dass sie allgemein als wahr hingenommen wurden.

Spielte eine solche Erzählung in einer Grenzprovinz, so kamen nicht selten viele wilde Abenteuer darin vor; jedoch hatte glücklicherweise zum Besten unserer peruanischen Freunde jenes langweilige Zerr- und Schreckbild unserer modernen Romanleser, die Liebesgeschichte, noch nicht ihren Eingang gefunden. Viele der Situationen, die sich in den Geschichten zutragen, entbehrten nicht des Humors, denn das Volk war fröhlich und liebte das Lachen. Die ausgesprochen komische Erzählung fand jedoch keinen Platz in seiner Literatur. Ein anderer, weit fühlbarer Mangel war das gänzliche Fehlen von Dichtungen als solcher. Gewisse Grundsätze und Ausdrücke, in schwungvolle, wohlklingende Worte gekleidet, waren weit verbreitet und wurden beständig angeführt, etwa, wie ein paar Gedichtzeilen bei uns. Wie poetisch einige der Begriffe auch gewesen sein mögen, so war ihre Form doch nichts weniger als rhythmisch. „Des Stabreimes kunstvolle Hilfe" wurde bei verschiedenen kurzen Sätzen angewandt, die den Kindern zum Auswendiglernen gegeben wurden, und beim Gottesdienst wurden gewisse Worte zur Musik gesungen; jedoch selbst die letzteren wurden dem Gesang in derselben Weise angepasst, wie wir die Worte eines Psalms dem gregorianischen Tonfall anpassen, in dem er gelungen wird, da sie nicht für eine besondere Musik geschrieben und bestimmt waren, wie unsere Kirchenlieder.

Dies führt uns zur Betrachtung der Musik dieser alten Peruaner- Sie besaßen verschiedene Musikinstrumente, darunter eine Pfeife und eine Art Harfe bemerkt wurden, denen eine milde, süße, unbestimmte äolische Melodie entlockt wurde, nach Art der Äolsharfe. Ihr hauptsächlichstes und beliebtestes Instrument ähnelte etwa einem Harmonium. Der Ton wurde durch die Schwingungen einer Metallzunge hervorgerufen, die Luft jedoch nicht mittelst der Tätigkeit der Füße in das Instrument gepresst, sondern durch eine geniale mechanische Einrichtung. Anstatt der Tasten so wie die unsrigen, sah man die Spitzen einer Gruppe von kleinen Metallsäulen erscheinen, auf die die Finger der Spieler drückten, sodass das Spielen auf dem Instrumente unwiderstehlich an das Handhaben einer Schreibmaschine erinnerte.

Bedeutende Kraft und große Schönheit des Ausdrucks konnten mit Hilfe dieses Instrumentes erreicht werden, aber die alte peruanische Tonleiter der Musik war dieselbe wie in Atlantis und unterschied sich so radikal von unserer eigenen, dass es uns fast unmöglich ist, die Wirkungen, die mittelst derselben hervorgebracht wurden, richtig zu würdigen. So weit wir sehen konnten, war diesem Volke nichts dergleichen wie ein Musikstück bekannt, das aufgeschrieben und von jedem Beliebigen nach Ermessen wiederholt werden konnte. Jeder Ausübende improvisierte aus dem Stegreif und musikalische Fertigkeit bestand bei ihnen nicht in der Gewandtheit ein Meisterwerk auszulegen, sondern einfach in der Fruchtbarkeit der Hilfsquellen aus eigenen Improvisationen.

Die Bildhauerkunst war ziemlich weit entwickelt bei ihnen, wenn man auch ihren Stil eher als kühn, glänzend und sehr wirkungsvoll bezeichnen würde, denn gerade als hervorragend anmutig. Fast alle Statuen scheinen von kolossaler Größe gewesen zu sein und einige davon waren zweifellos fabelhafte Leistungen. Jedoch für Augen, die an die Vollkommenheit griechischer Kunst gewöhnt sind, offenbart sich ein gewisser derber Zug in der massiven Kraft der alten peruanischen Skulptur. Zwar wurde feine Arbeit im Flachrelief ausgeführt, was fast stets mit Metall überzogen wurde, denn der Genius dieses Volkes wendete sich vor allem auf Metallarbeit, eine Richtung, in welcher sie andauernd Verzierungen von auserlesenster Schönheit hervorbrachten.

In Verbindung mit dem täglichen Leben des Volkes, seinen Sitten, Gewohnheiten und Gebräuchen, sind einige Punkte, die sofort unser Augenmerk als ungewöhnlich und interessant auf sich lenken. Ihre Heiratssitten z. B. waren entschieden eigentümlich, denn Heiraten fanden nur an einem Tage im Jahre statt. Die öffentliche Meinung erwartete von jedem, dass er heiratete, sofern er keinen guten Grund für das Gegenteil hatte, doch bestand in dieser Sache keineswegs irgendein Zwang. Die Ehe Minderjähriger war verboten, doch sobald junge Leute mündig wurden, waren sie so frei in der Wahl ihrer Gatten wie sie es heute unter uns sind. Die Hochzeit jedoch konnte nicht eher stattfinden, bis der richtige Tag nahte, an welchem der Statthalter des Bezirkes oder der Stadt seinen amtlichen Besuch abstattete, wobei alle jungen Leute, die das heiratsfähige Alter erreicht hatten, vor ihn gerufen wurden und die offizielle Erklärung erfolgte, dass sie nun frei wären, in den Stand der Ehe zu treten. Ein Teil derselben war gewöhnlich bereits entschlossen, die Gelegenheit zu benutzen. Sie traten daher vor den Statthalter, brachten ihr Anliegen vor und nachdem dieser einige Fragen gestellt hatte, erklärte er sie in einfachster Form für Mann und Frau. Der neuen Sachlage entsprechend erließ er gleichfalls einen Befehl bezüglich der Anweisung von Land, denn die Neuvermählten zählten nunmehr nicht länger als Mitglieder ihrer entsprechenden Familien väterlicherseits, sondern als flügger Hausstand auf eigene Rechnung. Der verheiratete Mann besaß deshalb zweimal soviel Land als der Junggeselle, aber selbst unter diesen Umständen empfand er höchstselten die damit verbundene Arbeit als irgendwie übermäßig.

Eine Eigenart betreffs der Hauptnahrung des Volkes wurde beobachtet. Man genoss selbstverständlich verschiedenerlei Speisen, gerade wie die Menschen heute. Wir wissen nicht, ob Fleisch verboten war, jedenfalls wurde es zurzeit, die wir erforschten, nicht gegessen. Die Kartoffel und die Yamswurzel wurden angebaut, und Mais, Reis und Milch in mannigfacher Zubereitung nahmen einen großen Platz in ihrer Ernährung ein.

Sie hatten indessen eine eigentümliche und äußerst kunstvoll zubereitete Speise, die man ihre Lebensstütze nennen könnte, welche bei ihnen ungefähr die Stelle einnahm, wie bei uns das Brot, der Hauptbestandteil bei ihren meisten Mahlzeiten. Die Grundlage derselben war Maismehl, unter das verschiedene chemische Zutaten gemischt wurden, das Ganze wurde einem sehr hohen Druck unterworfen, sodass es am Schluss des Prozesses als hartes und höchst konzentriertes Gebäck zum Vorschein kam. Seine Bestandteile wurden sorgfältig zubereitet, damit er alles, was zur vollständigen Ernährung notwendig war, in möglichst kleinem Umfange enthielt. Das Verfahren erwies sich so weit als erfolgreich, dass eine dünne Schnitte davon genügend Nahrung für einen ganzen Tag enthielt. Auf diese Weise konnte man ohne die geringste Unbequemlichkeit Proviant für eine lange Reise mit sich führen.

Die einfachste Art, ihn zu genießen, bestand darin, ihn langsam wie ein Konfekt auszusaugen, aber, wenn es die Zeit erlaubte, konnte er auf verschiedene Weise gekocht und gebacken werden, was seinen Umfang wesentlich vergrößerte. An sich war er eigentlich ohne Geschmack, doch war es Sitte, ihn bei der Zubereitung auf verschiedene Art zu würzen und diese verschiedenen Würzen wurden durch verschiedene Farben angedeutet. So war z. B. ein blassrotes Gebäck mit einem Grantapfel gewürzt, ein blaues mit Vanille, ein gelbes mit Apfelsinen, ein rosa- und weißgestreiftes mit Guava und so fort, sodass jedermanns Geschmack Rechnung getragen war.

Dieses merkwürdig gepresste süße Gebäck war die Hauptnahrung der Bevölkerung und viele nahmen fast nichts anderes zu sich, obgleich reichlich andere Speisen zur Auswahl vorhanden waren. Es wurde in so ungeheuren Mengen hergestellt, dass es außerordentlich billig und allen leicht zugänglich war, und viel beschäftigten Leuten gewährte es viel ersichtliche Vorteile. Viel Obst wurde angebaut und wer es mochte, genoss es mit dem Gebäck zusammen, doch war das Sache des Geschmacks und nicht der Notwendigkeit.

Das Volk hatte Lieblingstiere aller Art gern und im Laufe der Zeiten hatten sie diese Geschöpfe bis zu einem außergewöhnlichen Grade spezialisiert und entwickelt. Kleine Affen und Katzen waren vielleicht am beliebtesten; und es gab viele Liebhaberarten von jeder, die mit dem ursprünglichen Geschöpf nahezu so außer Beziehung standen wie die Missgestalt, Dachshund, benannt, heutzutage mit dem Hunde. Was die Katzen anbetrifft, so legten sie es auf ungewöhnliche Farben an, und es gelang ihnen sogar, einige von der Farbe zu züchten, die so hartnäckig durch Abwesenheit unter den Vierfüßlern glänzt, ein sehr ausgesprochenes und leuchtendes Blau.

Viele liebten auch Vögel, wie es nicht anders zu erwarten stand in einem Weittiel, wo so viele Arten von prächtig gefärbten Vögeln zu finden sind. Es ist in der Tat nicht ausgeschlossen, dass wir ihrer Sorgfalt im Züchten einige der glänzenden Varietäten in der Vogelwelt verdanken, die heute die Wälder des Amazonen-Stromes bevölkern. Manche der reicheren Damen hatten riesige Käfige aus goldenen Drähten in den Höfen ihrer Häuser stehen und widmeten ihre ganze Freizeit den Versuchen, Verstand und Zuneigung ihrer Lieblinge auszubilden.

Die Kleidung war einfach, spärlich, eben nur eine Art losen- und leichtfließenden Gewandes, nicht unähnlich denen heute im Osten getragenen, außer, dass der alte Peruaner weniger weiß trug und mehr farbigen Stoffen zuneigte als der Durchschnittsindianer heute. Eine peruanische Volksmenge bei festlichen Gelegenheiten bot einen außerordentlich prächtigen Anblick, wie er seinesgleichen höchstens bei den Burmesen zu finden ist. Die Frauen legten der Regel nach Vorliebe für blaue Gewänder an den Tag, und zwar war ein Gewand dem sehr ähnlich, das mittelalterliche Maler für die Jungfrau Maria gewählt haben, am gebräuchlichsten zu der Zeit, von der wir berichten. Der Stoff war in der Regel Baumwolle, doch wurde auch die feine weiche Wolle des Lamas und des Kamelschafes verwendet. Ein sehr dauerhafter Stoff wurde aus den Fäden der „Magney" hergestellt, die auf eine Weise chemisch behandelt wurden, um sie zu solchem Zweck verwendbar zu machen.

Dem ganzen Volk war die Leichtigkeit in der Anwendung mechanischer Methoden des Schnellrechnens eigen, die so bezeichnend für die atlantische Rasse ist. Sie bedienten sich eines Rechenbrettes oder einer Rechenmaschine, die eine starke Ähnlichkeit mit der heute von den Japanern so geschickt benutzten, hatte. Sie stellten auch einen billigeren Ersaß dafür her mittelst einer Art Franse aus geknoteten Schnüren, vielleicht das Urbild des Quipus, den die Spanier Jahrtausende später in jenem Lande in Gebrauch fanden.

Beim Studium einer alten Zivilisation wie dieser springen so viele interessante Punkte hervor — Berührungspunkte oder Gegensätze mit dem Leben unserer Zeit — dass die Schwierigkeit mehr darin besteht, zu entscheiden zwischen dem, was man weglassen soll, indem man bemüht ist, einen Überblick darüber zu geben, oder dem was einbegriffen werden müsste. Wir sind außerstande unseren Lesern das Gefühl lebensvoller Wirklichkeit zu übermitteln, das für die unter uns, die es gesehen haben, alles in sich trägt, aber wir geben uns der Hoffnung hin, dass unsere Arbeit nicht ganz erfolglos gewesen ist und einigen wenigen diese längst vergangene Zeit wieder für einige kurze Augenblicke lebendig erstehen lassen konnte. Und möge man bedenken, dass wir selbst — viele von uns, die jetzt leben und in der Theosophischen Gesellschaft arbeiten — zu eben jener Zeit unter den Einwohnern des alten Peru geboren worden waren. Viele gute Freunde, die wir jetzt kennen und lieben, waren in jener so fernen Zeit ebenfalls Freunde oder Verwandte; sodass die Erinnerung an all das, was wir hier zu beschreiben versuchten, tief im Kausal-Körper vieler unserer Leser ruhen muss. Es ist durchaus nicht unmöglich, dass durch ruhiges Nachdenken über die Erzählung in einigen von ihnen jene Erinnerung sich allmählich wieder beleben wird. Sollte damit jemand Erfolg haben, so wird er erfahren, wie merkwürdig und interessant es ist, in jene längst vergangenen Leben zurückzublicken und zu erkennen, was wir seit der Zeit gewonnen und was wir zu erreichen verfehlt haben[1]).

Auf den ersten Blick hat es den Anschein, als ob in sehr wichtigen Beziehungen eher Rückschritt als Fortschritt zu verzeichnen sei. Das physische Leben mit allem, was dazu gehört, war damals zweifellos besser eingerichtet als jemals später, soviel uns bekannt ist. Die Gelegenheiten zu selbstloser Arbeit und Hingabe an die Pflicht, die der regierenden Klasse, den Beamten, geboten wurden, sind vielleicht niemals übertroffen worden. Ferner muss zugegeben werden, dass nichts von der Art eines geistigen Kampfes oder Anstrengung für die weniger gebildeten Klassen in Frage kam, obgleich es reich belohnt wurde, wenn es sich zeigte.

Zweifelsohne ist jetzt der Stand der öffentlichen Meinung kein so hoher, noch das Pflichtgefühl so stark wie damals. Der Vergleich aber ist eigentlich kaum angebracht. Wir sind noch eine verhältnismäßig junge Rasse, wogegen die von uns erforschte eine der herrlichsten Ausläufer einer Rasse war, die längst ihren Höhepunkt überschritten hatte. Unsere Unwissenheit ist Ursache, dass wir jetzt durch eine Zeit der Prüfungen, der Stürme und des Druckes gehen, aber aus all dem werden auch wir, wenn wir erst etwas mehr Vernunft entwickelt haben, in eine Zeit der Ruhe und des Erfolges übergeben; und wenn diese Zeit gekommen ist, sollte sie dem Entwicklungsgesetz zufolge noch einen höheren Stand erreichen denn jene der anderen.

Wir müssen bedenken, dass, so herrlich ihre Religion auch war, sie nichts besaßen, was Okkultismus genannt werden könnte, sie hatten keinen Begriff von dem großen System und Plane des Universums wie wir, denen es vergönnt ist, Theosophie zu studieren. Wenn unsere fünfte Wurzel-Rasse dieselbe Stufe ihres Daseins erreicht, können wir bestimmt hoffen, physische Zustände und Umgebungen so gut wie die ihrigen mit wahren philosophischen Lehren in Einklang zu bringen und mit einer höheren intellektuellen und spirituellen Entwicklung als es uns damals möglich war, da wir vor vierzehntausend Jahren einen Teil bildeten an jenem glänzenden alten Überrest atlantischer Zivilisation.

---

1) Siehe Anhang IV.

Kapitel XIII.
Zwei atlantische Zivilisationen.
Die Turanische im alten Chaldäa 19 000 v. Chr.

Eine andere alte Kultur, die in ihrer Art uns fast ebenso interessiert hat, wie die von Peru, war die, welche in dem Teil von Asien erblühte, der später Babylonien oder Chaldäa genannt wurde. Ein merkwürdiger Berührungspunkt ist diesen beiden großen Reichen eigen, dass nämlich jedes zur Zeit seines Verfalles, viele Jahrhunderte nach der ruhmreichen Blütezeit, zu welcher sie kennen zu lernen am lehrreichsten ist, von Völkern erobert wurde, welche auf der Leiter der Zivilisation viel tiefer standen als sie, trotzdem aber den Versuch machten, bürgerliche und religiöse Gebräuche der verlöschenden Rasse, die sie unterjocht hatten, soweit wie möglich anzunehmen. Gerade so wie das von Pizarro entdeckte Peru fast in jeder Beziehung nur ein blasses Abbild des älteren Peru ist, das zu beschreiben wir versucht haben, so ist das dem archäologischen Forscher bekannte Babylonien in mancher Hinsicht ein degenerierter Abglanz eines früheren und größeren Reiches.

In mancher Hinsicht, vielleicht aber nicht in jeder. Es ist möglich, dass das spätere Königreich auf der Höhe seines Ruhmes seinen Vorgänger an militärischer Macht, an Ausdehnung seines Gebietes oder seines Handels übertraf. An einfacher Lebensführung, ernster Hingabe an die Lehren der außergewöhnlichen Religion, der sie folgten, und an wirklichen, Kenntnissen der Kräfte der Natur gebührt ohne Zweifel der älteren Rasse der Vorrang.

Schwerlich kann es wohl einen größeren Gegensatz zwischen zwei Ländern geben, als wir ihn zwischen Peru und Babylonien sehen. In ersterem war das auffallende Regierungssystem das bedeutendste Merkmal und die Religion spielte nur eine verhältnismäßig kleine Rolle im Leben des Volkes — ja, die bürgerliche Mitarbeit der Priester als Erzieher, als Ärzte und als Beamte des umfassenden Versorgungssystems für das Alter schweben dem geistigen Auge viel mehr vor als ihre gelegentliche Priestertätigkeit oder Predigten und Lobpreisungen bei den Gottesdiensten im Tempel. In Chaldäa andrerseits war die Regierungsform in keiner Weise außergewöhnlich. Dort war die Hauptsache im Leben emphathisch Religion, denn nichts wurde unternommen, ohne es besonders in Beziehung zu ihr zu bringen. Ja, die Religion jener Menschen durchdrang und beherrschte ihr Leben bis zu einem Grade, der vielleicht nur unter den Brahmanen Indiens seinesgleichen findet.

Erinnern wir uns, dass in Peru der religiöse Kultus in einer einfachen aber außerordentlich schönen Form der Sonnenverehrung bestand, oder vielmehr in einer Verehrung des Geistes der Sonne. Sie bestand aus wenigen und klaren Lehren und ihr Hauptmerkmal war, ihr alles durchdringender Geist des Frohsinns. In Chaldäa war der Glaube ernster und mystischer und das Ritual viel verwickelter. Dort wurde nicht nur die Sonne verehrt, sondern alle himmlischen Heerscharen, so dass die Religion tatsächlich ein äußerst und bis ins Einzelne ausgearbeitetes System der Verehrung und Anbetung der großen Sternen-Engel war, welches als praktischer Wegweiser für das tägliche Leben ein umfassendes und sorgfältig ausgeführtes System der Astrologie enthielt.

Verschieben wir noch einen Augenblick die Beschreibung ihrer prächtigen Tempel, ihres glänzenden Rituals, und betrachten wir zunächst die Beziehungen dieser seltsamen Religion zum Leben des Volkes. Um ihren Einfluss, ihre Wirkung zu begreifen, müssen wir zuerst versuchen, ihren Begriff von Astrologie zu verstehen, und ich denke, im großen Ganzen werden wir sie als eine äußerst verständige Auffassung bezeichnen können, eine Auffassung, die heutzutage mit großem Gewinn von den Bekennern und Ausübenden dieser Kunst angenommen werden könnte.

In jenen frühen Zeiten, von denen wir jetzt reden, wurde natürlich niemals von Priestern oder Lehrern der Gedanke vertreten und sogar, soweit wir es verfolgen konnten, nicht einmal von den Unwissendsten aus dem Volke, dass der physische Planet selbst irgendwelchen Einfluss auf die menschlichen Geschicke habe.

Die den Priestern mitgeteilte Theorie war eine aufs höchste ausgearbeitete mathematische, wahrscheinlich in ununterbrochener Überlieferung von früheren Lehrern übernommene, welche direktes Wissen und Kenntnisse aus erster Hand über die großen Tatsachen der Natur besaßen. Der Grundgedanke ihres Systems ist nicht schwer zu begreifen, aber in unseren drei Dimensionen scheint es unmöglich zu sein, irgendeine mathematische Figur zu konstruieren, die in allen Einzelheiten den Anforderungen ihrer Hypothese genügen würde — wenigstens mit dem uns heute zu Gebote stehendem Wissen.

Das ganze Sonnensystem in seiner weiten Zusammensetzung

wurde damals einfach als ein einziges großes Wesen betrachtet und all seine Teile als Teilausdrücke von Ihm. All seine physischen Bestandteile — die Sonne mit ihrem wundervollen Hofstaat von Gestirnen, alle Planeten mit ihren Trabanten, ihren Ozeanen, ihren Atmosphären und den verschiedenen sie umgebenden Ätherarten — bildeten zusammen Reinen physischen Körper, waren die Ausdrucksform oder sichtbare Offenbarung von Ihm auf dem physischen Plane. Ebenso bildeten alle astralen Welten zusammen seinen Astral-Körper (nicht nur die zu diesen physischen Planeten gehörenden astralen Sphären, sondern auch die rein astralen Planeten aller Ketten des Systems — wie zum Beispiel die der Planeten B und F unsrer eignen Kette) und die Welten der Mentalebene alle zusammen waren sein Mental-Körper — das Vehikel, mittels dessen er sich auf jener besonderen Ebene offenbarte.

So weit ist die Idee klar und entspricht genau dem, was uns selbst in Bezug auf den großen Logos unsres Systems gelehrt worden ist[1]). Nehmen wir nun an, dass in diesen seinen „Körpern" auf ihren verschiedenen Ebenen gewisse verschiedene Klassen oder Typen von ziemlich gleichmäßig über das ganze System verteilter Materie sei. Diese Typen entsprechen durchaus nicht unsrer gewöhnlichen Einteilung in Unterebenen — eine Einteilung, die gemäß des Grades der Dichtigkeit der Materie gemacht worden ist, sodass wir in der physischen Welt z. B. die festen, flüssigen, gasförmigen und ätherischen Aggregatzustände der Materie erhalten. Sie bilden im Gegenteil eine ganz verschiedene Serie von Quer-Einteilungen, deren jede Materie all dieser verschiedenen Zustände enthält, sodass — wenn wir die verschiedenen Typen durch Zahlen bezeichnen — wir feste, flüssige, gasförmige Materie vom ersten Typus, feste, flüssige und gasförmige Materie vom zweiten Typus und so fort erhalten.

Das ist auf allen Ebenen der Fall, um der Klarheit willen jedoch wollen wir für den Augenblick unsre Gedanken nur auf eine Ebene beschränken. Vielleicht ist der Gedankengang in Beziehung zum Astralen am leichtesten zu verfolgen. Es ist oft erklärt worden, dass im Astral-Körper eines Menschen Materie von jeder Unterebene zu fin-

---

1) Wir dürfen in der Tat ohne weiteres sagen, dass die chaldäische Theorie über diesen Gegenstand wirklich die war, die von vielen Theosophen der Gegenwart vertreten wird. Mr. C. W. Leadbeater hat in: „Ein Textbuch der Theosophie" und „Die verborgene Seite der Dinge" als Ergebnis seiner eigenen Forschungen, eine Aussage gemacht über planetarische Einflüsse, welche in jeder Beziehung mit dem vor tausenden von Jahren gehegten Glauben der chaldäischen Priester übereinstimmt (nämlich als Ergebnis ähnlicher Forschungen).

den ist, und dass das Verhältnis zwischen den dichteren und feineren Arten uns anzeigt, inwieweit dieser Körper imstande ist, auf gröberes oder feineres Begehren einzugehen, und somit in gewissem Maße den Grad bezeichnet, bis zu dem er selbst sich entwickelt hat. Desgleichen befindet sich in jedem Astral-Körper Materie dieser Typen oder Quer-Einteilungen, und in diesem Falle zeigt das Verhältnis zwischen ihnen die Disposition, die Veranlagung des Menschen an, ob er erregbar oder heiter, sanguinisch oder phlegmatisch, geduldig oder reizbar ist, usw.

Die Theorie der Chaldäer war die, dass jeder dieser Typen von Materie im Astral-Körper des Logos und insbesondere die durch jeden Typus wirkende Masse der Elementaressenz bis zu einem gewissen Grade ein getrenntes Vehikel — fast eine Entität, ein Wesen für sich sei — mit seinen eigenen besonderen Neigungen und Anziehungen und imstande, unter Einflüssen zu schwingen, die möglicherweise keine Antwort von den anderen Typen hervorrufen könnte. Die Typen sind untereinander verschieden, weil die sie zusammensetzende Materie ursprünglich aus verschiedenen Zentren des Logos hervorging und die Materie von jedem Typus noch in engstem Zusammenhang mit dem zu ihm gehörenden Zentrum steht, sodass die geringste Veränderung irgendwelcher Art in dem Zustand jenes Zentrums augenblicklich auf eine oder die andere Weise in der gesamten Materie des entsprechenden Typus reflektiert wird.

Da jeder Mensch Materie all dieser Typen in sich hat, so muss offenbar jede Veränderung in, oder Betätigung von einem dieser großen Zentren in gewissem Maße alle Wesen in dem System beeinflussen. Der Grad, bis zu welchem der Einzelne so beeinflusst wird, hängt von dem Verhältnis des Typus der beeinflussten Materie ab, die er gerade in seinem Astral-Körper hat. Dies heißt, wir begegnen ebenso wohl verschiedenen Typen von Menschen als von Materie, und vermöge ihrer Beschaffenheit und der Zusammensetzung ihrer Astral-Körper sind einige empfindlich für diesen Einfluss, andere für jenen.

Wenn man das ganze Sonnensystem von genügend hoher Warte aus betrachtet, scheint es aus diesen großen Zentren zu bestehen, deren jedes von einer gewaltigen Sphäre von Einflüssen umgeben ist, von einer Sphäre, die die Grenze bezeichnet, innerhalb welcher die Kraft, die durch die Zentren ausströmt, besonders tätig ist. Jedes dieser Zentren hat eine ihm eigene Art geordneter, periodischer Veränderungen oder Bewegungen, die vielleicht auf einer unendlich viel höheren Ebene dem regelmäßigen Schlag des physischen Herzens des

Menschen entsprechen. Da jedoch einiger dieser periodischen Veränderungen viel schneller vor sich gehen als andere, wird eine Reihe seltsamer und verwickelter Wirkungen hervorgebracht, und man hat beobachtet, dass die Bewegung der physischen Planeten zu jedem gegebenen Zeitpunkt in ihren Beziehungen untereinander einen Schlüssel für die Anordnung dieser großen Sphären liefert. In Chaldäa war man der Ansicht, dass bei der allmählichen Verdichtung der glühenden Urnebelmasse, aus der das System sich bildete, die Stellung der physischen Planeten bestimmt wurde durch Bildung von Wirbeln an gewissen Schnittpunkten dieser Sphären.

Die zu diesen Sphären gehörenden Einflüsse sind in Bezug auf Qualität sehr verschieden und dieser Unterschied zeigt sich zum Beispiel in ihrer Betätigung und Wirkung auf die sowohl im Menschen selbst vorhandene, als auf die ihn umgebende Elementaressenz. Vergessen wir nicht, dass vorausgesetzt wird, diese Wirkung fände auf a l l e n Ebenen statt, nicht nur auf der astralen, obgleich wir gerade jetzt der Einfachheit halber unsere Aufmerksamkeit auf diese richten. Die Einflüsse mögen oder müssen vielmehr andere und wichtigere, uns heute noch unbekannte Richtungen der Wirksamkeit und Betätigung haben. Soviel jedoch drängt sich dem Beobachter unfehlbar auf, dass jede solche Sphäre ihre eigene, besondere Wirkung auf die mannigfachen Arten und Varianten der Elementaressenz hervorbringt.

Eine zum Beispiel regt Tätigkeit und Lebenskraft solcher Arten von Essenz sehr an, die besonders zu dem Mittelpunkt des Zentrums, aus dem sie hervorging, gehören, während sie offenbar andere kennt, andere regelt. Der Einfluss einer anderen Sphäre wiederum ist stark auf eine ganz andere Gruppe von Essenzen, die zu ihrem Zentrum gehören, während sie allem Anschein nach die vorhergehende Gruppe nicht im Geringsten beeinflusst. Es gibt allerlei Sorten von Zusammensetzungen, Durchdringungen und Umwandlungen dieser Einflüsse, da die Tätigkeit einer derselben in einigen Fällen außerordentlich gesteigert und in anderen durch die Anwesenheit einer anderen fast neutralisiert wird.

Hier wird man unfehlbar fragen, ob unsere chaldäischen Priester Fatalisten waren — ob, nachdem sie die genaue Wirkung dieser Einflüsse auf die verschiedenen Typen menschlicher Wesen ausgerechnet hatten, nun glaubten, dass diese Folgen unabwendbar und unvermeidlich wären und der Wille des Menschen, ihnen zu widerstehen, keine Macht hätte. Ihre Antwort auf diese Fragen war stets höchst nachdrücklich: diese Einflüsse besitzen ganz gewiss keine. Macht, des Menschen Wille in geringstem Maße zu beherrschen; alles, was sie tun können, ist, in einigen Fällen es jenem Willen zu erleichtern oder zu erschweren, nach gewisser Richtung hin zu handeln. Da Astral- und Mental-Körper des Menschen tatsächlich aus dieser lebenden und belebten Materie bestehen, die wir jetzt Elementaressenz nennen, so muss eine ungewöhnliche Erregung einer der Klassen jener Essenz oder eine plötzliche Zunahme seiner Tätigkeit ganz unzweifelhaft einigermaßen entweder seine Gefühle oder seinen Intellekt oder beides beeinflussen. Offenbar müssen diese Einflüsse also auf verschiedene Menschen verschieden wirken, eben wegen der Verschiedenheiten der Essenz, die bei ihrer Zusammensetzung mitsprechen.

Jedoch wurde sehr überzeugend festgestellt, dass in keinem Falle der Mensch durch dieselben wider seinen Willen nach irgendeiner Richtung in seiner Handlungsweise fortgerissen werden könne, obgleich er augenscheinlich von ihnen bei jeder Anstrengung, die er gerade macht, unterstützt oder gehindert zu werden vermag. Die Priester lehrten, dass der wirklich Starke bezüglich der Einflüsse, die in seinem Aszendenten stehen mochten, wenig Ursache habe, sich zu sorgen, dass es aber für jeden Durchschnittsmenschen der Regel nach der Mühe wert sei, zu wissen, in welchem Augenblick diese oder jene Kraft am vorteilhaftesten angewandt werden könne.

Sie erklärten daher sorgfältig, dass diese Einflüsse an und für sich weder besser oder schlechter seien als irgendwelche Kräfte der Natur, wie wir heute sagen würden. Wie Elektrizität oder eine andere große Naturkraft können sie fördern oder verleben, je nach der Anwendung, die man von ihnen macht. Und genau so, wie wir sagen würden, dass gewisse Experimente höchst wahrscheinlich gelingen würden, wenn man sie unternimmt, während die Luft stark mit Elektrizität geladen ist, während gewisse andere unter solchen Voraussetzungen wahrscheinlich misslingen würden, so sagten sie, dass ein Versuch, der die Aufwendung von Kräften unserer Mental- oder Gefühlsnatur bedingt, langsamer oder schneller seinen Zweck erreichen wird, gemäß den Einflüssen, welche herrschen, während er gemacht wird.

Man wusste deshalb auch stets, dass diese Faktoren als eine „q u a n t i t é n é g l i g e a b l e" beiseite gesetzt werden könnten, und zwar von dem Menschen mit eisernem Willen, fester Entschlossenheit oder auch vom Schüler des wahren Okkultismus. Da jedoch die Mehrheit des Menschengeschlechts sich noch gestattet, die hilflose Beute der Kräfte, der Wünsche und des Begehrens zu sein und noch nichts entwickelt hat, was wert wäre, eigener Wille genannt zu werden, war man der Ansicht, dass ihre Schwäche es zuließ, dass diese

Einflüsse eine Wichtigkeit annähmen, auf die sie eigentlich kein Recht hätten.

Die Tatsache, dass ein besonderer Einfluss im Spiele ist, kann niemals die N o t w e n d i g k e i t bedingen, dass ein Ereignis eintreten müsse, aber die M ö g l i c h k e i t wird wahrscheinlicher, dass es eintritt. Beispielsweise mittels ein es Einflusses des Mars, wie man in der modernen Astrologie sich ausdrückt, werden gewisse Schwingungen der Astralessenz hervorgerufen, die der Richtung von Leidenschaften zuneigen. So könnte man mit Sicherheit von einem Menschen, der von Natur Neigungen leidenschaftlicher und sinnlicher Art hätte, voraussagen, dass, wenn jener Einfluss vorwiegend in Tätigkeit ist, er wahrscheinlich ein mit Leidenschaft und Sinnlichkeit in Zusammenhang stehendes Vergehen auf sich laden werde. Er ist nicht im Geringsten zu solch einem Vergehen g e z w u n g e n, nur weil ein Umstand in Erscheinung tritt, welcher es ihm erschwert, sein Gleichgewicht zu bewahren. Denn die Einwirkung auf ihn ist von zweifacher Art, nicht allein wird die Essenz i n i h m zu größerer Betätigung aufgeregt, sondern die entsprechende Materie der Ebene außerhalb wird ebenfalls in schnellere Bewegung versetzt, und das wirkt wieder auf ihn zurück.

Ein oft angeführtes Beispiel war folgendes: Eine gewisse Art von Einflüssen kann gelegentlich einen Stand der Dinge herbeiführen, in welchem alle Arten nervöser Erregbarkeit erheblich gesteigert sind und folglich ein Gefühl allgemeiner Reizbarkeit in der Luft liegt. Unter solchen Umständen entstehen Streitigkeiten viel leichter als gewöhnlich, selbst aus den geringfügigsten Anlässen, und die große Masse des Volkes, die Menschen, die sich so leicht vergessen oder sich gehen lassen, verlieren dann jede Selbstbeherrschung, selbst bei noch geringeren Veranlassungen und Provokationen als gewöhnlich.

Es könnte sich sogar ereignen, sagte man, dass solche Einflüsse, wenn sie über glimmender Unzufriedenheit unwissender Eifersucht spielen, sie diese zu einem Ausbruch allgemeiner Raserei anzufachen imstande wären, woraus wiederum weit reichendes Unheil entstehen könne. Offenbar ist diese vor Jahrtausenden gegebene Warnung heute nicht weniger überflüssig, denn gerade auf solche Weise wurden die Pariser im Jahre 1870 dazu erregt, in den Straßen herumzurasen und zu schreien: „Auf nach Berlin", und genau ebenso ist manches Mal der teuflische Schrei: „Din, Din" entstanden, der so leicht den tollen Fanatismus einer unzivilisierten, mohammedanischen Menge erregt.

Die Astrologie dieser Priester Chaldäas war daher hauptsächlich der Berechnung der Stellung und Wirkung dieser Einfluss-Sphären zugewandt, sodass ihre Hauptaufgabe und -arbeit mehr darin bestand, eine Richtschnur fürs Leben zu geben, als die Zukunft vorauszusagen; oder aber derartige Prophezeiungen, die sie etwa verlauten ließen, bezogen sich mehr auf Tendenzen als auf bestimmte Ereignisse, während die heutige Astrologie sich hauptsächlich Prophezeiungen letzterer Art zu widmen scheint.

Immerhin kann kein Zweifel darüber bestehen, dass die Chaldäer darin recht hatten, die Willenskraft und Macht des Menschen zu bestärken, um sein von seinem Karma vorgezeichnetes Geschick zu modifizieren. Karma kann den Menschen in gewisse Umgebungen verschlagen oder unter gewisse Einflüsse bringen, niemals aber kann es ihn zwingen, ein Verbrechen zu begehen, obgleich es ihn so festlegen kann, dass es großer Willenskraft seinerseits bedarf, um jenes Verbrechen nicht zu begehen. Deshalb scheint uns damals wie jetzt die Aufgabe der Astrologie zu sein, dem Menschen von den Umständen voraus Kunde zu geben, unter denen er sich zu einer gegebenen Zeit befinden wird. Ein bestimmtes Voraussagen seiner- Handlungsweise unter jenen Umständen kann theoretisch nur auf Wahrscheinlichkeiten fußen — selbst wenn wir voll und ganz anerkennen, wie leicht, im Falle des gewöhnlichen willenlosen Durchschnittsmenschen, diese Möglichkeiten Gewissheiten werden.

Die Berechnungen dieser Priester der alten Zeit ermöglichten es ihnen, jedes Jahr eine Art offiziellen Kalenders zusammenzustellen, der einem großen Teil des Volkes das ganze Leben regelte. Sie bestimmten die Zeiten, zu welchen alle landwirtschaftlichen Arbeiten am besten in Angriff genommen werden konnten. Sie verkündeten den richtigen Augenblick zur Züchtung von Tieren und Pflanzen. Sie waren die Ärzte und Lehrer des Volkes und wussten genau, unter welchem Zusammenstehen von Einflüssen ihre verschiedenen Heilmittel am zweckmäßigsten angewendet werden konnten.

Sie teilten ihre Anhänger in Klassen und wiesen jedem, wie wir heute sagen würden, seinen über ihm herrschenden Planeten an, und ihre Kalender waren voller Warnungen und Ratschläge an diese verschiedenen Klassen; so z. B: „Am siebenten Tage mögen die Marsverehrer besonders auf der Hut sein vor grundloser Reizbarkeit"; oder: „Vom zwölften bis zum fünfzehnten besteht große Gefahr in Bezug auf Übereilungen in Liebesangelegenheiten, besonders für Venusverehrer", usw. Dass diese Warnungen für die Masse ihres Volkes von großem Nutzen waren, ist zweifellos, wie sonderbar ein so ausgearbeitetes System von Vorhersehungen und Vorsehungen gegen kleinere Vorkommnisse uns heutzutage auch erscheinen mag.

Aus dieser eigenartigen Einteilung des Volkes nach den Planeten entsprechenden Typen, die den Stand des Zentrums des Einflusses anzeigte, für welchen sie am empfänglichsten waren, entsprang eine gleichfalls sehr merkwürdige Einrichtung, sowohl der öffentlichen Gottesdienste als der häuslichen Andachtsübungen der Gläubigen. Gewisse tägliche, nach der scheinbaren Bewegung der Sonne geregelte Gebetstunden wurden von allen gleicherweise beobachtet; bei Sonnenaufgang, Mittags und bei Sonnenuntergang wurden in den Tempeln seitens der Priester gewisse Hymnen oder Verse gesungen, und die religiöser Gesinnten machten es sich zur Pflicht, diesen kurzen Gottesdiensten regelmäßig beizuwohnen, während alle, die nicht dabei sein konnten, all diese Stunden durch Hersagen einiger frommer Sprüche oder Lobgebete und -lieder beobachteten.

Außer diesen Beobachtungen, die allen gemeinsam gewesen zu sein scheinen, sollte jeder Einzelne seine eignen Gebete der besonderen Gottheit darbringen, mit welcher er durch seine Geburt verbunden war; und die geeignete Zeit dafür wechselte beständig mit der Bewegung seines Planeten. Der Augenblick, in dem dieser durch den Meridian ging, scheint für den günstigsten gehalten worden zu sein und nächst dem die wenigen Minuten unmittelbar nach seinem Aufgang oder vor seinem Untergang. Man konnte ihn jedoch zu jeder beliebigen Zeit anrufen, solange er über dem Horizont stand; ja, selbst wenn er unter ihm stand, war die Gottheit des Planeten nicht unerreichbar, obgleich sie in diesem Falle nur in großer Not angefleht wurde und das dabei geübte Zeremonial dann ganz anders war.

Die verschiedenen von den Priestern für die Verehrenden jeder dieser Planetar-Gottheiten verfassten Kalender enthielten alle Einzelheiten über die geeigneten Stunden zum Gebet und die angemessenen Verse. Für jeden Planeten war eine Art periodischen Gebetbuches herausgegeben, und jeder, der dem betreffenden Planeten zugehörte, trug Sorge, sich mit einem Exemplar desselben zu versehen. Diese Kalender waren in der Tat aber mehr als bloße Mahner an die Stunden des Gebetes, sie waren unter besonderen Sternkonstellationen verfasst (jeder unter dem Einfluss seiner eigenen Gottheit) und verschiedene talismanartige Eigenschaften wurden ihnen zugeschrieben, so dass der Verehrer jedes Planeten stets seinen letzten Kalender bei sich führte.

Daraus folgte, dass im alten Chaldäa der Religiösgesinnte keine regelmäßigen Stunden zum Gebet oder Gottesdienst hatte, die Tag für Tag dieselben waren, wie es heute der Fall wäre, sondern stattdessen war seine Zeit zu den Meditationen und religiösen Andachten beweglich und fiel manchmal auf den Morgen, manchmal auf den Mittag, manchmal auf den Abend oder auch auf Mitternacht Auf welche Zeit aber auch die Stunde fallen mochte, versäumte er nie, sie zu beobachten, wie ungelegen sie ihm auch bei Arbeit, Vergnügen oder Ruhe liegen mochte, würde er es als schwere Pflichtverletzung angesehen haben, wenn er aus Nützlichkeits- oder Bequemlichkeitsgründen versäumt hätte, ihrer wahrzunehmen. Soviel wir sehen können, dachte er durchaus nicht, dass der Geist des Planeten es irgendwie übel vermerkte, falls er die Stunde versäumte, oder dass es für einen solchen Geist überhaupt möglich wäre, zornig zu werden. Der Sinn war vielmehr der, dass in jedem Augenblick die Gottheit Segen ausstrahlte und dass es nicht nur töricht, sondern undankbar wäre, die so gütig gewährte Gelegenheit zu versäumen.

Dies waren jedoch nur die Privatandachtsübungen des Volkes; außerdem aber gab es große und glänzende öffentliche Feiern. Jedem Planeten waren mindestens zwei große Festtage im Jahre gewidmet, und der Sonne und dem Monde waren noch mehr als zwei geweiht. Jeder Planeten-Geist hatte seine Tempel in jedem Teil des Landes, und bei gewöhnlichen Gelegenheiten begnügten sich seine Anbeter mit häufigen Besuchen des nächsten. Bei den größeren, bereits angedeuteten Festen aber versammelten sich ungeheure Menschenmassen auf einer weiten Ebene in der Nähe ihrer Hauptstadt, wo eine Gruppe prachtvoller, ganz einzigartiger Tempel stand.

Diese Gebäude waren an sich der Aufmerksamkeit wert als schöne Beispiele einer prähistorischen Architektur und Bauart. Das größte Interesse an ihnen gewährte die Tatsache, dass die Anordnung dieser Tempel offenbar das Sonnensystem zur Darstellung bringen sollte und dass, sofern man das Prinzip dieser Anordnung verstand, dieses zweifellos ansehnliche Kenntnisse über den Gegenstand seitens der Erbauer bekundete. Der bei weitem größte und herrlichste war der gewaltige Tempel der Sonne, den etwas näher zu beschreiben sich sogleich als notwendig erweisen wird. Die anderen, in allmählich zunehmender Entfernung von diesem errichtet, könnten auf den ersten Blick einfach nach Gutdünken an der Stelle aufgeführt erscheinen und nicht nach einem regelrechten Plan.

Nähere Prüfung jedoch zeigte, dass ein Plan zugrunde lag, und zwar merkwürdig genug — dass nämlich nicht allein die allmählich zunehmenden Entfernungen dieser kleineren Tempel vom Haupttempel in einem bestimmten Verhältnis standen und eine bestimmte Bedeutung hatten, sondern auch, dass die relativen Dimensionen gewisser wichtiger Teile dieser Tempel nicht zufällig waren, denn sie bezeichneten sinnbildlich die entsprechenden Größen der Planeten und ihre Entfernungen von der Sonne. Darnach muss es jedem, der etwas von Astronomie versteht, klar sein, dass ein Versuch, ein Modell des Sonnensystems in Tempeln ausgedrückt, nach den Entfernungen zu schaffen, von vornherein als verfehlt verurteilt werden müsse — das heißt, wenn die Tempel in der üblichen Weise der Andacht dienen sollten. Der Unterschied der Größe zwischen der Sonne und den kleineren Gliedern ihrer Familie ist so unendlich groß und die Entfernungen zwischen ihnen so enorm, dass, sofern die Gebäude nicht bloße Puppenhäuser wären, kein Land groß genug wäre, um das gesamte System zu bergen.

Wie gelang es also dem chaldäischen Weisen, der diese wunderbare Gruppe von Tempeln entwarf, diese Schwierigkeiten zu überwinden? Genau auf eben die Weise, wie es heute bei den Abbildungen unserer modernen Bücher über Astronomie geschieht — indem sie zwei ganz verschiedene Maßstäbe benutzten, aber die relativen Proportionen in der Darstellung eines jeden beibehielten. Nichts an diesen wundervollen Monumenten alter Kunst beweist uns, dass der Entwerfer derselben die absoluten Größen und Entfernungen der Planeten überhaupt kannte, obgleich es natürlich m ö g l i c h war. Gewiss ist, dass ihre r e l a t i v e n Größen und Entfernungen ihm vollkommen bekannt waren. Er hatte entweder Bodes Gesetz erfahren oder es selbst entdeckt; wie viel weiter sein Wissen sich erstreckte, bleibt uns nach seinen Bauten zu vermuten, außer der Gewissheit, dass er bestimmt einigermaßen über die planetarischen Größen unterrichtet gewesen sein muss, wenngleich seine Berechnung derselben in mancher Hinsicht von der jetzt angenommenen abweicht.

Die den inneren Planeten geweihten heiligen Stätten bildeten eine Art unregelmäßiger Gruppen, die ganz dicht unter den Mauern des großen Sonnentempels zu sein schienen, während die der riesengroßen äußeren Glieder der Sonnenfamilie in ständig wachsenden Entfernungen über die Ebene verstreut waren, bis der Repräsentant des fernen Neptun sich in der Ferne fast verlor. Die Gebäude waren nach verschiedenartigen Entwürfen erbaut und es unterliegt keinem Zweifel, dass jede Variation ihre besondere Bedeutung hatte, selbst wenn wir in vielen Fällen sie nicht zu entdecken vermochten. Eine Eigenheit war allen gemeinsam, jedes hatte in der Mitte eine halbkugelförmige Kuppel, die augenscheinlich ein besonderes Verhältnis zu der Weltkugel, welche sie versinnbildlichte, ausdrücken sollte.

All diese Halbkugeln waren von lebhafter Farbe und jede hatte den Ton, welcher, chaldäischer Überlieferung nach, mit dem betreffenden Planeten übereinstimmte. Das Prinzip, nach welchem diese Farben gewählt waren, ist daraus nicht klar, aber wir werden später darauf zurückkommen müssen, wenn wir die großen Festgottesdienste untersuchen. Diese Kuppeln standen keineswegs immer in demselben Verhältnis zu den Dimensionen ihrer entsprechenden Tempel, wenn man sie aber miteinander verglich, fand man, dass sie genau den Größen der Planeten, die sie versinnbildlichten, entsprachen. In Bezug auf Merkur, Venus, den Mond und Mars stimmen die chaldäischen Maße der relativen Größen genau mit den unsrigen überein; Jupiter, Saturn, Uranus und Neptun aber, obgleich sehr viel größer als die innere Gruppe, waren doch entschieden kleiner, als sie hätten sein müssen, wenn sie nach demselben Maßstabe der Berechnungen, die wir in unsrer Zeit anwenden, konstruiert worden waren.

Dies mag an der Verwendung eines andren Maßstabes für diese riesigen Globen gelegen haben, aber es scheint uns viel wahrscheinlicher, dass die chaldäischen Proportionen richtig waren und wir in der modernen Astronomie die Größe der äußeren Planeten beträchtlich überschätzt haben. Es ist jetzt fast erwiesen, dass die Oberfläche, die wir an Jupiter oder Saturn wahrnehmen, die einer dicken, dichten Nebelhülle ist und gar nicht die des Körpers des Planeten selbst. Wenn das der Fall ist, so wäre die chaldäische Darstellung dieser Globen ebenso genau wie der übrige Teil ihres Planes. Ein andrer Punkt zugunsten dieser Vermutung wäre, falls jener angenommen würde, dass die außerordentlich geringe Dichtigkeit, die gewöhnlich seitens unsrer Astronomen den äußeren Planeten zugeschrieben wird, besser in Übereinstimmung mit derjenigen der anderen Welten innerhalb unserer Erreichbarkeit gebracht werden würde.

Verschiedene seltsame Einzelheiten vereinigten sich, um das gründliche Verständnis des Systems, welches der Erfinder dieser schönen heiligen Stätten besessen haben muss, zu beweisen. Vulkan, der intermerkuriale Planet, war richtig dargestellt und an der Stelle im System, die unsre Erde hätte einnehmen sollen, befand sich der Tempel des Mondes, ein großer Tempel, obgleich die ihn krönende Halbkugel unverhältnismäßig klein schien, da sie genau in demselben Maßstabe wie die übrigen konstruiert war. Dicht bei diesem Mond-Tempel erhob sich eine allein stehende säulengetragene Kuppel aus schwarzem Marmor, die ihrer Größe nach, offenbar die Erde darzustellen, beabsichtigt war, kein Tabernakel irgendwelcher Art gehörte zu ihr.

In dem Raume (ganz genau ausgerechnet) zwischen Mars und Jupiter war kein Tempel, sondern eine Anzahl Säulen, jede in einer winzigen Kuppel von der üblichen halbkreisförmigen Form endend. Diese sollten die Asteroiden vorstellen, wie wir annahmen. Bei jedem Planeten, der Trabanten besitzt, waren diese sorgfältig angegeben, und zwar durch Nebenkuppeln, im richtigen Verhältnis um die Hauptplaneten gruppiert, ebenso wurden die Ringe des Saturn deutlich angegeben.

An den Hauptfesten jedes Planeten trugen alle der entsprechenden Gottheit Geweihten (d. h. die unter jenem Planeten Geborenen, wie man heute sagen wurde) über oder an Stelle ihres gewöhnlichen Gewandes einen Mantel oder Überwurf von der Farbe, die man als dem Planeten heilig betrachtete. Diese Farben waren alle außerordentlich leuchtend und der Stoff selbst hatte einen seidenartigen Glanz, sodass die Wirkung gewöhnlich außerordentlich war, besonders da vielen Farben eine andere unterlegt war und sozusagen wie verschiedenfarbig durchwobene Seide wirkte. Eine Beschreibung dieser Farbenzusammenstellungen wird interessieren, obgleich, wie bereits bemerkt, der Grund für die Wahl derselben nicht immer ersichtlich ist.

Die, welche der Sonne folgten, trugen ein Gewand von schönem, zartem, ganz von Goldfäden durchwobenen Seidenstoff, sodass es wie ein Kleid aus echtem Gold aussah. Aber Goldstoff von heute ist ein dickes, unschmiegsames Gewebe, während jenes so weich und fließend war, dass es wie Musselin gefaltet werden konnte.

Die Farbe Vulkans war die Flammenfarbe, auffallend, prächtig, vornehm und sollte möglicherweise die außerordentliche Sonnennähe des Vulkan andeuten, sowie den physisch feurigen Zustand, der auf ihm herrschen muss.

Merkur wurde durch ein leuchtendes mit zitronenfarbigen Fäden durchschossenes Orange versinnbildlicht, oft in der Aura seiner Anhänger ebenso wie in ihren Gewändern gesehene Schattierungen. Wenn indessen in einigen Fällen die vorherrschende Farbe in der Aura eine mögliche Erklärung für diese Wahl geben könnte, so würde diese auf andere schwerlich zutreffen.

Die Anhänger der Venus erschienen in einem reizenden reinen himmelblau mit einem unterliegenden lichtgrünen Faden, der dem ganzen eine schillernde, zitternde regenbogenartige Wirkung verlieh, sobald der Träger des Gewandes sich bewegte.

Die Gewänder für den Mond waren natürlich aus weißem Stoff, aber so mit Silberfäden durchwoben, dass sie tatsächlich silbern genannt werden konnten, sowie die der Sonne golden. Doch zeigte dieses Mondgewand bei gewisser Beleuchtung wunderbar blass-violette

Töne, die den Effekt sehr erhöhten.

Mars kleidete seine Anhänger angemessenerweise in herrlich leuchtenden Scharlach, aber mit einem Karminton darunter, welcher von gewissen Seiten aus gesehen, ganz durchschien. Diese Farbe war ganz unverkennbar und unterschied sich durchaus von der des Vulkan und des Merkur. Die Anregung zu dieser Farbe mag wohl die Folge aurischer Erscheinungen oder des rötlichen Scheines des physischen Planeten gewesen sein. Jupiter kleidete seine Kinder in einen wundervoll strahlenden blau-violetten Stoff, über und über mit winzigen silbernen Pünktchen besät. Man findet nicht leicht einen Grund hierfür, er sei denn wiederum aurischen Ideen-Verbindungen zuzuschreiben gewesen.

Saturns Anhänger trugen Gewänder von lichtem Sonnenuntergang — grün mit perlgrauen Tönen darunter, während die unter Uranus Geborenen in Tiefsattblau gekleidet waren — jener unvorstellbaren Farbe des Süd-Atlantischen Ozeans, die niemand kennt, der sie nicht gesehen hat. Das Gewand der Neptun Zugeeigneten war das am wenigsten auffallende, denn es bestand aus einfach aussehendem dunklem Indigoblau, aber in vollstem Licht gesehen, entfaltete auch dieses unerwarteten reichen Glanz.

An den Hauptfesten jedes dieser Planeten erschienen dessen Anhänger in vollem Schmuck der Gewänder und begaben sich in feierlichem Zuge nach ihrem blumengeschmückten Tempel, trugen Banner und vergoldete Stäbe und erfüllten die Luft mit hellem Gesang. Die größte Pracht aber wurde an einem der großen Feste zu Ehren des Sonnen-Gottes entfaltet, wenn das Volk zusammenkam, jeder in das prachtvolle Gewand seiner Schutz-Gottheit gekleidet und die ganze riesige Menge den feierlichen Umzug um den Sonnen. Tempel machte. Bei solchen Gelegenheiten füllten die Verehrer der Sonne das große Gebäude bis auf den letzten Platz, während den Mauern zunächst die Anhänger Vulkans einherzogen und diesen am nächsten nach außen hin die Merkurs, dann die der Venus und sofort, wobei jeder Planet nach der Ordnung seines Standes zur Sonne dargestellt wurde. Die ganze Masse des Volkes auf diese Weise in konzentrische Kreise leuchtender Farben geordnet, glitt langsam stetig umher wie ein lebendiges Riesenrad, und in der Flut strahlenden Lichtes, das die fast tropische Sonne niederströmte, boten sie ein Schauspiel, wie die Welt es glänzender vielleicht nie geschaut hat.

Um einen Begriff von den fast noch interessanteren Zeremonien zu geben, die bei solchen Gelegenheiten im großen Tempel der Sonne stattfinden, müssen wir den Versuch wagen, eine Beschreibung von dessen Anordnung und Eindruck zu geben. Der Grundriss des Tempels war kreuzförmig mit einem weiten kreisförmigen Raum (überragt von der halbkreisförmigen Kuppel), wo die Arme des Kreuzes zusammentrafen. Wir werden ein richtigeren Bild gewinnen, wenn wir uns statt der gewöhnlichen kreuzförmigen Kirche mit Mittelschiff, Kanzel und Seitenschiffen einen großen runden kuppelüberragten Raum vorstellen (wie etwa die Lesehalle im Britischen Museum) und uns dann vier riesige Schiffe denken, die sich von diesem aus nach den vier Himmelsrichtungen ausbreiten; denn die Arme dieses Kreuzes waren alle gleich lang. Haben wir diesen Teil des Bildes uns genau eingeprägt, müssen wir diesem vier andere große Ausläufer zwischen den vier Armen des Kreuzes hinzudenken, die in vier weite Hallen führten, deren Wände gerundet waren und an den äußersten Enden zusammentrafen, so dass der Fußboden die Gestalt eines ungeheuren Blattes oder einer Blütenkrone bildete. Und wirklich, man könnte den Grundriss des Tempels beschreiben als ein gleicharmiges, auf eine einfache vierblättrige Blume gelegtes Kreuz, dessen Arme zwischen den Blütenblättern lagen.

Wer also in der Mitte unter der Kuppel stand, hatte nach allen Richtungen sich erstreckende weite Ausblicke. Der ganze Bau war so sorgfältig aufgeführt, dass die Arme des Kreuzes genau nach den Haupt-Himmelsrichtungen wiesen. Das Südende war offen gelassen und bildete den Haupteingang, gerade gegenüber dem großen Altar, der das Ende des Nordarmes einnahm. Im Ost- und Westarm befanden sich ebenfalls Altäre, von nach unseren Begriffen ungeheurer Größe, obgleich sie viel kleiner waren als der Hauptaltar am Nordende.

Der Ost- und der Westaltar scheinen etwa denselben Zwecken gedient zu haben, wie die der Heiligen Jungfrau und St. Joseph geweihten Altäre Katholischer Kirchen, denn einer derselben war der Sonne, der andere dem Monde heilig und verschiedene der täglichen Gottesdienste, die in Beziehung zu diesen beiden leuchtenden Himmelskörpern gehalten wurden, wurden vor ihnen gefeiert. Der große Nordaltar war indessen der, um den die größten Mengen sich scharten, vor welchem die hehrsten Zeremonien vollführt wurden, und sein Aufbau und seine Ausstattung waren eigenartig und interessant.

An der Wand hinter demselben, da wo in gewöhnlichen Kirchen das „Ostfenster" ist — nur dass es hier Norden war — hing ein ungeheuer großer Hohlspiegel, viel größer als irgendeiner, den wir je gesehen haben. Er war aus Metall, wahrscheinlich aus Silber, und bis zum höchstmöglichen Grade poliert. Ja, wir hatten beobachtet, dass die Sorge, ihn glänzend und staubfrei zu halten als eine religiöse Pflicht bindendster Art betrachtet wurde. Wie ein so ungeheurer Spiegel so vollkommen geschnitten werden konnte und wie es möglich war, dass sein eigenes enormes Gewicht ihn nicht verbog, das sind Rätsel, die für unsere modernen Sachverständigen schwer zu lösen wären; jene Menschen aus uralter Vergangenheit hatten sie indessen mit Erfolg gelöst.

Längs der Mitte des Daches dieses riesigen Nordarmes des Kreuzes lief ein enger, dem Himmel offener Spalt, so dass das Licht jedes Sternes, der gerade im Meridian stand, direkt in den Tempel schien und auf den großen Spiegel fiel. Nun ist es eine wohlbekannte Eigenschaft des Hohlspiegels, dass er in der Luft, ihm gerade gegenüber, von seinem Brennpunkt aus ein Bild alles dessen, was sich in ihm spiegelt erscheinen lässt, und diese Tatsache war von den Priestern klug benutzt worden, um, wie sie sich wohl ausgedrückt haben würden, den Einfluss jedes Planeten im Augenblick seiner höchsten Kraft zu sammeln und zu nützen. Am Boden unterhalb des Brennpunktes des Spiegels war ein Dreifuß angebracht, der eine Glutpfanne trug und genau, wenn ein Planet im Meridian erschien und also durch den Spalt im Dache strahlte, wurde eine Menge wohlriechenden Weihrauches auf die glimmenden Kohlen gestreut. Alsbald stieg eine Säule hellen grauen Rauches auf, aus deren Mitte das lebendige Bild des Sternes aufleuchtete. Dann neigten die Andächtigen ihre Häupter und der freudige Gesang der Priester ertönte; diese Zeremonie erinnerte uns tatsächlich ein wenig an das Erheben der Hostie in der Katholischen Kirche.

Wenn es indessen nötig schien, wurde ein andrer Mechanismus in Tätigkeit gesetzt — ein flacher kreisrunder Spiegel, der mittels Fäden vom Dache so heruntergelassen werden konnte, dass er genau den Brennpunkt des großen Spiegels einnahm. Er fing das zurückgeworfene Bild des Planeten auf und indem man ihn ein wenig neigte, konnte das in ihm, vom Hohlspiegel empfangene konzentrierte Licht auf jede Stelle des Fußbodens des Tempels ergossen werden. Auf diese Stellen wurden die Kranken gelegt, für die jener besondere Einfluss als heilkräftig galt, während die Priester beteten, dass der Geist des Planeten Kraft und Heilung auf sie niederströmen möge. Und zweifellos lohnten oft Heilungen ihre Mühen, obgleich es leicht möglich ist, dass der Glaube eine große Rolle bei Erreichung des Erfolges spielte.

Das Anzünden gewisser heiliger Feuer, wenn die Sonne selbst den Meridian kreuzte, geschah mittels desselben Mechanismusses.

Eine der interessantesten Zeremonien dieser Art wurde jedoch immer am Westaltar vollzogen. Auf diesem Altar brannte stets das so genannte „heilige Mondfeuer" und dieses durfte nur einmal im Jahre ausgehen, und zwar in der Nacht vor der Frühlings-Tag- und Nachtgleiche. Am folgenden Morgen fielen die Strahlen der Sonne, indem sie durch eine Öffnung über dem östlichen Altar hineinströmten, direkt auf den Altar am Westende und mittels einer mit Wasser gefüllten Glaskugel, die in der Richtung hing und als Brennglas diente, entzündete die Sonne selbst das heilige Mondfeuer, dieses wurde dann sorgfältig genährt und gehütet und ein weiteres Jahr lang brennend erhalten.

Die nach innen gekehrte Fläche der großen Kuppel war als Nachthimmel gemalt und mittels eines verwickelten Mechanismusses konnten die Haupt Konstellationen über sie hinbewegt werden, genau so wie die wirklichen Sterne draußen über den Himmel wanderten, sodass zu jeder Tageszeit oder in einer wolkenbedeckten Nacht der Andächtige im Tempel immer genau den Stand aller Sternbilder des Tierkreises und der verschiedenen Planeten in deren Beziehung zu ihnen feststellen konnte. Man verwendete leuchtende Körper, um die Planeten darzustellen und in denjenigen Tagen dieser Religion, ebenso wie in denjenigen Tagen der Mysterien, waren diese Körper wirkliche, von den Adepten-Lehrern ins Dasein gerufene Materialisationen, die sich frei in der Luft bewegten. In beiden Fällen jedoch, als später weniger entwickelte Menschen an Stelle dieser hoch erhabenen Wesen treten mussten, erwies es sich als schwierig oder unmöglich, die Materialisationen richtig zu lenken und so traten an ihre Stelle scharfsinnige, technisch-mechanische Einrichtungen — eine Art Planetarium in einem Riesenmaßstabe.

Die Außenseite dieser ungeheuren Kuppel war mit dünnem Golde plattiert und bemerkenswert war, dass an der Oberfläche eine seltsame sprenkelartige Wirkung hervorgebracht war, offenbar in der Absicht, die so genannten „Weidenblätter" oder „Reiskörner" der Sonne darzustellen.

Eine andre interessante Eigenart dieses Tempels war ein unterirdischer Raum, eine Krypta, die dem ausschließlichen Gebrauch der Priester vorbehalten war, offenbar im Hinblick auf Meditation und Selbst-Entfaltung. Das einzige einfallende Licht kam durch dicke Platten von kristallartiger Masse von verschiedenen Farben, die in den Fußboden des Tempels eingelegt waren, und zwar mit Vorrichtungen, um nötigenfalls die Sonnenstrahlen durch diese Platten zu reflektieren, und der Priester, der seine Meditationsübungen machte, ließ von diesem reflektierten Licht verschiedene Zentren seines Körpers bestrahlen — manchmal das zwischen den Augen, manchmal das an der Basis des Rückgrats usw. Dies förderte offenbar die Entwicklung der Gabe der Divination, des Hellsehens, der Intuition. Und es war ersichtlich, dass die besondere Farbe des angewandten Lichtes nicht nur dem erstrebten Zweck gemäß gewählt wurde, sondern auch dem Typus oder Planeten nach, zu dem der Priester gehörte. Man bemerkte auch, dass der Tyrsusstab, der mit Elektrizität oder Lebensfeuer geladene Hohlstab hier ebenso wie bei den griechischen Mysterien verwendet wurde.

Ein interessanter Teil der Studien über diese Religion der alten Welt war unser Bestreben, versuchen, zu erkennen, was ihre Lehrer meinten, wenn sie von dem Stern-Engel, dem Geiste eines Sternes sprachen. Eine einigermaßen sorgfältige Untersuchung ergibt, dass die Ausdrücke, obwohl mitunter synonym, es nicht in jedem Falle sind, denn es scheint, als ob sie mindestens drei ganz verschiedene Begriffe unter den einen Ausdruck „der Geist eines Planeten" zusammenfassten.

Erstens glaubten sie, in Zusammenhang mit jedem Planeten, an die Existenz eines unentwickelten, halbintelligenten, aber äußerst mächtigen Wesens, das wir in unsrer theosophischen Terminologie vielleicht am besten als die kollektive Elementaressenz dieses Planeten bezeichnen könnten, und zwar betrachtet als ein gewaltig großes Geschöpf. Wir wissen heute, wie beim Menschen die Elementaressenz, die in die Zusammensetzung seines Astralkörpers eingeht, in aller und jeder Hinsicht ein gesondertes, wesenhaftes Etwas wird, was manchmal das Wunsch-Elemental genannt worden ist und wie ihre vielen verschiedenen Typen und Klassen sich zu einer zeitweiligen Einheit verbinden, die zu eigener Verteidigung bestimmter Handlungen fähig ist, wie z. B. gegen den Zersetzungsprozess, der nach dem Tode einsetzt. Wenn wir uns auf eben die Weise die Gesamtheit der Elementarreiche in einem besonderen Planeten als ein Ganzes wirkend denken können, werden wir die von den alten Chaldäern aufgestellte Theorie vollkommen verstanden haben, welche sich auf diesen ersten Begriff vom planetarischen Geist bezieht, für welchen die Bezeichnung „Planeten-Elemental" sehr geeignet wäre. Den Einfluss (oder vielleicht den Magnetismus) dieses Planeten-Elementals versuchten sie auf die an gewissen Erkrankungen Leidenden zu konzentrieren oder in einen Talisman zu künftigem Gebrauch einzuschließen.

Die Priester hielten dafür, dass die physischen Planeten, die wir sehen können, als Weiser dienen, um die Lage und Beschaffenheit der großen, im Körper des Logos Selbst befindlichen Zentren anzuzeigen, und ebenso, dass durch jedes dieser großen Zentren eine der zehn Arten von Essenz ströme, aus denen, ihrer Ansicht nach, alles aufgebaut sei. Jeder dieser Typen von Essenz, einzeln betrachtet, wurde mit einem Planeten identifiziert, und dieser wurde ebenfalls häufig der Geist des Planeten genannt, so wurde dem Ausdruck eine zweite und ganz andre Bedeutung beigelegt. In diesem Sinne sprachen sie von dem Geiste jedes Planeten als allgegenwärtig im ganzen Sonnensystem, der in jedem Menschen wirkt und sich in seinen Handlungen zeigt, sich in gewissen Pflanzen oder Mineralen offenbart und jedem seine unterschiedlichen Eigenschaften verleiht. Natürlich war es dieser „Geist des Planeten im Menschen, auf den je nach dem Zustande des großen Zentrums, zu dem er gehörte, eingewirkt werden konnte und in Bezug hierauf wurden alle ihre astrologischen Ratschläge und Warnungen ausgegeben.

Wenn die Chaldäer jedoch den Segen des Geistes des Planeten erflehten oder in gewissenhafter und ehrfürchtiger Meditation versuchten, sich zu Ihm zu erheben, brauchten sie den Ausdruck in nun einem anderen Sinne. Sie dachten sich jedes dieser großen Zentren einer ganzen Hierarchie von großen Geistern Dasein gehend und durch sie wirkend und an der Spitze jeder dieser Hierarchien Einen Großen stehend, der vorzüglich „Der Geist des Planeten" oder noch öfter der Sternen-Engel genannt wurde. Seinen Segen suchten alle, die besonders unter seinem Einfluss geboren waren, und er wurde von ihnen ungefähr betrachtet, wie wohl die großen Erzengel „die sieben Geister vor dem Throne Gottes", von den frommen Christen angesehen werden — wie ein mächtiger Diener und Vollstrecker der göttlichen Macht des Logos, als ein Kanal, durch welchen jene unaussprechliche Herrlichkeit sich offenbart. Es verlautete, dass wenn bei der Feier eines besonderen Planeten in jenem großen Tempel im entscheidenden Augenblick das Bild des Sternes strahlend in der Weihrauchwolke hervorleuchtete, diejenigen, deren Augen in der Inbrunst ihrer Ehrfurcht geöffnet wurden, manchmal die machtvolle Gestalt des Sternenengels unter dem flammenden Stern schweben sehen konnten, so dass er auf seiner Stirn erstrahlte, während er auf die Andächtigen mit deren Entwicklung er so eng verbunden war, segnend herniederschaute.

Etwas Feststehendes in diesem alten Glauben war, dass in seltenen Fällen für hoch entwickelte Menschen, die von innigster Hingebung an ihren Engel beseelt waren, die Möglichkeit bestand, sich kraft langgeübter Meditation aus ihrer Welt in die Seinige zu erheben, den ganzen Gang ihrer Entfaltung zu ändern und ihre nächste Wiedergeburt nicht mehr auf diesem Planeten, sondern auf dem Seinen zu erlangen. Die Annalen des Tempels enthielten Berichte über Priester, die dies vollbracht hatten und also dem menschlichen Wissen entschwinden. Man sagte, dass ein oder zwei Mal in der Geschichte es sich ereignet hätte, und zwar in Zusammenhang mit der noch höheren Ordnung von Sterngottheiten, deren Zugehörigkeit zu Fixsternen weit außerhalb des Sonnensystems erkannt worden war; diese letzteren jedoch erachtete man als gewagte und vermessene Flüge ins Unbekannte, über deren Ratsamkeit selbst die größten Hohen Priester Schweigen bewahrten.

Wie seltsam diese Methoden uns heute auch scheinen mögen, wie sehr sie auch von allem abweichen, was uns in unseren theosophischen Studien gelehrt wird, wäre es doch töricht, wenn wir sie kritisieren oder bezweifeln würden, da sie für diejenigen, die sie in Anspruch nahmen, ebenso wertvoll gewesen sind, wie die unserigen für uns. Wir wissen, dass in der großen Weißen Bruderschaft es viele Meister gibt, und obgleich die für jeden Schritt auf dem Pfade verlangten Eigenschaften für alle Jünger dieselben sind, jeder große Lehrer für Seine Schüler die Methode der Vorbereitung in Anwendung bringt, die er für sie am geeignetsten hält. Und da alle diese Pfade zum Gipfel des Berges führen, steht es uns nicht an, zu sagen, welcher der kürzeste oder beste für unseren Nächsten ist. Für jeden Menschen gibt es einen Pfad, der für ihn der kürzeste ist; welcher es aber ist, hängt von dem Punkte ab, von dem er ausgeht. Von Jedem zu erwarten, dass er zu unserem Ausgangspunkte gelangen und unseren Pfad einschlagen müsse, hieße der aus Verblendung und Unwissenheit geborenen Illusion unterliegen, welche den Blick des bigott-religiösen Schwärmers blendet. U n s ist nicht gelehrt worden, den großen Sternenengeln Verehrung zu zollen oder die Möglichkeit uns der Deva-Evolution auf einer verhältnismäßig frühen Stufe zu vereinen und sie uns als Ziel zu setzen. Aber stets sollten wir daran denken, dass es andere Richtungen des Okkultismus gibt neben jener besonderen Form desselben, in welche uns die Theosophie eingeführt hat, und dass wir selbst von unserer eignen Richtung nur wenig wissen.

Es wäre vielleicht besser, die Anwendung des Wortes „Verehrung-Anbetung" zu vermeiden, wenn wir die Gefühle der Chaldäer den Sternenengeln gegenüber schildern, denn im Westen führt das stets zu falscher Auffassung. Es war viel mehr die tiefe Liebe, Verehrung und Treue, welche wir für die Meister der Weisheit empfinden.

Diese chaldäische Religion war dem Volke durchaus Herzenssache und hatte zweifellos bei der Mehrheit wirklich guten und rechtschaffenen Lebenswandel zur Folge. Ihre Priester waren auf ihre Weise auf bestimmten Gebieten Männer von großem Wissen. Ihr Studium der Geschichte und der Astronomie war ein tiefgehendes und nicht unnatürlicherweise legten sie diese beiden Wissenschaften zusammen, indem sie immer die Ereignisse der Geschichte je nach ihrer vorausgesetzten Verbindung mit den verschiedenen astronomischen Zyklen in Zusammenhang brachten. Auch wussten sie ziemlich gut in Chemie Bescheid und verwandten einige chemische Vorgänge bei ihren Zeremonien. Wir bemerkten einen Fall, wo ein Priester, der auf dem flachen Dache einer der Tempel stand und in stiller Andacht für sich allein einen der Planetengeister[2]) anrief. In der Hand hielt er einen langen Stab, der in eine teerartig aussehende Masse getaucht war, und begann seine Anrufung, indem er mit diesem Stabe das astrologische Zeichen des Planeten auf den Boden vor sich zeichnete, wobei die Masse eine leuchtend phosphoreszierende Spur auf, dem Stein oder Pflaster des Bodens hinterließ.

Der Regel nach wählte jeder Priester ein besonderes Gebiet des Wissens, dessen Studium er sich vorzüglich widmete. Eine Gruppe leistete Hervorragendes in der Medizin, indem sie ständig die Eigenschaften verschiedener Kräuter und Arzneien prüften und untersuchten, je nachdem sie unter diesem oder jenem Zusammentreffen von Sterneinflüssen bereitet waren. Eine andere wendete ihre Aufmerksamkeit ausschließlich der Landwirtschaft zu, entschied darüber, welche Art von Boden für eine gewisse Frucht am geeignetsten wäre und wie er verbessert werden könne. Sie widmeten sich auch der Kultur aller Arten nützlicher Pflanzen und der Züchtung neuer Arten, indem sie schnelles und starkes Wachstum unter verschieden gefärbtem Glas ausprobierten usw. Farbiges Glas zur Förderung des Wachstums anzuwenden, war verschiedenen alten atlantischen Rassen gemeinsam und bildete einen Teil der ursprünglich in Atlantis selbst gelehrten Kenntnisse. Eine andere Gruppe konstituierte zu einer Art Wetterbüro und sagte mit ziemlicher Genauigkeit sowohl die gewöhnlichen Witterungswechsel als auch besondere Störungen, wie Stürme, Zyklone oder Wolkenbrüche voraus. Später wurde dies eine der Regierung unterstehende Abteilung und Priester, die ungenau voraussagten, wurden als unfähig abgesetzt.

---

2) Erato, ein Mitglied der theosophischen Gesellschaft, von dem einige Leben in „Rents of the veil of time" in, Theosophist wiedergegeben sind.

Vorgeburtlichen Einflüssen wurde eine ungeheure Wichtigkeit beigelegt und die Mutter musste sich während einiger Monate vor und nach der Geburt des Kindes abschließen und eine halb mönchische Lebensweise führen. Die Einrichtungen in Bezug auf Erziehungswesen des Landes befanden sich nicht wie in Peru, direkt in den Händen der Priester, obgleich sie mittels ihrer Berechnungen entschieden — in einigen Fällen offenbar mit Hilfe hellseherischer Einsicht — welchem Planet ein Kind angehöre. Die Kinder besuchten die Schule des Planeten, zu dem sie gehörten und waren unter der Obhut von Lehrern desselben Typus wie sie, so dass die Kinder Saturns unter keinen Umständen eine Schule Jupiters besuchen oder die Kinder der Venus von einem Verehrer des Mars unterrichtet werden durften. Die für die verschiedenen Typen angeordnete Schulung und Erziehung war sehr verschieden, in jedem Falle lag es in der Absicht, die guten Eigenschaften zu entwickeln und den Fehlern entgegenzuwirken, die sie auf Grund ihrer langen Erfahrung an den Knaben oder Mädchen erwarteten.

Das Ziel der Erziehung war bei ihnen fast ausschließlich: Bildung des Charakters; die bloße Übermittlung von Kenntnissen spielte eine ganz untergeordnete Rolle. Jedem Kinde wurde die merkwürdige Hieroglyphenschrift des Landes beigebracht, sowie die Anfangsgründe des Rechnens, aber außerdem war nichts, was wir als Unterrichtsgegenstand bezeichnen könnten, in den Lehrplan aufgenommen. Zahlreiche religiöse oder vielmehr ethische Vorschriften wurden auswendig gelernt; alle betrafen das Verhalten, das von einem „Sohne des Mars" — oder Venus oder Jupiter, je nach dem Falle — unter verschiedenen möglichenfalls eintretenden Umständen erwartet wurde. Und die einzige Literatur, die man studierte, war ein endloser und umfangreicher Kommentar nur über diese, voller langatmiger Geschichten von Abenteuern und Situationen, in denen die Helden bald weise bald töricht handelten. Die Kinder würden gelehrt, ihr Urteil abzugeben, ihre Gründe für die Meinung, die sie sich gebildet hatten, anzugeben und zu erzählen, inwiefern ihre eigene Handlungsweise in ähnlicher Lage von der des Helden abgewichen sein würde.

Obgleich die Kinder viele Jahre in den Schulen zubrachten, wurde die ganze Zeit darauf verwendet, sich (und zwar nicht nur theoretisch sondern auch praktisch soweit wie möglich) mit den Lehren dieses schwerfälligen „Buches der Pflicht" wie es genannt wurde, vertraut zu machen. Um den Kindern die Lehren ins Gedächtnis einzuprägen, erwartete man von ihnen, dass sie die verschiedenen Charaktere in diesen Geschichten persönlich darstellten und die Szenen wie auf dem Theater aufführten. Jeder Jüngling, der Interesse für Geschichte, Mathematik, Landwirtschaft, Chemie oder Medizin bekundete, durfte nach Verlassen der Schule sich einem Priester, der sich eines jener Gebiete zum Spezialfach erkoren, als eine Art Student anschließen. Der Schulplan jedoch umfasste keines dieser Gebiete, ebenso wenig gab es irgendeine Vorbereitung, von der man annahm, dass sie für alles, was vorkommen würde, passte.

Die Literatur des Volkes war nicht groß. Amtliche Berichte wurden sorgfältig aufbewahrt, Landübertragungen gebucht und Erlasse und Aufrufe der Könige waren stets zum Nachschlagen bereit. Obgleich indessen diese Dokumente ausgezeichnetes, wenn auch mitunter etwas trockenes Material für den Geschichtsschreiber lieferten, finden wir doch keine Spur davon, dass eine zusammenhängende Geschichte geschrieben worden wäre. Geschichte wurde mündlich überliefert und gewisse Ereignisse und Episoden wurden in Verbindung mit astronomischen Zyklen in Tabellen geordnet. Diese Berichte waren jedoch nur chronologische Tabellen, nicht Geschichte in unserem Sinne des Wortes.

Die Dichtkunst war in einer Reihe heiliger Bücher vertreten, die einen hoch symbolischen und bilderreichen Bericht vom Ursprung der Welten und der Menschen enthielten, und weiter durch eine Anzahl von Balladen und Legenden, die die Taten der sagenhaften Helden verherrlichten. Letztere waren aber nicht niedergeschrieben, sondern wurden einfach von einem Erzähler dem anderen überliefert. Wie so viele orientalische Rassen, hörte das Volk gern diesen Geschichten zu und erfand selbst welche dazu. Und eine große Menge überlieferten Materials dieser Art war im Laufe der Jahrhunderte auf sie gekommen aus einer Zeit, die offenbar eine viel rohere Zivilisation besessen haben muss.

Aus einigen dieser früheren Legenden kann man einen ungefähren Umriss der früheren Geschichte der Rasse herstellen. Die große Masse des Volkes war sichtlich von turanischer Abstammung, der vierten Unter-Rasse der atlantischen Wurzel-Rasse zugehörig. Offenbar waren sie ursprünglich eine Anzahl unbedeutender Stämme gewesen, die immer untereinander in Streit lagen, primitiven Ackerbau betrieben und wenig von Baukunst oder Kultur irgendwelcher Art[3]) verstanden. Im Jahre 30 000 v. Christi kam zu ihnen in diesen halbwilden Zustand ein großer Führer aus dem Osten, Theodorus, von ei-

---

3) Dies war der Zustand, in dem sie sich um 75 000 v. Chr. befanden, als Vaivasvata Manu seine kleine Karawane durch ihr Land führte.

ner anderen Rasse, der nach der Eroberung von Persien und Mesopotamien durch die Arier und der Begründung der Herrschaft des Manu über jene Gebiete von ihm als Statthalter dorthin gesandt worden war, und zwar unter Corona, dem Großsohn des Manu, der ihm in der Herrschaft über Persien folgte[4]).

Von Theodorus stammt das Königsgeschlecht im alten Chaldäa — mit seinen kraftvollen Zügen, bronzefarbener Haut und riefen, feurigen Augen ein Geschlecht, das sich in seinem Äußeren von seinen Untertanen sehr unterschied.

Die viel späteren uns bekannten babylonischen Skulpturen geben uns eine gute Vorstellung von diesem königlichen Typus, wenngleich zu dieser Zeit das arische Blut fast die ganze Rasse durchdrungen, wogegen zu der Zeit, von der wir sprechen, es diese kaum gefärbt hatte.

Nach einer langen Zeit voll Glanz und Wohlstand welkte und verfiel dieses mächtige Reich von Chaldäa allmählich, bis es schließlich von den Einfällen von Horden barbarischer Fanatiker gänzlich zerstört wurde. Es waren fanatische Barbaren, die sich zu einem roheren Glauben bekannten und mit echt puritanischem Eifer jedes Zeichen von edleren und schöneren religiösen Gefühlen hassten. Sie zerstörten jede Spur der herrlichen Tempel, die mit so liebevoller Sorgfalt zur Verehrung der Sternenengel errichtet worden waren und die zu beschreiben wir versuchten. Diese Zerstörer wurden ihrerseits von den Akkadiern des nördlichen Hügellandes — noch Atlantier, aber von der sechsten Unter-Rasse — vertrieben, und diese, die sich allmählich mit den Überresten der alten Rasse und anderen Turanierstämmen vermischten, bildeten das Sumero-Akkadische Volk, aus dem sich das spätere babylonische Reich entwickelte. Als es wuchs, wurde es mehr und mehr durch Beimischung arischen Blutes beeinflusst, zuerst von den Arabern (semitisch) und dann von den iranischen Unter-Rassen, bis zu den Zeiten, die gewöhnlich die historischen genannt werden, kaum eine Spur von den alten Turaniern in den Gesichtern, die wir in den Skulpturen und Mosaiken der Assyrer abgebildet sehen, übrig geblieben ist.

Diese spätere Rasse besaß zu Anfang derselben jedenfalls noch eine starke Überlieferung von ihrer größeren Vorgängerin, und sie bemühten sich immer, die Zustände und den Gottesdienst der Vergangenheit wieder zu beleben. Ihre Bemühungen hatten nur teilweise Erfolg, von fremden Glaubensrichtungen durchsetzt, durch Erinne-

---

4) Siehe Kap. XVIII.

rungen an eine andere und neuere Überlieferung gehindert, brachten sie nur ein schwaches und verzerrtes Abbild des prächtigen Kultus der Sternenengel zustande, anders als der, welcher im Goldenen Zeitalter seine Blüten trieb, und den zu beschreiben wir versuchten.

Wie schwach und unwirklich diese Bilder der Vergangenheit auch für jeden sein müssen, der sie nicht aus erster Quelle sah, ist doch das Studium derselben für den Schüler des Okkulten nicht nur von großem Interesse, sondern auch von großem Wert. Es trägt zur Weitung seines Blickes bei, gewährt ihm dann und wann einen flüchtigen Schimmer und Einblick in das Getriebe jenes großen Ganzen, in welchem alles, was wir uns an Fortschritt und Entwicklung vorzustellen vermögen, nur ein winziges Rad in der großen Maschine ist, gleich wie eine kleine Kompagnie in dem großen Heere eines Königs. Es ermutigt ihn auch etwas, ein wenig von der Herrlichkeit und Schönheit zu kennen, die einstmals auf dieser unserer großen, alten Erde schon war und zu wissen, dass dies nur ein schwaches Vorausnehmen und Vorspiel der Herrlichkeit und der Schönheit ist, welche uns noch bevorsteht.

Aber wir dürfen diese kurze Skizze zweier Vignetten aus dem Goldenen Zeitalter der Vergangenheit nicht beschließen — das Ganze nur wie eine Einlage in das gewaltige Bild der Geschichte der Welt eingefügt — ohne einen Gedanken zu berühren, der unfehlbar demjenigen, der sie studiert, in den Sinn kommt. Wir, die wir die Menschheit lieben, die wir, wenn auch nur in geringem Maße, versuchen, ihr auf dem steilen, schwierigen Wege aufwärts zu helfen, können wir von solchen Zuständen, wie die im alten Chaldäa, lesen — und dies gilt mehr noch von denen im alten Peru — von solchen Verhältnissen, unter denen ganze Nationen ein glückliches und frommes Leben führten, frei vom Fluch der Unmäßigkeit, frei von den Schrecken nagender Armut — können wir von solchen Zuständen lesen, ohne einen lauernden Zweifel und ohne uns die Frage vorzulegen: „Kann es der Fall sein, dass die Menschheit sich wirklich entfaltet? Kann es zum Wohl der Menschheit sein, dass nachdem solche hohe Zivilisationen erreicht worden sind, es ihnen erlaubt sein sollte, zu zerbröckeln und zu verfallen und keine Spur zu hinterlassen, und dass d i e s e s das Ende sein sollte?

Ja, denn wir wissen, dass das Gesetz des Fortschritts ein Gesetz der zyklischen Wandlungen ist, und dass unter diesem Gesetz Personen, Rassen, Reiche und Welten vorübergehen und nicht wieder kommen — in derselben Gestalt, dass alle Gestalten und Formen vergehen müssen, wie schön sie auch seien, damit das Leben in ihnen wachsen und sich ausdehnen kann. Und wir wissen, dass dies Gesetz der Ausdruck eines Willens ist — des Göttlichen Willens des Logos selbst, und dass daher sein Wirken bis zum äußersten dem Besten der Menschheit, die wir lieben, dienen muss. Niemand liebte je den Menschen so wie Er — Er, der sich opferte, damit der Mensch sei. Er kennt die ganze Entwicklung von Anfang bis zu Ende und Er ist zufrieden. In Seiner Hand — in der Hand, die den Menschen segnet — liegen die Geschicke des Menschen. Sollte ein Herz unter uns sein, das nicht damit zufrieden wäre, sie Ihm zu überlassen — nicht zufrieden wäre bis in sein Tiefinnerstes, Ihn sagen zu hören, wie ein großer Meister einst zu Seinem Jünger sagte: „Was ich tue, weißt du jetzt nicht, du wirst es aber später erfahren."

Kapitel XIV.
Die Anfänge der arischen Rasse.

Die Angabe in der „Geheimlehre", dass die fünfte Wurzel-Rasse vor einer Ei Million von Jahren begann, scheint, wie schon festgestellt wurde, sich auf den Beginn des Auswählens des Materials seitens Vaivasvatas, des Herrn, des Rassen-Manu zu beziehen. Er war ein Herr des Mondes und auf Globus G der siebenten Runde, wo er auch Arhatschaft erlangte, tat er den ersten Schritt zur Initiation. Vor ungefähr einer Million von Jahren also, wählte er aus der „Schiffsladung", die auch unsere 1200 Jahr Gruppe enthielt, einige wenige, die er für seine Rasse auszubilden hoffte und mit denen er daher stets in Verbindung blieb. Vierhunderttausend Jahre später traf er eine weitere Auswahl. Es war gewissermaßen wie ein Überblicken oder Sichten einer Herde von Schafen, um die geeignetsten darunter auszuwählen. Von diesen ließ er unterwegs eine Anzahl zurück und die Auslese pflegte auf diese Weise von Zeit zu Zeit eingeschränkt zu werden.

Der erste entscheidende Schritt zur Bildung der Rasse war die Isolierung eines Stammes von der weißen fünften Unter-Rasse (der mondfarbigen Rasse, wie die Stanzen des Dzyan es so poetisch ausdrücken), die in den Bergen gegen Norden von Ruta lebten, und dies geschah ungefähr um 100 000 v. Chr. Die fünfte Unter-Rasse, beiläufig gesagt, war im Allgemeinen den Bergen zugetan und die Kabylen des Atlasgebirges sind seine besten heutigen Repräsentanten. Ihre Religion war anders als die der in den Ebenen lebenden Tolteken und der Manu machte sich dies zunutze, um die Unter-Rasse zu isolieren. Sein Bruder, der Bodhisattva, welcher später Gautama Buddha, der Herr, wurde, gründete darauf eine neue Religion, und wer sich ihr anschloss, wurde ausgesondert und ihm geboten, sich getrennt zu halten: Heiraten mit anderen Stämmen wurden nicht erlaubt. Seine Jünger gingen in andere Länder und sammelten einige um sich, die sich später dem Hauptstamm zugesellten. Es wurde ihnen gesagt, dass sie eines Tages weit fort in ein anderes Land ziehen würden, welches für sie ihr „gelobtes Land" würde, und dass sie unter einem König und Herrn stünden, der ihnen physisch unbekannt wäre. So hielt man sie so einem Zustande der Vorbereitung für das Kommen des Großen, der sie fortführen sollte: Er sollte sein Volk zu einem sicheren Orte führen, wo sie der nahenden Katastrophe — der von 75 025 v. Chr. — entgehen konnten[1]). Einiges aus der Hebräischen Erzählung ist vermutlich aus diesen Tatsachen hergeleitet, obgleich die Abtrennung des Volkes, das in der Geschichte als die Hebräer bekannt ist, später eintrat. Diese ihre Vorfahren waren buchstäblich ein „auserwähltes Volk, ausersehen zu einem großen Zweck.

Die unmittelbare Ursache zur Auswanderung war die drohende Gefahr des Unterworfenwerdens der weißen Unter-Rasse seitens des dunklen Herrschers, und der Wunsch des Manu, sein Volk dessen Einfluss zu entziehen. Im Jahre 79 797 v. Chr. berief er sie also zur Küste, um sie durch das Sahara-Meer fortzuschiffen, von wo sie dann südlich von Ägypten nach Arabien zu Fuß weiter wanderten. Eine kleine Flotte, dreißig Schiffe an der Zahl, war für sie in Bereitschaft gehalten und ausgerüstet worden: die größten schienen nicht über 500 Tonnen; und drei waren kutterähnliche Fahrzeuge, die nur Vorräte mitführten. Es waren plump anstehende Schiffe, die vor dem Winde ziemlich gut gingen, aber sehr schlecht lavierten. Einige hatten sowohl Ruder wie Segel und diese waren durchaus nicht für eine lange Seereise besonders geeignet. Indessen brauchten sie nur offenes Wasser zu durchqueren bis zur Mündung des Sahara-Meeres (eine Art krummer Bucht, die sich in den Atlantischen Ozean öffnete) und konnten dann auf dem fast ganz von Land eingeschlossenen Wasser weiter segeln. Die Flotte trug ungefähr zweitausend neunhundert Personen hinüber, setzte sie an der Küste des östlichen Endes des Sahara-Meeres ab und kehrte zur Einschiffungsstelle zurück, um einen anderen Teil zu holen. Die Reise wurde dreimal ausgeführt und das kleine Volk aus neuntausend Männern, Frauen und Kindern bestehend, mit den wenigen, die von anderswo hinzukamen, setzte sich nach Osten hin zu Fuß in Bewegung[2]). Sie hatten auch eine Menge Tiere bei sich, die einer Kreuzung zwischen Büffel und Elefant mit einer Beimischung vom Schweine ähnlich sahen. Sie erinnerten sehr an den Tapir: ein tierähnliches Geschöpf. Sie wurden als Nahrung gebraucht, wenn andere Vorräte karg wurden, jedoch für zu kostbar gehalten, um sie für gewöhnlich dazu zu verwenden. Der ganze Prozess des Einschiffens, Ausschiffens, Niederlassens, des ihre Genossen Erwartens und die

---

1) Gewöhnlich die von 80 000 v. Chr. genannt.
2) Fünf Sechstel der neuntausend waren aus der fünften Unter-Rasse; ein zwölftel waren Akkadier und ein zwölftel Tolteken, von jedem die besten ihrer Art.

Vorbereitungen für die Fußreise beanspruchte einige Jahre, und darauf sandte das Haupt der Hierarchie den Manu mit einigen anderen Großen, um sie zum Hochplateau von Arabien zu führen, wo sie eine Zeitlang bleiben sollten.

(Die Atlantier hatten Ägypten erobert und beherrschten zu jener Zeit das Land. Sie hatten die Pyramiden erbaut, auf welche Tausende von Jahren später Cheops seinen Namen setzte; als Ägypten vor einigen siebenundsiebenzigtausend Jahren von einer Flut überschwemmt wurde, versuchte das Volk, als die Wasser stiegen, sich auf diese Pyramiden zu retten, was ihnen jedoch wegen der Glätte ihrer Seitenwände misslang. Diese große atlantische Zivilisation und Kultur ging unter. Danach kam die Flut und die Zeit einer Neger-Herrschaft und wieder ein atlantisches Reich und ein arisches (13 500 v. Chr.) — alle vielleicht vor der Zeit, die die Geschichte als „Ägyptische" kennt. Indessen dürfen wir diesen verlockenden Seitenweg nicht weiter verfolgen.)

Es genüge zu sagen, dass eine herrliche Toltekische Kultur und Zivilisation in Ägypten blühte, als unsere Auswanderer seinen Grenzen entlang zogen, und der ägyptische Herrscher, der Toltekischen Überlieferung gemäß, die Ansicht vertretend, dass andere nur dazu vorhanden seien, um von den Tolteken ausgebeutet zu werden, — versuchte sie zu überreden, in seinem Lande zu bleiben. Einige unterlagen der Versuchung und blieben in Unter-Ägypten, trotz des Verbotes des Manu, und wurden kurze Zeit darauf Sklaven der herrschenden Tolteken.

Die übrigen erreichten Arabien auf dem Landwege, jetzt der Suez-Kanal, und wurden in den verschiedenen Tälern der großen arabischen Hochländer vom Manu in Gruppen angesiedelt. Das Land war von einer negerartigen Rasse spärlich bevölkert. Die Täler waren fruchtbar, wenn man sie bewässerte. Aber die Auswanderer fanden ihre neuen Wohnsitze nicht schön, und während die Mehrheit des Volkes, die von Vaivasvata Manu in Ruta vorbereitet worden, ihm sogar leidenschaftlich ergeben war, murrte die jüngere Generation vielfach; denn es war Pionierarbeit zu leisten. Es war keine „persönlich geleitete Cooksche Vergnügungsreise".

Wir fanden in einem der Täler eine große Anzahl der 1200 und 700 Jahr Gruppen, die viele Glieder der „Familie" enthielten und ihre Hingebung war schon fast wilder Fanatismus; denn sie machten den Vorschlag, alle die dem Manu nicht ganz und gar ergeben waren, zu töten und schickten sich an, die Abtrünnigen zu bekämpfen, die sich behaglich in Ägypten niedergelassen hatten. Dies trug ihnen den

Zorn der Ägypter ein, und ein großes Blutbad, das alle unsere Fanatiker vertilgte, war die Folge. Mars und Corona widerstanden tapfer dem ägyptischen Ansturm, während ein Trupp, darunter Herakles — ein junger unverheirateter Mann — sich in der Stellung des Feindes irrend, die Richtung verfehlte und von den Ägyptern vernichtet wurde. Vaivasvata Manu kam mit Verstärkung herbei und wendete das Glück des Tages, indem er die Ägypter zurücktrieb. Einer ihrer Seitenflügel wurde ihrerseits von einer größeren Verstärkung angegriffen, wobei Sirius, der Vater von Herakles, rasend, als er seinen Sohn unter den Toten fand, sich hervortat. Da sie des Landes kundig waren, jagten sie die Ägypter in eine kraterartige Bodensenkung mit steilen Seiten, die mit losen Felsblöcken bedeckt waren: diese Felsblöcke schleuderten und wirbelten sie voll Freude auf ihre umzingelten Feinde hinab und das Letzte, was wir bei dieser Gelegenheit von Sirius sahen, war ein Ritt auf einer Lawine von Steinen den steilen Abhang hinab, seinen Speer schwingend, einen Schlachtgesang von wenig liebenswürdiger Natur brüllend, um unten ein Teil der blutigen Masse zermalmter Menschen und schwerer Steine, die den tiefsten Teil des Kraters bildeten, zu werden.

Die wenigen ägyptischen Soldaten, die schließlich entkamen und Ägypten erreichten, wurden, weil sie durch ihre Niederlage das Heer entehrt bitten, unverzüglich zum Tode verurteilt.

Danach hatten die Ansiedler eine Zeitlang Frieden und sie bebauten ihre Täler, die im Winter ziemlich kalt und im Sommer glühend heiß waren. Sie hatten Samen verschiedener Art aus Atlantis mitgebracht und einige derselben gediehen in ihrer neuen Heimat. Sie zogen eine Frucht ohne Geschmack, die dem Apfel glich und an den Abhängen des heißen Teiles des Tales zogen sie eine sehr große Frucht, so groß wie eines Mannes Kopf, die ihrer Klebrigkeit und allgemeinen Unansehnlichkeit nach der Dattel glich. Eine Art Krater, in welchem die Sonne von dem Felsen widerstrahlte, diente als Treibhaus, und hier erzielten sie eine Frucht von der Größe einer Kokosnuss, worauf sie außerordentlich stolz zu sein schienen: Sie war nahrhaft und in Wasser gekocht ergab sie nach Verdampfung des Wassers Zucker, während der Bodensatz ein Mehl lieferte, woraus die Leute eine Art süßer Semmel herstellten. Sirius hatte zwei solcher Semmeln bei sich, als er den Todesritt den Hügel hinab machte.

In einer folgenden Inkarnation erschien Herakles als große, schlanke und ziemlich außergewöhnliche Jungfrau, die ein etwas indianisch aussehendes Brüderchen — Sappho — in einer Rindenwiege an einen tamarindenähnlichen Baum hing.

Diese Auslese der fünften atlantischen Unter-Rasse gedieh und mehrte sich sehr, sie wurde in ungefähr 2000 Jahren ein Volk von mehreren Millionen Seelen. Von der Welt waren sie im allgemeinen ganz abgeschnitten, und zwar durch einen Sandgürtel, der nur mittels Karawanen, die viel Wasser mit sich führten, durchquert werden konnte, und nur ein Weg führte hindurch, auf welchem Gras und Wasser vorhanden war: es war ungefähr da, wo heute Mekka steht. Von Zeit zu Zeit verließen Auswanderer den Hauptstamm, einige siedelten sich in Süd-Palästina an und einige in Süd-Ägypten. Diese Bewegungen wurden von den Stellvertretern des Manu begünstigt, denn die Größe des Plateaus war beschränkt und begann sich in ungemütlicher Weise zu übervölkern. Die am wenigsten wünschenswerten Typen wurden als Auswanderer fortgeschickt, während er innerhalb seines Wüstengürtels die Vielversprechendsten ungemischt bewahrte. Von Zeit zu Zeit wurde angeregt, dass eine Karawane von Siedlern sich aufmachen, eine Kolonie bilden oder eine Stadt gründen sollte. Eine derselben brachte die Entwickelung des Pferdes zustande.

Gelegentlich inkarnierte er selbst, und seine Nachkommen bildeten eine Sondergruppe eines verbesserten Typs. Aber im Allgemeinen war er nicht physisch anwesend, sondern leitete die Angelegenheiten durch seine Stellvertreter auf Erden, worunter Jupiter und Mars die hervorragendsten waren.

Sie waren Hirten und Ackerbauer. Sie siedelten nicht in großen Städten und das Plateau wurde dicht bevölkert, bis es, am Ende von ungefähr dreitausend Jahren, einem einzigen riesigen Dorfe glich. Da sandte er, um die Zahl der Bewohner in der Hauptniederlassung zu vermindern, eine ziemlich große Anzahl von Leuten aus, um in Afrika eine große Kolonie zu gründen. Diese Kolonie wurde später ganz ausgerottet.

Nur wenige Jahre vor der Katastrophe des Jahres 75 025 v. Chr. erwählte er — auf eine Botschaft vom Haupte der Hierarchie hin — ungefähr siebenhundert seiner eigenen Nachkommen, um sie nordwärts zu führen. Er hatte aus diesen Leuten wieder eine fortschrittliche Sekte gemacht, strenger in ihrem Lebenswandel als die Leute um sie herum: und die am Hergebrachten Hängenden, unter denen sie lebten, sahen nicht mit freundlichen Blicken auf sie: Er riet ihnen daher, ihm in ein Land zu folgen, in dem sie — den Verfolgungen der am Hergebrachten hängenden Strenggläubigen entgehen — und in Frieden leben konnten: Es war ein Land, das einige Jahre der Wanderschaft entfernt lag. Augenscheinlich wurden selbst seine eigenen höheren Offiziere nicht ins Vertrauen gezogen, sondern führten einfach nur seine Anordnungen aus. Unter diesen waren einige, die jetzt Meister und andere, die von unserer Erde fort und weiter gegangen sind.

Da die Zahl seiner Anhänger klein war, bildeten sie eine einzige Karawane, und der Manu sandte eine Botschaft an den Herrscher des Sumero-Akkadier-Reiches und bat um friedlichen Durchzug durch seine Gebiete, welche die heutige Türkei in Asien, Persien und die jenseitigen Länder umfasste. Ohne Schwierigkeiten erreichte er die Grenzen jenes Reiches und der Kaiser erwies sich als freundlich gesinnt. Sein Freibrief ging bis nach Turkestan und dort musste er mit einem Staatenbund Turanischer Lehnsgebiete einschließlich des Landes, das jetzt Tibet ist, unterhandeln. Er zog zwischen Gebirgsketten entlang, deren eine der Thianschan ist. Diese begrenzten die Ufer des Gobi-Meeres und erstreckten sich bis zum nördlichen Eismeer. Der Manu war in nördlicher Richtung durch Mesopotamien und Babylonien gewandert und die Gebirge, die er zu durchkreuzen hatte, waren nicht sehr hoch. Der Turanische Staatenbund erteilte ihm die Erlaubnis zum Durchzuge, zum Teil, weil seine Leute nicht zahlreich genug waren, um Furcht einzuflößen, zum Teil, weil er bekannt gab, dass er eine Mission ausführe, die ihm von dem „Allmächtigen" aufgetragen sei. Nach einigen Jahren der Wanderschaft erreichte er die Küsten des Gobi-Meeres, aber eingedenk der Botschaft, die er empfangen, blieb er nicht in der Ebene, sondern wendete sich nach den Bergen im Norden, wo ein großes seichtes Meer sich bis zum nördlichen Eismeer und bis an den Pol erstreckte. Um diese Zeit war der Lemurische Stern vielfach abgebröckelt und seine nächste Spitze war ungefähr tausend Meilen nördlich. Einige seiner Anhänger postierte er auf einem Vorgebirge, nach Nord-Osten zu, aber die größere Zahl siedelte sich in einer fruchtbaren krater-ähnlichen Niederung an, ähnlich der „Teufels Punsch Bowle" in Surrey, jedoch viel größer; dies war mehr Binnenland, von einem angrenzenden Vorgebirge aber konnten sie das Gobi-Meer sehen und das Land, in dem sie sich später niederlassen sollten. Dies sollte ihr Wohnsitz bleiben bis nach der großen, nahe bevorstehenden Katastrophe. Das Weiße Eiland lag süd-östlich und war ganz außer Sicht, obgleich es später, nachdem es mit hoben, himmelstrebenden Tempeln bedeckt war, auch von dieser Stelle aus sichtbar wurde. Das Vorgebirge und das angrenzende Land war aus Felsschichten gebildet, die bei Erdbeben wenig gefährdet waren, es sei denn, das ganze Land wäre auseinander gefallen. Hier sollte er bleiben, bis alle Gefahr vorüber wäre, und so hatten sie einige Jahre

Zeit, um sich dort niederzulassen. Viele starben unterwegs und gleich nach der Ankunft, er selbst reinkarnierte, um den Typus schneller zu heben.

Dies war, wie oben gesagt, wirklich seine eigene Familie, da es seine physischen Nachkommen waren und, wenn die Körper starben, barg er die Egos in neuen und besseren.

Wieder herrschte in Atlantis der reinkarnierte Metall-Mann, trotz seiner früheren Erfahrungen augenscheinlich nicht klüger geworden. Er war im Besitz der Stadt der Goldenen Tore und die edler gearteten Atlantier wurden von ihm sehr unterdrückt.

Die Stadt wurde plötzlich dadurch vernichtet, dass die See durch ungeheure Risse hineinströmte, Risse, die durch Explosionen von Gasen entstanden waren: aber ungleich der Katastrophe, in welcher die Insel Poseidonis innerhalb vierundzwanzig Stunden versank, erstreckten sich diese Erschütterungen über einen Zeitraum von zwei Jahren. Weitere Explosionen ereigneten sich, neue Risse, Spalten entstanden, Erdbeben erschütterten das Land und jede Explosion verursachte weitere Boden-Störungen. Der Himalaja wurde etwas gehoben: das Land südlich von Indien wurde samt seiner Bevölkerung verschlungen; Ägypten überflutet, nur die Pyramiden blieben stehen. Die Landzunge, welche sich von Ägypten nach den Ländern erstreckte, die heute Marokko und Algier sind, verschwand und beide Länder blieben als Insel zurück, deren Küsten vom Mittelmeer und dem Sahara-Meer bespült wurden. Das Gobi-Meer wurde kreisrund und Land wurde aufgeworfen, nämlich das jetzige Sibirien, welches es vom nördlichen Eismeer trennte. Mittel-Asien hob sich empor, und viele Sturzbäche, verursacht durch die beispiellosen Regengüsse, rissen tiefe Klüfte in die weiche Erde.

Während diese seismischen Veränderungen weiter vor sich gingen, blieb der Landstrich der Gemeinde des Manu von unmittelbaren Erd-Zerklüftungen oder Veränderungen der Erd-Oberfläche verschont, aber das Volk war durch die sich wiederholenden Erdbeben beständig voller Furcht und Schrecken, der Angstgedanke lähmte sie fast, dass die Sonne, die ein Jahr lang von Massen von Wolken — hauptsächlich aus feinem Staub bestehend — (unsichtbar geblieben war) für immer ausgegangen sein könne. Das Wetter war unbeschreiblich. Fast ununterbrochen fielen schreckliche Regen, Massen von Dampf und Staubwolken verhüllten die Erde und verdunkelten die Luft. Nichts wollte richtig wachsen, und sie waren ernstlichen Entbehrungen ausgesetzt: die Gemeinde, ursprünglich siebenhundert Köpfe, die sich bis auf tausend vermehrt hatte, wurde durch dieses

Ungemach und diese Prüfungen bis auf etwa dreihundert vermindert. Nur die Stärkeren überlebten; die Schwächeren wurden hinweggerafft.

Nach fünf Jahren hatten sie sich wieder eingerichtet: aus der punschbowlenartigen Vertiefung war ein See geworden: einige Jahre, in denen warmes Wetter herrschte, folgten den Jahren des Aufruhrs und der Verwirrung, viel jungfräulicher Boden war aufgeworfen worden und sie waren imstande, das Land zu bebauen. Der Manu aber wurde alt und ein Befehl gelangte an ihn, sein Volk nach dem Weißen Eiland zu bringen. Und vernehmen hieß gehorchen.

Dort wurde ihm der große Plan für die Zukunft, der sich über Tausende von Jahrzehntausenden erstreckte, vom Oberhaupt der Hierarchie selbst entrollt. Sein Volk sollte auf dem Festlande an den Ufern des Gobi-Meeres wohnen und sie würden sich mehren und stark werden. Die neue Rasse sollte auf dem Weißen Eiland selbst gegründet werden, und nachdem sie sich vermehrt hatte, sollte eine mächtige Stadt an der gegenüberliegenden Küste als Wohnsitz für sie erbaut werden und der Plan für die Stadt wurde ihm angedeutet. Einige zwanzig Meilen entfernt von den Ufern des Gobi-Meeres lief eine Gebirgskette längs derselben und niedrige Berge erstreckten sich von dieser Kette bis zur Küste, vier große Täler liefen zwischen diesen Ketten zum Meere. Die dazwischen liegenden Berge trennten sie vollständig voneinander. Er sollte bestimmte auserlesene Familien in diese Täler verpflanzen und darin vier getrennte Unter-Rassen entwickeln, welche dann später nach verschiedenen Teilen der Welt gesandt werden sollten. Auch sollte er einige seiner eigenen Leute entsenden, damit sie anderswo geboren würden, sie dann zurückbringen und auf diese Weise neue Mischungen herbeiführen; denn sie sollten in seine Familie heiraten, und nachdem der Typus so weit gediehen, würde er unter ihnen wieder inkarnieren, um ihn zu festigen. Auch für die Wurzel-Rasse war eine Beimischung notwendig, da der Typus nicht ganz befriedigend war.

Es sollte also ein Haupttypus und mehrere Untertypen gebildet werden und mit dem Ausbilden der Unterscheidungsmerkmale sollte in diesen verhältnismäßig frühen Tagen begonnen werden, um auf diese Weise fünf Gruppen zu erhalten, die sich nach verschiedenen Richtungen entfalten sollten. Es ist interessant zu sehen, nachdem er sein Volk Generationen hindurch verfeinert und Heiraten mit außerhalb Stehenden verboten hatte, dass er es dennoch für nötig hielt, ihnen später ein wenig fremdes Blut zuzuführen, und dann die Nachkommenschaft jener fremden Vorfahren getrennt zu halten.

Darauf setzte der Manu die Ansiedelung seines Volkes (um 70 000 v. Chr.) ins Werk und gebot ihnen, auf dem Hauptlande Dörfer zu bauen und dort mehrere tausend Jahrhunderte hindurch zu wachsen und sich zu mehren. Sie brauchten nicht von Anfang anzufangen wie die Wilden; sie waren schon ein zivilisiertes Volk und verwendeten ziemlich viele arbeitersparende Maschinen. In einer ihrer Städte, die ziemlich weit zerstreut längs der Küstenlinie waren, bemerkten wir eine Anzahl bekannter Gesichter. Mars, ein Großsohn des Manu, war das Haupt der Gemeinde und lebte mit seinem Weibe Merkur und seiner Familie — worunter Sirius und Alcyone waren — in einem hübschen Hause, umgeben von einem großen Garten und schönen Bäumen. Corona befand sich darunter, desgleichen Orpheus, ein älterer, stattlicher, sehr würdiger und hoch geehrter Herr.

Jupiter beherrschte die Provinz — wenn wir die ganze Niederlassung der im Werden begriffenen Rasse, die ungefähr siebentausend Seelen zählte, so nennen dürfen —, und waltete seines Amtes, das ihm vom Manu, dem anerkannten König der Gemeinde, der in Shamballa residierte, übertragen worden war.

Während wir diese Stadt beobachteten, kam eine lärmende Schar von Männern, die augenscheinlich auf einem Raubzuge ausgewesen waren, angaloppiert; sie ritten, Vajra, der ihr Anführer war, an ihrer Spitze, struppige Tiere, die Pferden ähnlich waren; sie hielten vor dem Hause des Mars, der Vajras Bruder war, und galoppierten bald darauf ebenso lärmend wie sie gekommen waren, wieder davon. Wir folgten ihnen nach einer anderen Stadt, gleichfalls an den Ufern von Gobi, wo wir Viraj als Oberhaupt vorfanden. Sein Sohn Herakles war bei dem Beutezug, auch Ulysses bemerkten wir darunter.

Noch andere wohlbekannte Gesichter sahen wir hier; Cetus und Ulysses befehdeten sich; zuerst waren sie über ein Tier in Streit geraten, wovon jeder behauptete, es erlegt zu haben; dann über ein Stück Land, das beide haben wollten und endlich über eine Frau, die beide begehrten. Pollux und Herakles waren große Freunde, Pollux hatte unter großer eigener Lebensgefahr bei einem Raubzuge dem Herakles das Leben gerettet. Eine der Töchter des Herakles, Psyche, ein großes, äußerst starkes Mädchen im Alter von vierzehn Jahren lenkte unsere Aufmerksamkeit auf sich, denn während sie einen kleinen Bruder, Fides, in den Armen trug, wurde sie von einer großen Ziege angegriffen; die Ziege hatte starke am Ansatz gewundene und spitz zulaufende Hörner, aber das Mädchen ließ sich nicht einschüchtern; sie ergriff die Ziege bei den Hörnern und warf sie auf den Rücken, packte sie dann bei den Hinterbeinen und schlug sie heftig auf den Boden auf. Das Kind Fides schien ein richtiger Familienverzug zu sein; wir sahen Herakles es auf der Schulter umhertragen.

Einige Jahre später verursachte der Manu, ein sehr alter Mann, dadurch große Aufregung, dass er Jupiter, Corona, Mars und Vajra kommen ließ. Zurückgekehrt, wählten sie, seinem Befehl gemäß, einige Kinder der Niederlassung aus und schickten sie hinüber nach Shamballa. Diese Kinder waren die besten aus der Gemeinde und haben seither die Würde von Meistern erlangt. Es waren die Söhne von Alcyone, Uranus und Neptun und seine Töchter Surya und Brihaspati; Saturn und Vulkan, noch Knaben, und Venus, ein Mädchen, wurden auch ausgewählt. Einige Frauen wurden ihnen mitgegeben, um für sie zu sorgen, und die Kinder wurden in Shamballa erzogen. Als die Zeit gekommen war, heiratete Saturn Surya und der Manu wurde als ihr ältester Sohn wiedergeboren, um die Rasse auf einer höheren Stufe zu erneuern.

Denn während dessen hatten sich die Dinge auf dem Hauptlande sehr geändert. Bald nach der Entfernung der oben erwähnten Kinder fegten die Turanier, wie eine verheerende Flut über die Gemeinde hin; dies war das Ereignis, vor welchem der Manu, vorausschauend, seine Statthalter gewarnt hatte und vor welchem die Kinder gerettet wurden. Die Angreifer wurden mehrere Male tapfer zurückgeschlagen, aber Horde auf Horde folgte und endlich wurde die Hauptmasse der kämpfenden Männer getötet, die Schlacht wurde ein bloßes Morden, und weder Mann, Weib noch Kind blieb am Leben. Unser alter Freund Scorpio war, der Anführer eines Stammes, wiederum seinen Dauerzwist mit Herakles erneuernd. Eine Anzahl viel versprechender Kinder wurde dahingerafft, aber schließlich hatte es nicht viel auf sich; denn sie verließen das Erdenleben alle zusammen, Großeltern, Eltern und Kinder, und waren bereit zurückzukehren, als der Manu seine Familie gründete. Mars kehrte früher zurück und wurde in Shamballa als jüngerer Bruder des Manu wiedergeboren, während Viraj seine Schwester war.

Dann fing alles wieder von vorne an, aber auf einer höheren Stufe, sie erfanden wieder viele nützliche Dinge, und bildeten nach einigen Tausenden von Jahren eine volkreiche und blühende Zivilisation. Dort waren unter den Pionieren unsere alten Freunde, Herakles, dieses Mal Sohn des Mars. Die von der Gruppe der Dienenden damals Verkörperten arbeiteten fleißig unter der Leitung ihrer Führer, und gaben sich Mühe, deren Willen auszuführen. Oft waren sie schwerfällig und schwer von Begriff und machten viele Fehler, aber stets waren sie treu gesinnt und ihnen von ganzem Herzen ergeben, und das verband sie eng mit denen, welchen sie dienten.

Häuser von gewaltiger Größe wurden erbaut, um mehrere Generationen zu beherbergen (tatsächlich alle Glieder einer Familie): sie waren stark befestigt, hatten nur einen Eingang und die Fenster gingen nach einem großen Hofe in der Mitte des Gebäudes, wo Frauen und Kinder sicher waren. Nach einiger Zeit wurden um die Dörfer und Städte starke Wälle errichtet, als weitere Abwehr; denn die wilden Turanier schwärmten beständig um die Grenzgebiete der Gemeinde, und versetzten durch ihr wildes, gellendes Geheul und ihre plötzlichen Angriffe die Einwohner in Schrecken. Die außen liegenden Dörfer waren beständig im Alarmzustand, während die Bewohner der Meeresküste mehr in Frieden gelassen wurden.

Als die Rasse wiederum zu einem kleinen Volke angewachsen war, fand ein erneuter entschlossener Angriff der Turanier statt und schließlich ein abermaliges Massenmorden, wobei wiederum nur wenige Kinder und deren Pflegerinnen gerettet und in Shamballa erzogen wurden. Es ist bemerkenswert, dass selbst die blutdürstigen Turanier das Weiße Eiland nicht angriffen. Sie empfanden davor die größte Ehrfurcht. Auf diese Weise wurde der Rassentypus immer erhalten, selbst nachdem die Hauptmasse derselben zweimal vernichtet und hinweggerafft worden war, und darauf inkarnierten der Manu und seine Statthalter sobald wie möglich und läuterten sie weiter, so dem Typus, auf den er hinarbeitete, immer näher kommend.

Kapitel XV.
Der Bau der Großen Stadt.

Nach der zweiten Zerstörung hielt der Manu noch einen kleinen Toltekischen Einschlag für seine Rasse nötig. Diese hatte, wie wir uns erinnern wollen, nur ein Zwölftel Toltekischen Blutes in sich. Er sandte also Mars, der zu Anfang der letzten Kriege getötet worden war, um in der reinsten Toltekischen Familie auf Poseidonis zu inkarnieren und berief ihn im Alter von 25 Jahren zur Rückkehr in seine junge Gemeinde. Die schönste und beste von des Manu eignen Töchtern, in ihrer Kindheit dem zweiten Hinmorden entronnen, wurde dem Mars zur Gattin gegeben — Jupiter war seit Jahrhunderten sein Freund und Lehrer. Ihnen wurde Viraj geboren — ein herrlicher Repräsentant alles dessen, was die beiden Rassen, denen er entsprang, bestes besaßen. Er heiratete Saturn, und Vaivasvata Manu nahm als ihr Sohn wieder Geburt. — Von diesem Zeitpunkte an kann man sagen, dass die fünfte oder Arische Wurzel-Rasse als eine wirklich aussichtsvolle Schöpfung begann; denn danach ist sie nie wieder zerstört worden. Es war ungefähr um 60 000 v. Chr. Die Zivilisation, die diesem winzigen und zarten Samen langsam entsprang, war eine schöne und reine, und, da sie in großem Maße von der übrigen Welt abgeschlossen war, blühte und gedieh sie außerordentlich.

Die Nachkommen des Manu blieben auf dem Eiland, bis sie hundert Seelen zählten. Der Manu hatte angeordnet, dass sie, sobald sie diese Zahl erreicht hatten, nach dem Festlande übergehen, und an der Stadt, welche er zur künftigen Hauptstadt seiner Rasse ausersehen, zu arbeiten anfangen sollten. Der Plan war schon vollständig ausgearbeitet, so wie er ihn in der Ausführung zu sehen wünschte, alle Straßen waren eingezeichnet, ihre Breite festgesetzt, die Größe der Hauptgebäude usw. Das Weiße Eiland war der Mittelpunkt, welchem die großen Hauptstraßen zuströmten, so dass sie, wenn sie das dazwischen liegende Meer durchkreuzt hätten, alle auf dem Eiland gemündet haben würden. Niedrige Felsenriffe erhoben sich aus dem Meere und von diesen stieg das Land allmählich zu den zwanzig englische Meilen entfernten lieblichen, purpurnen Bergen hinan; obgleich den kalten Winden von Norden her offen, war es eine herrliche Lage für eine Stadt. Die Stadt breitete sich fächerförmig um die Küste aus, erstreckte sich über dieses große, sanft ansteigende Land und die Hauptstraßen waren so breit, dass selbst von ihrem äußersten Ende gegen die Hügel hin das Weiße Eiland gesehen werden konnte. Dieses war der bedeutendste, ja bedeutungsvollste Gegenstand, und nachdem der ganze herrliche Plan ausgeführt war, schien er das Leben und Weben der ganzen Stadt zu beherrschen. Die Stadt war tausend Jahre von dem Volke, das darin leben sollte, erbaut worden; sie wuchs nicht unzusammenhängend, abgerissen wie moderne Großstädte: und die kleine Gruppe von hundert Menschen — die Kinder und Enkel des Manu — sahen fast komisch unproportional und unzulänglich darin aus, der ungeheuren Aufgabe gegenüber, die sie in Angriff nehmen und die ihre Nachkommen beenden sollten. Sie errichteten einstweilige Wohnstätten für sich selbst, in einer Weise, die den Plan nicht störte, und mussten natürlich ausreichend Land für ihren Lebensunterhalt bebauen. Die ganze Zeit, die sie nicht genötigt waren, ihrem eigenen Unterhalt zuzuwenden, widmeten sie den Vorbereitungen für den Bau. Sie vermaßen das Land und steckten dem Plane gemäß die breiten Straßen ab, fällten viele Bäume und verwerteten das Holz derselben für ihre eigenen Wohnstätten. Gelegentlich wurden einige nach den Bergen gesandt, sich nach passendem Gestein und Metall umzusehen, und sie legten Bergwerke an und arbeiteten in Steinbrüchen. Aus diesen brachen sie weißes, graues, rotes und grünes Gestein, das wie Marmor aussah, aber härter zu sein schien als der Marmor, den wir kennen: möglicherweise besaßen sie ein Geheimnis, um ihn zu härten, da sie aus Atlantis gekommen waren, wo die Baukunst zu großer Vollkommenheit gediehen war. Später gingen sie weiter landeinwärts und fanden Porphyr von herrlich purpurner Farbe, den sie sehr wirkungsvoll verwendeten.

Es war ein seltsamer Anblick diese Erbauer einer künftigen Stadt am Werke zu sehen. Nachkommen des Manu, von gleicher Erziehung und Bildung, fühlten und handelten sie wie eine einzige Familie, selbst als sie zu Tausenden angewachsen waren. Die Anwesenheit des Manu und dessen Statthalter erhielt dieses Gefühl ohne Zweifel lebendig und machte die wachsende Gemeinde zu einer wirklichen Bruderschaft, in der jeder Einzelne alle anderen kannte. Sie arbeiteten, weil sie die Arbeit freute, weil sie gern arbeiteten und fühlten, dass sie die Wünsche Dessen ausführten, der gleichzeitig ihr Vater und ihr König war. Sie arbeiteten in den Feldern, sie mahlten Korn — sie schienen Weizen, Roggen und Hafer zu haben — sie bebauten und formten die ungeheuren Steine, die aus den Bergen herbeigeschafft worden waren; und alles geschah freudig als heilige Pflicht und als verdienstlich.. Willig wurde jede Arbeit getan.

Der Baustil war zyklopisch, enorme Steine wurden verwendet, größere als selbst die von Karnak. Sie bedienten sich allerlei Maschinen, Winden und Rollen, um die Steine fortzubewegen: manchmal in schwierigen Fällen gab der Manu Weisungen, wahrscheinlich Mittel zur Anwendung magnetischer Kräfte, welche die Arbeit erleichterten. Sie hatten äußerste Kraft und Findigkeit anzuwenden Gelegenheit, um diese ungeheuren Steine zu handhaben, einige davon über 50 Meter lang, und es gelang ihnen, sie die Wege entlang zu ziehen. Aber wenn es galt, sie an die bestimmten Plätze zu heben, machten der Manu und seine Statthalter sie durch okkulte Mittel leichter. Einige dieser Statthalter, über dem Range eines Meisters stehend, waren Herren des Mondes, die Chohans vors Strahlen geworden waren. Sie bewegten sich unter den Leuten und beaufsichtigten ihre Arbeit; und man sprach von ihnen unter dem allgemeinen Titel der Maharishis. Einige Namen klangen sehr guttural, wie Rhudhra; ein anderer Name, den wir hörten, war Vasukhya. Wir waren sehr überrascht, dort augenscheinlich eine Form des Sanskrits zu finden, das vor so ungeheuren Zeiten also schon in erkennbarer Form existierte. Es schien, dass die Sprache, die „Die Herren der Flamme" von der Venus brachten, dieses Mutter-Sanskrit gewesen ist, wahrlich eine „Sprache der Götter", und solange die Menschen in Berührung mit jenen Großen waren, hielt sie sich ohne viel Veränderungen.

Die Gebäude waren nach ägyptischem Maßstabe, aber dem Aussehen nach viel leichter. Dies war hauptsächlich an den Häusern auf dem Weißen Eilande bemerkbar, wo die Kuppeln nicht große Kugeln, sondern an der Basis ausgebuchtet waren und in eine Spitze ausgingen, einer dichtgeschlossenen Lotus-Knospe gleich, in welcher den eingeschlossenen Blättern eine Art von Drehung gegeben worden war. Es schien, als ob zwei Schnecken rechtsseitig und linksseitig übereinander gesetzt worden wären, so dass die Linien einander kreuzten, was sich bis zur Lotus-Knospe fortsetzte, die an der Basis ausschwang. Die unteren Teile der ungeheuren Gebäude waren von außerordentlicher Massivität; dann kam die Krönung, aus Minaretts und Bogen bestehend, Bogen mit einer eigenartigen und sehr graziösen Schweiflinie, und die Spitze bildete kuppelartig die märchenhafte Lotus-Knospe. Die Errichtung all der Bauten dauerte viele hundert Jahre, aber als das Weiße Eiland vollendet war, war es ein Wunderwerk. Das Eiland selbst hob sich sanft bis zu einem Mittelpunkt hinan, und das wussten die Erbauer zu nutzen. Sie errichteten staunenswerte Tempel darauf, alle von weißem Marmor mit eingelegter Arbeit in Gold und diese bedeckten das ganze Eiland und machten es zu einer einzigen heiligen Stadt. All diese Tempel stiegen nach dem gewaltigen Tempel in der Mitte hin an, welcher mit den oben erwähnten Minaretts und Bogen gekrönt und mit der Lotus-Knospen-Kuppel in der Mitte geziert war. Die Kuppel befand sich über der großen Halle, worin die vier Kumaras bei besonderen Gelegenheiten, bei großen religiösen Festen und Zeremonien von nationaler Bedeutung erschienen.

Aus einiger Entfernung — sagen wir zehn englische Meilen weit vom Ende einer der Straßen der Stadt — war der Eindruck der weiß und goldenen Stadt wie ein weißer Dom, der inmitten des blauen Gobi-Meeres lag: Das Gobi-Meer war zu jener Zeit ein wenig kleiner als das jetzige Schwarze Meer in Europa- Ein wundersam schöner und eindrucksvoller Anblick. Alle Gebäude schienen gegen die Mitte hinauf in die blaue Luft zu ragen und von der märchenhaften schönen Kuppel gekrönt zu sein, die fast im Äther schwamm. Als wir uns gleichsam, wie in einem Ballon über sie in die Luft erhoben und hinab sahen, konnten wir die Weiße Stadt wie einen Kreis erblicken, der durch ein Kreuz geteilt war; denn die Straßen waren wie vier Radien, die beim Mittel-Tempel zusammenliefen. Von Nordwesten gesehen, von dem Vorgebirge der früheren Niederlassung, machte das Ganze einen außerordentlichen Eindruck, der kaum zufällig sein konnte. Es glich dem großen Auge der Freimaurer. Symbolik, und zwar hier so verkürzt, dass die Windungen, die Kurven, zylindrisch wurden und die dunkleren Linien der Stadt auf dem Festlande die Iris bildeten.

Sowohl außen als innen waren die Tempel auf dem Weißen Eiland mit viel Bildhauerarbeit verziert. Viele derselben enthielten Freimaurerische Symbole, denn die Freimaurerei hat ihre Symbole von den Mysterien ererbt, und alle Arischen Mysterien wurden von diesem alten Mittelpunkt der Initiation hergeleitet. In einem Raume, der sich an den Mittel-Tempel lehnte und augenscheinlich Lehrzwecken diente, war eine Reihe von Bildwerken, die mit dem physischen Atom begannen und zum chemischen Atom übergingen, der Reihe nach geordnet und mit erklärenden Linien, welche die verschiedenen Verbindungen anzeigten, versehen. Wahrlich! es gibt nichts Neues unter der Sonne.

In einem anderen Raum waren viele Modelle, in einem derselben waren Crookes Lemniscate so gegeneinander gerichtet, dass sie ein Atom mit einer vierfältigen Rose bildeten. Vieles war in Hochrelief modelliert, so z. B. das pranische Atom, die „Oxygen-Schlange", der

„Nitrogen-Ballon".

Wehe und Ach! über die große Katastrophe, die diese gewaltigen Gebäude in Trümmer wandelte. Wäre sie nicht eingetreten, so hätten sie noch Tausende und aber Tausende von Jahren überdauern können.

Die Stadt auf dem Festlande war aus dem verschieden-farbigen, aus den Steinbrüchen der Berge gehauenen Gestein erbaut, und einige Gebäude mit dem grau und rot untermischten Gestein waren sehr wirkungsvoll. Rosa und grün war eine andere beliebte Zusammenstellung, und hier und dort wurde der purpurne Porphyr zu auffallend glücklicher Wirkung hinzugefügt. Viele Jahrhunderte vorausschauend, sahen wir, dass das Bauen noch immer vor sich ging, indessen mit viel mehr Arbeitern, bis die große Stadt, an der tausend Jahre lang gebaut wurde, zu ihrer vollen Pracht heranwuchs, zu einer Hauptstadt für ein Volk, das weltbeherrschend werden sollte. Die Arbeiter drangen, als ihre Zahl sich vermehrte, weiter nach außen vor, und bebauten mehr des sehr fruchtbaren Landes zu ihrem Unterhalt, indem sie bald in den Feldern, bald an ihren gewaltigen Tempeln arbeiteten. Jahrhundert auf Jahrhundert, stets dem ursprünglichen Plane des Manu folgend, breiteten sie sich so weiter aus längs der Küste des Gobi-Meeres und des großen Abhanges gegen die Berge hinan.

Die Berge enthielten Goldminen und Edel- und Halbedelgestein aller Art. Gold wurde vielfach an den Gebäuden verwendet, besonders an denen aus weißem Marmor; es brachte eine Wirkung von außerordentlichem, keuschem, edlem Reichtum hervor. Edelsteine in großer Menge wurden auch vielfach bei der Ausschmückung verwendet und wirkten gleich sprühenden Funken in Farben-Symphonien eingelegt. Steinplatten aus Chalzedon fügten sich zu ausdrucksvollen Zeichnungen und ein anderer Halbedelstein, dem mexikanischen Onyx ähnlich, wurde zu Mustern eingelegt. Eine beliebte und äußerst wirkungsvolle Erfindung und künstlerische und sinnreiche Anordnung bei der Verzierung großer öffentlicher Gebäude war eine Zusammenstellung eines dunkelgrünen Jadestein mit dem purpurnen Porphyr.

Sowohl außerhalb als innerhalb der Gebäude wurde Bildhauerarbeit in großem Maßstab angebracht, aber wir bemerkten weder Bilder noch Flächenzeichnungen, noch auch Perspektive.

Es waren lange Friese in Hoch-Relief angebracht, Prozessionen darstellend, alle Figuren von gleicher Größe, und nichts gab einen Begriff von Entfernung durch Verkleinerung der Figuren. Es waren weder Bäume noch Wolken als Hintergrund gegeben und alles ohne jede Wirkung von Raum. Diese Friese erinnerten an Elgins Marmorfriese und waren außerordentlich gut ausgeführt und sehr naturgetreu. Die Figuren auf diesen Friesen waren des Öfteren bemalt, wie auch einzelne Statuen, deren viele sowohl in den öffentlichen Straßen als in Privathäusern standen.

Die Stadt stand mit dem Weißen Eiland mittels einer massiven, prachtvollen Brücke in Verbindung, ein so außerordentlich auffallendes Bauwerk, dass es der Stadt den Namen gab, die, ihretwegen, die Stadt der Brücke genannt wurde[1]).

Es war eine Kantilever-Brücke, eine Träger-Brücke, die Form sehr anmutig, verziert mit ausgehauener Arbeit massiver Spiralen und da, wo ihre Enden auf den Klippen des Festlandes und auf dem Eiland selbst ruhten, mit großen Gruppen von Standbildern geschmückt. Die Quadern des Fußweges waren ungefähr 50 Meter lang und dementsprechend breit, ein edles Bauwerk, durchaus des Eilandes würdig, dessen einzigen Zugang diese Brücke bildete.

Die Stadt hatte ihren Höhepunkt erreicht um 45 000 v. Chr., als sie die Hauptstadt eines gewaltigen Weltreiches war, welches ganz Ost- und Mittel-Asien von Tibet bis zur Küste und von der Mandschurei bis Siam umfasste, und außerdem über alle Inseln von Japan bis Australien Oberherrlichkeit beanspruchte. Noch heute finden sich in einigen dieser Länder Spuren ihrer Herrschaft, und der unauslöschliche Stempel Arischen Blutes ist selbst so primitiven Rassen wie den haarigen Ainus von Japan und den australischen so genannten Urvölkern aufgedrückt.

Im Zenith ihres Glanzes und Ruhmes besaß die Stadt die großartige Architektur, die wir beschrieben haben, zyklopisch an Stil und Größe, aber mit großer Feinheit ausgeführt und bis zu einem auffallenden Grade fein durchgearbeitet. Wir haben gesehen, dass ihre Erbauer jene wunderbaren Tempel aufführten, deren kolossale Ruinen das Staunen aller erregen, die sie heute in Shamballa sehen; denn Shamballa ist noch immer das Unvergängliche Heilige Land, wo die vier Kumaras wohnen und wo alle sieben Jahre Eingeweihte aller Völker sich versammeln. Sie beschenkten die Welt mit jener unvergleichlichen Brücke, die einst das Heilige Land mit der Küste verband, die dort noch gesehen werden kann, gewaltig wie je, obgleich jetzt nur der Treibsand der Wüste unter ihr fließt. Auch ihre Skulptur war edel, wie wir gesehen, ihre Farben leuchtend, ihr Genius für Mechanik war bedeutend. In ihrer Blütezeit konnten sie mit Ehren jeden Vergleich mit Atlantis bestehen, und weil sie nie so großen Aufwand

---

1) Auch Manova genannt, die Stadt des Manu.

trieben, waren ihre Sitten reiner.

Das war die mächtige Stadt, die der Vaivasvata Manu geplant und seine Kinder bauten. Der Städte Asiens waren viele und große, aber die Herrlichkeit der Stadt der Brücke überstrahlte sie alle. Und über ihr schwebten stets die Mächtigen Gegenwarten, die ihren irdischen Wohnsitz auf dem Heiligen Weißen Eiland hatten und noch haben, diesem vor allen Stätten der Erde den stets und allwährenden Segen ihrer unmittelbaren Nähe verleihend.

Kapitel XVI.
Alte Arische Zivilisation und Herrschaft.

Die Kinder des Manu waren in keiner Beziehung primitive Menschen. Sie hatten gleich von Beginn an die viele hunderttausend Jahre alte atlantische Zivilisation hinter sich und lebten jahrtausendelang unter der Führung ihres eigenen Manus in Arabien und im nördlichen Asien. Die ganze Bevölkerung, selbst diejenigen, die die so genannte niedrigste Arbeit ausführten, konnten lesen und schreiben, denn alle Arbeit wurde ohne Unterschied als ehrenvoll betrachtet, weil sie für den Manu, als Seine Arbeit, ausgeführt wurde. Wir bemerkten einen Mann, der die Straßen reinigte, als ein äußerst würdevoller und prächtig gekleideter Priester, der augenscheinlich einen hohen Rang bekleidete, vorbeikam und den Straßenkehrer höflich wie seinen Bruder und Gleichgestellten, als zur Bruderschaft der großen Familie der Kinder des Manu gehörig, ansprach. Das vorherrschende Gefühl war das der Rassenverbrüderung, eine wunderbare Wesens-Gleichheit — ähnlich derjenigen, die man manchmal unter Freimaurern findet — und eine gemeinsame gegenseitige Höflichkeit. Zugleich war auch eine volle Anerkennung persönlicher Vorzüge, ein Emporblicken zu den höher stehenden Menschen und viel Dankbarkeit für ihre Hilfe, sowie völlige Abwesenheit von derber Anmaßung vorhanden. Jedermann wurde mit wohlwollendem Gefühl von seiner besten Seite betrachtet und man setzte voraus, dass der Andere ebenfalls wohlgesinnt war. Daher wurden Streitigkeiten vermieden. In dieser Beziehung war diese arische Zivilisation von der mehr sorgfältig ausgearbeiteten und luxuriösen atlantischen Zivilisation sehr verschieden, wo jeder nur nach eigenem Wohlbehagen und nach Anerkennung der eigenen Person strebte, wo sich die Menschen gegenseitig misstrauten und verdächtigten. Bei den Ariern vertrauten sich die Menschen gegenseitig — das Wort eines Mannes genügte, und es wäre „un-arisch" gewesen, es zu brechen.

Eine andere Sonderbarkeit war die große Anzahl Menschen, die sich dort scheinbar gegenseitig kannten. So wie heutzutage in einem kleinen Dorf, so war es damals in einer großen Stadt, wo sich alle Leute Jahrhunderte lang mehr oder weniger kannten. Als dieses bei zunehmender Bevölkerung unmöglich wurde, war es die Pflicht der Beamten, die Bewohner ihres Bezirkes zu kennen, und das Bekanntsein mit einer großen Anzahl von Menschen gehörte mit zu den Eigenschaften eines Beamten.

Das Gefühl der Brüderlichkeit bezog sich jedoch auf die Bruderschaft der Rasse. Es erstreckte sich nicht außerhalb der Arier selbst, wie zum Beispiel auf die Turanier. Diese gehörten zu einem anderen Stamm und zu einer anderen Kultur. Sie waren geschickt, schlau und unverlässlich. Diesen gegenüber trugen sie eine auffallende und würdevolle Zurückhaltung zur Schau. Sie waren Fremden gegenüber nicht feindlich gesinnt, auch verachteten sie sie nicht, nur behandelten sie diese, als nicht zur Familie gehörig, mit Zurückhaltung, Leute, die zu anderen Nationen gehörten, ließ man die inneren Räume der Häuser nicht betreten, sie blieben nur in den äußeren Höfen. Man hatte abgesonderte Häuser und Höfe für die Unterkunft von Fremden, deren es jedoch nur wenige gab. Gelegentlich kamen Karawanen von Kaufleuten sowie Abgesandte anderer Nationen, die man höflich und gastfreundlich empfing, aber immer mit dieser ruhigen Zurückhaltung, die eine unüberwindliche Schranke andeutete.

In ihrer Herrschaft, die ihnen später über andere Nationen zufiel, waren sie gelegentlich hart. Dieses konnte man an einem Verweser beobachten, der über die Turanier gesetzt wurde. Er war weder grausam, noch unterdrückte er sie, war aber streng und hart. Diese strenge Geistesverfassung schien eine Charakteristik ihrer Fremd-Herrschaft zu sein, die sich mit dem wärmsten Gefühl von Brüderlichkeit gegenüber ihrer eigenen Rasse vereinigen ließ.

Es machte den Eindruck, dass hier, wie überall, eine physische Welt-Bruderschaft eine gewisse allgemeine Grundlage von Erziehung und Kultur, von Moral und Ehrenhaftigkeit erforderte. Ein Mensch war ein „Arier", ein „Edelmann", und diese Tatsache umschloss einen Kodex von Ehre und Gepflogenheit, der nicht missachtet werden konnte. Er musste, wie wir heute zu sagen pflegen, ein „Edelmann" sein, der sein Leben nach einer bestimmten Richtschnur sozialer Verpflichtungen einrichtete. Er konnte jede Art der Arbeit verrichten, sich zu jeder Höhe des Wissens erheben, nur gab es ein gewisses Mindestmaß an Wohlerzogenheit und guten Manieren, unter das er nicht fallen durfte. Aus diesem entstand das Gefühl der Zurückhaltung gegenüber allen, die „außerhalb des Bereiches" waren, von deren Manieren und Gewohnheiten, Moral und Eigenschaften nichts bekannt war. Die Kinder des Manu waren Aristokraten im wahren Sinne des Wortes, stolz auf ihre hohe Abstammung und im vollen

Bewusstsein der Anforderungen, die an sie gestellt wurden. Für sie war der Ausspruch „Noblesse oblige" (Adel verpflichtet) keine Phrase. Die Zivilisation war sehr hoch und glückspendend, mit viel Musik, Tanz und Lustbarkeiten, zu der auch ihre Religion beitrug, indem sie überaus reich an Lobpreisung und Danksagung war. Die Menschen sangen ständig Hymnen und Lobgesange und nahmen an, dass hinter allen Naturkräften Devas wirkten. Die Jungfrauen der Morgendämmerung wurden jeden Morgen freudig besungen, und der Geist der Sonne war Hauptgegenstand ihrer Verehrung. Die vier Kumaras betrachtete man als Götter, und Ihre Gegenwart wurde von Menschen, die so nahe zur Natur lebten, dass sie sensitiv und psychisch sein konnten, tatsächlich empfunden. Hinter dem Thron des Oberhauptes der Kumaras, in der großen Halle des Zentral-Tempels, war eine unendlich große, goldene Sonne, eine Halbkugel, die aus der Wand hervorragte, und an Tagen, wo Zeremonien abgehalten wurden, in blendendem Licht erglühte. Auch der Planet Venus war als Gegenstand der Verehrung abgebildet, vielleicht infolge der Überlieferung, dass die Herren der Flamme von der Venus herabgestiegen waren. Selbst der Himmel wurde verehrt und zu einer Zeit betete man das Atom an, als den Ursprung aller Dinge und als eine Manifestation der Gottheit im Kleinen.

Eine jährlich abgehaltene Zeremonie mag als ein Beispiel ihrer größeren religiösen Feierlichkeiten dienen:

Zu früher Morgenstunde sah man Menschen — Männer, Frauen und Kinder — in sehr langer Prozession auf den zusammenlaufenden Straßen einherschreiten, die sich an einem großen halbmondförmigen Platz vereinigten, der einer mächtigen Brücke gegenüberlag. Reiche seidene Stoffe flatterten von den Fenstern und Fahnenstangen, und die Straßen waren mit Blumen bestreut. Große Kohlenbecken sandten Wolken von Weihrauch empor. Die Menschen waren in vielfarbige Seide gekleidet, oft mit schweren Juwelen geschmückt, trugen herrlichen Korallenschmuck und Kränze von Blumengewinden — ein Feenland der Farben —, und sie schritten unter Klirren von Metallplatten und Trompetenstößen einher.

Sie bewegten sich in geordneter Reihenfolge über die Brücke, wo im Augenblick des Betretens aller Lärm verstummte. Inmitten dieser Stille gingen sie zwischen den mächtigen Tempeln zur zentralen heiligen Stätte und weiter in die Halle selbst. Der große Thron, aus dem Felsen selbst herausgehauen, war goldüberzogen, mit Juwelen reich besetzt, und stand auf seiner felsigen Plattform, über die große, in

Gold gearbeitete Symbole verstreut lagen. Davor stand ein Altar, hoch aufgehäuft mit duftendem Holz. Oben erstrahlte die riesengroße, goldene Sonne in schwachem Glanz, und der Planet Venus hing hoch oben in der Wölbung.

Sobald die Halle bis zu ihrem letzten Platz — mit Ausnahme von einem Raum im Vordergrund und zu beiden Seiten des Thrones — gefüllt war, trat eine stattliche Gruppe vom Hintergrund hervor und nahm die leergebliebenen Plätze ein, worauf sich alle in tiefer Verehrung verbeugten. Dort standen die drei Manus, in Ihre Amtsgewänder gekleidet, sowie der Mahaguru, der damalige Bodhisattva Vyasa, neben Vaivasvata. Und Surya stand dort, nahe hinter Seinem mächtigen Bruder und Vorläufer und dem Thron am nächsten, die drei Kumaras. Der Menge wahrscheinlich unsichtbar, aber doch sicher schwach empfunden, schwebten herrliche purpurne und silberne Devas, hoch oben in einem Halbkreis, ebenfalls voll Aufmerksamkeit an der Zeremonie teilnehmend. Nun befiel die ganze große Versammlung völlige Stille, als ob die Menschen kaum zu atmen vermöchten. Voll süßer Sanftheit, die große Stille scheinbar kaum unterbrechend, erhob sich eine wundervolle Melodie, verbunden mit Gesang, den diese Mächtigsten und Heiligsten, die um den Thron versammelt standen, angestimmt hatten. Es war eine Anrufung an den Herrn, den Herrscher. Er möge zu den Seinigen kommen. Die feierlich verstummten Laute gingen in Stille über und nun erhob sich wie als Antwort ein einzelner silberner Ton. Die große goldene Sonne erstrahlte in blendendem Glanz und unter ihr, gerade über dem Thron, blitzte ein leuchtender Stern auf, dessen Strahlen wie Blitze über den Häuptern der wartenden Menge hervorschossen. Und ER war da, das erhabene Oberhaupt der Hierarchie, sitzend auf dem Thron, strahlender wie Sonne und Sterne, die wohl ihre Pracht von IHM erhielten. Alle fielen auf ihr Antlitz und verbargen ihre Augen vor der blendenden Herrlichkeit Seiner Gegenwart.

Hierauf verminderte Er in Seiner Güte den Glanz, damit alle ihre Augen erheben können, um Ihn, Sanat Kumara, den „Ewig Jungfräulichen"[1]), in all der Schönheit Seiner unveränderlichen Jugend, die jedoch bis zum Ursprung aller Tage zurückreichte, sehen konnten. Ein tiefer Hauch der Ehrfurcht und des Staunens ging von der bewundernden Menge aus, und ein strahlendes Lächeln, das die wunderbare starke Schönheit noch mehr zum Ausdruck brachte, beant-

---

1) Der Name „Sanat Kumara", aus dem Sanskrit übersetzt, bedeutet „Ewige Jungfrau" und seine Endung deutet darauf hin, dass „Jungfrau" männlich ist.

wortete ihren einfachen, hingebungsvollen Blick der Liebe und Anbetung.

Hierauf streckte Er Seine Hände in der Richtung des vor Ihm stehenden Altars aus und Feuer strahlte aus ihnen darauf, wodurch die Flammen hoch emporloderten. Und nun war Er verschwunden, — der Thron war leer, der Stern verblasst, die goldene Sonne glühte nur schwach, und bloß das Feuer, das Er verlieh, flackerte unvermindert auf dem Altar.

Von diesem erhielten die Priester ein glühendes Stück Holz für die Altäre ihrer verschiedenen Tempel, und jedem anwesenden Oberhaupt eines Haushaltes[2]) wurde ein solches in einem, mit Deckel versehenen Gefäß übergeben, der es so abschloss, dass das Feuer darin lebendig blieb und nicht verlöschen konnte, bis man es zum Hausalter trug.

Die Prozession bildete sich aufs Neue und verließ den heiligen Ort in Stille, indem sie neuerdings über die Brücke schritt und so die Stadt erreichte. Hierauf erscholl plötzlich fröhlicher Gesang, die Leute wanderten Hand in Hand daher und tauschten Glückwünsche aus, wobei die Älteren die Jüngeren segneten und alle voll Freude waren. Das heilige Feuer wurde auf den Hausaltar gegeben, damit die Flamme entzündet werde, die das Jahr über brennen sollte, und man brannte Fackeln an, die man in die Häuser derjenigen trug, die an der Feier nicht teilnehmen konnten. Bis zur Wiederkehr dieses Festes nach Ablauf eines Jahres konnte man nämlich nicht mehr in den Besitz solchen Feuers kommen, das den Familienaltar heiligen sollte. Diesem Fest folgten Musik, Festgelage und Tanz, bis die Bewohner der glücklichen Stadt in Schlaf versanken.

Dieser Art war das Fest des Heiligen Feuers, das zu jeder Sommersonnenwende, am Johannistag, in der Stadt der Brücke abgehalten wurde.

Einige der Bewohner widmeten sich nahezu ganz dem Studium und erlangten in okkulter Wissenschaft große Fähigkeiten, damit sie diese, in gewissen Zweigen des öffentlichen Dienstes, anwenden konnten. Sie wurden Hellseher und eigneten sich die Herrschaft über verschiedene Naturkräfte an, indem sie lernten, Gedankenformen zu bilden und ihre physischen Körper nach Belieben zu verlassen. In Anbetracht der traurigen Resultate von Atlantis, wo okkulte Kräfte von Selbstlosigkeit und Moral getrennt wurden, wählten sich die Lei-

---

2) In späteren Zeiten, als die Bevölkerung der Stadt sich sehr vergrößerte, gab man das Feuer den Beamten, damit sie es in den Häusern ihrer Bezirke verteilten.

ter dieser Studien ihre Schüler mit besonderer Sorgfalt aus, und einer der Stellvertreter des Manu unterhielt eine allgemeine Oberaufsicht über solche Gruppen. Einige dieser Schüler hatten, wenn sie tüchtig waren, die besondere Pflicht gegenüber dem Staat, die Verbindung der verschiedenen Teile des Reiches aufrecht zu erhalten. Zeitungen gab es keine, doch unterhielten sie eine so genannte Nachrichten-Abteilung. In der Regel wurden die Nachrichten nicht veröffentlicht, doch konnte jeder, der über einen anderen Nachricht wünschte, der in irgendeinem Teil des Reiches wohnte, zu diesem Zentral-Büro gehen und sie dort erlangen. So gab es Bevollmächtigte für die verschiedenen Länder, und jeder, der über das ihm anvertraute Land Informationen gab, erhielt diese auf okkultem Wege. Expeditionen mit Friedens- oder Kriegsnachrichten wurden auf diese Weise verfolgt und diesbezügliche Nachrichten wurden — wie heutzutage — durch drahtlose oder andere Telegraphie abgegeben.

Bei einer Gelegenheit, als Corona ein entferntes Land regierte, konnte ihm der Manu seine Befehle nicht verständlich machen. Daher befahl er einem dieser geschulten Gelehrten, seinen physischen Körper zu verlassen, in seinem Astral-Körper zu Corona zu gehen und sich ihm beim Eintreffen zu materialisieren. Dadurch wurde die Botschaft an Corona in seinem Wachbewusstsein überbracht. Auf diese Weise blieb der Manu der wahre Herrscher, ohne dass die Ausdehnung des Reiches ein Hindernis gewesen wäre.

Das Schreiben wurde auf verschiedenen Materialien ausgeübt. Ein Mann wurde beobachtet, der mit einem scharfen Instrument auf eine wachsartige Fläche in einem länglichen Behälter schrieb, als würde er gravieren. Hierauf überfuhr er das Geschriebene mit einer hohlen Feder, aus der eine farbige Flüssigkeit kam, die sich beim Trocknen erhärtete und die Schrift im Wachs auf diese Weise überdeckte. Gelegentlich erfanden die Menschen ihre eigene Methode des Schreibens.

Die Mechanik hatte noch nicht die Höhe erreicht wie in Atlantis. Sie war einfacher, und ein großer Teil der Arbeit wurde mit der Hand ausgeführt. Der Manu hatte augenscheinlich nicht den Wunsch, den übertriebenen Luxus der Atlantier unter seinen Leuten einzuführen.

Aus einer kleinen Gemeinschaft, die 60 000 v. Chr. ihren Anfang nahm, wurde allmählich ein dicht bevölkertes Königreich, das vom Gobi-Meer eingeschlossen war, und allmählich Herrschaft über zahlreiche Nachbarstaaten — die Turanier mit inbegriffen — erlangte, die ihre Vorfahren so grausam vernichteten. Dieses bildete den Wurzelstamm aller Arischen Nationen, und aus diesem gingen, von

40 000 v. Chr. angefangen, die großen Völkerwanderungen hervor, aus denen die Arischen Unter-Rassen entstanden. Er verblieb an seiner Geburtsstätte, bis sich daraus vier Völkerwanderungen nach Westen gebildet hatten und große Massen Eroberungszüge nach Indien ausgesandt wurden, die das Land unterwarfen und sich aneigneten. Die letzten Reste verließen ihre Heimat nur kurz vor dem Untergang von Poseidonis im Jahr 9664 v. Chr.[3]), um sich mit ihren Vorläufern in Indien zu vereinen. Sie wurden tatsächlich von dort weggesandt, um der Vernichtung, die durch die schreckliche Katastrophe entstand, zu entkommen.

Vom Jahr 60 000 bis 40 000 v. Chr. wuchs und gedieh der Wurzelstamm in außerordentlichem Maße und erreichte seinen Höhepunkt im Jahr 45000 v. Chr. Er eroberte China und Japan, das hauptsächlich von Mongolen bevölkert war — das ist die siebente Atlantische Unter-Rasse — und dehnte sich nach Norden und Süden aus, bis ihm die Kälte Einhalt gebot. Außerdem eignete er sich noch die Reiche Formosa und Siam an, die von Turaniern und Tlavatis bevölkert waren, das sind die vierte und zweite atlantische Unter-Rasse. Hierauf kolonisierten die Arier Sumatra und Java und die angrenzenden Inseln, — die damals noch nicht in dem Maße wie heute zerstückelt waren. Sie wurden von den Bewohnern zum größten Teil willkommen geheißen, die die weißgesichtigen Fremden als Götter betrachteten und eher geneigt waren, sie zu verehren als zu bekämpfen. Ein interessantes Überbleibsel einer ihrer Niederlassungen, das in Celebes zurückblieb, ist der Stamm der Bergbewohner, Toala genannt Diese Insel, Ostwärts von Borneo, kam unter ihren Einfluss. Sie dehnte sich über die heutige Malaysische Halbinsel und über die Philippinen, die Lin-Kin-Inseln, den östlichen Archipiélago und Papus, die Inseln auf dem Weg nach Australien und über Australien selbst aus, das damals noch durch die Lemurier — die dritte Wurzel-Rasse — dicht bevölkert war.

Wir fanden Corona ungefähr im Jahr 50 000 v. Chr. in diesen mit Inseln gespickten Meeren, über ein großes Königreich herrschen. Er wurde in jener Gegend geboren und formte sich ein eigenes Königreich, indem er den Manu als obersten Herrn anerkannte und jede

---

[3]) Dieser Wurzelstamm wird in theosophischer Literatur für gewöhnlich „die erste Unter-Rasse", genannt. Doch darf man nicht vergessen, dass es die ursprüngliche Wurzel-Rasse ist, von der alle Zweige oder Unter-Rassen ausgegangen sind. Die erste Völkerwanderung wird die zweite Unter-Rasse genannt und so fort. Die Emigranten, die nach Indien einwanderten, kamen alle von diesen, Asiatischen Wurzelstamm und sind die „erste Unter-Rasse".

Seiner Weisungen, die er von Ihm erhielt, befolgte. Der Manu besaß die Oberherrschaft über das ganze große Reich mit seinen vielen Königtümern. Ob Er verkörpert war oder nicht, immer regierte der König in Seinem Namen, und Er schickte von Zeit zu Zeit seine Weisungen, die Ausführung der Arbeit betreffend.

Um das Jahr 40 000 v. Chr. fing das Reich an, Zeichen des Niederganges zu zeigen, und die Inseln sowie die äußern Provinzen machten Anspruch auf barbarische Unabhängigkeit. Der Manu verkörperte sich gelegentlich immer noch, doch leitete er die Dinge für gewöhnlich von höheren Ebenen aus. Das zentrale Königreich jedoch hielt seine herrliche Zivilisation aufrecht, war zufrieden und ruhig während weiteren 25 000 Jahren, oder noch länger, während welcher Zeit es eine friedliche Tätigkeit entfaltete, indem es Unter-Rassen aufbaute und sie in allen Richtungen aussandte.

Kapitel XVII.
Die zweite Unter-Rasse, die Arabische.

Erinnern wir uns, dass dem Manu vom Haupte der Hierarchie der Plan gezeigt wurde, der bei Bildung der Rasse[1]) befolgt werden sollte, es war, als der Manu nach Shamballa ging. Nachdem er seine kleine Herde von Arabien nach ihrem einstweiligen nördlichen Rastort führte und sie nach der großen Katastrophe vom Jahre 75025 v. Chr. nach dem Weißen Eiland brachte. Vier lange Täler — die sich längs dem zwanzig Meilen von der Küste des Gobi-Meeres entfernten Gebirge hinzogen, durch dazwischen liegende Berge voneinander getrennt — wurden von ihm ausersehen für die Sonderung und Zucht von vier ausgesprochen verschiedenen Unter-Rassen. Dieses Werk sollte jetzt beginnen.

Der Manu fing damit an, von der großen Schar der Dienenden einige Familien auszuwählen, — die sich in der edlen Arischen Zivilisation entwickelt hatten — gewillt Wegbereiter und Pioniere zu werden, die herrliche Stadt der Brücke zu verlassen, in die Wildnis zu ziehen und seine neue Kolonie zu gründen. Eine große Gruppe von Leuten, die zum größten Teil der Theosophischen Gesellschaft unserer heutigen Zeit angehören oder angehörten, wurden von ihm für diese Pionierarbeit ausersehen[2]) und einige Familien wurden ausgesandt, um sie zu führen.

In der dritten Generation nahmen Mars und Merkur unter den Nachkommen derselben Geburt und darauf inkarnierten der Manu und einige der Großen, um den Typus zu spezialisieren. Der Mann bereitete sich einen besonderen Körper von dem Typus, auf den er hinarbeitete und inkarnierte so demselben, als er ihn zu dem gewünschten Punkt gebracht hatte.

---

1) Siehe Kapitel XIV.
2) Sie tun wieder, was sie so oft vorher getan, den Weg für einen neuen Typus der Menschheit und Zivilisation ebnen. Sie sind die Pioniere, die Schanzgräber, Vorkämpfer und Wegbereiter, die Armierungs- und Trainsoldaten eines großen vorwärtsziehenden Heeres, für welches sie Urwälder lichten, Wege bahnen, Flüsse überbrücken. Die Arbeit mag undankbar sein, aber sie ist notwendig und sagt vielen zu.

Diese letztere Gruppe hoch entwickelter Persönlichkeiten setzt jedes Mal den Typus ein, wenn eine neue Unter-Rasse gegründet wird, und dann ist der Typus auf seiner Höhe. Es ist das Goldene Zeitalter, auf welches jedes Volk in späteren Tagen zurückblickt. Dann kommen die jüngeren Egos und setzen ihn fort, natürlich außer Stande ihn auf der gegebenen Höhe zu erhalten. In jedem Falle wird eine Gruppe jüngerer Egos ausgesandt, um den Weg zu bereiten; dann kommen einige Ältere, vom Range, der jetzt Meister einschließt. Von diesen nehmen die Großen wiederum Körper und setzen den neuen Typus ein. Dann strömen die Jüngeren hinein und tun damit ihr bestes, werden zuerst von einigen ihrer Älteren geführt und später sich selbst überlassen, um zu lernen und ihre eigenen Erfahrungen zu machen.

Unter den Jüngeren, ausersehen, um die ersten Pionier-Familien zu bilden, bemerkten wir Herakles — als Sohn von Corona und Theodoros — mit Sirius zur Frau, eine große, ziemlich muskulöse Frau, hervorragende Hausfrau und sehr gütig zu ihrer recht zahlreichen Familie, unter denen wir Alcyone, Mizar, Uranus, Selene und Neptun sahen[3]. Herakles hatte einige Tlavati Edlinge als Gefangene von einem Raubzuge eingebracht und der Sohn eines derselben, Apis, heiratete seine Nichte Gemini, sehr zum Ärger der stolzen Arischen Familie, die auf diese Ehe als auf eine „Mésalliance" blickte, eine unwürdige Vermischung mit ihrem reinen Blute. Zweifellos aber stillschweigend vom Manu so gefügt, damit eine Tlavati Beimischung hineinkommen sollte! Spika und Fides, Zwillinge, waren ihre Kinder, ein seltsames kleines Paar. Hektor und Aurora waren ein anderes Ehepaar der ausgewanderten Familien, ihre Tochter Albireo heiratete Selene; Merkur war ihr Kind. Uranus heiratete Andromeda, ihnen wurde Mars und Venus geboren und Vulkan als Sohn von Alcyone.

Wir bemerken, dass zwei von denen, die jetzt Meister sind, Uranus und Neptun, in der zweiten Generation geboren wurden. Mars und Venus, jetzt beide Meister, wurden in ihrer Familie in der dritten Generation geboren; Merkur, jetzt ein Meister, wurde als Kind von Selene gleichfalls in der dritten geboren; und Vulkan, jetzt ebenfalls ein Meister, auch in der dritten, ein Kind von Alcyone. In der vierten Generation erschien der Manu als Sohn von Mars und Merkur,

Zu dieser Zeit lebten einige unserer Freunde in der Stadt der Brücke, darunter Castor mit Rhea verheiratet. Sie waren der Ansicht, dass alle, die nach dem Tale wanderten sehr töricht handelten, denn

---

[3] Siehe im Anhang VII die vollständige Liste.

die damalige Zivilisation war eine sehr edle und hohe und es schien ihnen sinnlos, auf und davon zu gehen, um eine neue zu gründen und in einem, der Wildnis noch nicht abgerungenen Tale Rüben zu bauen, statt unter Gesittung wie der Bildung und Ordnung der Stadt zu leben. Außerdem wäre die neue Religion, der die Tal-Bewohner anhingen, ganz überflüssig, da die alte viel besser sei. Noch einer der Freunde, die Gastor durch die Jahrhunderte begleiten, war Lachesis, ein gewichtiger Kaufmann, dessen Sohn Velleda, von hastiger, ungeduldiger Natur, sehr zum Missfallen seines höflichen Vaters, die Kunden unhöflich behandelte. Lachesis hatte Amalthea geheiratet, sie ging mit Calypso durch, eine Handlungsweise, die für höchst ungehörig gehalten wurde. Da sie und ihr Geliebter in der Stadt nicht Aufnahme fanden, begaben sie sich nach dem Tale, wo ihnen indessen auch kein wärmerer Willkomm zuteil wurde.

In der Person eines Toltekischen Prinzen aus Poseidonis, der zum Besuch nach der Stadt gekommen, erkennen wir einen alten Freund Krux, und unter seinem Gefolge befand sich ein anderer alter Freund Phocea.

Während einiger Jahrhunderte, in welchen die sorgfältige Spezialisierung fortgesetzt wurde, wuchs und mehrte sich das Volk im Tale, bis 40 000 vor Chr. der Manu sie zahlreich und vorbereitet genug fand, um sie in die Welt auszusenden. Unter der Führerschaft von Mars, von Corona und Theodoros unterstützt, sandte er sie aus, um den Weg, auf welchem sie vor vielen tausend Jahren hergezogen, wieder zurück zu wandern und zu versuchen die Nachkommen der Araber, die sie zurückgelassen hatten, zu arianisieren, denn von allen Atlantiern waren diese Araber dem Besitz der zu erwerbenden neuen Charaktereigenschaften am nächsten. Diese Araber saßen noch wo er sie angesiedelt hatte — eine Anzahl halbzivilisierter Stämme, die die ganze Arabische Halbinsel und ein paar Niederlassungen an der Somali-Küste innehatten. Eine starke, freundschaftlich gesinnte Macht befand sich zu jener Zeit in der Gegend die jetzt Persien und Mesopotamien heißt, und der Manu — der sich später zu den Auswanderern gesellt hatte und sich an die Spitze seiner Streitkräfte stellte — hatte keine Schwierigkeiten, Erlaubnis zu erlangen, seine Scharen auf einer sorgfältig vorgezeichneten und bewachten Marsch-Route durchzuführen. Erwähnenswert ist, dass diese Wanderung von jenen späterer Jahre sich im Charakter unterschied. Bei denen, die nach Indien hinabstiegen, bewegte sich der ganze Stamm, von alten Männern, Frauen bis zu den kleinen Kindern; hier aber wurde den Alten und all denen mit vielen jungen Kindern geraten, zurückzubleiben;

und die Auswanderung beschränkte sich auf Männer von kampffähigem Alter mit ihren Frauen und einer verhältnismäßig kleinen Anzahl von Kindern. Viele waren auch junge, unverheiratete Männer. Die Zahl der Kämpfer betrug ungefähr 150 000 und Frauen und Kinder mögen zu der Schar noch weitere 100 000 beigetragen haben.

Der Manu hatte zwei Jahre vorher Boten ausgesandt, um die arabischen Stämme auf seine Ankunft vorzubereiten, die Kunde war jedoch nicht allzu günstig aufgenommen worden, und er war eines freundlichen Willkommens durchaus nicht gewiss. Nachdem er den Wüstengürtel, der damals so wie jetzt Arabien von der übrigen Welt trennt, durchkreuzt hatte und in Sicht der ersten Arabischen Niederlassungen kam, erschien ein Trupp bewaffneter Reiter vor ihm und griff unverzüglich die Vorhut seines Heeres an. Er schlug sie ohne Schwierigkeiten zurück und, indem er einige zu Gefangenen machte, versuchte er ihnen begreiflich zu machen, dass seine Mission friedlich sei. Die Sprache hatte sich so sehr verändert, dass man große Schwierigkeiten hatte, einander überhaupt verständlich zu machen, aber es gelang ihm, die Gefangenen zu beruhigen, und er sandte sie zurück, um eine Zusammenkunft mit ihrem Häuptling in die Wege zu leiten. Nach einiger Mühe und nach einigem Hin und Her von Botschaften erschien misstrauisch und verschlossen der Häuptling, indessen eine lange Unterredung und umfassende Erklärung änderte seine Haltung ein wenig, und er kam auf den Gedanken, diese außergewöhnliche Art der Einwanderung zu eigenen Zwecken sich nutzbar zu machen. Er befand sich in tödlicher Fehde mit einem Nachbarstamm, und obgleich seine Streitkräfte sich mit des Manus tüchtig aussehendem Heere nicht messen konnten, hatte er das Gefühl, wenn es ihm gelänge, diese Fremdlinge auf seiner Seite einzureihen, dass er mit seinem alten Feinde kurzen Prozess machen könne. Er mäßigte sich also und ging darauf ein, den Besuchern zu gestatten, sich in einem großen, wilden und einsamen Tale an den Grenzen seines Landes niederzulassen.

Sie nahmen dies Anerbieten dankbar an und hatten sehr bald jenem Tale ein ganz anderes Aussehen gegeben. Da sie einem hochzivilisierten Volke entstammten, war ihnen die Wissenschaft des Brunnenbohrens bekannt und binnen kurzem war das ganze Tal wirkungsvoll bewässert, und alsbald floss ein breiter Strom mitten durch dasselbe. Innerhalb eines Jahres war der ganze Landstrich gründlich bebaut, und einige gute Ernten waren schon eingebracht worden. Nach drei Jahren hatten sie sich vollständig eingerichtet und bildeten eine emporblühende und selbständige Gemeinde.

Der Häuptling indessen, der sie aufgenommen hatte, war keineswegs damit zufrieden. Scheelen Blickes sah er auf die Verbesserungen, die sie gemacht, und meinte, da es ein Teil seines Gebietes sei, dass sein eigenes Volk und nicht Fremde den Vorteil daraus ziehen sollten. Ferner als der Manu, nachdem er aufgefordert war, an Raubzügen teilzunehmen, ganz deutlich erklärt hatte, dass er, obwohl er dankbar und jederzeit bereit sei, seinen Gastgeber bei Angriffen zu verteidigen, er indessen an Überfällen auf friedliche Leute nicht teilnehmen würde. Das machte den Häuptling sehr ärgerlich, umso mehr als er keine Möglichkeit sah, seine Befehle zu erzwingen. Schließlich flickte er mit seinem Erbfeinde einen Frieden zusammen und überredete ihn, sich mit ihm in einem Unternehmen zu vereinen, um die neuen Ankömmlinge auszurotten.

Dieser kleine Plan kam indessen hoffnungslos zu Fall. Der Manu schlug sie, tötete beide Häuptlinge und machte sich selbst zum Herrscher über ihre vereinigten Staaten. Nachdem der Kampf einmal vorüber, nahmen die Untertauen jener philosophischer Weise den neuen Herrscher an, und fanden bald, dass es ihnen unter der Herrschaft recht wohl erging und sie sich glücklicher fühlten, obgleich sie weniger kriegerische Unternehmungen und mehr regelrechte Arbeit mit sich brachte. Auf diese Weise fasste der Manu festen Fuß in Arabien und begann sofort seine neuen Untertanen so schnell wie möglich zu arianisieren. Dann und wann griffen ihn andere Stämme an, wurden aber mit schweren Verlusten unfehlbar zurückgeschlagen, so dass sie bald zu der Einsicht gelangten, dass es klüger sei, ihn in Ruhe zu lassen. Im Laufe der Jahre gedieh sein Königreich weiter und weiter und wurde stärker und stärker, während beständige Vernichtungskämpfe die anderen Stämme schwächten und verarmten. Die natürlichen Folgen blieben nicht aus; da er die Gelegenheiten nahm, wie sie sich ihm boten, absorbierte er allmählich Stamm auf Stamm, gewöhnlich ohne Blutvergießen und mit voller Zustimmung der Mehrheit. Vor seinem Tode — vierzig Jahre später — gehorchte die obere Hälfte Arabiens seinem Szepter und konnte als endgültig Arisch betrachtet werden. Er hätte ebenso gut über den Süden Herrschaft erlangen können, wenn nicht ein religiöser Fanatiker, der seinem Volk in Erinnerung brachte, dass sie ein auserwähltes Volk seien, aufgetreten wäre. Dieser Manu, den wir Alastor nennen wollen, da er später wiedererscheinen wird und daher einen ihn unterscheidenden Namen braucht, bestand auf den Weisungen ihres Manus, die dieser in alten Zeiten gegeben hatte, welche nämlich Ehen mit Fremden verboten. Sie sollten daher auf keinen Fall ihr Blut mit dem dieser „Heiden" vermischen, welche gekommen, niemand wusste woher mit ihrer angeblichen Zivilisation und ihrer verhassten Tyrannei, die dem Menschen selbst das unbestreitbare Recht versagte, seinen Nebenmenschen ungehindert zu tuten, wenn es ihm beliebte. Das sagte dem ungezügelten Widerstreben gegen jede Kontrolle — eine hervorragende Eigenschaft des Arabischen Charakters — sehr zu, und die südlichen Stämme, die sich seit Jahrhunderten böse in den Haaren gelegen hatten, vereinigten sich jetzt tatsächlich, um ihrem wiedergeborenen Führer entgegenzutreten. Und sie traten ihm in seinem eigenen Namen entgegen, indem sie- seinen ursprünglichen Befehl in Bezug auf Reinerhaltung der Rasse zu ihrem Kriegsruf gegen ihn erhoben.

Seltsam, dass Vaivasvata Manu so gegen sich selbst gekehrt werden sollte. Aber Alastor war eigentlich nur ein Anachronismus, der in eine Furche geraten war, aus der herauszukommen er nicht zu bewegen war. Als der Manu ein abgetrenntes Volk brauchte, hatte er Mischehen mir Außenstehenden verboten; als er die Nachkommen seiner alten Gefolgschaft arianisieren wollte, wurden Mischehen wesentlich. Aber für Alastor, wie für viele seinesgleichen, war Wachstum und Anpassung Ketzerei und er rechnete mit dem Fanatismus seiner Anhänger.

Während dieser lange Kampf vor sich ging, hatte der Manu zu einer seiner verhältnismäßig friedlichen Zeiten die Freude des Besuches seines mächtigen Bruders, des Mahaguru — des zu werdenden Buddha — der zur zweiten Unter-Rasse kam, ehe sie ihre lange Erobererlaufbahn begann, um sie mit einer neuen Religion, die er in Ägypten als eine Reform des alten dort herrschenden Glaubens gelehrt hatte, zu durchdringen.

Das große Atlantische Reich in Ägypten — welches gegen Vaivasvata Manu stritt, als er sein Volk vor der Katastrophe des Jahres 75 025 v. Chr. hinwegführte, um es in Arabien anzusiedeln — war in jener Sintflut untergegangen, als Ägypten in den Fluten versank. Als späterhin die Sümpfe bewohnbar wurden, war das Land eine Weile im Besitz eines negerhaften Volkes, dieses hinterließ ungefügiges Steingerät und andere derartige Barbarenüberreste, welche die Tatsache ihrer Herrschaft feststellten. Nach ihnen kam das zweite Atlantische Reich mit einer großen Dynastie Göttlicher Könige und mit vielen der Heroen, die Griechenland später als Halbgötter betrachtete, so wie z. B. den Herakles der zwölf Arbeiten, dessen Taten die Überlieferung zu den Griechen weiter trug. Dies Atlantische Reich bestand bis ungefähr 13500 v. Chr. als die Arier von Süd-Indien kamen und dort ein Reich des Arischen Wurzel-Stockes gründeten. Dieses Atlantische Reich herrschte also im Jahre 40 000 v. Chr. als der Manu wiederum in Arabien war und hatte einen recht ansehnlich hohen Stand glanzvoller Kultur erreicht. Es hatte riesige Tempel, wie die von Karnak, mit langen und sehr düsteren Gängen und ein sehr verschnörkeltes Ritual mit fein durchdachten und ausgearbeiteten religiösen Lehren.

Die Ägypter waren eine tief religiöse Rasse und erlebten die Geschichten, die zu ihrem Glauben gehörten, mit einer Intensität des Gefühls von Wirklichkeit, von der ein Widerschein jetzt höchstens unter den Katholiken verschiedenster Richtung an Tagen wie Ostern usw. zu finden ist. Sie waren psychisch, fühlten das Spiel überphysischer Einflüsse und waren daher nicht skeptisch in Bezug auf die Existenz höherer Wesen und höherer Welten. Ihre Religion war ihr innerstes eigenstes Leben. Sie erbauten ihre Riesen-Tempel, um den Eindruck des Weiten und Großen hervorzurufen, um dem Geiste der unteren Klassen das Gefühl der Ehrfurcht einzuflößen. Aller Farbenreichtum und aller Glanz des Lebens kreisten um ihre Religion. Gewöhnlich trugen die Leute weiße Gewänder, die religiösen Prozessionen aber waren gleich prachtvollen, schillernden Strömen leuchtender Farben, blitzend von Gold und Edelsteinen. Die Zeremonien, welche die Totenfeier des Osiris begleiteten, bebten in und von wirklichem Erleben. Die Trauer um den ermordeten Gott war echte Trauer; das Volk weinte und klagte laut; die ganze Menge wurde von leidenschaftlichen Gefühlen fortgerissen und flehte Osiris an zurückzukehren.

Zu diesem Volke kam der Mahaguru als der später von den Griechen Hermes genannte Tehuti oder Thot, er kam um den Priestern der Tempel die große Lehre vom „Inneren Licht" zu lehren, er kam zu der mächtigen Priesterhierarchie Ägyptens, an deren Spitze der Pharao stand. Im inneren Hof des Haupttempels lehrte er sie von „Dem Lichte, das jedem Menschen leuchtet, der in die Welt kommt" — einer seiner Aussprüche, den die Jahrhunderte noch überliefert haben, und der im vierten Evangelium in seinem ersten noch ägyptisch gefärbten Text nachklang.

Er lehrte sie, dass das Licht allüberall sei, und dass das Licht, welches Gott sei, im Herzen jedes Menschen wohne. „Ich bin Das Licht", und so ließ er sie wiederholen: „Das Licht bin ich" — Das Licht, sagte er, ist der wahre Mensch, wenn auch die Menschen es nicht erkennen, wenn sie es auch vernachlässigen. Osiris ist Licht, aus dem Licht ging er hervor. Im Lichte wohnt er und Das Licht ist er. Das Licht ist in allem verborgen, es ist in jedem Fels, in jedem

Stein. Wenn ein Mensch eins mit Osiris, Dem Lichte, wird, dann wird er eins mit dem Ganzen, wovon er ein Teil ist, und dann kann er Das Licht in jedem sehen, wie dicht es auch verschleiert, niedergehalten und eingeschlossen sei. Alles Übrige ist nicht, aber Das Licht ist. Das Licht ist das Leben des Menschen. Und ob es auch herrliche Zeremonien gibt, ob es auch für den Priester viele Pflichten zu erfüllen gibt, um auf manche Weise den Menschen zu helfen, so ist doch jedem Menschen jenes Licht näher als alles andere, es ist in seinem innersten Herzen selbst. Jedem Menschen ist die Wirklichkeit näher als jedes Zeremoniel, denn er braucht sich nur nach innen zu wenden, und er wird Das Licht sehen. Das ist der Zweck, das Ziel jeder Zeremonie und darum sollten Zeremonien nicht abgeschafft werden, denn „Ich komme nicht um aufzulösen, sondern zu erfüllen". Sobald der Mensch weiß, gebt er über die Zeremonie hinaus, er gebt zu Osiris, er geht zum Licht, zum Lichte Amon — Ra, aus dem alles hervorging, in den alles zurückkehrt.

Und wiederum: „Osiris ist in den Himmeln, Osiris ist aber recht eigentlich auch in den Herzen der Menschen. Wenn der Osiris im Herzen, Osiris in den Himmeln kennt und erkennt, dann wird der Mensch Gott und der einst in Stücke zerrissene Osiris wird wieder eins und ganz. Doch sieh! Osiris der Göttliche Geist, Iau, die Ewige Mutter geben dem Horus das Leben, der der Mensch ist, er, der Mensch von Beiden geboren, dennoch eins mit Osiris. Horus ist in Osiris eingegangen und Isis — einst Materie — wird durch ihn die Königin des Lebens und der Weisheit. Und Osiris, Isis, Horus, alle sind geboren aus dem Licht."

„Zwei sind der Geburten des Horus. Er ist von Isis geboren, der Gott in die Menschheit geboren, der Fleisch annimmt von der Ewigen Mutter, Materie, der Ewig-Jungfräulichen. In Osiris wird er wiedergeboren, die Mutter erlösend vom langen Suchen nach den über die Erde zerstreuten Stücken ihres Gatten. Er wird in Osiris geboren, wenn Osiris im Herzen, Osiris in den Himmeln sieht, und weiß, dass beide eins sind."

So lehrte er, und die Weisen unter den Priestern waren des froh.

Dem Pharao, dem Monarchen, gab er den Wahlspruch: „Suche das Licht", denn so sagte er, nur wenn ein König das Licht sieht in den Herzen eines jeden, nur dann könne er gut regieren. Und dem Volke gab er den Wahlspruch: „Du bist das Licht. Lass dies Licht leuchten". Und er setze den Spruch um die Pylonen eines großen Tempels, ließ ihn den einen Pfeiler hinauf und über den Balken und den anderen Pfeiler hinunter laufen. Und diese Inschrift wurde über den Türen der Häuser angebracht, und kleine Modelle der Pylonen, auf welchen er es eingeschrieben, wurden angefertigt. Modelle aus kostbarem Metall und auch aus Ton, so dass der Ärmste kleine blaue mit braunen Adern durchzogene und glasierte Tonmodelle kaufen konnte. Ein anderes Lieblingsmotto war: „Folge Dem Licht", daraus wurde später: „Folge dem König", es verbreitete sich gen Westen und wurde das Motto der Tafelrunde. Und das Volk lernte von seinen Toten sagen: „Er ist in das Licht eingegangen". Die freudehelle Zivilisation Ägyptens wurde noch freudeheller, weil er — Das verkörperte Licht — Selbst unter ihnen gewohnt hatte. Die Priester, die er gelehrt, waren die Übermittler seiner Lehren und seiner geheimen Unterweisungen, die sie in ihren Mysterien darstellten. Wissensdurstige und Lernbegierige aller Nationen kamen, um „Die Weisheit der Ägypter zu lernen", und der Ruhm der Schulen von Ägypten verbreitete sich über alle Lande.

Zu dieser Zeit ging er hinüber nach Arabien, um die Führer der Unter-Rasse, die sich dort niedergelassen hatten, zu lehren. Innig war die Freude beider, als die Großen Brüder einander die Hand schüttelten, einander in die Augen lächelten und an ihre Verbannung, an ihr fernes Heim, an die Stadt der Brücke und an das Weiße Shamballa dachten. Denn selbst die Großen müssen manchmal müde werden, wenn sie inmitten der Kleinheit der unwissenden Menschen leben.

So kam der Höchste Lehrer zur zweiten Unter-Rasse und gab ihr die Lehre vom Inneren Licht.

Doch kehren wir zur Geschichte des Wachstums dieses Volkes in Arabien zurück. Infolge des Widerstandes der Opposition der Gegenpartei, von Alastor im Süden gegen den Manu ins Leben gerufen, wurde die Halbinsel Arabien in zwei Teile geteilt und des Manus Nachfolger begnügten sich viele Generationen lang damit, ihr Königreich aufrecht zu erhalten, ohne danach zu streben, die Grenzen zu erweitern. Nach einigen Jahrhunderten folgte ein ehrgeizigerer Herrscher auf den Thron, der die günstige Gelegenheit örtlicher Aufstände im Süden sich zunutze machte, mit seinen Heeren geradewegs bis rum Ozean hinabmarschierte und sich zum Kaiser von Arabien ausrufen ließ. Er erlaubte seinen neuen Untertanen, ihre eigenen religiösen Ideen beizubehalten, und da die neue Regierung in vieler Hinsicht eine Verbesserung gegen die alte war, so dauerte die Opposition gegen den Eroberer nicht lange.

Eine gewisse fanatische Partei des Südens hielt es indessen für ihre Pflicht, gegen das zu protestieren, was sie als Triumph des Bösen betrachtete; und unter einem Propheten von feuriger Beredsamkeit verließen sie ihr erobertes Vaterland und ließen sich an der gegenüberliegenden Somaliküste als Gemeinde nieder.

Unter der Herrschaft des Propheten und seiner Nachfolger lebten sie dort einige Jahrhunderte und vermehrten sich beträchtlich an Zahl bis ein Ereignis eintrat, das einen ernsten Bruch verursachte. Es wurde entdeckt, dass der regierende Prophet jener Zeit, während er fanatisch Reinheit der Rasse verkündete, selbst eine Neigung zu einer jungen Negerin aus dem Inneren gefasst hatte. Als dies zu Tage kam, entstand ein großer Aufstand, aber der Prophet war der Situation gewachsen und verbreitete als neue Offenbarung die Auffassung, dass das strenge Verbot gegen Mischehen nur bezweckte, sie daran zu hindern, sich mit den Neuankömmlingen aus dem Norden zu verbinden und sich durchaus nicht auf Neger bezog, die vielmehr als Sklaven angesehen werden müssten, mehr als Hab und Gut denn als Frauen. Dieser kühne Ausspruch spaltete die Gemeinde. Die Mehrheit nahm ihn an, zuerst zögernd, dann mit Begeisterung und „schwarze Sklaven" wurden gierig gekauft. Eine ziemlich große Minderheit aber rebellierte gegen diese Offenbarung und verurteilte sie als lediglich plumpen Kunstgriff, um einen ausschweifenden Priester(was er tatsächlich war) zu schützen. Als sie sich überstimmt fanden, zogen sie sich voll Entsetzen zurück und erklärten, dass sie nicht länger unter Ketzern wohnen könnten, die alle Grundsätze in den Wind schlügen. Ein ehrgeiziger Prediger, der sich immer danach gesehnt hatte, Führer zu werden, stellte sich an ihre Spitze, sie bildeten eine riesige Karawane und zogen voll tugendhafter Entrüstung von dannen. Sie wanderten um die Küste des Golfes von Aden und aufwärts zur Küste des Roten Meeres, und fanden so allmählich ihren Weg in ägyptisches Gebiet. Der Pharao jener Zeit fand zufällig an ihrer seltsamen Geschichte Gefallen und bot ihnen einen abgelegenen Bezirk seines Königreichs als Wohnsitz an, falls sie sich dort niederlassen wollten. Sie nahmen das Anerbieten an, dort lebten sie recht friedlich Jahrhunderte lang, gediehen unter der wohlwollenden ägyptischen Regierung, mischten sich aber in keiner Weise mit den Bewohnern des Landes.

Im Laufe der Zeit verlangte ein Pharao von ihnen erhöhte Steuern und Zwangsarbeit, was sie als Eingriff in ihre Rechte betrachteten, so unternahmen sie nochmals einen allgemeinen Auszug im Großen und ließen sich diesmal in Palästina nieder, woher wir sie als Juden kennen, die noch immer bei der Ansicht beharren, dass sie ein auserwähltes Volk seien.

Die im Somalilande zurückgebliebene Mehrheit aber hatte auch ihre Abenteuer zu bestehen. Dank ihres Sklavenhandels, wurden sie den Stämmen im Inneren, die sie bisher stets streng außerhalb ihrer Grenzen zu halten gewusst hatten, bekannt. Die Wilden entdeckten, dass sie durch Raubzüge gegen die Halbzivilisierten, Reichtümer erwerben konnten, und die Stämme begannen eine Reihe von Überfällen und Einfällen in die Kolonie, welche deren Zugehörige so beunruhigte, dass auch sie sich entschlossen, ihre Heimat zu verlassen, nachdem sie jene viele Jahre lang bekämpft, tausende von Leben verloren hatten und ihr Gebiet jedes Jahrzehnt mehr und mehr eingekreist sahen, und so zogen sie nochmals aus, quer über den Golf zurück in das Land ihrer Vorväter. Hier wurden sie freundlich aufgenommen und gingen bald in der allgemeinen Masse der Bevölkerung unter. Sie hatten sich „die echten Araber" genannt, obgleich sie diesen Titel weniger als irgendjemand verdienten. Und heutigen Tages noch geht die Sage, dass die echten Araber in Aden landeten und sich langsam nach Norden ausbreiteten. Noch heutigen Tages kann man unter den Hamysritischen Arabern der südlichen Teile des Landes die unauslöschbaren Spuren jener vor so viel tausenden von Jahren stattgefundenen Beimischung negroidischen Blutes bemerken; noch heutigen Tages können wir eine Sage vernehmen, dass die Mostareb oder diese von außen hinzugezogenen Araber der nördlichen Hälfte lange Zeit aus irgendeinem Grunde nach Asien hineingingen, und zwar weit über Persien hinaus, und dann, mit vielen Spuren ihres Aufenthaltes in fremden Landen an sich, zurückkehrten.

Die zweite Unter-Rasse wuchs und nahm zu, gedieh viele Tausende von Jahren außerordentlich und verbreitete ihre Herrschaft fast über ganz Afrika, mit Ausnahme des Teiles, der in der Hand Ägyptens war. Einst, sehr viel später, drangen sie in Ägypten ein und herrschten kurze Zeit als die Hyksos-Könige; aber die Tage ihres Ruhmes waren, als sie die große Insel von Algerien beherrschten, ihren Weg sogar bis hinunter nach der Ostküste zum Kap der guten Hoffnung nahmen und ein Königreich gründeten, das das ganze Matabeleland, Transvaal und den Lorenzo-Marquez-Distrikt einschloss.

Nach mehreren Geburten in Arabien beteiligten sich unsere Pioniere am Aufbau des Süd-Afrikanischen Reiches, und wir fanden Mars dort als Herrscher, unter ihm seinen treuen Herakles als Beherrscher einer Provinz, Sirius wurde auch im Mashonaland geboren, wo er Alcyone heiratete, und unter ihrer Negerdienerschaft finden wir Boreas, die treue Magd vieler Leben. Die Landschaft im Matabeleland war sehr schön, Täler voll herrlicher Bäume, dicht bevölkert mit Herden von Antilopen. Große Städte von dem beliebten massiven Stil und gewaltige Tempel wurden erbaut, und die allmählich begründete Zivilisation war durchaus keine unwürdige. Indessen war die Kluft zwischen den beiden Völkern, den eingeborenen Afrikanern und den arabischen Eroberern, zu groß, um überbrückt zu werden, und die Afrikaner blieben Arbeiter und häusliche Bediente, die gänzlich in Unterwürfigkeit gehalten wurden.

Die Araber gründeten auch an der Westküste von Afrika Ansiedelungen, dort aber gerieten sie mit Leuten aus Poseidonis in Streit und wurden schließlich vollständig zurückgetrieben. Madagaskar wurde überfallen, als das südliche Reich es zu besetzen versuchte, aber es gelang ihm nur eine Zeitlang, an verschiedenen Orten der Küste Niederlassungen zu halten.

Als das große Sumero-Akkadische Reich von Persien, Mesopotamien und Turkistan sich schließlich in kleine Staaten und in Unordnung auflöste, hatte ein arabischer Monarch die kühne Idee, sie unter seiner eigenen Führerschaft wieder zu vereinen. Er führte seine Heere gegen sie, und nach zwanzig Jahren mühevoller Kämpfe machte er sich zum Herrn über die Ebenen von Mesopotamien und fast von ganz Persien bis hinauf zum großen Salzsee von Khorasan, der jetzt Wüste ist. Aber er konnte weder Kurdistan erobern, noch die seine Heere auf ihrem Wege beunruhigenden Gebirgsstämme unterjochen. Dann starb er und sein Sohn beschränkte sich klugerweise mehr darauf, sein Reich zu befestigen, als es zu erweitern und auszudehnen. Einige Jahrhunderte hielt es ganz gut zusammen und hätte noch länger bestehen können, wenn nicht dynastische Unruhen in Arabien selbst ausgebrochen wären und der Gouverneur aus Persien, ein Vetter des arabischen Königs, die Gelegenheit ergriffen hätte, um seine eigene Unabhängigkeit zu proklamieren. Die arabische Dynastie, welche er auf diese Weise gründete, bestand zwei Jahrhunderte, jedoch inmitten andauernder Kriegsfahrten. Darauf kam wieder eine Zeit der Erhebungen und Zersplitterungen in kleine Stämme und häufige Überfälle und Aufstände von den Zentral-Asiatischen Nomaden, die eine so große Rolle in der Geschichte jener Gegenden spielen. Ein arabischer König wurde durch Berichte von fabelhaften Reichtümern Indiens verlockt, eine Flotte auszusenden, um sie anzugreifen, aber das Unternehmen misslang, denn die Flotte wurde alsbald zerstört und seine Mannen getötet oder gefangen genommen.

Nach dem endlichen Zusammenbruch des Arabischen Reiches von Persien und Chaldäa folgten Jahrhunderte der Anarchie und des Blutvergießens, und die Länder wurden fast ganz entvölkert. So entschloss der Manu sich schließlich, ihnen zu Hilfe zu kommen und sandte seine dritte Unter-Rasse aus, die das große persische Reich der Iraner errichtete.

Kapitel XVIII.

Die dritte Unter-Rasse, die Iranische.

Kehren wir wieder zur Stadt der Brücke zurück; noch ist sie groß, obgleich ihr Glanz im abnehmen begriffen, denn wir sind zum Jahre 30 000 v. Chr. gelangt. Eine Zeit von 10 000 Jahren verstrich seit der Entsendung der zweiten Unter-Rasse, ehe der Manu die dritte aussandte. Die Menschen, zu dieser Arbeit ausersehen, waren so wie die anderen viele Jahrhunderte sorgfältig vorbereitet worden. Er hatte sie in einem seiner Gebirgstäler gesondert gehalten und sie entwickelt, bis sie einen ganz ausgesprochenen Typus zeigten. Bei seiner ersten Auswahl in Atlantis hatte er einen kleinen Teil der Besten von der sechsten Atlantischen Unter-Rasse mit einbegriffen, und jetzt zog er die Familien heran, die sich am meisten Akkadisches Blut erhalten hatten, indem er seine Gruppe der Bahnbrecher und Pioniere zur Inkarnation in sie entsandte. Einige wurden weiter hinausgesandt, um einen Einschlag Akkadischen Blutes aus seiner Heimat in westlichere Länder zurückzutragen. So sahen wir Herakles, einen kräftigen, gut aussehenden Jüngling, aus Mesopotamien, seiner Geburtsstätte mit einer Karawane in der Stadt der Brücke anlangen. Er war ein Akkadier von reinstem Blute. Er hatte sich der Karawane aus reiner Abenteuer-Lust angeschlossen, aus dem Wunsche lebensprühender Jugend, die Welt zu sehen, und sicher hatte er nicht die geringste Ahnung davon, dass er nach Mesopotamien gesandt worden, um dort geboren zu werden, und jetzt nach Zentral-Asien zurückgezogen wurde, um sich mit seinen alten Freunden bei ihrer gewohnten Pionier-Arbeit zu vereinen. Er wurde von der Schönheit und dem Glanze der alten und geordneten Kultur, zu der er kam, gewaltig angezogen und verankerte sich sofort darin, indem er zu Orion — einer Tochter des Sirius — in Liebe erglühte.

Diese Vorgänge wurden von Sirius und seiner Gattin Mizar finsteren Blickes betrachtet, Sirius war ein jüngerer Sohn vom Vaivasvata Manu und Merkur und war der Aufnahme eines jungen Akkadiers in seinem Familienkreis abhold. Ein Wink seines Vaters aber genügte, um seine Einwilligung zu sichern, denn er war, wie stets, der Autorität unbedingt gehorsam, und der Manu war gleichzeitig sein Vater und sein König. Um sich an das Gesetz zu halten und mit dem Gesetz in Einklang zu handeln, das der Manu selbst gegeben hatte, war es nötig, dass Herakles von einer Arischen Familie adoptiert wurde, und so wurde er in die des Osiris, eines älteren Bruders des Sirius, aufgenommen.

Der Manu war sehr alt, und da man Sirius zur Nachfolge nicht bedurfte, wurde er mit seiner Familie einschließlich seines Schwiegersohnes Herakles und dessen Kindern[1]) nach dem Tale verschickt, das zum Aufbau der dritten Unter-Rasse ausersehen war. Pallas, der Plato der späteren Geschichte, war dort Priester und Helms Priesterin, eine hohe, gebietende Gestalt von würdevollem Auftreten. Das Volk in diesem Tale war, als es sich vermehrte, mehr Hirtenvolk als Ackervolk, hielt große Herden von Schafen und Rindern und viele Pferde.

Der Manu, der bei dieser Gelegenheit bedeutend schlichter und unauffälliger, seine äußere Erscheinung sehr gemildert hatte, kam in der fünften Generation in die Unter-Rasse und gewährte dem Volke, etwa zweitausend Jahre sich zu vermehren, bis ein Heer von dreihunderttausend kampffähigen Männern verfügbar war, imstande, Entbehrungen und angestrengte Märsche auszuhalten. Dann sandte er Mars, Corona, Theodoros, Vulkan und Vajra zur Inkarnation, sie waren geeignete Hauptleute für sein Heer, und er selbst führte es. Diesmal war es kein gewöhnlicher Auswandererzug; es war einfach ein Heer auf dem Marsche, Frauen und Kinder waren in dem Tale zurückgelassen worden, wo Neptun, die Gattin von Mars, und Osiris, die von Corona, beide starke und edle Matronen, die Leitung der Angelegenheiten in ihre Hand nahmen und die Gemeinde gut regierten[2]).

Eine stattliche Leibgarde junger unverheirateter Männer diente den Führern als Stab, bereit, mit Botschaften nach allen Richtungen hin sich entsenden zu lassen, waren sie sehr stolz auf sich selbst und sehr glücklich; begeistert von dem Gedanken, dass sie zu einem richtigen, guten Kampf unter dem Manu selbst auszogen.

Es war jedoch kein Feiertags-Ausflug, denn der Weg ging durch schwieriges Land; einige Pässe quer durch das Land der Thian-Schan-Kette, wo sie sich im Bogen nach dem Kaschgar-Bezirk wendet, waren ungefähr 3 000 Meter hoch; einen Teil des Weges folgten sie dem Lauf eines Flusses, der durch Schluchten und Täler floss. Der Manu überschwemmte mit seinem großen Heer von dreihundert-

---

1) Siehe Anhang VIII vollständige Liste.
2) Siehe Anhang IX.

tausend prächtigen Streitern Kaschgar, und mit Leichtigkeit besiegte er alle Nomadischen Horden, die es wagten, ihn anzugreifen, während er ihre Wüste durchquerte. Diese Stämme umschwirrten den Saum des Heeres, und manches Scharmützel fand statt, aber keine nennenswerte Schlacht. Die Waffen, die sie verwendeten, waren lange und kurze Lanzen und Speere, kurze starke Schwerter, Schleuder und Bogen. Die Reiter verwendeten Lanzen und Schwerter und hatten runde Schilde über dem Rücken hängen. Das Fußvolk trug Speere, und sie hatten Bogenschützen und Schleuderer; erstere marschierten in der Mitte und die Bogenschützen und Schleuderer an den Seiten außen.

Manchmal, wenn sie sich einem Dorfe näherten, kamen die Dorfbewohner, die die kriegerischen Bergstämme fürchteten und hassten, ihnen entgegen, bewillkommnten sie und brachten ihnen Vieh und Lebensmittel aller Art. Seit lange beunruhigt durch ihre Überfälle, oft angegriffen, beraubt und hingemordet, war das Volk der Ebenen geneigt, eine Macht willkommen zu heißen, von der sie hofften, dass sie die Ordnung wiederherstellen und aufrechterhalten wurde.

Im Laufe von zwei Jahren wurde Persien ohne große Schwierigkeiten überrannt und dann Mesopotamien unterworfen. Der Manu setzte militärische Posten in häufigen Zwischenräumen ein, indem er das Land unter seine Hauptleute teilte. Es wurden Befestigungen aufgeführt, zuerst aus Erde, später aus Stein, bis sich ein ganzes Netzwerk davon über Persien ausbreitete und so Raubzüge von den Bergen her verhinderte. Es wurde kein Versuch gemacht, die kriegerischen Stämme zu überwinden, tatsächlich aber waren sie auf ihre festen Plätze angewiesen, und es wurde ihnen nicht mehr gestattet, die friedlichen Bewohner der Ebenen zu plündern.

Die Leib-Garde, jetzt bärtige und gereifte Krieger, begleiteten ihre Anführer überall hin, und das Land wurde bis zur Wüste im Süden und hinauf bis zu den Kurdischen Bergen im Norden vollständig erobert. Noch einige Jahre fanden gelegentlich Gefechte statt, und erst als das Land ganz friedlich und in Ruhe war, ließ der Manu die große Karawane der im Tale der dritten Unter-Rasse zurückgelassenen Frauen und Kinder der Soldaten kommen.

Die Ankunft der Karawane war ein Anlass zu großer Freude, und Heiraten waren an der Tagesordnung. Herakles und Alcyone liebten beide dasselbe Mädchen, Fides, eine schöne Jungfrau mit entschiedener Nase; sie bevorzugte Alcyone, und der verzweifelte Herakles wollte sich das Leben nehmen, da es ihm nicht länger lebenswert erschien. Sein Vater Mars indessen machte ihm den Standpunkt klar, befahl ihm, kein Narr zu sein und sandte ihn auf eine Expedition gegen einen aufständischen Häuptling, Trapez. Unter diesen Umständen fand Herakles sich wieder, schlug seinen Gegner, kam ganz befriedigt heim und heiratete Psyche, eine Nichte von Mars, die von ihm adoptiert worden, nachdem ihr Vater in einer Schlacht gefallen war.

Die folgenden fünfzig Jahre hielt der Manu dies neue Reich unter seiner unmittelbaren Herrschaft, besuchte es mehrere Male und ernannte Angehörige seiner Familie zu Statthaltern; kurz vor seinem Tode jedoch überließ er seinen eigenen Thron in Zentral-Asien seinem Groß-Sohn Mars, setzte Corona, den nächst älteren Bruder des Mars, zum unabhängigen König in Persien ein und machte Theodoros unter ihm zum Statthalter in Mesopotamien. Von dieser Zeit an nahm die dritte Unter-Rasse schnell an Macht zu. Nach wenigen Jahrhunderten beherrschte sie ganz West-Asien, vom Mittelmeer bis Pamir und vom Golf von Persien bis zum Aralsee. Abgesehen von einigen Schwankungen, dauerte dieses Reich bis ungefähr 2 200 v. Chr.

Aus dieser langen Zeit von achtundzwanzigtausend Jahren ragt ein Ereignis von äußerster Bedeutung besonders hervor, das Erscheinen des Mahaguru als des Ersten Zarathustra, die Gründung der Religion des Feuers, 29 700 v. Chr.

Unter der Regierung der Könige, die Corona folgten, erfreute sich das Land recht geordneter Zustände, Mars, der damalige Herrscher — natürlich in einem neuen Körper —, war der Zehnte der Dynastie. Die Militärherrschaft war gewichen, obgleich gelegentliche Überfälle die Bewohner an ihre unruhigen Nachbarn jenseits des Ringes von Festungen, die jetzt gut gebaut und stark waren, erinnerten. Sie waren vor allem Ackersleute, obwohl zahlreiche große Vieh- und Schafherden gehalten wurden, welche hauptsächlich zu Zügen ins Tal aus den Bergen verlockten. Der zweite Sohn des Mars war Merkur und sein Körper wurde für den höchsten Lehrer zum Vehikel ausersehen. Surya war der Ober-Priester, der Hierophant zurzeit an der Spitze der Staats-Religion, die eine Vereinigung von Natur und Sternen-Anbetung war. Er genoss ein außergewöhnliches Ansehen, hauptsächlich seines Amtes wegen, zum Teil aber auch, weil er königlichen Geblütes war. Die Tatsache, dass Merkur ausersehen worden, seinen Körper dem Mahaguru zur Verfügung zu stellen, war sowohl seinem Vater als auch dem Ober-Priester mitgeteilt worden, und im Hinblick auf seine glorreiche Bestimmung war er von Kindheit an sorgfältig erzogen worden. Surya übernahm die Erziehung, und der Vater unterstützte ihn in jeder ihm zu Gebote stehenden Weise.

Der Tag nahte, an welchem der Mahaguru zum ersten Male öffentlich erscheinen sollte. Er war von Shamballa in seinem Subtil-Körper gekommen und hatte von dem Körper des Merkur Besitz genommen. Eine große Prozession begab sich vom Königlichen Palast nach dem Haupttempel der Stadt. Unter einem goldenen Baldachin schritt zur Rechten die hoheitsvolle Gestalt des Königs, zur linken glitzerte der edelsteinbesetzte Baldachin des Hohen-Priesters; und dazwischen in Schulterhöhe, so dass alle ihn sehen konnten, wurde ein goldener Sessel getragen, auf welchem die wohlbekannte Gestalt des zweiten Sohnes des Königs saß. Doch was verursachte jenes Murmeln der Überraschung, des Staunens, während er vorbeigetragen wurde? War das wirklich der Prinz, den sie seit seiner Kindheit kannten? Warum wurde er als Mittelpunkt der Prozession und so hoch getragen, während der König und der Hohe. Priester demütig ihm zur Seite zu Fuße gingen? Was bedeutete diese neue Hoheit, diese bisher ungekannte Würde, dieser so durchdringende und doch so sanfte, innige Blick, der über die Menge glitt? So hielt sich nicht der Prinz, so blickte sie der Prinz nicht an, der unter ihnen herangewachsen war.

Die Prozession bewegte sich weiter und betrat den großen Hof des Tempels, dicht gedrängt voll Menschen, in den vielfarbigen Fest-Gewändern jener Zeit, als noch jeder einen Mantel von der Farbe seines herrschenden Planeten trug. Zu beiden Seiten die Stufen hinan, die zur Estrade vor dem großen Tore des Tempels führte, standen die Priester in ihren langen weißen Gewändern und regenbogenfarbigen Überwürfen aus Seide. In der Mitte der Estrade war ein Altar errichtet, darauf Holz geschichtet, wohlriechende Harze und Weihrauch, doch kein Rauch stieg auf; zur Verwunderung des Volkes war der Stoß nicht angezündet.

Die Prozession schritt bis zur ersten Stufe der Treppe weiter und alle hielten dort an, außer den drei Hauptpersonen, diese stiegen die Stufen hinan, der König und der Hohe-Priester stellten sich zur Rechten und zur Linken des Altars, und der Prinz, der der Mahaguru war, in die Mitte hinter den Altar.

Darauf sprach Surya, der Hohe-Priester, zu den Priestern und zu dem Volke und verkündete, dass Der, welcher dort hinter dem Altar stand, nicht mehr der Prinz, den sie gekannt, sondern Er sei, der Gesandte des Höchsten und der Söhne des Feuers, die im fernen Osten wohnten, von wo auch ihre Vorväter einst ausgegangen waren; dass er ihr Wort ihren Kindern bringe, dem alle Verehrung und Gehorsam zollen sollten, und er gebot ihnen, gut zu lauschen, während der Große Gesandte in ihrem Namen sprechen würde. Und als Haupt ihres

Glaubens bot er Ihm voller Demut den Willkommengruß.

Darauf ertönte über der lauschenden Menge die Silberstimme des Mahaguru, und da war niemand, der sie nicht vernahm, als spräche sie zu ihm. Er sagte ihnen, er käme von den Söhnen des Feuers, den Herren der Flamme, die in der Heiligen Stadt des Weißen Eilandes im fernen Shamballa weilen. Er bringe ihnen eine Offenbarung von Jenen, ein Sinnbild, das sie ihrem Geiste stets gegenwärtig halten sollten. Er sagte ihnen, das Feuer sei das reinste aller Elemente, der Läuterer aller Dinge und solle hinfort für sie das Sinnbild des Heiligsten sein. Das Feuer sei verkörpert in der Sonne dort am Himmel und brenne, obgleich verborgen, im Herzen des Menschen. Es sei Wärme, es sei Licht, es sei Gesundheit, Kraft, und in ihm und durch dasselbe habe alles Leben und Bewegung. Und viel sagte er ihnen von der tiefen Bedeutung des Feuers, und wie sie in allem die verborgne Gegenwart des Feuers sehen sollten.

Dann erhob er seine Rechte und siehe! da sprühte darin, dem gebannten Blitze gleich, ein Stab, doch seine Strahlen schossen aus nach allen Seiten; und er wies mit dem Stabe gen Osten zum Himmel, und laut rief er in unbekannter Zunge einige Worte; und das Firmament wurde wie ein ausgebreitetes Flammentuch; Feuer fiel prasselnd nieder auf den Altar, ein Stern erstrahlte über seinem Haupte und schien ihn in seinem Strahlenglanz zu baden.

Und alle Priester und das Volk, sie fielen auf ihr Angesicht, Surya und der König beugten sich in Verehrung zu seinen Füßen nieder, und die Wolken wohlriechenden Weihrauches vom Altar verhüllten einige Augenblicke die Drei den Blicken der Menge.

Dann stieg der Mahaguru mit segnend erhobener Hand die Stufen hinab, und er und der König und der Hohe-Priester kehrten in der Prozession zum Palast zurück. Und das Volk verwunderte sich sehr und frohlockte, weil die Götter ihrer Väter ihrer nicht vergessen und ihnen das Wort des Friedens gesandt hatten, und sie trugen die Blumen heim, die vom Himmel auf sie herabgeregnet waren, als das Feuer vorüber war, und bewahrten sie in ihren Heiligenschreinen als kostbares Erbe für ihre Nachkommenschaft.

Der Mahaguru weilte ziemlich lange in der Stadt und ging täglich zum Tempel, die Priester zu lehren. Er lehrte sie, dass Feuer und Wasser die Läuterer von allem seien und nie befleckt werden sollten, und dass selbst das Wasser durch das Feuer geläutert würde, dass alles Feuer das Feuer der Sonne und in allen Dingen sei, und als Feuer daraus befreit und erlöst werden könne, dass aus dem Feuer und aus dem Wasser alle Dinge geworden seien, denn Feuer und Wasser wä-

ren die zwei Geister, Feuer sei das Leben und Wasser sei die Form[3]).
Eine erlauchte Versammlung von Meistern war um den Mahaguru und andere noch nicht so hohe Führer. Diese ließ er zurück, um seine Lehre zu verbreiten, nachdem er gegangen.

Sein Fortgang war ebenso dramatisch wie seine erste Predigt.

Das Volk war versammelt, um ihn predigen zu hören, so wie er es gelegentlich zu tun pflegte, und sie wussten nicht, dass es das letzte Mal sein wurde. Er stand, wie immer, auf der großen Estrade, doch ohne den Altar. Er predigte und prägte ihnen die Pflicht ein, Wissen zu erwerben und Liebe zu üben und gebot ihnen, Surya zu folgen und ihm gehorsam zu sein, Surya, den er an seiner Stelle als Lehrer zurückließ. Und dann sagte er ihnen, dass er gehe, und er segnete sie, und indem er seine Arme zum östlichen Himmel erhob, rief er laut; und aus dem Himmel fuhr eine wirbelnde Flammenwolke herab und hüllte ihn ein, wie er dastand, und weiter wirbelnd schoss sie aufwärts und floh gen Osten und — Er war fort.

Da fielen sie auf ihr Angesicht und riefen, Er sei ein Gott, und sie waren hochbeglückt, dass er unter ihnen gelebt hatte. Der König aber war sehr betrübt und trauerte viele Tage über seinen Fortgang. Und Merkur, der ihm in seinem feinen Körper, zu seinem Dienst bereit, stets nahe geblieben war, kehrte mit ihm zu den Heiligen zurück und ruhte eine Weile in Frieden aus.

Nachdem er gegangen, verschwand nicht sogleich die Sternen-Verehrung, denn das Volk betrachtete seine Lehren als Ergänzung, nicht als Neuerung und betete noch den Mond an, Venus, die Sternbilder und die Planeten. Aber das Feuer wurde heilig gehalten als das Sinn-Bild, das Emblem und Wesen der Sonne, und die neue Religion kräftigte vielmehr die alte, als dass sie an ihre Stelle trat. Allmählich wurde die Religion des Feuers immer mächtiger. Die Sternen-Verehrung zog sich von Persien nach Mesopotamien, wo sie herrschender Glaube blieb und eine sehr wissenschaftliche Form annahm. Die Astrologie erreichte dort ihren Höhepunkt und leitete in wissenschaftlicher Weise sowohl im öffentlichen als im privaten Leben die Angelegenheiten der Menschen, ihre Priester besaßen viel okkultes Wissen und die Weisheit der Magier erlangte im ganzen Orient Berühmtheit. In Persien siegte die Religion des Feuers und spätere Propheten setzten das Werk des Großen Zarathustra fort und bauten

---

3) Es ist möglich, dass hieraus die spätere Lehre von Ormuzd und Ahriman hervorging. Es gibt Stellen, die zeigen, dass das Doppels von Ormuzd ursprünglich nicht eine böse Macht, sondern Materie war, während Ormuzd Geist.

darauf den Glauben des Zoroaster und dessen Literatur auf; dieser Glaube hat sich bis auf unsere Zeit erhalten.

Die dritte Unter-Rasse zählte ungefähr eine Million Seelen, als sie sich in Persien und Mesopotamien niederließ, unter den günstigen Bedingungen ihrer neuen Heimat vermehrte sie sich schnell, und die spärliche Bevölkerung, die in dem Lande war, als sie einzogen, nahmen sie in ihr Volk auf.

In den achtundzwanzigtausend Jahren des Persischen Reiches gab es natürlich manches Auf und Nieder. Die meiste Zeit hatten Persien und Mesopotamien getrennte Herrscher, von denen manchmal der eine, manchmal der andere dem Namen nach der Ober-Herr war. Manchmal waren die beiden Länder in kleinere Staaten zersplittert und schuldeten dem König des Zentral-Reiches eine Art lockerer Lehns-Treue. Während ihrer ganzen Geschichte hatten sie beständig wiederkehrende Schwierigkeiten mit den nomadischen Mongolen einerseits und den Bergvölkern von Kurdistan und dem Hindukusch andererseits. Manchmal wichen die Iraner einige Zeit vor diesen Stämmen zurück, manchmal rückten sie die Grenze der Zivilisation weiter hinaus und trieben die Wilden zurück. Zu einer Zeit beherrschten sie den größten Teil Klein-Asiens und errichteten vorübergehende Ansiedelungen in verschiedenen das Mittelmeer begrenzenden Ländern. Zu einer Zeit besaßen sie Zypern, Rhodos und Kreta. Im Ganzen aber war in dem Teile der Welt die Atlantische Macht zu stark für sie und sie mieden Zusammenstöße mit ihr. An dieser West-Grenze ihres Reiches machten ihnen mächtige Skythische und Hertitische Bündnisse die Herrschaft streitig, und zwar zu verschiedenen Zeiten ihrer Geschichte. Einmal wenigstens eroberten sie Syrien, scheinen es aber als eine wertlose Erwerbung erkannt und bald wieder aufgegeben zu haben; und zweimal gerieten sie in Verwickelungen mit Ägypten, gegen welches sie aber nur wenig ausrichten konnten. Während des größten Teiles dieser langen Zeit erhielten sie die Kultur auf einer hohen Stufe, und viele Reste ihrer gewaltigen Architektur liegen im Sande der Wüste begraben. Verschiedene Dynastien erstanden unter ihnen, und verschiedene Sprachen waren im Laufe ihrer bunt-scheckigen Geschichte die herrschenden, Feindseligkeiten mit Indien wurden vermieden, da sie davon durch wilde Gebiete — eine Art Niemandsland — getrennt waren. Arabien beunruhigte sie nur wenig, denn dort lag günstigerweise wieder ein Wüstengürtel dazwischen. Sie waren große Handelsleute, Kaufleute, Gewerbetreibende, ein viel sesshafteres Volk als die zweite Unter-Rasse und mir weit bestimmteren religiösen Begriffen. Die besten Typen unter den Persern von heutzutage geben einen guten Begriff von ihrem Äußeren. Die gegenwärtigen Bewohner Persiens haben noch viel von ihrem Blut in sich, obgleich vielfach mit dem ihrer Arabischen Eroberer vermischt. Die Kurden, die Afghanen, die Belutschistaner stammen der Hauptsache nach auch von ihnen ab, wenngleich mit verschiedenen Beimischungen

Kapitel XIX.

Die vierte Unter-Rasse, die Keltische[1]).

Mittlerweile hatte der Verfall der großen Zentral-Asiatischen Rasse begonnen, aber der Manu hatte Sorge getragen, Würde, Macht und ursprüngliche Kraft in zwei Zweigen, denen er viel besondere Schulung hatte zuteil werden lassen, zu bewahren — es war die Saat für die der vierten und der fünften Unter-Rasse. Seine Anordnungen für sie waren etwas anderer Art gewesen, als die bei den früheren Sonderungen. Der Typus der Wurzel-Rasse, die Punkte, in denen sie von der Atlantischen abwich, waren jetzt durchaus festgesetzt, sodass er imstande war, seine Aufmerksamkeit einer anderen Art der Spezialisierung zu widmen.

Diejenigen, welche die vierte Unter-Rasse bilden sollten, wurden wie gewöhnlich in ein großes Tal in den Bergen nicht weit von der Hauptstadt abseits gezogen. Der Manu wählte eine Anzahl der Edelsten, die er in der Stadt finden konnte, als Kern für die neue Unter-Rasse, und eine Klasseneinteilung entstand in der Kolonie, denn der Manu strebte danach, gewisse neue Eigenschaften zu entwickeln, Phantasie und künstlerische Empfänglichkeit zu erwecken, zur Dichtkunst zu ermutigen, die Kunst der Rede, der Malerei und der Musik, und in wem sich solche Anlage äußerte, sollte weder Landarbeit noch andere schwere Arbeit tun. Wer in den Schulen irgendein künstlerisches Talent zeigte, wurde zu besonderer Ausbildung versetzt. So sah man Neptun deklamieren und es wurde ihm besondere Aufmerksamkeit zuteil, um in ihm die künstlerische Gabe zu entwickeln, die sich in reinem Vortrag offenbarte. Er war auffallend schön und physische Schönheit war ein ausgesprochenes Merkmal der Unter-Rasse, besonders in dieser Künstlerklasse. Das Volk wurde such zu Begeisterung hingeleitet, um ihren Führern treu ergeben zu sein. Viele Jahrhunderte gab man sich große Mühe diese Eigenschaften zu entfalten, und diese Arbeit hatte so großen Erfolg, dass sie die be-

---

1) Unsre Schar der Dienenden hatte keinen Teil an der Gründung der vierten und fünften Unter-Rasse, sie waren in vielen Ländern an der Arbeit, und man kann von ihnen ja den „Leben des Alcyone" lesen.

sonderen Kennzeichen der Kelten geblieben sind. Das Tal wurde eigentlich als getrennter Staat regiert, den schon genannten Künsten wurde überwiegender Einfluss eingeräumt, und Künstler aller Art wurden auf verschiedene Weise reich bedacht. Unter dieser besonderen Behandlung wurde die Unter-Rasse im Laufe der Zeit ein wenig eingebildet und sah auf alle anderen im Lande herab, wie auf Leute, die wir heute Philister oder Spießbürger nennen würden. Und in der Tat konnten sie ihre Eitelkeit wohl rechtfertigen, denn sie waren ein äußerst schönes Volk, ihr Geschmack gebildet und verfeinert, und sie besaßen viele künstlerische Anlagen.

Die Zeit, die ausgewählt worden war, um sie zu entsenden, war um das Jahr 20 000 v. Chr., und die ihnen gegebenen Weisungen gingen dahin, längs der Nordgrenze des Persischen Königreiches vorzugehen und in den Bergen, die wir jetzt Kaukasus nennen, sich eine Heimat zu gewinnen. Zu jener Zeit war er bewohnt von einer Anzahl räuberischer Stämme, die für Persien eine ständige Belästigung bedeuteten. Hierauf fußend, war der Manu in der Lage, mit den persischen Herrschern Übereinkommen zu treffen und Verträge zu schließen, um nicht allein freien Durchzug und Lebensmittel für seine gewaltigen Scharen zu gewähren, sondern ihnen auch ein starkes Heer mitzugeben, um ihnen zu helfen die Bergbewohner zu unterjochen. Selbst mit dieser Hilfe erwies es sich als keine leichte Aufgabe. Die neuen Ankömmlinge eroberten sich bald einen Platz, wo sie leben konnten und besiegten die Stämme mit Leichtigkeit, wenn man sie dazu bringen konnte, ein offene, regelrechte Schlacht zu wagen; aber bei Guerilla-Kriegen hatten sie keineswegs so großen Erfolg, und manch ein Jahr musste vergehen, ehe sie sich einigermaßen sicher vor Angriffen fühlten. Sie ließen sich zuerst im Distrikt von Eriwan nieder an den Ufern des Sewanga-Sees, als aber die Jahrhunderte dahingingen und sie an Zahl bedeutend zunahmen, rotteten sie allmählich die Stämme aus oder unterwarfen sie sich, bis schließlich ganz Georgien und Mingrelien in ihrer Hand war. Tatsächlich hatten sie nach zweitausend Jahren sowohl Armenien als Kurdistan besetzt und später kam auch Phrygien unter ihre Herrschaft, so dass sie sowohl fast ganz Kleinasien als auch den Kaukasus innehatten. Sie gediehen in ihrer Bergheimat sehr und wurden ein mächtiges Volk.

Sie bildeten mehr eine Vereinigung von Stämmen, als ein Reich, denn ihr Land war derart in Täler zerrissen, dass ungehinderter Verkehr unmöglich war. Selbst nachdem sie angefangen hatten, die Küsten des Mittelmeeres zu kolonisieren, blickten sie auf den Kaukasus zurück als auf ihre Heimat, und es war in der Tat ein zweites Zentrum, von dem aus die Unter-Rasse ihrem ruhmreichen Schicksal entgegenging. Um 10 000 v. Chr. begannen sie ihren Marsch westwärts wieder aufzunehmen, und wanderten nicht wie ein Volk, sondern in Stämmen getrennt. Sie gelangten daher nur in verhältnismäßig kleinen Wellen endlich nach Europa, welches einzunehmen ihre Bestimmung war.

Selbst ein Stamm ging nicht als ein Ganzes, sondern ließ in seinem Tale manchen zurück, um die Bebauung des Landes fortzuführen, diese gingen Ehen mit anderen Rassen ein, und ihre Nachkommen, mit einem Einschlag semitischen Blutes in den Adern, sind die heutigen Georgier. Nur in Fällen, in denen ein Stamm beabsichtigte, sich in einem Lande niederzulassen, das schon in der Hand ihrer Unter-Rasse war, zogen alle gemeinsam, als ein ganzes, aus ihrer alten Heimat aus.

Die erste Abteilung, die von Kleinasien nach Europa übersetzte, waren die alten Griechen, nicht die Griechen unserer „Alten Geschichte", sondern ihre weit älteren Vorväter, die manchmal Pelasger genannt werden. Man wird sich erinnern, dass von den ägyptischen Priestern in Platos T i m ä u s und Kritias die Rede ist, dass sie von einem späteren Griechen von der herrlichen Rasse sprechen, die dem eigenen Volke in seinem Lande vorangegangen sei, wie sie ein Eindringen des mächtigen Volkes aus dem Westen, das jenes Eroberervolkes, das bisher alles vor sich her unterjocht hatte, zur Umkehr zwangen, bis es an der heldenhaften Tapferkeit dieser Griechen zerschellte. Im Vergleich zu diesen, den modernen Griechen, den Griechen unserer Geschichte, die uns so groß erscheinen, wird gesagt, dass sie jenen gegenüber Zwerge waren. Von jenen entsprangen die Trojaner, die gegen die modernen Griechen kämpften, und ihre Nachkommen bevölkerten die Stadt Agade in Kleinasien. Sie hatten lange Zeit die Küste von Kleinasien und die Inseln Zypern und Kreta inne, und ihre Schiffe vermittelten den ganzen Handel dieses Teiles der Welt. Eine schöne Kultur wurde allmählich in Kreta aufgebaut, sie dauerte tausende von Jahren und blühte noch um 28 000 v. Chr. Der Name Minos wird stets als der ihres Begründers und Haupterbauers in Erinnerung bleiben, er gehörte zu diesen älteren Griechen, sogar zu denen vor 10 000 v. Chr. Die schließliche Ursache ihres endgültigen Einzugs in Europa als Großmacht war der Versuch eines Angriffes seitens des Kaisers von Poseidonis.

Die Küste und Inseln des Mittelmeeres waren viele Jahrhunderte lang in den Händen einer Menge kleiner Völkerschaften gewesen, von denen die meisten Etruier oder Akkadier, einige aber auch Semiten waren. Und mit Ausnahme einiger gelegentlicher Reibungen waren diese Leute im Allgemeinen friedlich gesinnte Handelsleute. Eines Tages aber kam es dem Kaiser von Poseidonis in den Sinn, all diese Staaten zu annektieren, um sein Reich auszudehnen und alle Überlieferungen seiner Vorfahren zu übertreffen. Er rüstete also ein großes Heer und eine gewaltige Flotte aus und brach zu seinem Eroberungszuge auf. Ohne Schwierigkeiten unterjochte er die große algerische Insel, verwüstete die Küsten Spaniens, Portugals und Italiens und zwang all diese Völker, sich ihm zu ergeben. Und Ägypten, das keine große Seemacht war, erwog schon, ob es ihm einen Vertrag anbieten solle, oder ihm durch Widerstand, der, wie man fürchtete, hoffnungslos sein würde, zu erzürnen. Aber gerade als er sich des Erfolges seiner Pläne sicher fühlte, entstand von gänzlich unerwarteter Seite eine Schwierigkeit. Seine stattlichen Streitkräfte machten auf die griechischen Seeleute von der Levante nicht den geringsten Eindruck, und sie verboten sich trotzig jede Einmischung in ihren Handel. Der Kaiser war seines Sieges so sicher gewesen, dass er seine Flotte geteilt und nur die Hälfte davon zur unmittelbaren Verfügung behalten hatte. Mit dieser Hälfte aber griff er die anmaßenden Griechen auf der Stelle an, diese jedoch fügten ihm eine ernste Niederlage bei, indem sie tausende seiner Soldaten ertränkten und nicht ein Schiff von der großen Zahl derer, die sie angegriffen hatten, entkommen ließen. Die Schlacht war nicht unähnlich der Vernichtung der großen spanischen Armada durch die Engländer. Die griechischen Schiffe waren kleiner als die atlantischen und nicht so stark bewaffnet, aber sie waren schneller und leichter zu lenken. Sie kannten ihre Meere gründlich und lockten die Feinde in Stellungen, wo der Untergang des größeren Schiffes gewiss war. Auch das Wetter kam ihnen zu Hilfe, wie bei der spanischen Armada. Die atlantischen Schiffe hatten große Ruderbänke und waren, plumpe, schwerfällige Dinger, ganz ungeeignet für schweres Wetter und für Sturzseen zu offen. Auch konnten sie nur in tiefem Wasser fahren, die flinken griechischen Fahrzeuge flohen in Kanäle, die für sie noch schiffbar waren, für die schwerfälligen Gegner aber verhängnisvoll, da sie sofort auf den Grund rannten.

    Die zweite Hälfte der atlantischen Flotte wurde in Hast gesammelt und noch ein Angriff gemacht, indessen war er nicht erfolgreicher als der erste, obgleich auch die Griechen schwere Verluste bei der Abwehr erlitten. Der atlantische Herrscher selbst entkam und es gelang ihm in Sizilien zu landen, wo einige seiner Truppen sich niedergelassen hatten. Sobald es aber bekannt wurde, dass seine Flotte vernichtet sei, erhob sich die besiegte Bevölkerung wider ihn, und er musste sich durch die ganze Länge von Italien seinen Rückweg nach Hause erkämpfen. Er zog auf seinem Rückmarsch die verschiedenen stationierten Besatzungen zurück, trotzdem aber hatte er, als er die Riviera erreichte, nur noch eine geringe, ganz erschöpfte Gefolgschaft. Verkleidet verfolgte er seinen Weg durch Süd-Frankreich und auf einem Handelsschiff erreichte er schließlich sein eignes Reich. Natürlich schwor er den Griechen bittere Rache und befahl auf der Stelle Vorbereitungen zu einer neuen großen Expedition zu treffen. Die Nachricht aber von dem gänzlichen Verlust seiner Flotte und seines Heeres ermutigte verschiedene unzufriedene Stämme auf seinen eigenen Inseln, die Flagge des Aufruhrs zu hissen, und während des Restes seiner Regierung befand er sich nie wieder in der Lage, Angriffe auf fremde Völker zu unternehmen.

Der Erfolg der Griechen stärkte ihre Stellung im Mittelmeere gewaltig, und innerhalb der folgenden hundert Jahre hatten sie Niederlassungen an vielen Stellen der Küste errichtet. Ein schlimmerer Feind aber als der Kaiser von Poseidonis überfiel und besiegte sie für den Augenblick, obgleich er sich zum Schluss als segensreich erwies. Es war die schreckliche Flutwelle, die durch das Versinken von Poseidonis hervorgerufen wurde, im Jahre 9564 v. Chr., welche die meisten ihrer Ansiedlungen zerstörte und die übrigen schwer schädigte. Sowohl das Gobi-Meer als das Sahara-Meer wurden trockenes Land, und die schrecklichsten Erderschütterungen ereigneten sich.

Dies berührte den Hauptstock der Unter-Rasse in ihren Hochlandsitzen nur wenig. Es kamen Boten von den fast zu Grunde gerichteten Auswanderern im Kaukasus an und boten dringend um Unterstützung, sie wanderten von Stamm zu Stamm, flehten die Leute an und beschworen sie, ihren leidenden Brüdern Hilfe zu senden. Teils aus Kameradschaftsgefühlen, teils aus dem Wunsche heraus, ihre eigene Lage zu verbessern und ihren Reichtum durch Handelsbeziehungen zu fördern, vereinten sich die Stämme, sobald es gewiss schien, dass die Katastrophe vorüber sei, um Rekognoszierungsexpeditionen auszusenden, und sich über das Schicksal ihrer Brüder jenseits der Meere Gewissheit zu verschaffen, und als diese zurückkehrten, wurde weitere Erleichterung und Abhilfe in großem Maßstabe in die Wege geleitet.

Die ersten griechischen Niederlassungen waren alle an der Meeresküste, und die Kolonisten waren verwegene Seefahrer. Die Bevölkerung im Inneren war ihnen nicht immer freundschaftlich gesinnt, obgleich von der Kühnheit, dem Feuer und der Tapferkeit der Griechen überwältigt. Als aber die letzteren fast alle durch die Kataklysmen vernichtet worden waren, wurden die wenigen Überlebenden vielfach verfolgt und in manchen Fällen sogar von den Binnenvölkern zu Sklaven gemacht.

Als der Boden des Sahara-Meeres sich hob, flossen seine Wasser durch den großen Spalt, da wo Tripolis jetzt steht, zwischen Tunis und Ägypten ab, und Ebbe und Flutwellen zerstörten die Meeresküsten, wenn auch das Innere wenig litt. Es waren gerade jene Meeresküsten, an denen die Griechen sich niedergelassen hatten, so dass diese am meisten zu leiden hatten. Die Sahara sank allmählich wieder und ein neuer Küstenstrich hob sich, der die uns jetzt an der afrikanischen Küste bekannte Gestalt annahm. Die große algerische Insel verband sich dem Hauptlande und bildete mit dem neuen Lande die Nordküste von Afrika.

Fast die ganze Schifffahrt war vernichtet worden und neue Flotten mussten erbaut werden. Die Energie der Griechen war jedoch so groß, dass die Häfen von Kleinasien innerhalb weniger Jahre wieder in Ordnung waren und Reihen neuer Schiffe aus ihnen ausgingen, um zu sehen, welche Hilfe jenseits des Meeres nötig war, um die Kolonien wieder aufzurichten und die Ehre des griechischen Namens wieder herzustellen, indem man diejenigen, die ein fremdes Joch trugen, befreite. Dies war in überraschend kurzer Zeit geschehen, und die Tatsache, dass diese alten Griechen die ersten waren, die sich von dem Schlage des großen Kataklysmus erholten, gab ihnen Gelegenheit, die besten Häfen der neuen Küstenlinie sich anzueignen, und da fast der ganze Handel Ägyptens ebenfalls in ihren Händen lag, blieb das Mittelmeer Jahrhunderte lang im Grunde sozusagen eigentlich ein griechisches Meer. Es kam eine Zeit, da Phönizier und Karthager den Handel mit ihnen teilten. Das war indessen viel später. Sie führten sogar Handel nach Osten hin. Eine Expedition ging bis nach Java und gründete auf dieser Insel eine Kolonie, mit der lange Zeit hindurch eine Verbindung aufrecht erholten wurde.

Die Phönizier waren ein Viert-Rasse-Volk. Sie stammten von den Semiten und Akkadiern der fünften und sechsten atlantischen Unter-Rasse; das akkadische Blut war das stark vorherrschende. Die späteren Karthager waren auch Akkadier, mit Arabern und mit einem Zusatz Negerblutes vermischt. Beide waren Handelsvölker und als in sehr viel späteren Tagen Karthago eine mächtige Stadt wurde, waren ihre Truppen fast ausschließlich Söldner aus den afrikanischen Stämmen der Lybier und Numidier.

Die Auswanderungen von Kleinasien nach Europa waren fast ununterbrochen, und es ist nicht leicht, sie in bestimmte Wellen einzuteilen. Wenn wir diese alten Griechen als unsere erste Unterabteilung annehmen, können wir vielleicht die Albanier als zweite rechnen und die italienische Rasse als dritte. Diese letzteren beiden Wellen waren ungefähr in denselben Ländern ansässig, in welchen wir sie heute kennen. Nach einer Pause kam dann die vierte Welle von erstaunlicher Lebenskraft, die Welle, auf welche moderne Ethnologen den Namen „keltisch" beschränken. Allmählich wurde diese die überwiegende Rasse in Norditalien, ganz Frankreich, Belgien und den britischen Inseln, dem westlichen Teile der Schweiz und Deutschland, westlich vom Rhein. Die Griechen unserer „alten Geschichte" waren ein Mischvolk von der ersten Welle mit Ansiedlern, der zweiten, dritten und vierten und einem Einschlag der fünften Unter-Rasse, die von Norden her kam und sich in Griechenland niederließ. Diese ergaben jenes seltene und viel bewunderte Goldhaar und die blauen Augen, die man gelegentlich unter den Griechen findet.

Die fünfte Welle verlor sich eigentlich in Nordafrika und - heute findet man nur Spuren ihres Blutes, stark mit dem semitischen vermischt — der fünften Unter-Rasse der Atlantier, denen ursprünglich der Name eigen war, und der zweiten Unter-Rasse von den Ariern, den Arabern, die manchmal auch Semiten genannt werden — unter den Berbern, den Mauren, den Kabylen und selbst unter den Guanchen der Kanarischen Inseln, in letzterem Falle mit den Tlavati vermischt. Diese Welle begegnete der vierten, vermischte sich mit ihr auf der Halbinsel Spanien und zu einer späteren Zeit ihres Daseins — nur ungefähr vor zweitausend Jahren — steuerte sie das letzte der vielen Elemente bei, die die Bevölkerung von Irland bilden, denn zu ihm gehörten die milesianischen Eindringlinge, die sich aus Spanien über dieses Land ergossen — einige davon gründeten eine Dynastie milesianischer Könige in Frankreich — und bannten es unter seltsame Formen von Magie.

Ein weit herrlicheres Element der irischen Bevölkerung war jedoch vorher dazu gekommen; das der sechsten Welle, welche Kleinasien in ganz anderer Richtung verließ, nordwestlich vordrang bis es Skandinavien erreichte, wo sie sich bis zu einem gewissen Grade mit der fünften Unter-Rasse, der Teutonischen vermischten, von der wir im nächsten Kapitel sprechen werden. So kamen sie von Norden her nach Irland und sind in der Geschichte berühmt als die Tuathade-Donaan, von denen man mehr als von Göttern denn von Menschen spricht. Die leichte Beimischung von der teutonischen Rasse gab dieser letzten Welle, sowohl der Anlage als der persönlichen Erscheinung noch, einige charakteristische Eigenheiten, in denen sie sich von der Mehrheit ihrer Unter-Rasse unterschieden.

Im Ganzen aber können wir die Menschen dieser vierten oder keltischen Unter-Rasse beschreiben als Menschen mit braunem oder schwarzem Haar und Augen und runden Köpfen. Der Regel nach waren sie nicht groß an Gestalt, und ihre Charaktere zeigten deutlich das Ergebnis der Bemühungen des Manu von tausenden von Jahren vorher. Sie hatten Phantasie, waren beredt, dichterisch, musikalisch begabt, enthusiastischer Hingabe an einen Führer fähig, und dann, wenn sie ihm folgten, strahlend tapfer, bei Misserfolg jedoch schnell niedergeschlagen. Es schien ihnen der Geschäftssinn, wie wir es nennen, zu fehlen, und sie hatten nur wenig Respekt vor der Wahrheit.

Das erste Athen, oder die an der Stelle errichtete Stadt, wo Athen jetzt steht, wurde um 8 000 v. Chr. erbaut. (Das Athen unserer geschichtlichen Angaben wurde ungefähr 1 000 v. Chr. begonnen, das Parthenon 480 v. Chr. erbaut.)

Nach der Katastrophe vom Jahre 9 564 v. Chr. siedelten sich einige der alten Griechen in Hellas an, besetzten das Land und dort kam der Mahaguru, der höchste Lehrer, zu ihnen. Orpheus, der Gründer der ältesten orphischen Mysterien, von denen die späteren Mysterien Griechenlands hergeleitet wurden. Ungefähr 7 000 v. Chr. kam er, lebte hauptsächlich in den Wäldern, wo er seine Schüler um sich versammelte. Kein König bot ihm den Willkommensgruss, kein prunkvoller Hofstaat jubelte ihm zu. Er kam als Sänger, wanderte durch das Land, liebte das Leben der Natur, ihre sonnendurchfluteten Räume und ihre schattigen Waldeinsamkeiten, den Städten und den bevölkerten Stätten der Menschen war er abhold. Eine Schar von Jüngern erwuchs um ihn, und er lehrte sie in den Lichtungen des Waldlandes, wo alles stille war, die der Gesang der Vögel und die süßen Laute des Waldlebens nicht zu unterbrechen schienen.

Er lehrte durch Gesang, durch Musik. Durch die Musik der Stimme und des Instrumentes. Er trug ein fünfsaitiges Instrument, das wahrscheinlich die Urform von Apollos Leier war, und er hatte eine Skala von fünf Tönen. Zu dieser sang er und seine Musik war wunderbar, selbst die Dewas kamen herbei, um den zarten Tönen zu lauschen. Durch den Ton wirkte er auf den Astral- und Mental-Körper seiner Schüler und läuterte und weitete sie dadurch. Durch den Ton zog er den feinen unsichtbaren Körper von dem physischen und setzte ihn in höheren Welten frei. Seine Musik war ganz anders als die immer wiederholte Tonfolge, durch welche dieselbe Wirkung in dem Wurzel-Stock der Rasse herbeigeführt wurde, und welche dieser mit sich nach Indien nahm. Er wirkte mittels Melodie, nicht durch Wiederholung gleicher Töne, und jedes Ätherzentrum erweckte er durch seine eigene Melodie, die es zur Tätigkeit anregte. Er zeigte seinen Jüngern lebende Bilder, musikgeschaffene, und in den griechischen Mysterien, die die Überlieferung von ihm herleitete, wurde dies in gleicher Weise dargestellt und verwoben. Und er lehrte, dass der Ton in allem sei, und wenn der Mensch sich harmonisieren würde, dann würde die Göttliche Harmonie durch ihn sich offenbaren und die ganze Natur in Freude hüllen. Und so zog er durch Hellas, singend und hier und dort erwählte er einen, um ihm zu folgen, aus, auch sang er für das Volk in anderer Weise und wob über Griechenland ein Netzwerk von Musik, das seinen Kindern Schönheit verleihen und den Genius der Kunst in ihrem Lande nähren sollte. Einer seiner Jünger war Neptun, ein Jüngling von auserlesener Schönheit, der ihm überallhin folgte und oft seine Leier trug.

Überlieferungen von ihm gelangten in das Volk und verbreiteten sich nah und fern. Er wurde der Gott der Sonne, Phöbos Apollon und im Norden, Baldur der Schöne, denn die sechste, die keltische Welle, ging, wie wir gesehen haben, nordwärts nach Skandinavien und nahm mit sich die Sage von dem Sänger von Hellas.

Wenn wir über die Symbolik nachdenken, deren dieser höchste Lehrer sich bediente, der als Vyasa, als Hermes, als Zarathustra, als Orpheus kam, erkennen wir die Einheit der Lehre unter der Verschiedenheit der Symbole. Immer lehrte er die Einheit des Lebens und das Einssein Gottes mit seiner Welt. Für Vyasa war es die Sonne, die alles erwärmte und allem Leben gab; für Hermes war es das Licht, das ebenso am Himmel wie auf Erden schien; für Zarathustra war es das in allem verborgene Feuer, für Orpheus war es die Harmonie, in der alles zusammenschwingt und klingt. Aber Sonne, Licht, Feuer, Ton kündeten alle nur eine einzige Botschaft: Das eine Leben, die eine Liebe, die über allem und durch alles und in allem ist.

Von Hellas gingen einige seiner Jünger nach Ägypten und vereinten sich brüderlich mit den Lehrern vom Inneren Lichte, andere gingen lehrend bis ins ferne Java. Und so wurde der Ton weiter getragen, bis an die Enden der Welt. Doch sollte der höchste Lehrer nicht wiederkehren, um eine Unter-Rasse zu lehren. Fast siebentausend Jahre später kam er zu seinem alten Volk, kam zum letzten Mal und in einem Körper, den er von ihnen in Indien genommen, erlangte er die letzte Erleuchtung. Er beendete sein Leben auf der Erde; er wurde ein Buddha.

Kapitel XX.

Die fünfte Unter-Rasse, die Teutonische.

Wenden wir uns jetzt wieder zum Jahre 20 000 v. Chr., um die fünfte Unter-Rasse von ihrer Wiege an zu verfolgen, denn sie wurde gleichzeitig mir der vierten vorbereitet, obgleich in anderer Weise. Der Manu hatte für sie ein fern von seiner Hauptstadt gelegenes Tal ausgesucht, weit fort an der Nordküste des Gobi-Meeres, und dorthin hatte er sparsam Faktoren eingeführt, die in der vierten nicht erschienen. Er brachte zu ihr einige wenige der Besten aus seiner dritten Unter-Rasse aus Persien, wo sie mittlerweile vollkommen spezialisiert waren, und er berief auch einige wenige Semiten aus Arabien. Er wählte dafür besonders Menschen, die groß, schlank und heilfarbig waren, und wenn er selbst darin geboren wurde, benutzte er einen Körper, den diese Merkmale auszeichneten. Erinnern wir uns, dass der Manu jede Unter-Rasse, ebenso wie er jede Wurzel-Rasse gründet, indem er selbst darin inkarniert. Die Gestalt, die er erwählt, bestimmt zum großen Teil das Äußere der Unter-Rasse überhaupt. Diese fünfte Unter-Rasse war ein sehr starker und kräftiger Typus, viel größer als der vorhergehende, schlank und hellfarbig, langköpfig, mit hellem Haar und blauen Augen. Auch der Charakter war ganz anders als der der Keltischen Unter-Rasse; sie waren zäh und beständig, hatten wenig von dem Schwung der vierten; ihre Tugenden waren nicht künstlerischer Art, sondern eher geschäftlicher und praktischer Art, mit gesundem Menschenverstand gepaart, sie waren wahrheitsliebend, freimütig in der Rede und geradeaus und hatten mehr Sinn für das Konkrete an das Poetische.

Während die vierte ihren schönen und künstlerischen Typus in ihrem eigenen Tal entfaltete, bildete auch die strengere fünfte ihren Typus in der ihr bestimmten Wohnstätte, so gingen die beiden verschiedenen Entwickelungen gleichzeitig vor sich. Mit dem Zeitpunkt, da beide fertig waren, um ihre Wanderschaft anzutreten, war der Unterschied zwischen ihnen deutlich gezeichnet; und obgleich sie Zentral-Asien um 20 000 v. Chr. zusammen verließen und zusammen durch Persien zogen, war ihr gegebenes Geschick ein ganz verschiedenes. Die Bewegungen der fünften Unter-Rasse, klein an Zahl, wurden längs der Küsten des Kaspischen Meeres hingelenkt, und sie ließ sich auf dem Gebiet von Dagestan nieder. Hier wuchs sie Tausende von Jahren, dehnte sich allmählich längs der Nord-Abhänge des Kaukasus-Gebirges aus und besetzte die Terek- und Kuban-Gebiete. Hier blieb ihr Volk bis nach dem großen Kataklysmus von 9 564 v. Chr.; ja, tatsächlich erst fast tausend Jahre danach traten sie ihren großen Marsch zur Weltherrschaft an. Sie waren während der langen Zeit des Wartens nicht müßig gewesen, denn sie hatten sich bereits in mehrere ausgesprochene Typen differenziert.

Dann, wie mit einem Schlage, gleichsam auf einen Ton hin, da jetzt die Sümpfe der großen Mitteleuropäischen Ebene bewohnbar wurden, bewegten sie sich als ein gewaltiges Heer nordwestwärts bis dahin, wo jetzt Krakau liegt. Dort rasteten sie einige Jahrhunderte, denn das Marschland war noch nicht trocken genug, um sichere Wohnstätten zu gewähren, und Krankheiten befielen sie und lichteten ihre Reihen. Aus diesem zweiten Zentrum hauptsächlich gingen die letzten Ausstrahlungen aus. Die erste derselben war die Slavonische, sie zweigte sich nach zwei Hauptrichtungen ab. Ein Teil wendete sich nach Ost und Nord, und von ihnen stammen zum großen Teil die heutigen Russen. Der andere schlug eine mehr südliche Richtung ein und wird jetzt durch Kroaten, Serben und Bosnier vertreten. Die zweite Welle war die Lettische, deren Glieder zogen jedoch nicht weit; sie gaben uns die Letten, die Litauer und die Preußen. Die dritte war die Germanische, und wenigstens einige Teile derselben zogen weiter, denn wenn die vor allem Teutonen genannten sich über Süd-Deutschland ausbreiteten, so schweiften die anderen Zweige, Guten und Skandinavier genannt, nach dem Nord-Ende Europas aus. Der spätere Niederstieg der Skandinavier in die Normandie und der Guten nach Süd-Europa, die Ausbreitung dieser fünften Unter-Rasse über Australien, Nord-Amerika und Süd-Afrika und ihre Herrschaft in Indien, wo der Wurzel-Stock ihres Volkes sich niedergelassen hatte, gehören zur neueren Geschichte.

Sie hat gleich ihren Vorgängern erst noch ihr Weltreich aufzurichten, wenn wir auch die Anfänge davon vor Augen haben. Der schreckliche Irrtum des achtzehnten Jahrhunderts, der Großbritannien seine Nordamerikanischen Kolonien entriss, kann vielleicht wieder gutgemacht werden, ein Schutz- und Trutz-Bündnis unter den getrennten Hälften und ein ähnliches Bündnis mit Deutschland, dem übrigen großen Teil der Teutonischen Unter-Rasse, würde das Ganze genügend in eins zusammenschweißen, um ein föderiertes verbündetes Weltreich zu bilden. Neuere Ereignisse zeigen die Erhebung

Indiens zu seiner ihm angemessenen Stellung in diesem sich ausbreitenden Reiche, das bestimmt ist, sowohl im Osten als im Westen mächtig zu werden.

Während dieses Weltreich während der kommenden Jahrhunderte zu seinem Zenit aufsteigt, wird die Gruppe von Männern von gewaltigstem Genius, von denen vorher die Rede war, ausgesandt werden, um sich zu inkarnieren, sie zum Gipfel höchsten literarischen und wissenschaftlichen Ruhmes zu erheben, bis es die verschwundenen Reiche der Araber, Perser, Römer, die der zweiten, dritten und vierten Unter-Rasse des Arischen Stammes überragt. Denn der Lauf der Zeiten, dem nichts widersteht, der den Göttlichen Plan entrollt, muss seinen Zweck erreichen, bis die fünfte Rasse ihre Rolle gespielt haben wird, und die sechste und die siebente ihr gefolgt sein werden, um eine derart menschliche Vollkommenheit hervorzubringen, wie sie der Geschichte unserer Erde in der vierten Runde unserer Erdenkette angehört. Welche Höhen unvorstellbarer Herrlichkeit noch verborgen in der ferneren Zukunft liegen, vermag keines Menschen Zunge einer erst zur Hälfte entwickelten Menschheit zu sagen.

Kapitel XXI.
Der Wurzel-Stock und sein Niedersteigen nach Indien.

Wir haben die Wanderungen der zweiten, dritten, vierten und fünften Unter-Rasse des arischen Wurzel-Stockes aus Zentral-Asien in breiten und flüchtigen Umrissen entworfen. Wir sahen seine prächtige Zivilisation und Kultur und die weite Ausdehnung seines Reiches, und wie es von 40 000 v. Chr. an langsam verfiel. Von 40 000—20 000 v. Chr. lag die Hauptarbeit des Vaivasvata Manu bei seinen Unter-Rassen, und während dieser zwanzigtausend Jahre hatte er und seine ihm zunächststehende Gruppe in den besonderen Distrikten, die zur Vorbereitung jener Unter-Rassen ausgesucht worden waren, sich inkarniert. Das ursprüngliche Reich, das seine Blütezeit längst überschritten, hatte, wie alle menschlichen Schöpfungen und Einrichtungen, sich verbraucht. Und während seine Unter-Rassen ausgingen, um die ihnen erteilten Rollen zu spielen, war der Prozess der Auflösung schon weit vorgeschritten. Die mongolische und die turanische Rasse, über welche sie so lange geherrscht, hatten beide ihre Unabhängigkeit von neuem geltend gemacht, und das Königreich, dessen Mittelpunkt die Stadt der Brücke bildete, war jetzt nur noch klein. Das Volk baute nicht mehr — sie lebten in den Ruinen des großen Werkes ihrer Vorväter. Die Egos, die Genie besaßen und mit heißem Bemühen nach höherer Bildung strebten, inkarnierten in den großen Tochter-Zivilisationen, und im Mutter-Staat sank daher beständig die Höhe der Bildung. Der Handel war fast gleich Null, und die Bevölkerung bestand nur aus Ackersleuten und Hirten. Das Zentral-Königreich hielt noch zusammen, aber außenliegende Bezirke waren abgebröckelt und unabhängig geworden.

Jetzt also, 18 800 v. Chr., war die mühevolle Arbeit des Aufbauens und Aussendens der Unter-Rassen für diesmal vorüber. Der Manu hatte alle seine Wanderungen ausgeführt, seine Untertanen endgültig sich einrichten gesehen, und wendete jetzt seine Aufmerksamkeit wieder der Wurzel-Rasse zu, weil er wünschte, sie nach und nach von ihrem Urvätersitz fortzubekommen und sie in Indien anzusiedeln und festzusetzen, dem zu ihrer weiteren Entwicklung auserkorenen Lande. In Indien hatte sich die glänzende atlantische Kultur entwickelt, seit der Zeit, da ungeheure atlantische Horden durch die Himalaja-Pässe strömend, das Land besetzt hatten, nachdem es trocken genug geworden war, um Ansiedlungen darauf zu ermöglichen. Vorher hatte ein ausgedehntes atlantisches Königreich weit im Süden bestanden und sich bis an den Ozean erstreckt, welcher es vor der Katastrophe von 75 025 v. Chr. im Norden begrenzte. Diese überüppige Zivilisation war jetzt entnervt und die zur toltekischen Unter-Rasse gehörenden höheren Klassen waren träge und selbstsüchtig. Indessen waren noch viele Reste einer edlen Literatur übrig geblieben und eine Überlieferung von okkultem Wissen, welche beide für das Werk der Zukunft notwendig waren und daher erhalten werden mussten. Der Kriegsgeist war zum großen Teil ausgestorben und der Wohlstand des Landes, enorm und verschwenderisch entfaltet, forderte zur Eroberung seitens mannhafter Völkerschaften heraus, solcher Völker, die alles, was wert war fortzubestehen, erben und weiterführen konnten.

Die vollständige Entfernung der Rasse aus ihrer mittelasiatischen Heimat war notwendig, damit 1. Shamballa in der erforderlichen Ruhe und Einsamkeit bleiben konnte. Das bisher in engem Zusammenschluss mit der äußeren Welt geleistete Werk war für diesmal beendet, und die Rasse musste sich selbst überlassen bleiben, um ohne äußere Aufsicht zu wachsen. 2. Um Indien zu arianisieren. 3. Damit die Rasse vor dem kommenden Kataklysmus aus dem Wege war, denn die mittelasiatische Region sollte sehr große Veränderungen erleiden.

Der Manu hatte sich nicht wieder in der Wurzel-Rasse inkarniert, seit er die vierte und die fünfte Unter-Rasse hinweggeführt, also seit ungefähr eintausendzweihundert Jahren, denn, wie gesagt, wir sind jetzt beim Jahre 18 800 v. Chr. Er war daher in Mittel-Asien fast zur Mythe geworden, und einige Jahrhunderte vorher schon herrschten verschiedene Meinungen, ob seine Vorschriften, Mischehen betreffend, noch Geltung hätten. Einige waren der Ansicht, dass sie veraltet seien, da ihr Zweck erreicht worden sei, und mehrere Familien hatten in die einiger Tartaren-Herrscher geheiratet. So war eine Spaltung eingetreten, und die, welche die neue Richtung begünstigten, hatten das Königreich verlassen und sich als getrennte Gemeinde niedergelassen. Sie gingen indessen auf dem Wege, Mischehen zu schließen, nicht weiter, und wir sind der Ansicht, dass die wenigen Außenehen, die stattgefunden hatten, herbeigeführt worden waren, um eine kleine, aber notwendige Infusion anderen Blutes herbeizuführen, vielleicht auch, um die gewünschte Trennung zu erzielen. Das Verschwinden der ursprünglichen Ursache der Uneinigkeit zog die Gemeinden nicht näher zusammen, ja, im Laufe der Jahrhunderte wurden sie tatsächlich noch feindlicher gegeneinander gesinnt, und die Zunahme der Bevölkerung im Zentral-Königreich drängte die Ausgeschiedenen weiter und weiter in die Täler der nördlichen Berge zurück. Mars war zu der oben erwähnten Zeit König über einen der Stämme der Ausgeschiedenen, die sehr unter den Einfällen des volkreicheren Teiles des Stammes litt, und ununterbrochene Gefechte ermöglichten es seinem Stamme kaum, sich zu halten. Die schließliche Vernichtung schien ihm unausbleiblich. Sein Lehrer, Jupiter, riet ihm, nicht zu kämpfen, aber das half ihm nichts, und er überlegte und betete verzweifelt, um für sein so tapferes, so treues, aber so hoffnungslos übermanntes Volk einen sicheren Ausweg zu entdecken.

Da, auf dem Höhepunkt seiner Schwierigkeiten, erschien ihm der Manu im Traum und befahl ihm, seinen Stamm west- und südwärts zu führen — es war der Vortrupp der größten Auswanderung, die je geschah — in das heilige Land Indien, das der Rasse zum Wohnsitz bestimmt war. Es wurde ihm gesagt, auf dem Wege zu seiner künftigen Heimat so wenig wie möglich zu kämpfen, niemanden anzugreifen, der sie in Frieden durchschreiten lassen würde, und nach dem äußersten Süden Indiens vorwärts zu streben. Künftig würde die ganze Rasse folgen, an den kommenden Wanderungen würde er oft teilnehmen, und einst würde er und seine Gattin, Merkur, solche Arbeit tun, wie er, der Manu, sie jetzt täte:

So ermutigt, begann Mars voller Freudigkeit die Vorbereitungsarbeiten, erzählte seinem Volke von dem Traume und befahl ihnen, sich zum Auszug zu rüsten. Fast alle glaubten ihm, nur unser alter arabischer Freund, Alastor, war wieder mit Widerspruch zur Stelle und befehligte eine kleine Partei, die sich weigerte, Mars zu folgen. Er sagte, dass er wegen des hysterischen Traumes eines übererregten und verzweifelten Mannes das alte Land und die alten Lehren nicht verlassen würde. Er blieb also zurück, verriet den Feinden die Marschroute seines Volkes und wurde, nachdem die Verfolgungs-Expedition fehlschlug, zum Tode verurteilt.

Mars brach 18 875 v. Chr.[1]) auf, folgt der gewiesenen Straße, und nach vielen Mühseligkeiten und nicht wenig Kämpfen — denn obgleich er niemals angriff, wurde er oft angefallen — erreichte er

---

1) Siehe Anhang X.

die großen Ebenen Indiens und erfreute sich eine Zeitlang der Gastfreundschaft seines Gefährten vieler Leben, Viraj, der als König Podishpar den größeren Teil des nördlichen Indiens beherrschte. Das Bündnis wurde befestigt durch die Heirat von Corona, dem Sohne Podishpars und Brhaspatis, einer Tochter des Mars, Witwe von Vulkan, der in einer Schlacht unterwegs getötet wurden war. Süd-Indien war damals ein großes Königreich unter König Huyaranda oder Lahira — unser Saturn —, der Hohe-Priester des Reiches war unser Surya unter dem Namen Byarsha und der stellvertretende Hohe-Priester war Osiris. Surya hatte einige Jahre vor ihrer Ankunft dem Saturn gesagt, dass die Fremden auf Göttlichen Befehl hinkommen würden, so dass der König den Kronprinzen Crux ihm entgegensandte, alle willkommen hieß und sie in seinem Lande ansiedelte. Später erklärte Surya, dass die Fremden aus Norden mit den Adlernasen sich dazu eigneten, Priester zu werden und des Priesteramtes erblich walten sollten. Alle, die dem zustimmten, wurden Priester und so Vorfahren der Brahmanen Süd-Indiens. Sie gingen keine Mischehen mit den früheren Bewohnern ein und lebten als gesonderte Klasse.

Andere heirateten in die toltekische Aristokratie und arianisierten somit die oberen Klassen des Landes. Und so ging der Süden Indiens auf friedliche Weise in arische Herrschaft über. Der Nachfolger Saturns in der Herrschaft, Crux, starb ohne Nachkommen und Herakles, der zweite Sohn von Mars, wurde vom Volke für den herrscherlosen Thron gewählt. Er gründete so eine arische Dynastie. Von dieser Wanderung an spricht man von allen Einwanderern in Indien als die „erste Unter-Rasse", da die ganze Wurzel-Rasse, der alte Stamm, nach Indien überging. Geburten darin rechnet man als Geburten in die erste Unter-Rasse, ob sie in Indien selbst oder in den kolonisierten und dadurch arianisierten Ländern stattfanden.

In diesem Wanderzuge treffen wir eine Anzahl alter Freunde, die den schon genannten noch hinzuzufügen wären. Der älteste Sohn von Mars war Uranus, er wurde Einsiedler in den Nilgiribergen, und sein dritter Sohn Alcyone, wurde nach Osiris, der als stellvertretender Hoher-Priester wegen hohen Alters sein Amt niedergelegt hatte, Hoher-Priester. Seine zweite Tochter war Demeter[2]). Ein seltsames Beispiel, wie Freunde von außen zugeführt wurden, bietet die Ankunft eines jungen Mongolen-Häuptlings, Taurus, der vor dem Zorn seines älteren Bruders fliehend, Schutz bei Mars in dessen mittelasiatischem Königreich suchte. Er brachte Procyon, sein Weib, mit, und eine sei-

---

2) Siehe Anhang X.

ner Töchter war Cyguns, die er an Aries verheiratete.

Von dem süd-indisch-arischen Königreich ging ungefähr um 13500 v. Chr. eine wichtige Gesandtschaft nach Ägypten. Der Befehl erging vom Haupte der Hierarchie durch den Manu, und die Expedition zog über Ceylon und zu Wasser das Rote Meer hinauf, das damals kaum mehr als eine kleine Bucht war. Es war nicht die Absicht, zu kolonisieren, da Ägypten schon ein mächtiges Reich war, sondern sich vielmehr dort unter der ägyptischen Regierung, einer sowohl großen und wohlwirkenden als auch hochzivilisierten Macht anzusiedeln.

Mars stand an der Spitze der Expedition und Surya war Hoher Priester in Ägypten, wie er es früher, vor nahezu dreitausend Jahren im südlichen Indien auch gewesen. Wie damals ebnete er den Weg für die anziehenden Arier, sprach dem Pharao von ihrem Nahen und riet ihm, sie willkommen zu heißen. Sein Rat wurde befolgt, und ein wenig später riet er dem Pharao, seine Tochter an Mars zu verheiraten, und letzteren zu seinem Nachfolger zu ernennen. Das geschah gebührend, und so wurde friedlich aber wirkungsvoll nach dem Tode des regierenden Pharao eine arische Dynastie in Ägypten eingesetzt. Sie herrschte ruhmreich viele tausend Jahre, bis Poseidonis in den Fluten versank und sie, samt dem ägyptischen Volke, in die Berge getrieben wurde. Die Flut ging indessen verhältnismäßig schnell zurück, und das Land erholte sich in kurzer Zeit. Manetho spricht in seiner Geschichte offenbar von dieser arischen Dynastie. Er lässt Unas, dessen Datum als 3 900 v. Chr. angesehen wird, während wir es 4 030 v. Chr. setzen — den letzten König der fünften Dynastie sein. Die arabischen Hyksos-Könige werden um 1 500 v. Chr. gesetzt. Unter den arischen Pharaonen werden die großen Schulen Ägyptens womöglich noch berühmter als vorher, und so war Ägypten lange Zeit die Führerin der Gelehrsamkeit in der ganzen westlichen Welt.

Es war, wenn wir den Staat der Wurzel-Rasse als das erste Reich bezeichnen, das zweite mächtige Reich der ersten Unter-Rasse. Von Ägypten wurde arisches Blut in verschiedene ostarabische Stämme eingeführt. Es scheint, als oh ein Körper von niedrigem Typus manchmal nötig wäre für wenig fortgeschrittene Egos, die durch viele vorherige Unter-Rassen gegangen sind, ohne recht vorwärts zu kommen, und dass sie mit einer höheren Rasse in Berührung gebracht werden mussten, um vorwärts gezwungen zu werden. Einige der niedrigsten Typen der Bewohner der Slums, der verrufenen Viertel der Großstädte der zivilisierten vierten und fünften Unter-Rasse sind offenbar weniger entwickelt als Zulus. Andererseits würde ein Tropfen arischen Blutes in einen unzivilisierten Stamm ihm gewisse, zu seiner Hebung erforderliche Eigenschaften verleihen.

Das süd-indische Königreich wurde auch bei anderen Gelegenheiten außer zu dieser Arianisierung Ägyptens vom Manu als Hilfe-Zentrum der Ausstrahlung benutzt. Er sandte von daher Kolonisten nach Java, Australien und den polynesischen Inseln, was die Tatsache erklärt, dass der arische Einschlag noch heutigen Tages in den so genannten braunen Polynesiern, zum Unterschied von den Melanesiern, nachgewiesen worden ist.

Während diese Anordnungen im Süden Indiens ausgeführt wurden, arbeitete der Manu noch an der allmählichen Überführung seiner Rasse von Zentral-Asien nach den nördlichen Gegenden Indiens. Eine der frühesten Einwanderungen ließ sich ins Pendjap nieder und ging nach vielen Kämpfen Friedenabedingungen mit den Einwohnern ein, die sie zum Teil ausplünderten, zum Teil verteidigten. Ein anderer, der sich ostwärts wendete, hatte sich in Assam und Nord-Bengalen eingerichtet. Die Expedition, die unmittelbar derjenigen vorausging, bei welcher wir einige Minuten verweilen wollen, fand ungefähr 17 520 v. Chr. statt. Ein Teil derselben erreichte ihren Bestimmungsort unversehrt auf der von Mars eingeschlagenen Marschroute, mehr als tausend Jahre vorher, während eine kleinere Abteilung, die versuchte, durch die heute Khaiberpass benannte Engstraße zu dringen, vernichtet wurde. Im Jahre 17 455 v. Chr. wurde eine dritte[3]) ausgesandt, geführt von Mars, dem ältesten Sohne Jupiters, des regierenden Fürsten des zentralen Königreiches. Jupiter hatte Saturn zur Gattin und Merkur war seine Schwester. Mars hatte die an seiner Expedition Teilnehmenden mit großer Sorgfalt ausgewählt und nur die stärksten Männer und Frauen, die er finden konnte, ausersehen, darunter war Psyche und sein - Weib Arktur mir drei Söhnen, Alcyone, Albireo und Leto, desgleichen wurde Kapella und seine Gattin Judex ausgewählt. Vulkan, ein großer Heerführer, war ein Kriegsmann, auf den Mars sich am meisten verlassen konnte, und er im Verein mit Vajra, seinem Untergebenen, führten einen Flügel der Expedition, während Mars an der Spitze des anderen stand.

Die beiden Flügel der Expedition trafen sich, wie geplant, und sie siedelten die Frauen und die Kinder in einem stark verschanzten Feldlager, zwischen dem heutigen Dyamu und Guywala, an, sie selbst drangen weiter bis zu der Stelle, an welcher jetzt Delhi steht.

---

3) Siehe Anhang XI.

Sie erbauten die erste Stadt an diesem königlichen Abhang und nannten sie Ravipur — Stadt der Sonne. Unterwegs hatten sie ein Scharmützel mit einem mächtigen Häuptling, Castor; es gelang ihnen jedoch weiterzuziehen, und als die neue Stadt fertig war, wurden die Frauen und Kinder und deren Bedeckung dorthin geholt, und das erste Leben von Delhi, als Hauptstadt, begann. Mars hinterließ sein Reich seinem ältesten Sohne Herakles, dem Alcyone viel Beistand leistete, er war neun Jahre älter als er und sein treuester Freund.

Eine der gewaltigsten Auswanderungen aus dem Zentral-Reich fand 15 950 v. Chr. statt. Es wurden drei große Heere gebildet, deren Oberbefehlshaber Mars war, den Befehl über den rechten Flügel erhielt Corona, der durch Kaschmir, Pandshab und die jetzt die Vereinigten Provinzen genannten Gegenden nach Bengalen vorgehen sollte. Der linke Flügel sollte Tibet bis Bhutan durchqueren und von da Bengalen erreichen, der Kern unter Mars mit Merkur als zweiten Befehlshaber, sollte Tibet bis Nepal durchkreuzen und so weiter vordringen bis zum gemeinsamen Sammelpunkt Bengalen, welches ihre Heimat zu werden bestimmt war. Corona indessen verwandte vierzig Jahre darauf, um sich selbst ein Königreich zu gründen und erreichte Bengalen erst, als Mars, der bereits lange dort regierte, ein alter Mann war. Vulkan hatte sich mit Mars vereinigt und sich schließlich in Assam niedergelassen. Mars selbst hatte, mit Hilfe von Vulkan, Bengalen unterworfen, nach verzweifelten Kämpfen auch Orissa und endlich seine Hauptstadt in Mittel. Bengalen errichtet. Als er alt geworden war, setzte er seinen ältesten Sohn Jupiter, auf den Thron und zog sich von der Welt zurück.

Die große Bedeutung dieser weit reichenden Wanderung wird durch die Tatsache gekennzeichnet, dass zehn, die jetzt Meister sind, daran teilnahmen: Mars, Merkur, Vulkan, Jupiter, Brhaspati, Osiris, Uranus, Saturn, Neptun, Viraj. Andere mir bekannte Namen waren in großer Anzahl bei diesem Zusammenströmen vertreten[4]).

Von dieser Zeit an fanden beständig aus Zentral-Asien Abstiege nach Indien hinunter statt, manchmal nur vereinzelte Scharen, manchmal bedeutende Heere, die älteren Ansiedler oft den Neuankommenden Widerstand leistend, die neuen die alten ausplündernd, Welle auf Welle rollte hinein während Tausenden von Jahren. Einige der tiefer denkenden Arier studierten die Philosophie der Tolteken, welche sie zuweilen Nagas nannten. Die unteren Klassen der atlantischen Bevölkerung, meist braune Tlavati, nannten sie Dasyas, wäh-

---

4) Siehe Anhang XII.

rend sie das schwarze Volk lemurischer Abkunft, dessen Anblick ihnen Grauen und Entsetzen einflößte, Daityas und Takshaks nannten.

Zwischen den freier gesinnten Ariern und den Tolteken fanden einige Ehen statt und um 12850 v. Chr. sahen wir Alcyone Psyche, dem Sohne von Orpheus sehr geneigt. Orpheus war ein atlantischer Würdenträger und des letzteren Tochter heiratete Mizar, obgleich sein eigener Vater Algol ein fanatischer Arier war und die Atlantier und ihre Kultur hasste. Während er also und sein junges Weib unter diesen Umständen flüchten mussten, gewährte ihnen ein arischer Führer, Vesta, das Haupt einer eindringenden Schar, Schutz und einer seiner Verwandten, Krako, mit seinem Weibe, Cassiopeia, Glieder einer Schar, die schon länger in Indien saß, verhalfen ihm zum Besitz eines Landgutes, wo er in äußerst freundschaftlicher Beziehung zu Aletheia, einem wohlhabenden Atlantier, stand. In einigen Fällen wenigstens bestanden also augenscheinlich freundschaftliche Beziehungen zwischen den Rassen, die auch nicht unterbrochen wurden durch den feindlichen Überfall einer großen Schar von Ariern, die wieder unter Mars, auf dessen Wege, sich ein Reich in Zentral-Indien[5]) zu gründen, in der Nähe vorbeizogen.

Nach diesen beständigen Auszügen war das Zentral-Asiatische Reich, um 9 700 v. Chr. ungefähr, entvölkert. Die Erschütterungen, welche die Katastrophe von 9 564 v. Chr. begleiteten, verwandelten die Stadt der Brücke in ein Trümmerfeld und verursachten den Zusammensturz der meisten großen Tempel auf dem Weißen Eiland. Den letzten Scharen wurde es nicht leicht, Indien zu erreichen; sie wurden in Afghanistan und Belutschistan etliche zweitausend Jahre aufgehalten und viele wurden von mongolischen Plünderern hingemordet. Der Rest fand langsam seinen Weg in die bereits dicht bevölkerten Ebenen.

Als sein Volk schließlich so nach Indien hineingeführt worden war, entstand die Gefahr, dass das arische Blut inmitten der ungeheuren Überzahl der Atlantier und Atlanto-Lemurier nur eine blasse Spur hinterlassen könnte, daher verbot der Manu aufs Neue Mischehen und ordnete ungefähr um 8 000 v. Chr. das Kastensystem an. Damit künftig keine Vermischung mehr stattfinden sollte und die schon vollzogenen fortbestehen konnten, setzte er zuerst nur drei Kasten ein: Brahmanen, Rajan und Vish. Die ersten waren reine Arier, die zweiten Arier und Tolteken, die dritten Arier und Mongolen.

Die Kasten wurden daher Varnas oder Farben genannt, die reinen

---

5) Siehe Anhang XIII.

Arier weiß, die Mischung von Ariern und Tolteken rot und die von Ariern und Mongolen gelb. Es war den Kasten gestattet, untereinander zu heiraten, aber sehr bald hatte man das Gefühl, als sollten Ehen besser auf die Kaste beschränkt werden. Später wurden die, welche gar nicht Arier waren unter dem Sammelnamen Shudras zusammengefasst, aber selbst hier mag in vielen Fällen eine gewisse kleine Spur arischen Blutes zum Vorschein gekommen sein. Viele der Bergvölker sind zum Teil Arier — einige sogar ganz, wie das Siaposh-Volk und die Zigeunerstämme.

Während der Einwanderungen nach Indien war ein Stamm in einer anderen Richtung gezogen als die anderen und es gelang ihm, sich in einem Tale des Susamir-Distriktes festzusetzen. Dort, von der übrigen Welt vergessen, erfreute er sich viele Jahrhunderte eines primitiven Hirtenlebens. Um 2 200 v. Chr. erstand unter den mongolischen Stämmen ein großer, kriegerisch gesinnter Anführer, und sie verwüsteten alles, was sie von Asien erreichen konnten, unter anderem zerstörten sie gänzlich die Reste des persischen Reiches. Der Tartarenführer wurde schließlich niedergeworfen und seine Horden zerstreut, aber er hatte alles in vollständig verwüstetem Zustande hinterlassen.

Nach ungefähr hundert Jahren erreichte unsere Arier in ihrem Tale irgendwie eine Kunde von einem fruchtbaren aber unbesetzten Lande; sie sandten Kundschafter aus, um zu erkunden und zu berichten, und als die Sache sich bestätigte, zogen sie mit Kind und Kegel nach Persien. Es waren die, welche das Zend sprachen und ihre späte Ankunft dort erklärt die seltsam ungeordneten und unfertigen Zustände des Landes noch zur Zeit des letzten Zoroaster. Diejenigen Reste der dritten Unter-Rasse, die nur aus ihrer Heimat vertrieben worden und dem allgemeinen Gemetzel entronnen waren, kehrten um, machten mit diesem unserem Stamme gemeinsame Sache und aus diesen Anfängen entwickelte sich allmählich das jüngste persische Reich.

DER MENSCH: WOHIN

Vorwort.

Die folgenden Seiten sind ein Versuch, die ersten Anfänge der sechsten Wurzel-Rasse, vergleichbar den Anfangsstadien der fünften Wurzel-Rasse in Arabien im Umriss zu schildern. Ehe die sechste Rasse zu ihrem Eigentum kommt und von ihrem Erdteil, der jetzt im Stillen Ozean Stück für Stück langsam in die Höhe steigt, Besitz ergreift, werden viele, viele Jahrtausende vergehen. Nordamerika wird in Trümmer gegangen sein und der westliche Streifen Landes, der künftige Schauplatz der Niederlassung der ersten Kolonie, wird einen Teil des äußersten Ostens des neuen Erdteils bilden.

Zurzeit, da diese kleine Kolonie an ihrer embryonalen Entwicklung arbeitet, wird die fünfte Rasse im Zenith stehen und aller Glanz und aller Ruhm der Welt werden hier zusammenströmen. In den Augen der Welt wird die Kolonie recht dürftig, gewissermaßen wie ein Sammelpunkt erscheinen für verdrehte, ihrem Führer sklavisch ergebene Leute.

Diese Skizze ist ein Wiederabdruck aus „The Theosophist" und ist gänzlich das Werk meines Mitarbeiters. A. B.

Kapitel XXII.

Die Vision des Königs Ashoka.
(Einführung.)

Vor ungefähr zwölf Jahren[1]) beschäftigten sich die Verfasser dieses Werkes mit der Erforschung einiger früherer Leben von Oberst H. S. Olcott. Die meisten Mitglieder der Theosophischen Gesellschaft wissen, dass er in der Verkörperung, die dieser seiner letzten vorausging, der große buddhistische König Ashoka war. Wer das kleine Gedenkblatt der Geschichte seiner Vergangenheiten, gelegentlich eines amerikanischen Kongresses geschrieben, kennt, wird sich entsinnen, dass er am Abend jenes Lebens eine Zeitlang unter schweren Zweifeln und großer Niedergeschlagenheit litt, diese zu verscheuchen zeigte ihm sein Meister zwei wundersame Bilder: das eine aus der Vergangenheit, das andere aus der Zukunft. Er war betrübt gewesen, weil er nicht alle Pläne hatte ausführen können, und zweifelte hauptsächlich an seiner Kraft, bis zum Ende ausharren und das Band, das ihn mit seinem Meister verknüpfte, bis zum Ziele aufrechterhalten zu können. Um diesen Zweifel zu zerstreuen, erklärte ihm der Meister zuerst in einer Vision aus der Vergangenheit, wie die zwischen ihnen bestehende Verbindung ursprünglich vor langer Zeit, in Atlantis, geknüpft und wie ihm damals das Versprechen gegeben worden sei, dass dieses Band niemals solle zerrissen werden. In einer anderen Vision, einer Vision der Zukunft, zeigte er sich Selbst ihm als den Manu der sechsten Wurzel-Rasse und den König Ashoka als einen seiner Statthalter, der in seinem Dienst und unter ihm dieses hohen Amtes waltete.

Der Schauplatz war eine wunderschöne parkähnliche Gegend, wo blumenbedeckte Berghänge sich sanft zu einem saphirgrünen Meere hinabsenkten. Man sah den Meister M. umgeben von einer kleinen Schar von Schülern und Gehilfen, und während der entzückte König noch dieses liebliche Bild bewunderte, erschien, von seiner Schar von Jüngern gefolgt, der Meister K. H. in demselben. Die beiden Meister umarmten einander, unter freudiger Begrüßung vereinten

---

1) Die I. englische Ausgabe des Werkes, kam im Jahre 1913 heraus.

sich die Gruppen der Schüler und das wunderbare Bild entschwand unseren bezauberten Blicken. Der Eindruck aber, den es hinterließ, blieb ungeschwächt und brachte ein gewisses, über alle Worte seltsames und in heiliger Scheu gehegtes Wissen. Wir bedienten uns damals des Gesichtes des Kausal-Körpers und die Egos, die jene Schar bildeten, waren daher unserem geistigen Blicke deutlich unterscheidbar. Viele erkannten wir augenblicklich, anderen, die wir noch nicht kannten, begegneten wir seither auf der physischen Ebene. Wahrlich, unbeschreiblich seltsam ist es, einem Mitgliede zu begegnen (vielleicht auf der anderen Seite des Erdballs), das wir physisch nie vorher gesehen haben und hinter dessen Rücken einen Blick zu wechseln, in welchem unser Wiedererkennen hinüberblitzt und welcher sagt: „Hier ist wieder einer, der bis an das Ende mit uns sein wird."

Wir wissen auch, wer n i c h t dabei sein wird; aber wir sind, Gott sei Dank nicht berufen, Schlüsse zu ziehen, denn wir wissen, dass sehr viele, die nicht vom Anfang der Rasse an dabei sind, sich ihr später anschließen werden; ferner auch, dass es in Verbindung mit des Meisters Werk noch andere Zentren der Betätigung gibt. Dieser besondere Mittelpunkt, den wir sahen, wird dem besonderen Zwecke, der Gründung der sechsten Wurzel-Rasse, dienen, und darum einzig in seiner Art sein; daher können nur diejenigen, welche sich durch vorhergehende sorgfältige Selbstzucht vorbereitet haben, um bei seiner eigenartigen Arbeit mithelfen zu können, teil daran nehmen. Damit nun die Art dieses Werkes und die dazu notwendige Schulung ganz klar erkannt werden, wurde uns gestattet, unseren Mitgliedern diese Skizze jenes zukünftigen Lebens mitzuteilen. Diese Selbsterziehung aber bedingt, wie der Verlauf unserer Geschichte hinlänglich zeigen wird, höchste Selbstaufopferung und strengste Selbstentäußerung; und sie bedingt volles Vertrauen in die Weisheit der Meister. Viele tüchtige Mitglieder unserer Gesellschaft besitzen diese Eigenschaften noch nicht und könnten daher, wie hoch entwickelt sie in anderer Hinsicht auch sein mögen, unter dieser besonderen Schar von Arbeitern noch keinen Platz einnehmen, denn die Arbeiten des Manus sind anstrengend, und er hat weder Zeit noch Kraft übrig, um sie mit Hin- und Widerreden, mit eingebildeten, eigensinnigen und widerspenstigen Helfern zu verschwenden, die alles besser wissen wollen als er. Die äußere Arbeit dieser Gesellschaft jedoch wird in jenen künftigen Jahrhunderten auch ferner ihren Fortgang nehmen und ihre weithin ausgebreiteten Verzweigungen werden allen, die willens sind zu helfen, hinlänglich Raum gewähren, selbst wenn sie der gänzlichen Selbstentäußerung, die von Gehilfen des Manus verlangt wird, noch nicht fähig sind.

Was wir damals in jener dem König gezeigten Vision sahen, gab uns weder über den Zeitpunkt des vorausgesehenen Ereignisses, noch über den Ort, an dem es sich abspielen soll, irgendwelchen Aufschluss, obwohl wir jetzt über diesen Punkt vollständig unterrichtet sind. Damals wussten wir nur, dass jene Vision eine wichtige, mit der Gründung der neuen Rasse zusammenhängende Begebenheit darstelle — und so viel wurde auch dem König Ashoka tatsächlich mitgeteilt. Und da wir von den Ämtern wussten, die unsere beiden verehrten Meister in der sechsten Wurzel-Rasse bekleiden werden, war es uns ein leichtes, beide Vorstellungen miteinander zu verknüpfen.

Lange Zeit blieb es dabei und wir erwarteten nicht, dass uns irgendwelche weitere Aufklärung darüber gewährt werden würde. Plötzlich und s c h e i n b a r aus reinstem Zufall indessen wurde die Frage wieder angeregt und es ergab sich, dass Untersuchungen auf einem der Gründung der sechsten Wurzel-Rasse ganz fern liegenden Lehrgebiet mitten ins Herz ihrer Geschichte führte und eine Flut von Licht auf ihre Methoden verbreitete.

Die Fortsetzung der Geschichte wird von dem erzählt, der sie zu übermitteln ausersehen wurde.

DER DEVA-HELFER.

Ich sprach zu einer Gruppe von Freunden über die Stelle bis J n a n a h w a r i , die den Yogi schildert als einen, „der die Sprache der Devas hört und versteht". Ich versuchte gerade die wunderbaren Ekstasen von Farben und Tönen zu erklären, mittels derer gewisse Ordnungen der Großen Engel sich ausdrücken, als ich die Gegenwart eines solchen gewahrte, der mir bei meinen Bemühungen, die Geheimnisse ihres glorreichen Seins zu ergründen, früher schon bei verschiedenen Gelegenheiten gütige Hilfe gewährt hatte. Da er vermutlich die Unzulänglichkeit meiner Versuche, sie zu beschreiben, bemerkte, zeigte er mir zwei auffallend lebensvolle kleine Bilder mit den Worten: „Hier, beschreibe ihnen diese."

Beide Bilder zeigten das Innere eines Großen Tempels in einer mir gänzlich fremden Bauart, in beiden versah ein Deva das Amt eines Priesters oder Predigers und leitete die Andacht einer gewaltig großen Gemeinde. In dem einen Tempel rief der Leiter des Gottesdienstes seine Wirkungen einzig durch Entfaltung eines unbeschreiblich leuchtenden Farbenspieles hervor, während in dem anderen Musik das Mittel war, durch welches er einerseits auf die Gefühle und Empfindungen seiner Gemeinde wirkte und andererseits ihrem Sehnen und Aufwärtsstreben zur Gottheit Ausdruck verlieh. Eine ausführlichere Beschreibung dieser Tempel und der in ihnen angewendeten Mittel folgt später; für den Augenblick wollen wir zu der späteren Untersuchung, für die dies nur der Ausgangspunkt war, übergehen. Der Deva, welcher diese Bilder zeigte, erläuterte sie dahin, dass sie Szenen einer Zukunft darstellten, in welcher Devas weit freier als jetzt unter den Menschen sich bewegen und ihnen nicht nur bei ihren Andachten, sondern auch auf manche andere Weise helfen würden. Ich dankte ihm für seinen gütigen Beistand und beschrieb meiner Gruppe von Zuhörern die lieblichen Bilder, so gut ich es vermochte, wahrend er selbst mir gelegentlich Erläuterungen dazu gab.

DIE ZUKUNFT SCHAUEN.

Nach Schluss der Zusammenkunft rief ich mir in der Einsamkeit meines Zimmers voller Freude diese Bilder wieder zurück, prägte jede kleinste Einzelheit meinem Gedächtnisse ein und bemühte mich, zu entdecken, inwieweit es möglich sei, in Verbindung damit andere sie umgebende nähere Umstände zu erschauen. Zu meiner großen Freude gewahrte ich, dass dies vollkommen möglich sei, und dass ich, wenn ich mir Mühe gab, meine Vision von den Tempeln auf die Stadt und das sie umgebende Land ausdehnen konnte. Auf diese Weise wurde es mir möglich, das Leben dieser Zukunft in seinen Einzelheiten zu erschauen und zu beschreiben. Natürlich gibt dies Anlass zu einer Reihe von Fragen über die Art des Hellsehens, mittels derer die Zukunft so vorausgesehen wird, den Grad, bis zu welchem man sich diese Zukunft als vorausbestimmt vorstellen kann und inwieweit, wenn überhaupt, das was gesehen wird, durch den Willen derer, die man als handelnde Personen in dem Drama beobachtet, modifiziert werden kann. Ist nämlich alles schon bestimmt und können sie nichts ändern, befinden wir uns dann nicht wieder einmal der leidigen Lehre von der Prädestination gegenüber? Ich bin nicht berufener als irgendeiner von Tausenden, die schon darüber geschrieben haben, die Frage über den freien Willen und die Vorherbestimmung zufriedenstellender zu lösen. E i n e unzweifelhafte, unbestreitbare Tatsache kann ich wenigstens bezeugen: es gibt eine Ebene, von der aus Vergangenheit und Gegenwart und Zukunft ihre bezüglichen, ihre relativen Merkmale verloren haben und jede einzelne der Zeiten dem Bewusstsein ebenso, wirklich und ebenso vollkommen gegenwärtig ist, wie die anderen.

In vielen Fällen habe ich die Chroniken der Vergangenheit durchforscht und mehr als einmal habe ich beschrieben, wie äußerst wirklich und lebendig diese Chronik für den Seher ist. Er erlebt einfach die Szenen, und er kann sich so schulen, dass er als bloßer Zuschauer von außen auf sie blickt oder für die Zeit mit seinem Bewusstsein ganz in das Bewusstsein einer der Personen, die an der Szene Teil hat, eingeht, um so den großen Vorteil zu genießen, die derzeitige Ansicht eines Zeitgenossen über den jeweilig betrachteten Gegenstand zu besitzen. Ich kann nur sagen, dass in dieser, meiner ersten längeren und zusammenhängenden Vision der Zukunft, die ich unternahm, die von mir gemachte Erfahrung genau dieselbe war, dass nämlich diese Zukunft in jeder Beziehung ebenso tatsächlich und lebendig gegenwärtig war, wie irgendeine jener Szenen der Vergangenheit, oder wie das Zimmer, in dem ich sitze und schreibe. Auch in diesem Falle waren dieselben beiden Möglichkeiten vorhanden: entweder man sah auf das Ganze als Zuschauer, oder man identifizierte sich mit dem Bewusstsein einer Person, die darin lebte, verstand dadurch deren Beweggründe und wusste genau, wie das Leben ihr erschien.

Da während der Untersuchung zufällig eine Zeitlang jemand, den ich deutlich als einen an jener Gemeinde der Zukunft Beteiligten erkannte, körperlich anwesend war, so gab ich mir besondere Mühe, zu sehen, inwieweit es diesem Ego möglich sein würde, in den dazwischenliegenden Jahrhunderten sich durch seine Handlungen selbst daran zu hindern, an jener Bewegung teilzunehmen oder seine Stellung in Bezug auf dieselbe zu verändern. Nach wiederholter und sorgfältigster Prüfung wurde es mir klar, dass er sein ihm bevorstehendes Schicksal n i c h t vermeiden oder es nennenswert ändern kann. Der Grund aber, dass er dies nicht kann, liegt darin: die Monade über ihm, der Ureigentliche Geist in ihm, durch den noch unentwickelten Teil seines persönlichen Selbst als ein Ego wirkend, hat das Schicksal schon entschieden und die Ursachen in Bewegung gesetzt, die es unfehlbar hervorbringen müssen. Dem Ego steht in jenen dazwischenliegenden Jahrhunderten unzweifelhaft ein großes Maß von Freiheit zu Gebote. Es kann nach dieser oder jener Seite hin von dem ihm vorgezeichnetem Pfade abweichen; es kann seinen Fortschritt auf demselben beschleunigen oder verzögern. Die unerbittliche, zwingende Gewalt aber, die doch gleichzeitig sein wahrstes Selbst ist, wird dessen ungeachtet solch absolutes und endgültiges

Abweichen, durch welches er die vor ihm liegende Gelegenheit verscherzen würde, nicht zulassen. Der Wille des wahren Menschen hat schon bestimmt und dieser Wille wird sicher die Herrschaft behalten.

Ich bin mir der außerordentlichen gedanklichen Schwierigkeit dieser Frage gegenüber sehr wohl bewusst und maße mir durchaus nicht an, eine neue Lösung dafür vorzutragen; ich gebe einfach als Augenzeuge einen Beitrag zum Studium des Gegenstandes. Lassen wir es für den Augenblick dabei bewenden, festzustellen, dass ich, was mich betrifft, weiß, dass dies ein genaues und treues Bild dessen ist, was unfehlbar geschehen wird. Und da ich das weiß, bringe ich es vor unsere Leser als etwas, was ich von höchstem Interesse für sie halte und zur Ermutigung für diejenigen, denen es möglich ist, es anzunehmen. Dessen ungeachtet aber habe ich gleichzeitig nicht den leisesten Wunsch, es denen aufzunötigen, die noch nicht die Gewissheit erlangt haben, dass es möglich ist, die ferne Zukunft selbst bis in die kleinsten Einzelheiten vorauszusehen. C. W. L.

Kapitel XXIII.
Der Anfang der sechsten Wurzel-Rasse.

Wir entdeckten, dass diese prachtvollen Tempelgottesdienste nicht die in der Welt jener Zeit übliche Art der Gottesverehrung waren, sondern in einer gewissen von der übrigen Welt abgesondert lebenden Gemeinde von Menschen stattfinden würden. Und es bedurfte nur einer kleinen weiteren Untersuchung, um zu erkennen, dass dies genau die nämliche Gemeinde ist, deren Gründung den Ursprung der vor so langer Zeit dem König Ashoka gezeigten Vision bildete. Diese Gemeinde ist wirklich die vom Manu der sechsten Wurzel-Rasse gemachte Auslese, aber statt sie in entlegene, der übrigen Welt unzugängliche, einsame Orte zu führen — wie es der Manu der fünften Wurzel-Rasse tat — verpflanzt sie unser Manu mitten in ein dicht bevölkertes Land und bewahrt sie nur durch moralische Umhegung vor Vermischung mit früheren Rassen. Ebenso wie das Material für die fünfte Wurzel-Rasse der fünften Unter-Rasse des atlantischen Stammes entnommen werden musste, müssen die physischen Körper, aus denen die sechste Wurzel-Rasse sich entfalten soll, aus der sechsten Unter-Rasse unserer gegenwärtigen arischen Rasse ausgewählt werden. Es ist daher vollkommen natürlich, dass diese Gemeinde, wie es sich auch wirklich verhielt, sich auf dem großen Festlande von Nordamerika niederlässt, wo gegenwärtig bereits Schritte zur Entwicklung der sechsten Unter-Rasse unternommen werden. Ebenso natürlich ist es, dass die Wahl auf den Teil jenes Kontinentes fällt, der hinsichtlich des Landes und des Klimas unserem Ideal von einem Paradiese am nächsten kommt, nämlich Süd- oder Nieder-Kalifornien. Wir finden, dass der Zeitpunkt für die Ereignisse, die in der Vision des Königs Ashoka wiedergegeben wurden — die tatsächliche Gründung der Gemeinde — fast genau siebenhundert Jahre von jetzt an gerechnet, vor uns liegt. Die Bilder aber, die der Deva zeigte (und die andern, welche die daraus entspringenden Nachforschungen enthüllten), gehören einer ungefähr um hundertfünfzig Jahre späteren Zeit an; einer Zeit, in der die Gemeinde bereits vollständig selbständig und nach außen festgegründet ist.

DIE GRÜNDUNG DER GEMEINDE.

Der Plan ist folgender: Aus der Theosophischen Gesellschaft, wie sie jetzt ist und in den kommenden Jahrhunderten sein wird, wählen der Manu und der Hohepriester der kommenden Rasse — unser Mars und Merkur — Menschen aus, die es wirklich ernst meinen und ihrem Dienste treu ergeben sind, und geben ihnen Gelegenheit, ihre Gehilfen bei dem großen Werke zu werden. Unleugbar wird das Werk ein mühevolles sein und der allergrößten Opferfreudigkeit derer bedürfen, die bevorzugt sind, daran teilzunehmen.

Ehe der Logos diesen Teil seines Systems ins Dasein rief, hatte er in seinem Geiste einen bis in die kleinsten Einzelheiten ausgearbeiteten Plan dessen, was er zu tun beabsichtigte: welche Stufe jede Rasse in jeder Runde erlangen und in welchen Einzelheiten sie sich von ihren Vorgängern unterscheiden sollte. Seine ganze gewaltige Gedankenform besteht sogar auch jetzt auf der Ebene des Göttlichen Intellektes (Mahat), und wenn ein Manu dazu ausersehen wird, eine Wurzel-Rasse in seine Obhut zu nehmen, so ist es sein erstes, diese Gedankenform auf eine Ebene herab zu materialisieren, auf welcher er sie jederzeit zur Hand und in Bereitschaft hat. Sodann besteht seine Aufgabe darin, aus der bestehenden Welt Menschen auszuwählen, die diesem Typus am nächsten kommen, sie von den übrigen fortzuziehen, und in ihnen nach und nach, soweit wie möglich, die Eigenschaften zu entwickeln, die die speziellen Merkmale der neuen Rasse werden sollen.

Hat er dies so weit, wie es ihm wünschenswert erschien, und als es ihm mit dem ihm zu Gebote stehenden Material möglich wurde, vollführt, so wird er selbst in der ausgewählten Gruppe dann inkarnieren. Da er schon längst alles hindernde Karma erschöpft hat, so steht es ihm völlig frei, all seine Vehikel, nämlich den Kausal-, den Mental- und den Astral-Körper, genau dem ihm vom Logos vorgehaltenen Bilde gemäß zu gestalten. Ohne Zweifel vermag er auch auf sein physisches Vehikel großen Einfluss auszuüben, obwohl er dieses Eltern verdanken muss, die zwar in hohem Maße verfeinert und spezialisiert, jedoch noch der fünften Wurzel-Rasse angehören.

Nur Körper, die physisch in direkter Linie von ihm abstammen, bilden die neue Wurzel-Rasse, und da er seinerseits offenbar in die alte fünfte Wurzel-Rasse heiraten muss, ist es klar, dass der Typus nicht vollkommen rein sein wird. Während der ersten Generation müssen sich seine Kinder, wenn auch nur innerhalb der Grenzen der ausgewählten Gruppe, ebenfalls Gatten aus der alten Rasse wählen.

Danach aber gibt es keinen weiteren Einschlag aus älterem Blute mehr, da Ehen außerhalb der neugebildeten Familie absolut verboten sind. Später wird sich der Manu selbst wieder inkarnieren, wahrscheinlich als sein eigener Ur-Enkel, und so die Rasse weiter läutern, und während der ganzen Zeit wird er in seinen Bemühungen niemals aufhören, alle ihre dazugehörigen Vehikel auch jetzt, selbst einschließlich des physischen, mehr und mehr dem ihm vom Logos gegebenen Vorbilde anzugleichen.

WIE DIE MITGLIEDER GESAMMELT WERDEN.

Um das Werk dieses Umbildens so schnell und vollständig wie möglich zu vollführen, ist es in erster Linie nötig, dass alle in diesen neuen Vehikeln sich verkörpernden Egos durchaus verstehen, was vor sich geht, und sich ganz und gar dem Werke weihen. Der Manu sammelt daher eine große Anzahl seiner Schüler und Gehilfen um sich und versieht sie mit Körpern, für die er selbst gesorgt hat. Es ist angeordnet, dass sie sich gänzlich dieser Aufgabe widmen und sofort in einen neuen Körper einziehen, sobald sie es notwendig finden, den alten abzulegen. Wie bereits erwähnt, steht daher außerordentlich angestrengte Arbeit allen bevor, die Seine Gehilfen werden wollen: müssen sie doch ohne die übliche Ruhepause auf anderen Ebenen wieder und wieder geboren werden. Überdies muss jedes einzelne Erdendasein in dieser ununterbrochenen Reihe physischer Leben vollkommen selbstlos, ohne den leisesten Gedanken an das eigene Selbst oder an persönliche Interessen, durchaus den Interessen der neuen Rasse gewidmet sein. Tatsächlich muss derjenige, welcher diese Arbeit auf sich nimmt, nicht für sich, sondern für die Rasse leben, und zwar ein Jahrhundert nach dem andern. Das heißt keine leichte Bürde auf sich nehmen. Andrerseits aber spricht zugunsten der Rechnung, dass diejenigen, welche diese Arbeit übernehmen, unfehlbar außergewöhnlich schnell vorwärts kommen werden, und nicht nur das Glück haben werden, eine führende Rolle in der Entwicklung der Menschheit zu spielen, sondern auch das unschätzbare Vorrecht genießen, viele Leben hindurch unter der unmittelbaren physischen Leitung der von ihnen so innig geliebten Meister wirken zu dürfen. Und wer schon so gesegnet war, die Glückseligkeit ihrer Gegenwart zu spüren, weiß sehr wohl, dass in ihrer Gegenwart keine Arbeit mühevoll, kein Hindernis unüberwindlich scheint, vielmehr schwinden alle Schwierigkeiten; und verwundert schauen wir auf unser Straucheln von gestern zurück und verstehen kaum, wie wir mutlos oder verzagt sein konnten. Diesem Gefühle eben werden vom Apostel so herrliche Worte verliehen, wenn er sagt: „Ich vermag alles zu tun durch den, der mich stark macht, Christus."

EINZUG IN DAS LAND.

Wenn nach seinem Ermessen der geeignetste Zeitpunkt für die tatsächliche Gründung der Rasse naht, wird der Manu Sorge tragen, dass all diese von ihm auserwählten Jünger in der sechsten Unter-Rasse geboren werden. Wenn alle ihre Volljährigkeit erreicht haben, wird er oder alle gemeinschaftlich an einem günstig gelegenen Ort ein großes Stück Land käuflich erwerben, und alle werden dort hinziehen und ihr neues Leben als eine Gemeinde beginnen. Diese Szene der Besitzergreifung des Landes war es, welche dem König Ashoka gezeigt wurde, und die besondere Stelle, auf welcher die Begegnung der beiden Meister gesehen wurde, ist nahe der Grenze des erworbenen Landes. Sie führen dann ihre Gefolgschaft zur Mitte des Landes, die schon zur Hauptstadt der Gemeinde ausersehen worden ist, und dort nehmen sie von den im Voraus für sie bereiteten Wohnungen Besitz. Denn lange vorher schon haben der Manu und seine nächsten unmittelbaren Statthalter als Vorbereitung auf diesen Zeitpunkt die Errichtung einer stattlichen Gruppe von Gebäuden überwacht: im Mittelpunkt ein großer Tempel oder eine Kathedrale mit weitläufigen Bauten für Bibliotheken, Museen und Beratungssälen und um diese herum etwa vierhundert Wohnhäuser, jedes freistehend inmitten seines eigenen Grundstückes. Obgleich diese Häuser in den Einzelheiten und im Stil sehr voneinander abweichen, erbaute man alle nach einem bestimmten gemeinsamen Plan, der später näher beschrieben werden soll.

Diese Arbeiten haben nur einem Unternehmer unterstellte zünftige Handwerker ausgeführt, eine stattliche Schar von Arbeitern, von denen viele aus der Ferne herbeigeholt wurden, auch erhielten sie hohen Lohn, um einer aufs beste ausgeführten Arbeit sicher zu sein. Der Betrieb auf der Niederlassung erfordert mannigfache kunstreiche Maschineriescheit, und in der ersten Zeit sind Arbeiter von auswärts angestellt, um die Maschinen zu bedienen und die Ansiedler in deren Gebrauch zu unterweisen. In einigen Jahren aber lernen die Kolonisten die Herstellung und Instandhaltung alles dessen, was sie zu ihrem Wohle bedürfen und sind dann in der Lage, Hilfe von außerhalb entbehren zu können. Noch innerhalb der ersten Generation wird die Ansiedlung, in Bezug auf ihren Unterhalt, selbständig und in der Folge werden keine fremden Arbeitskräfte mehr herangezogen. Große Summen Geldes sind aufgewendet worden, um die Kolonie zu errichten und sie in Betrieb zu setzen, sobald sie aber einmal fest begründet ist, erhält sie sich vollständig selbst und ist von der Außenwelt unabhängig. Die Gemeinde verliert jedoch niemals ganz die Fühlung mit der übrigen Welt, denn sie ist stets beflissen, sich mit allen neuen Entdeckungen und Erfindungen und allen maschinellen Verbesserungen bekannt zu halten.

DIE KINDER DES MANU.

Unsere Nachforschungen jedoch betrafen hauptsächlich einen um ungefähr hundertfünfzig Jahre späteren Zeitpunkt, als sich die Gemeinde bereits sehr vergrößert hat und annähernd hunderttausend Köpfe zählt, alle direkte physischen Nachkommen des Manu, mit Ausnahme einiger weniger, die aus der Außenwelt unter später zu beschreibenden Bedingungen zugelassen wurden. Anfangs schien es uns unwahrscheinlich, dass die Nachkommen eines einzigen Menschen während dieser Spanne Zeit zu einer so großen Zahl anwachsen könnten, aber schon eine so flüchtige Prüfung, wie sie uns über den dazwischenliegenden Zeitraum möglich war, zeigte, dass es ganz natürlich zugegangen war. Wenn der Manu es für angemessen hält, zu heiraten, halten sich einige von ihm erwählte Jünger bereit, freiwillig ihre alten Körper aufzugeben, sobald er neue für sie zu Gebote stehen hat. Im Ganzen hat er zwölf Kinder, und es ist beachtenswert, dass er es so fügt, dass jedes derselben unter einem besonderen Einfluss — wie ein Astrologe sagen würde — geboren wird, jedes unter einem anderen Zeichen des Tierkreises. Im Laufe der Zeit wachsen all diese Kinder heran und heiraten die ihnen bestimmten Kinder anderer Glieder der Gemeinde.

Alle Vorkehrungen sind getroffen, um ihnen eine vollkommen gesunde und geeignete Umgebung zu schaffen, so dass es keine Kindersterblichkeit gibt; und was wir recht große Familien nennen würden, bildet die Regel. Fünfzig Jahre nach der Gründung der Gemeinde leben bereits hundertvier Enkelkinder des Manu. Achtzig Jahre nach dem Beginne ist die Zahl der Nachkommen zu groß, um leicht gezählt werden zu können. Nehmen wir aber aufs Geratewohl zehn von den hundertvier Enkelkindern, so finden wir, dass diese zehn im Laufe der Zeit unter sich fünfundneunzig Kinder haben, was nach oberflächlicher Schätzung in dieser Generation tausend direkte Nachkommen ergibt, die ursprünglichen zwölf Kinder und die hundertvier Enkelkinder nicht mit eingerechnet. Geben wir ein Vierteljahrhundert weiter, das heißt also hundertfünf Jahre nach der ursprünglichen Gründung der Gemeinde, so haben wir volle zehntausend direkte Nachkommen. Es ist klar, dass demnach das Vorhandensein von hunderttausend, im Laufe der nächsten fünfundvierzig Jahre, zu verstehen, nicht die geringste Schwierigkeit bietet.

DIE REGIERUNG.

Es wird nun nötig, die Regierungsform und die Lage im Allgemeinen in unserer Gemeinde zu beschreiben und Erziehungsmethoden, Religionsgebräuche und die Beziehungen zur Außenwelt zu betrachten. Letztere scheinen durchaus freundschaftlicher Art zu sein. Die Gemeinde zahlt rein nominell eine Abgabe für ihr Land an die allgemeine Regierung des Landes und bleibt dafür fast ganz sich selbst überlassen, da sie ihre eigenen Straßen anlegt und keine Dienste irgendwelcher Art von der Außen-Regierung beansprucht.

Im Allgemeinen erfreut sich die Gemeinde großer Achtung; ihre Glieder werden für sehr gute und ernste Menschen gehalten, wenn auch in gewissen Dingen für unnötig asketisch. Ganze Gesellschaften von Besuchern kommen manchmal von außen, gerade wie Vergnügungsreisende im zwanzigsten Jahrhundert, um die Tempel und andere Bauten zu bewundern. Sie werden in keiner Weise gehindert, aber ebenso wenig ermutigt. Gewöhnlich bewegen sich die Bemerkungen der Besucher in folgender Richtung: „Nun ja, es ist alles sehr schön und interessant, aber ich möchte doch nicht so leben müssen, wie diese Menschen leben!"

Da die Mitglieder seit anderthalb Jahrhunderten von der Außenwelt getrennt waren, sind alte Familienbeziehungen in den Hintergrund getreten. In einigen Fällen erinnert man sich noch solcher Verwandter und tauscht gelegentlich Besuche aus. Dem werden keine Beschränkungen in den Weg gestellt. Jedes Mitglied der Kolonie darf Freunde in der Welt draußen besuchen oder nach Belieben zum Besuch zu sich einladen. Die einzige Vorschrift in dieser Hinsicht lautet dahin, dass Heiraten zwischen Gliedern der Gemeinde und Außenstehenden streng untersagt sind. Selbst solche eben beschriebenen Besuche sind selten, denn das ganze Denken der Gemeinde ist so vollkommen auf ein einziges Ziel gerichtet, dass die Außenwelt das tägliche Leben der Gemeinde nicht leicht interessant finden dürfte.

DER GEIST DER NEUEN RASSE.

Denn die einzige große, alles beherrschende Hauptsache in dieser Gemeinde ist der Geist, welcher sie beseelt, die einzige große, alles beherrschende Hauptsache. Jeder weiß, dass er zu einem ganz bestimmten Zweck da ist und verliert diesen nie auch nur einen Augenblick aus den Augen. Alle haben sich dem Dienste des Manu und seinem Werke, der Förderung des Fortschritts der Neuen Rasse, geweiht. Alle wollen entschlossen wirken und schaffen; jeder setzt das denkbar größte Vertrauen in die Weisheit des Manu und würde sich nicht träumen lassen, je einer von ihm getroffenen Anordnung zu widersprechen. Wir dürfen nicht vergessen, dass diese Menschen die Auslese einer Auslese sind. Während der dazwischenliegenden Jahrhunderte hat die Theosophie viele Tausende angezogen, und unter diesen wurden die Ernstesten und die am meisten von diesen Ideen Durchdrungenen ausersehen. Die meisten haben in letzter Zeit eine Reihe von Inkarnationen in rascher Aufeinanderfolge durchgemacht, wobei sie im wesentlichen ihr Gedächtnis mit zurückbrachten, und während all dieser Verkörperungen wussten sie, dass ihre Leben in der Neuen Rasse Leben gänzlichen Selbstopfers zum Wohle dieser Rasse würden sein müssen. Sie haben sich daher im Verzichtleisten auf jeden persönlichen Wunsch geschult, und folglich legt die allgemeine öffentliche Meinung bei ihnen den größten Nachdruck auf Selbstlosigkeit, so dass alles, was nur im geringsten an Betonung von Persönlichkeit erinnert, als Schande und als entehrend gelten würde.

Der Gedanke, dass ihnen mit diesem Auserlesensein eine herrliche Gelegenheit geboten worden, ist ihnen in Fleisch und Blut übergegangen, und sich hier unwürdig zu zeigen und damit die Gemeinde gegen die Außenwelt vertauschen zu müssen, würde für sie einen unauslöschlichen Fleck auf ihrer Ehre bedeuten. Überdies gewinnt jeder der Fortschritte macht, das Lob und die Anerkennung des Manu ebenso wie jeder, der irgendetwas Neues und Nützliches vorzuschlagen weiß und zur Entwicklung der Gemeinde beiträgt, niemand aber, der auch nur im geringsten Maße persönliche Zwecke verfolgt. Diese große Macht der öffentlichen Meinung bei ihnen erübrigt fast ganz die Notwendigkeit von Gesetzen im gewöhnlichen Sinne des Wortes. Die ganze Gemeinde kann sehr gut mit einem in die Schlacht ziehenden Heere verglichen werden. Persönliche Zwistigkeiten der einzelnen Soldaten miteinander gehen zunächst in dem einen Gedanken unter, fest und treu zusammenzuhalten, damit der Feind besiegt werde. Wenn irgendeine Meinungsverschiedenheit zwischen zwei Gliedern der Gemeinde entsteht, so wird sie sofort entweder dem Manu vorgetragen oder dem nächsten Mitglied seines Rates, und keiner denkt daran, sich gegen die gefällte Entscheidung aufzulehnen.

DER MANU UND SEIN RAT.

Man sieht daraus, dass in dieser Gemeinde eine Regierung im gewöhnlichen Sinne des Wortes kaum besteht. Die Herrschaft des Manus ist unbestritten. Er sammelt um sich einen Rat von etwa zwölfen seiner entwickelsten Schüler, von denen einige bereits Adepten auf der Asekha-Stufe sind. Sie stehen gleichzeitig an der Spitze der Verwaltungsabteilungen und machen fortwährend dahinzielende neue Versuche, um Wohlfahrt und Leistungsfähigkeit der Rasse zu heben. Alle Mitglieder des Rates sind weit genug entwickelt, um auf allen niederen Ebenen mindestens bis zur Höhe des Kausal-Körpers frei tätig sein zu können. Daher können wir sie uns denken, wie sie selbst inmitten und während ihrer äußeren Verwaltungsarbeit in ununterbrochener Folge beständig überlegen und im Geiste untereinander in „dauernden Gedanken" Rat halten. Gerichtshöfe und Polizeigewalt gibt es nicht; auch hat man desgleichen nicht nötig, denn Verbrechen oder Gewalttätigkeiten können natürlich unter Menschen nicht vorkommen, die sich ganz und gar einem einzigen Zweck und Ziel gewidmet haben. Wäre es denkbar, dass ein Glied der Gemeinde gegen den Geist derselben verstieße, so ist es klar, dass die einzige Strafe, die es treffen würde oder könnte, Ausschluss aus derselben wäre. Weil dies aber für den Betreffenden das Ende all seiner Hoffnungen bedeuten würde, die gänzliche Vernichtung all seiner durch so viele Leben hindurch gehegter Bestrebungen, so ist nicht anzunehmen, dass jemand sich ernstlich dieser Gefahr aussetzen würde.

Was das Temperament im Allgemeinen betrifft, so muss man bedenken, dass ein gewisser, bei vielen schon recht hoch entwickelter Grad psychischen Wahrnehmens ziemlich allgemein ist. Daher sind alle imstande, das Wirken der Kräfte, mit denen sie arbeiten, einigermaßen aus eigener Anschauung beurteilen zu können, und die unvergleichlich weitere Entwicklung des Manus, des Hohen Priesters und der Mitglieder ihres Rates steht ihnen als eine bestimmte, über alle Zweifel erhabene Tatsache vor Augen, so dass jeder sich ihren Anordnungen aus vollster Überzeugung fügt. Im gewöhnlichen physischen Leben bleibt dann selbst noch, wenn man völliges Vertrauen in die Weisheit und den guten Willen eines Herrschers setzt, der Zweifel, der Herrscher könne über gewisse Punkte falsch unterrichtet sein und seine Entscheidungen könnten daher möglicherweise nicht immer im Einklang mit unparteiischer Gerechtigkeit stehen. Hier jedoch kann nicht der leiseste Schatten eines derartigen Zweifels entstehen, weiß man doch aus täglicher Erfahrung, dass der Manu in allem, was die Gemeinde betrifft, allwissend ist, und daher unmöglich irgendein Umstand seiner Beobachtung entgehen kann. Selbst wenn sein Urteil in einer Angelegenheit den gehegten Erwartungen nicht entsprechen sollte, würde sein Volk sehr wohl begreifen, dass es nicht etwa daran liegen könne, dass irgendwelche darauf bezüglichen Umstände ihm unbekannt geblieben sein könnten, sondern vielmehr daran, dass er, ihnen verborgen gebliebene Umstände, mit in Betracht zog.

Daraus sehen wir, dass die beiden Klassen von Menschen, die im gewöhnlichen Leben fortwährend Anlass zu Schwierigkeiten geben, in dieser Gemeinde nicht vorhanden sind, nämlich diejenigen, die absichtlich Gesetze übertreten, um etwas für sich selbst zu gewinnen, und diejenigen, welche aus dem Grunde Störungen verursachen, weil sie wähnen, dass man ihnen Unrecht getan habe oder man sie missverstehe. Die erste Art kann es hier nicht geben, da nur solche in der Gemeinde Aufnahme finden, die ihr persönliches Selbst überwunden und sich gänzlich dem Wohle der Gemeinde geweiht haben. Die zweite Art gibt es nicht, weil alle einsehen, dass Missverständnisse oder Ungerechtigkeiten unmöglich sind. Unter solchen Voraussetzungen wird die Aufgabe der Regierung eine leichte.

Kapitel XXIV.

Religion und Tempel.

Da es hier tatsächlich so gut wie keine Verordnungen gibt, so trägt der ganze Ort ein Gepräge auffallender Freiheit, obschon gleichzeitig der Eindruck der Atmosphäre völligen Aufgehens in einem Ziele (the atmosphere of one-pointedness) sich sehr stark bemerkbar macht. Es gibt Menschen viel verschiedenster Typen, sie bewegen sich auf den Bahnen der Entwicklung vorwärts durch den Intellekt, durch Hingebung oder Tätigkeit. Alle aber erkennen einstimmig, dass der Manu durchaus weiß, was er tut, und dass diese verschiedenen Wege alle nur ebensoviel Arten der Betätigung sind, um ihm zu dienen, dass die ihm beschiedene Entwicklung, welcher Art sie auch sei, ihm nicht um seiner selbst, sondern um der Rasse willen beschieden ist und um sie an die Kinder weiterzugeben. Es gibt keine verschiedenen Religionen in unserem Sinne mehr, obgleich die eine Lehre in verschiedenen typischen Formen gegeben wird. Der Gegenstand der Gottesverehrung ist indessen von so großer Wichtigkeit, dass wir seiner Betrachtung jetzt einen besonderen Abschnitt widmen wollen, dem wir die neuen Erziehungsmethoden und Einzelheiten über das persönliche, soziale und korporative Leben der Gemeinde folgen lassen.

DIE THEOSOPHIE IN DER GEMEINDE.

Da die beiden Meister, welche die Theosophische Gesellschaft gründeten, auch die Leiter dieser Gemeinde sind, ist es natürlich, dass die allgemeine dort bestehende Auffassung von Religion die ist, welche wir heute als Theosophie bezeichnen. Alles, was wir jetzt anerkennen und aufrechterhalten — alles, was man in den innersten Kreisen unserer Esoterischen Sektion weiß, ist gemeinsamer Glaube der Gemeinde, und viele Punkte, über die unser eigenes Wissen sich noch in den Anfängen befindet, werden vollständig erkannt und bis ins einzelne begriffen. Die Grundzüge unserer Theosophie sind nicht länger Gegenstand der Erörterung, sondern der Gewissheit, die Tatsache des Lebens nach dem Tode, sowie das Vorhandensein und die

Beschaffenheit der Natur und der Welten sind für nahezu alle Mitglieder der Gemeinde Erfahrungswissen geworden. Hier, wie zu unseren eigenen Zeiten, ziehen die verschiedenen Zweige des Studiums verschiedene Menschen an; einige denken hauptsächlich an die höhere Philosophie und Metaphysik, während die Mehrzahl es vorzieht, ihre religiösen Gefühle auf eine oder, die andre Weise, wie sie in den verschiedenen Tempeln vorgesehen sind, Ausdruck zu verleihen. All ihr Denken ist von einer starken werktätig praktischen Ader durchzogen, und wir werden nicht sehr fehlgehen, wenn wir sagen, dass die Religion dieser Gemeinde darin besteht, dass jeder tut, was ihm gesagt worden ist. Wissenschaft und Religion sind hier nicht getrennt, weil beide in gleicher Weise ganz und gar auf ein Ziel gerichtet und nur um des Staates willen da sind. Die Menschen verehren nicht mehr verschiedene Offenbarungen, da alle vom Dasein der Sonnen-Gottheit genaue Kenntnis haben. Noch pflegen manche die aufgehende Sonne zu begrüßen, alle aber sind sich vollkommen bewusst, dass die Sonne als ein Zentrum im Körper der Gottheit betrachtet werden muss.

DIE DEVAS.

Ein auffallender Zug des religiösen Lebens ist das ausgedehnte Teilnehmen der Devas an demselben. Viele Religionen des zwanzigsten Jahrhunderts sprachen von einem Goldenen Zeitalter der Vergangenheit, da Engel oder Gottheiten frei unter Menschen wandelten, dann aber hatte die Vergröberung der darauf folgenden Stufe der Entwicklung diesem glücklichen Zustand ein Ende bereitet. In unserer Gemeinde nun hat sich jene Zeit wieder verwirklicht, große Devas besuchen gewohnheitsmäßig die Menschen und bringen ihnen viele neue Entwicklungsmöglichkeiten, indem jeder von ihnen die seiner eigenen Natur verwandten Seelen anzieht. Das sollte uns nicht überraschen, denn selbst im zwanzigsten Jahrhundert wurde von Seiten der Devas denen viel Hilfe zuteil, die sie zu empfangen imstande waren. Solche Gelegenheiten zum Lernen, solche Wege des Fortschritts waren damals den meisten verschlossen, aber nicht etwa aus Mangel an gutem Willen seitens der Devas, sondern wegen der Rückständigkeit der menschlichen Entwicklung. Wir befanden uns damals recht eigentlich in der Lage von Kindern in einer Elementarklasse dieser Weitschule. Die großen Professoren der Universitäten besuchten zuweilen unsere Schule, um die fortgeschrittenen Schüler zu lehren, und wir sahen sie zuweilen von weitem vorübergehen; ihre Belehrung aber kam uns nicht unmittelbar zugute, aus dem einfachen Grunde, weil wir noch nicht so dem Alter oder auf der Entwicklungsstufe waren, auf welcher wir daraus irgendwelchen Nutzen hätten ziehen können. Die Klassen wurden abgehalten, die Lehrer waren da und zu unserer Verfügung, sobald wir alt genug dazu waren. Unsere Gemeinde ist alt genug geworden und genießt daher den Segen beständigen Verkehrs mit diesen großen Wesen und ihrer oft gespendeten Unterweisungen.

DIE GOTTESDIENSTE IM TEMPEL.

Diese Devas erscheinen nicht nur dann und wann, sondern wirken in bestimmter Weise mit an der regelrechten Organisation unter der Leitung des Hauptpriesters, welchem die ganze Aufsicht über die religiöse Entwicklung der Gemeinde und das Erziehungswesen obliegt. Um dieser Religion äußeren Ausdruck zu verleihen, sehen wir verschiedene Arten von Tempel-Gottesdiensten eingerichtet, welche zu leiten das besondere Amt der Devas ist. Wir bemerken vier Arten dieser Tempel, und wenn auch äußerer Umriss und Zweck des Gottesdienstes in allen der gleiche war, so wich er doch in Form und Ausführung sehr voneinander ab. Das wollen wir jetzt versuchen zu beschreiben.

Die Hauptnote des Tempel-Gottesdienstes ist die: Sofern jeder Mensch einem bestimmten Typus angehört, hat er einen ihm eigenen Weg, auf welchem er das Göttliche am leichtesten erreicht, auf dem er daher auch wiederum dem göttlichen Einfluss am leichtesten zugänglich ist. Bei einigen Menschen ist der Kanal Liebe, bei andern Hingebung, bei andern Mitgefühl und bei noch anderen der Intellekt. Für diese bestehen vier Arten von Tempeln, und jeder derselben hat die Aufgabe, die hervorragendste Eigenschaft im Menschen mit der entsprechenden Eigenschaft im Logos, von der sie eine Manifestation ist, in tätige und bewusste Beziehung und Verbindung zu bringen, denn ‚auf diese Weise kann der Mensch selbst am leichtesten erhoben, ihm am leichtesten geholfen werden. Dadurch kann er zeitweise zu einer Höhe von Spiritualität und Kraft emporgehoben werden, die weit über das hinausgeht, was ihm unter gewöhnlichen Verhältnissen möglich ist. Jede derartige Anstrengung, sich spirituell-geistig zu erheben, erleichtert ihm den nächsten ähnlichen Versuch und erhöht um ein weniges seine normale Stufe. Jeder Gottesdienst, dem er beiwohnt, soll auf ihn eine ganz bestimmte und berechnete Wirkung ausüben, und die Gottesdienste eines Jahres oder einer Reihe von

Jahren sind im Hinblick auf die Durchschnittsentwicklung der Gemeinde sorgfältig angeordnet und aufgebaut, mit dem Gedanken, ihre Glieder bis zu einem bestimmten Punkte aufwärts zu führen. Bei dieser Arbeit ist die Mitwirkung des Devas so wertvoll, da er als ein wahrer Priester und Mittler zwischen dem Volk und dem Logos wirkt und handelt, indem er die Ströme emporstreben, der Kraft aufnimmt, sammelt, zusammenfasst und weitersendet und die als Antwort aus der Höhe kommenden Fluten Göttlichen Einflusses verteilt, anwendet und auf ihre Ebene herabbringt.

DER ROTE TEMPEL.

Der erste Tempel, den wir betraten, um ihn kennen zu lernen, war einer von denen, die der Deva ursprünglich in seinen Bildern zeigte. Er gehörte zu denen, in welchen man vor allem durch Liebe Fortschritte macht und dessen größtes Merkmal beim Gottesdienste die sie begleitende Flut leuchtender Farben und tatsächlich sein hauptsächlichstes Ausdrucksmittel ist. Stellen wir uns einen großartigen, aber in einer der Gegenwart unbekannten Bauart, kathedralenartigen Rundbau vor, der der freien Luft weit mehr geöffnet ist, als es im gewöhnlichen europäischen Klima in einer Kathedrale möglich wäre. Stellen wir ihn uns vor, voller Andächtiger und gerade in der Mitte von ihnen, auf der Spitze einer Art Pyramide oder kegelförmigen Erhebung aus Filigranarbeit, den Devapriester, so dass er von jeder Stelle des großen Gebäudes gleich sichtbar ist.

Beachtenswert ist, dass jeder der Andächtigen beim Eintreten still und ehrerbietig seinen Platz auf dem Fußboden einnimmt, dann die Augen schließt und vor seinem geistigen Blick eine Reihe von Farbenflächen oder -wölkchen vorüberziehen lässt, nicht unähnlich denen, die man manchmal gerade vor dem Einschlafen in der Dunkelheit vor den Augen vorüberziehen sieht. Jeder hat seine eigene Reihenfolge in diesen Farben, und sie sind offenbar gewissermaßen ein persönlicher Ausdruck seiner selbst. Dies scheint seiner Natur nach mit dem Eingangsgebet gleichbedeutend, das man im zwanzigsten Jahrhundert nach Betreten eines Gotteshauses sprach, es ist dazu bestimmt, den Menschen zu beruhigen, seine etwa wandernden Gedanken zu sammeln und ihn mit der den Eintretenden umgebenden Atmosphäre und ihrem Zweck in harmonische Stimmung zu versetzen. Zu Beginn des Gottesdienstes materialisiert sich der Deva auf der Spitze seiner Pyramide, indem er eine der Gelegenheit angepasste majestätische und verklärte Menschengestalt annimmt. In diesen

Tempeln trägt er wallende Gewänder von einem satten Karminrot (die Farbe wechselt mit der Art des Tempels, wie wir gleich sehen werden). Seine erste Handlung besteht darin, über seinem Haupte ein Band strahlender Farben aufleuchten zu lassen, gewissermaßen einem Sonnenspektrum gleich, nur dass die Anordnung und die Verhältnisse der Farbenstreifen zueinander bei verschiedenen Gelegenheiten verschieden sind. Es ist fast unmöglich, dieses Farbenband genau zu beschreiben, denn es ist weit mehr als nur ein Spektrum — es ist ein Bild und doch kein Bild; es enthält geometrische Figuren, doch sie zu zeichnen oder irgendwie wiederzugeben, haben wir zur Zeit keine Mittel, denn die Darstellung erstreckt sich über mehr Dimensionen als unsere Sinne, wie sie jetzt sind, kennen. Dieses Band ist die Hauptnote oder der Text für diesen bestimmten Gottesdienst, deutet allen, die es verstehen, genau den Zweck, der dabei verfolgt wird, an, und die Richtung, in welcher ihre Liebe und ihr Streben sich erheben und ergießen sollte. Es ist ein in der Farbensprache der Devas ausgedrückter Gedanke und als solcher der ganzen Gemeinde verständlich. Er ist auf der physischen Ebene ebenso wie auf der astralen und mentalen vollkommen sichtbar, denn obgleich der größte Teil der Gemeinde, wahrscheinlich wenigstens, astrales Schauen besitzt, so mögen doch einige darunter sein, für die dieses Heilsehen nur etwas Gelegentliches ist.

Jeder Anwesende versucht jetzt, diesen Text oder Grundton nachzubilden, indem er durch Willenskraft vor sich, in der Luft dem gesehenen so ähnlich wie möglich ein kleineres Farbenband bildet. Einigen gelingt es besser als anderen, so dass jeder Versuch nicht nur den vom Deva bezeichneten Gegenstand, sondern auch den Charakter desjenigen zum Ausdruck gelangen lässt, der ihn hervorbringt. Einige sind imstande, dieses Band so bestimmt zu gestalten, dass es auf der physischen Ebene sichtbar ist, während andere es nur auf der astralen und der mentalen hervorzubringen vermögen. Einige, welche die leuchtendsten und vollkommensten Nachbildungen der vom Deva vorgeschaffenen Form nachschaffen, können sie nicht auf die physische Ebene herabbringen.

Indem der Deva seine Arme über die Versammelten ausbreitet, strömt er durch diese Farbenform eine Flut wundervoller Einflüsse auf sie herab, eine Flut von Einflüssen, die sie durch ihre eigenen entsprechenden Farbenformen erreicht, und sie genau in dem Verhältnis emporhebt, in welchem es ihnen gelang, ihre Farbenformen der des Deva gleichzubilden. Der Einfluss ist nicht der des Devapriesters allein, denn über ihm und weit über ihn hinaus und außerhalb des Tempels oder der materiellen Welt steht ein Kreis höherer Devas, für deren Kräfte er seinerseits als Kanal waltet. Die astrale Wirkung des Ausströmens ist bemerkenswert. Ein Meer blasskarminfarbigen Lichtes durchflutet die weite Aura des Devas und verbreitet sich in großen Wellen über die Gemeinde, wirkt auf sie ein und entfacht ihre Gefühle zu größerer Tätigkeit. Jeder strahlt in den rosenfarbenen See seine eigene, ihm besondere Form hinauf, welche indessen, wenngleich auch schön, natürlich hinter der des Devas zurückbleibt. Sie gehört einer niedrigeren Ordnung an als diese und ist individuell gröber und weniger leuchtend als das Meer von Glanz, worin sie aufblitzt. So haben wir hier eine seltsame und schöne Wirkung tiefkarminroter Flammen, die einen rosenfarbenen See durchzucken, ähnlich, wie man sich vulkanisch hervorzuckende Flammen bei einem großartigen Sonnenuntergang vorstellen könnte.

Um einigermaßen zu verstehen, wie diese Tätigkeit sympathetischen Schwingens hervorgebracht wird, müssen wir uns vergegenwärtigen, dass die Aura eines Devas nicht nur weit ausgedehnter ist als die eines Menschen, sondern auch viel beweglicher. Das Gefühl, welches sich beim Durchschnittamen, scheu in einem Lächeln der Begrüßung ausdrückt, verursacht bei einem Deva eine plötzliche Ausdehnung und ein Aufleuchten seiner Aura und offenbart sich nicht nur in Farben, sondern auch in erklingenden Tönen. Ein Gruß von einem Deva zu einem andern ist ein herrlicher Musik-Akkord, besser gesagt ein Arpeggio. Ein Gespräch zwischen zwei Devas gleicht einer Fuge, eine von einem Deva gehaltene Ansprache einem herrlichen Oratorium. Ein Rupadeva von Durchschnittsentwicklung hat öfter eine Aura von einem Durchmesser von vielen hundert Meter, und wenn etwas seine Aufmerksamkeit fesselt oder seine Begeisterung entflammt, dehnt sich die Aura augenblicklich ganz enorm aus. Unser Devapriester umfasst also mit seiner Aura seine ganze Gemeinde und ist daher imstande — sowohl von innen als von außen — auf sie in innigster Weise zu wirken. Unsere Leser können sich diese Aura vielleicht vorstellen, wenn sie sich der des Arhat erinnern, die in dem Buche „Der sichtbare und der unsichtbare Mensch" abgebildet ist. Aber man muss sich diese weniger fest und viel fließender vorstellen, feuriger und funkelnder: als wenn sie fast nur aus pulsierenden feurigen Schatten bestände, die doch in ihrer allgemeinen Farbenwirkung und -anordnung annähernd den gleichen Eindruck hervorrufen. Es ist, als ob die Farbenkreise dieselben bleiben, aber von feurigen Strahlen gebildet werden, die fortwährend nach außen fließen, beim Durchgang durch jeden einzelnen Teil des Radius jedoch dessen Farbe annehmen.

DIE VERBINDUNG MIT DEM LOGOS.

Diese erste Ausgießung seines Einflusses auf die Menschen hat zur Folge, jeden zur höchsten Höhe seines Geistes zu erheben und die edelste Liebe, deren er fähig ist, in ihm zu erwecken. Sobald der Deva sieht, dass alle auf den richtigen Ton gestimmt sind, wendet er den Strom seiner Kraft, fasst seine Aura zusammen und beschränkt sie auf eine kleinere Kreisgestaltung, aus deren Höhe eine gewaltige Säule aufwärts lodert. Statt die Arme über die Andächtigen auszustrecken, erhebt er sie jetzt über sein Haupt, und bei diesem Zeichen sendet jeder Anwesende seinen ganzen Reichtum an Liebe, seinen höchsten Reichtum an Streben dem Deva zu; und jeder strömt sich in einer Flut von Verehrung und Liebe zu Füßen der Gottheit aus. Der Deva nimmt all diese Ströme von Feuer in sich auf und sendet sie in einem gewaltigen Springquell vielfarbiger Flammen empor, und die Flammen verteilen sich im Aufwärtssteigen, werden von dem Kreise wartender Devas aufgenommen, von ihnen durch sie selbst geleitet, und indem sie sie umwandeln, sammeln sie sie wie in einer Linse aufgefangene Strahlen, bis sie den großen Hauptdeva ihres Strahles erreichen, den gewaltigen Herrscher, der den Logos Selber erschaut und jenen Strahl in Beziehung zu Ihm darstellt.

Jenes Große Oberhaupt sammelt ähnliche Ströme aus allen Teilen seiner Welt und verweht diese vielen Ströme zu einem großen Seil, welches die Erde zu Füßen ihres Gottes bindet. Er vereint diese vielen Ströme zu dem einen großen Strom, der jene Füße umflutet und bringt unser Blütenblatt von der Lotusblume dicht an das Herz der Blüte. Und Er antwortet. Im Lichte des Logos selbst erstrahlt einen Augenblick ein noch größerer Glanz; zurück zum Großen Devaoberhaupt blitzt jenes augenblickliche Erkennen auf, und durch ihn fließt jene Flut von Kraft herab auf den unten wartenden Kreis. Und wenn sie durch diesen den harrenden Devapriester auf seiner Warte berührt, dann senkt er die Arme und breitet sie aufs Neue segnend über die Seinigen aus. Eine Flut von Farben, von unbeschreiblicher Pracht, erfüllt den ganzen weiten Dom; Fluten flüssigen Feuers, deren Farbenspiel jedoch so zart ist, wie das eines ägyptischen Sonnenunterganges, baden jeden in ihrem leuchtenden Glanze, und aus all dieser Herrlichkeit nimmt ein jeder für sich, was er zu fassen vermag, was er seiner Entwicklungsstufe gemäß als sein Eigentum aufzunehmen imstande ist.

Alle Vehikel jedes einzelnen Anwesenden werden durch dieses wunderbare Niederströmen göttlicher Kraft zu höchster Tätigkeit belebt und in diesem Augenblick empfindet jeder, soweit er es vermag, was das Leben Gottes wirklich bedeutet und wie es sich in jedem als Liebe zu seinen Mitmenschen äußern muss. Dies ist eine weit reichere, weit persönlichere Segnung als die zu Anfang des Gottesdienstes ausgegossene, denn hier ist etwas, Jedem Angepasstes, was ihn in seiner Schwäche stärkt, ihn stützt und gleichzeitig das Beste in ihm zur höchsten Blüte entfaltet. Es gibt ihm nicht nur in dem Augenblick ein erschütternd transzendentales Erleben, sondern auch ein Erinnern, das für ihn noch manchen kommenden Tag ein strahlendes, lohendes Licht sein wird. Dies ist der tägliche Gottesdienst — die tägliche religiöse Feier derer, die zu diesem Strahle der Liebe gehören.

Auch berührt der gute Einfluss dieses Gottesdienstes nicht nur diejenigen, die daran teilnehmen; seine Strahlungen erstreckten sich vielmehr auf einen weiten Umkreis und läutern die astrale und mentale Atmosphäre. Selbst zwei bis drei Meilen vom Tempel entfernt, wird die Wirkung von jedem einigermaßen sensitiven Menschen deutlich wahrgenommen. Jeder derartige Gottesdienst entsendet auch einen gewaltigen Ausstrom rosenfarbener Gedankenformen, die das umliegende Land mit Gedanken der Liebe durchströmen, so dass die ganze Atmosphäre davon erfüllt ist. Im Tempel selbst entsteht ein mächtiger, karminroter Wirbel, der zum großen Teil fortdauert, so dass jeder gleich beim Eintritt seinen Einfluss spürt, und das hält eine ständige Durchstrahlung der Umgegend aufrecht. Dazu kommt, dass jeder Einzelne selbst, als ein nicht geringer Mittelpunkt an Kraft aus dem Gottesdienst heimkehrt, und nachdem er sein Heim erreicht, sind die ihm entströmenden Strahlungen allen Nachbarn, die verhindert waren, dem Gottesdienst beizuwohnen, stark wahrnehmbar.

DIE PREDIGT.

Neben dem beschriebenen Gottesdienste, oder vielleicht unabhängig davon, hält der Deva manchmal, was man eine Farbenpredigt nennen könnte, indem er die Farbenform, die wir als Grundton oder Text des Tages bezeichneten, den Seinigen erklärt durch einen Entfaltungsprozess, meist ohne ein gesprochenes Wort; er lässt vielleicht diese Form eine Reihe von Wandlungen durchgehen, bestimmt, ihnen Belehrung verschiedener Art zu übermitteln. Eine derartige außerordentlich lebendige und auffallende Farbenpredigt sollte die Wirkung zeigen, welche Liebe auf die verschiedenen Eigenschaften anderer

Menschen, die sie berührt, ausübt. Die schwarzen Wolken der Bosheit, das Scharlach des Zornes, das Schmutziggrün der Hinterlist oder das harte Braungrau der Selbstsucht, das Bräunlichgrün der Eifersucht und das schwere Bleigrau der Niedergeschlagenheit werden nacheinander dem karminrotstrahlenden Feuer der Liebe ausgesetzt. Die Grade, die sie durchlaufen, wurden gezeigt, und es wurde erklärt, wie am Ende nichts der Kraft der Liebe widerstehen kann und alle schließlich in ihr zerschmelzen und von ihr verzehrt werden.

WEIHRAUCH.

Wenn auch Farbe in jeder Beziehung das Wesentliche des beschriebenen Gottesdienstes ist, so verschmäht der Deva nicht, sich auch anderer Sinne als des Gesichtes zu bedienen. Während der ganzen Dauer des Gottesdienstes und schon vorher brennt unter seiner goldenen Pyramide, von zwei Knaben bedient, Weihrauch in schwingenden Rauchgefäßen. Die Art des verwendeten Weihrauchs ändert sich mit den verschiedenen Teilen des Gottesdienstes. Diese Menschen sind viel empfänglicher für Wohlgerüche als wir junge Menschheit von heute, sie können die verschiedenen Arten Weihrauch genau unterscheiden und erkennen gut, was jede Art bedeutet, und welchem Zwecke sie dient. Die auf diese Weise zur Verfügung stehende Auswahl lieblicher Düfte ist viel größer, als man deren in früheren Zeiten verwendete, und sie haben auch ein Mittel entdeckt, um sie flüchtiger zu machen, so dass sie augenblicklich jeden Teil des Gebäudes durchdringen. Dies wirkt auf den Äther-Körper etwa wie die Farben auf den Astral-Körper und trägt dazu bei, alle Körper des Menschen schnell in Harmonie zu bringen. Diese Menschen besitzen viel neues Wissen über die Wirkung von Wohlgerüchen auf bestimmte Teile des Gehirns, wie wir noch ausführlicher erfahren werden, wenn wir die Erziehungsmethoden besprechen.

TON.

Natürlich ist jede Veränderung der Farbe von ihrem entsprechenden Tone begleitet, und wenn der Ton auch in dem beschriebenen Farbentempel eine untergeordnete Rolle spielt, so ist er doch keineswegs wirkungslos. Wir wollen jetzt jedoch versuchen, einen in gewisser Weise ähnlichen Gottesdienst in einem Tempel zu beschreiben, in dem Musik die Hauptrolle spielt und Farbe nur als Begleiterscheinung hinzukommt, um die Wirkung zu unterstützen, ebenso wie im Tempel der Liebe der Ton zur Unterstützung der Farbe hinzukam. Diese Tempel, in denen Fortschritte hauptsächlich durch Entwicklung von Liebe gemacht werden, nennt man der Regel nach „Karminrote Tempel": erstens, weil jeder weiß, dass Karminrot die Farbe in der Aura ist, welche Liebe bezeichnet und daher die vorherrschende Farbe aller der herrlichen, dort vor sich gehenden Ausgießungen ist, und zweitens, weil in Anerkennung derselben Tatsache, all die anmutigen Linien ihrer Architektur durch Linien von Karminrot angedeutet werden, und es sogar Tempel gibt, die nur in dieser Farbe gehalten sind. Die Mehrzahl dieser Tempel ist aus einem wundervollen blassgrauen Stein erbaut, dessen Oberfläche ähnlich der des Marmors geglättet ist. Wenn das der Fall ist, sind nur die äußeren Verzierungen von der Farbe, welche die Natur des im Inneren abgehaltenen Gottesdienstes anzeigt. Manchmal jedoch sind die Tempel der Liebe ganz aus einem lieblichen blassrosa Stein erbaut, aus einem Stein, der sich wunderbar schön von dem lebhaften Grün der Bäume, von denen sie stets umsäumt sind, abhebt. Die Tempel, in denen Musik das- herrschende Ausdrucksmittel ist, sind in ähnlicher Weise als „blaue Tempel" bekannt. Da in ihnen das Hauptgewicht auf Erweckung der höchsten Hingebung gelegt wird, so ist Blau die Farbe, welche in Verbindung mit ihren Gottesdiensten am vorherrschendsten ist, und folglich die Farbe, die sowohl für die Außen- als für die Innenverzierung verwendet wird.

DER BLAUE TEMPEL.

Der Gottesdienst in einem der blauen Tempel gleicht sehr den schon beschriebenen, nur dass in diesem Falle der Ton als Hauptsache an Stelle der Farbe tritt. So wie es im Tempel der Farbe die Absicht ist, die Liebe im Menschen durch bewusste Vereinigung mit der göttlichen Liebe anzuregen, so ist der Zweck dieser Tempel Förderung der Entwicklung des Menschen durch die Eigenschaft der Hingebung, welche durch Musik unendlich gehoben und verstärkt in unmittelbare Beziehung mit dem Logos, als ihrem Gegenstande, gebracht wird. So, wie im karminroten Tempel ein beständiger Wirbel höchster und edelster Liebe, so ist in diesem Tempel der Musik eine ähnliche Atmosphäre selbstloser Hingebung, die jeden Eintretenden sofort ergreift.

In diese Atmosphäre begehen sich die Glieder der Gemeinde, jeder mit einem eigenartigen Musikinstrument in der Hand, das keinem bisher auf Erden gekannten gleicht. Es ist keine Geige, es kann vielleicht eher als eine Art kleiner, kreisförmiger Harfe, mit Saiten aus glänzendem Metall, bezeichnet werden. Aber dieses seltsame Instrument birgt manche merkwürdige Eigenschaft. Es ist tatsächlich weit mehr als nur ein Instrument; es ist eigens für seinen Besitzer magnetisiert und kein anderer darf es benutzen. Es ist auf den Eigentümer gestimmt, ist eine Ausdrucksform des Eigentümers: ein Kanal, durch den er auf dieser physischen Ebene erreicht werden kann. Er spielt darauf, und währenddessen wird gleichzeitig auf ihm selbst gespielt. Er sendet und empfängt Schwingungen durch dasselbe.

DER GOTTESDIENST DER HINGEBUNG.

Beim Betreten des Tempels lässt der Andächtige vor seinem Geiste eine Reihe schöner, edler Töne erklingen, ein Musikstück, das ihm dieselben Dienste leistet wie die Folge von Farben, die der Andächtige im Tempel der Farbe an demselben Punkte der Andacht an seinem Geiste vorüberziehen lässt. Sobald sich der Deva materialisiert, ergreift auch er ein Instrument ähnlicher Art und beginnt den Gottesdienst, indem er einen Akkord, vielmehr ein Arpeggio, darauf anschlägt, welches den Dienst des Grundtones der Farbe des anderen Tempels erfüllt. Die Wirkung dieses Akkordes ist außerordentlich tief. Sein Instrument ist nur klein und scheinbar ohne große Kraft, wenngleich von wunderbarer Lieblichkeit des Klanges. Wenn er es aber anschlägt, scheint der Akkord von der Luft umher aufgenommen zu werden, wie wenn tausend unsichtbare Musiker ihn wiederholten, so dass er durch den großen Dom des Tempels widerhallt und eine Flut von Wohlklang, ein Meer brausender Töne über die ganze Gemeinde ausströmt. Jeder Anwesende berührt hierauf die Saiten des eigenen Instrumentes; zuerst sehr zart, lässt er die Töne allmählich kräftiger anschwellen, bis alle an dieser wundervollen Symphonie beteiligt sind. So wird, wie in dem Farbentempel, jedes Glied in Harmonie mit dem Hauptgedanken gebracht, den der Deva in diesem Gottesdienste hervorheben will, und in diesem wie in jenem Falle wird ein Segen über die Menge ergossen, der jeden zur höchsten für ihn erreichbaren Höhe erhebt und ihn zu eifrigem Daraufeingehen stimmt, was sich in Klang und Farbe äußert.

Auch hier wird Weihrauch angewendet, dessen Art an bestimmten Stellen des Gottesdienstes wechselt, ähnlich wie im anderen Falle. Wenn dann die Gemeinde durchaus gestimmt ist, beginnt jeder wirklich zu spielen. Offenbar übernimmt jeder eine bestimmte Partie, obgleich vorher nichts festgesetzt noch geprobt zu werden scheint.

Wenn die Feier so weit in vollem Gange ist, zieht der Devapriester seine Aura ein und beginnt, seinen Ton nach innen zu lenken, statt über die Gemeinde hin. Jeder legt alles Leben seiner Seele in sein Spiel und richtet es bewusst auf den Deva, damit es durch ihn emporgehoben werden möge. Die Wirkung auf die höheren Regungen des Gemütes ist sehr wunderbar, und das lebensvolle Aufwärtsstreben und die Hingabe der Gemeinde strömt aufwärts in einer gewaltigen Flut durch den seines Amtes waltenden Deva empor zu einem großen Kreise oben harrender Devas, die ihn, wie schon beschrieben, in sich aufnehmen, indem sie ihn zu einer unvergleichlich hohen Höhe hinantragen und ihn in einem noch mächtigeren Strome dem Großen Deva zu Häupten ihres Strahles zusenden. Sich in ihm vereinend, fließen tausende solcher Ströme aus aller Hingebung auf der Erde zusammen; er seinerseits sammelt sie alle und verweht sie zu einem Strom, der ihn, indem er ihn emporsendet, mit dem S o n n e n - L o g o s selbst vereint.

Damit beteiligt er sich an einem Konzerte, das von allen Welten des Systems kommt, und diese Ströme aus allen Welten bilden irgendwie die machtvolle zwölfsaitige Leier, auf welcher der L o g o s , auf der Lotusblume seines Systems sitzend, selber spielt. Unmöglich ist all dies in Worte zu kleiden. Der Verfasser dieser Zeilen jedoch hat es gesehen und weiß, dass es wahr und wirklich ist: Er hört, Er antwortet und Er spielt Selbst auf Seinem System. So werfen wir zum ersten Male einen kurzen Blick auf das unfassbar große Leben, das Er unter den anderen L o g o i , seinen Pairs, führt. Aber das Denken versagt vor dieser Herrlichkeit; unser Geist reicht nicht hin, sie zu erfassen. Eines wenigstens ist indessen klar: die Großen Devas der Musik in ihrer Gesamtheit bedeuten dem L o g o s Musik und durch sie teilt er sich in Musik seinen Welten mit.

DER SEGEN.

Dann kommt die Antwort: eine herniederströmende Flut harmonischen Wohlklanges, überwältigend, unbeschreiblich großartig. Diese Flut fließt zurück durch das Haupt des Strahles zum Kreise der Devas unten und von ihnen zu dem Devapriester in dem Tempel, auf jeder Stufe verwandelt und den niederen Ebenen angepasst, so dass sie schließlich durch den Lenkenden, den Führer im Tempel in eine Form ausströmt, in welcher seine Gemeinde sie aufzunehmen vermag; ein großer Ozean sanften, süßen, schwellenden Wohllautes, ein Ausbruch himmlischer Musik, welche die Andächtigen umschließt, umhüllt und überwältigt und doch durch ihre eigenen Instrumente so lebendige, so erhebende Schwingungen in sie selbst strömen lässt, dass ihre höheren Körper zur Betätigung entfaltet und ihr Bewusstsein zu Höhen emporgehoben wird, denen es in ihrem äußeren täglichen Leben nie hätte auch nur nahe kommen können. Jeder hält sein Instrument vor sich und durch dieses wird jene wundersame Wirkung auf ihn hervorgerufen. Es scheint, als ob aus der großen Symphonie jedes Instrument die Akkorde wählte, die ihm gemäß sind, das heißt seinem Besitzer gemäß, dessen Ausdrucksmittel es ist. Und doch wählt und beantwortet jede Harfe nicht nur irgendwie ihr Bestes, Größtes, sondern sie ruft noch weit mehr ins Dasein, als ihre eigene Tonfülle.

Die Luft ist erfüllt von Scharen von Gandharvas oder Musik-Devas, so dass tatsächlich jeder Klang vervielfältigt wird und für jeden einzelnen Ton ein reicher Akkord von Ober- und Untertönen entsteht, die alle von unirdischer Lieblichkeit und Schönheit sind. Diese Segens-Antwort aus den Höhen ist ein völlig überwältigendes Erlebnis, aber Worte versagen vollkommen, wenn wir versuchen, ihnen Ausdruck zu verleihen. Man muss es gesehen, gehört und gefühlt haben, ehe man es irgendwie begreifen kann.

Dieses herrliche, anschwellende Finale begleitet sozusagen die Menschen nach Hause. Selbst wenn der Gottesdienst beendigt ist, lebt er noch in ihnen fort, und oft versucht ein Mitglied, ihn in bescheidenerem Maße in einer Art von kleinem häuslichem Gottesdienst daheim zu wiederholen. Auch in diesem Tempel werden predigtartige Vorträge gehalten, aber sie werden von dem Deva mittels seines Instrumentes gehalten und von den Menschen durch die ihrigen aufgenommen. Es ist klar, dass ein solcher Vortrag nicht für alle das gleiche ist, dass einige mehr, andere weniger von seinem Sinne erfassen und von der Wirkung, die der Deva hervorzubringen beabsichtigt, aufnehmen können.

DER INTELLEKT.

Alle Wirkungen, die im karminroten Tempel durch die Liebe mittels des prachtvollen Meeres von Farben hervorgebracht werden, erreicht man hier durch Hingebung auf Grund dieser wunderbaren Anwendung von Musik. Es ist klar, dass in beiden Fällen der Einfluss ursprünglich auf der Menschen Intuitional- und Astral-Körper ausgeübt wird, auf die Intuition direkt bei denen, die sie bis zur nötigen Höhe der Empfänglichkeit entwickelt haben. und mittels des Astral-

Körpers erst auf die Intuition bei denen, die etwas weniger fortgeschritten sind. Der Intellekt wird nur durch Rückstrahlung, durch den Widerschein aus diesen Ebenen berührt, hingegen in der jetzt zu beschreibenden Art von Tempel ist dieser Einfluss gerade umgekehrt, denn die Anregung wird dort unmittelbar auf den Intellekt ausgeübt und nur durch und mittels seiner wird der intuitionelle Körper erweckt. Das Ergebnis ist ohne Zweifel dasselbe, nur die Ausführung ist eine andere.

DER GELBE TEMPEL.

Wenn wir uns die Menschen des karminroten Tempels als sich durch Liebe entwickelnd vorstellen, und die des blauen sich des Tones dazu bedienend, so können wir vielleicht als das Hauptmittel zur Entfaltung, welches im gelben Tempel Anwendung findet, die Form betrachten. Dass Gelb die Farbe des Tempels ist, der besonders intellektueller Entfaltung gewidmet, ist natürlich, weil sich diese Farbe in den verschiedenen Vehikeln des Menschen so versinnbildlicht.

Wiederum sind Stil und innere Struktur des Tempels die gleichen, nur dass alle Verzierungen und Umrisslinien gelb statt blau oder karminrot sind. Auch die allgemeine Anordnung des Gottesdienstes ist dieselbe, zunächst der Text oder Grundton, das Gebet oder Emporstreben, welches eine Antwort des Logos herabruft. Die Form der Belehrung, welche ich in Ermangelung eines passenderen Wortes Predigt nannte, ist ein Teil jeden Gottesdienstes. Bei allen Gottesdiensten wird Weihrauch verwendet, obgleich der Unterschied zwischen der Sorte, die hier in diesem gelben Tempel Verwendung findet, und der in den blauen und karminroten Tempeln bemerkt werden muss. Der Wirbel regt in diesem Falle intellektuelle Betätigung an, so dass schon das Betreten des Tempels geistig stark erfrischt, anregt und leichterer Auffassung, größerem Verständnis den Weg bahnt.

Diese Leute bringen keine physischen Instrumente mit, und statt vor ihren Augen eine Folge von Wolken von Farben vorüberziehen zu lassen, beginnen sie, sobald sie Platz genommen haben, damit, gewisse Mental-Formen sich innerlich sichtbar zu machen, d. h. zu visualisieren. Jeder hat seine eigene Form, welche offenbar, ein Ausdruck seines selbst zu sein, bestimmt ist, ebenso wie das physische Instrument des Musikers oder die besondere Farbengehung des Andächtigen im Tempel der Liebe. Diese Formen sind alle verschieden und viele derselben setzen die bestimmte Fähigkeit voraus, einige der einfacheren vierdimensionalen Figuren im physischen Gehirn nachzubilden, zu visualisieren. Natürlich haben nicht alle die gleiche Kraft zu visualisieren, einige können ihre Figuren vollkommener und deutlicher machen als andere. Seltsamerweise aber scheint an beiden Enden der Stufenleiter eine gewisse Verschwommenheit der Formen zu herrschen. Die weniger geschulten Denker, diejenigen also, die erst noch zu denken lernen, bilden öfters Gedankenformen, die noch nicht scharfgeschnitten sind, oder selbst, wenn sie imstande sind, sie anfangs deutlich zu machen, es ihnen nicht gelingt, sie auf die Dauer festzuhalten, so dass sie immer wieder ins Unbestimmte entschlüpfen. Sie materialisieren die Formen nicht wirklich, sondern bilden sie nur stark in Mentalmaterie und fast alle scheinen, sogar auf einer recht frühen Stufe, dessen fähig zu sein. Augenscheinlich sind die Formen anfangs vorgeschrieben und es wird ihnen mitgeteilt, sie mehr als Mittel denn als Gegenstand der Betrachtung festzuhalten. Jede soll offenbar eine Ausdrucksform ihres Schöpfers sein, dessen weiterer Fortschritt Wandlungen der Form mit sich bringt, die sich jedoch nicht dem Wesen nach ändern. Der Schöpfer der Form soll mittels derselben denken, und durch sie Schwingungen empfangen, so wie der Musikalische sie durch sein Instrument empfing oder der Zugehörige zur Farbengemeinde durch seine Farbenform. Bei den Intelligenteren wird die Form bestimmter und vielseitiger; aber bei einigen der bestimmtesten von allen nimmt die Form wieder ein Aussehen an, das sich der Unbestimmtheit nähert, da sie anfängt, stark auf eine noch höhere Ebene hinüberzuspielen, weil sie mehr und mehr Dimensionen annimmt und so lebendig wird, dass sie nicht stillgehalten werden kann.

DIE ANREGUNG DES INTELLEKTS.

Wenn der Deva erscheint, bildet auch er eine Form, keine Form als Ausdruck von ihm selber, sondern wie in den andern Tempeln eine Form, die der Grundton des Gottesdienstes sein soll, die den speziellen Gegenstand, nach dem er bei dieser Gelegenheit hinstrebt, bestimmt. Seine Gemeinde übersetzt und überträgt sie dann geistig in ihre Formen und versucht, durch diese auf seine Form zu reagieren, einzugehen und sie zu verstehen. Manchmal ist es eine sich wandelnde Form, die sich in einer Reihe von aufeinander folgenden Bewegungen entfaltet oder entschleiert. Gleichzeitig mit der Bildung derselben und durch sie ergießt der Devapriester auf die Seinigen eine große Flut gelben Lichtes, das ihre intellektuellen Fähigkeiten in der eigenartigen, von ihm verzeichneten Bahn aufs äußerste anregt. Er wirkt sehr stark, sowohl auf ihren Kausal- als auf ihren Mental-Körper, aber verhältnismäßig wenig auf den Astral-Körper und den der Intuition. Bei einigen, die der Regel nach nicht das Bewusstsein des Mental-Körpers besitzen, wird er durch diesen Vorgang geweckt, so dass sie ihn zum ersten Male ganz frei benutzen und mittelst desselben klar zu schauen vermögen. Bei anderen, denen er gewöhnlich mangelt, erweckt er zum ersten Male das vierdimensionale Gesicht, bei anderen, weniger Vorgeschrittenen, lässt er die Dinge nur ein wenig klarer als bisher erkennen und sie zeitweilig Ideen erfassen, die der Regel nach für sie noch zu metaphysisch sind.

INTELLEKTUELLES FÜHLEN.

Die geistige Anstrengung bleibt nicht ganz ohne Gefühlsauslösung, wenigstens empfinden sie ein intensives Entzücken am Aufwärtsgelangen, obgleich selbst dieses Entzücken fast ausschließlich durch den Mental-Körper empfunden wird. Alle lassen, wie in den vorigen Fällen, ihre Gedanken durch ihre Formen in den Devapriester hinüberströmen und geben diesen individuellen Beitrag als eine Art dem Logos dargebrachten Opfers des Besten, was sie zu geben haben. In ihm fließend und durch ihn ergeben sie sich dem droben brennenden Lichte, geben in dasselbe ein, werfen sich hinein. Es ist die zur höchsten Potenz gesteigerte Weißglut der Intellektualität. Wie in den anderen Tempeln, so fasst auch hier der Devapriester all die verschiedenen ihm zugesandten Formen synthetisch zusammen und verschmilzt alle Ströme an Kraft, ehe er sie dem Kreise über ihm übermittelt, der hier aus jener besonderen Klasse besteht, die wir einstweilen die gelben Devas nennen wollen, die Devas, die den Intellekt entwickeln und die darin schwelgen, ihn im Menschen zu fördern und zu leiten.

Wie vorher, nehmen sie die Kraft in sich auf, aber nur, um sie auf einer höheren Ebene gewaltig vermehrt wieder auszusenden zu dem großen Oberhaupte, der das Haupt ihres Strahles und ein Mittelpunkt der Wechselwirkung von Kräften ist. Der Aspekt des Intellektes des Logos spielt um ihn und durch ihn von oben hernieder, während aller menschliche Intellekt zu ihm und durch ihn von unten hinaufstrebt. Er empfängt und gibt weiter, was aus dem Tempel zu ihm strebt und öffnet seinerseits die Schleusen göttlicher Intelligenz, welche, nachdem sie unterwegs auf viele Zwischenstufen sozusagen herniedergelassen ist, sich über die harrende Menge ergießt und sie aus ihren Alltags-Selbsten zu dem erhebt, was sie in Zukunft sein werden. Die zeitweilige Wirkung eines solchen Niederströmens ist fast unberechenbar groß. Alle anwesenden Egos werden zur lebhaftesten Tätigkeit angeregt und das Bewusstsein im Kausal-Körper zur Betätigung gebracht bei all denen, bei welchen es nur irgendwie möglich ist. Bei andern zeigt sich die Wirkung nun als bedeutend vermehrte mentale Tätigkeit. Einige werden so über sich selbst erhoben, dass sie wirklich ihren Körper verlassen, während andere in eine Art Samadhi eingehen, weil ihr Bewusstsein in ein Vehikel emporgehoben wird, das noch nicht genügend entwickelt ist, um ihm Ausdruck verleihen zu können.

Die Antwort aus der Höhe ist nicht nur eine Anregung. Sie enthält gleichzeitig eine Menge von Formen, wie es scheint, alle nur möglichen Formen der besonderen Richtung des Tages. Auch diese Formen werden von denjenigen in der Gemeinde aufgenommen, die sie verwerten können, und es ist bemerkenswert, dass dieselbe Form für einige viel mehr bedeutet als für andere. Zum Beispiel kann eine Form, die dem einen eine interessante Einzelheit der physischen Entwicklung übermittelt, einem andern eine ganze weite Stufe kosmischer Entfaltung darstellen und bedeuten. Vielen ist es, als ob sie die Stanzen von Dzyan in sichtbarer Form erschauten. Alle suchen in derselben Richtung zu denken, doch tun sie es auf verschiedene Weise und ziehen folglich verschiedene Formen an, aus dem weiten wohlgeordneten System, das zu ihrer Verfügung steht. Jeder aus dieser Menge zieht das an, was ihm am besten eignet. Einige zum Beispiel empfangen einfach über den Gegenstand neues Licht und ersetzen ihre eigene Gedankenform durch eine andere, die in Wirklichkeit in keiner Weise höher, sondern einfach eine andere Seite des in Frage kommenden Gegenstandes ist.

Offenbar werden die Menschen längs dieser Richtung zum intuitionellen Bewusstsein erhoben. Durch angespanntes Denken, durch verständnisvolles Erfassen der zusammenlaufenden Ströme gewinnen sie zuerst einen intellektuellen Begriff von der Beschaffenheit des Weltalls, und durch intensiven Drang zur Höhe wird es ihnen zur anschaulichen Wirklichkeit, sie brechen so zu ihr durch. Gewöhnlich geschieht dies mit einem Ruck, so dass es den Menschen fast überwältigt, um so mehr, als er sich auf seiner Bahn bisher nur wenig im Verstehenlernen der Gefühle der Menschheit geübt hatte. Von dem Standpunkt seines Intellektes aus hat er die Menschen wie Pflanzen unter einem Mikroskop philosophisch betrachtet und zergliedert. Und jetzt, in einem Augenblick, überkommt ihn der Gedanke, dass auch diese alle göttlich wie er selbst, dass auch diese erfüllt von ihren eigenen Gefühlen und Empfindungen, ihrem eigenen Verstehen und Missverstehen, dass sie mehr als seine Brüder sind, weil sie tatsächlich in ihm selber und nicht außerhalb seiner sind. Das Erlebnis ist eine große Erschütterung für den Menschen, dem es zuteil wird, und er bedarf der Zeit, um sich wieder zu finden und einige andere Eigenschaften zu entwickeln, die er bisher in gewissem Grade vernachlässigt hat. Der Gottesdienst schließt ungefähr wie die anderen und jedes Menschen Gedankenformen sind durch die Übung, die er mitgemacht, dauernd ein wenig besser geworden.

MENTALE MAGIE.

Auch hier treffen wir die Form der Belehrung an, die wir die Predigt nannten, und in diesem Fall ist es gewöhnlich eine Auseinandersetzung der Veränderungen, die in einer gewissen Form oder Reihe von Formen vor sich gehen. Und hier bedient sich der Deva gelegentlich, wenn auch weniger gesprochener Worte. Es ist, als wenn er wechselnde Bilder vorführe und jedes im Vorbeiziehen benenne. Er materialisiert sehr stark und deutlich die besondere Gedankenform, die er ihnen zeigt, und jedes Glied der Gemeinde versucht sie in seiner eigenen Mentalmaterie nachzubilden. In einem der beobachteten Fälle wurde die Übertragung von Formen von Ebene zu Ebene beschrieben, es war eine Art mentaler Magie, die zeigt, wie ein Gedanke in einen andern verwandelt werden kann. In der niederen Mental-Ebene zeigt er, wie ein selbstsüchtiger Gedanke selbstlos werden kann. Aber keiner der Seinen ist stark selbstsüchtig, sonst würde er nicht zur Gemeinde gehören, feinere Formen, um die eigene Person kreisenden Denkens, jedoch mögen noch geblieben sein. Es besteht auch die Gefahr gewissen intellektuellen Hochmutes, und es wird gezeigt, wie dieser in Verehrung der Weisheit des Logos umgewandelt werden kann.

In anderen Fällen werden höchst interessante Metamorphosen gezeigt, Formen, sich ineinander wandelnd, indem sie wie ein Handschuh von innen nach außen gedreht werden. Auf diese Weise wird zum Beispiel aus einem Dodekaeder ein Ikosaeder. Es werden nicht nur diese Verwandlungen gezeigt. sondern auch deren innere Bedeutung auf allen verschiedenen Ebenen erklärt, und hier ist es interessant, die Entfaltung der aufeinander folgenden esoterischen Bedeutungen zu sehen und wahrzunehmen, wie einige Glieder der Gemeinde vor einer derselben haltmachen, sie in höchstmöglichem Grade nachfühlen und sehr zufrieden mit sich selbst sind, sie selbst sehen zu können, während andere ein, zwei oder mehr Stufen darüber und weiter hinaus bis in das wirkliche Herz der Bedeutung vorgehen. Was die Mehrzahl der Gemeinde nur auf die Umwandlung ihres eigenen Gedankens bezieht, kann für die wenigen, die weitergegangen sind, eine Umsetzung und Übertragung kosmischer Kraft von einer Ebene zur andern sein. Eine solche Predigt ist eine wahre Schulung zu mentaler Intensität und Regsamkeit, und es bedarf gespanntester unverwandter Aufmerksamkeit, um ihr zu folgen.

In allen diesen Tempeln wird gleich großer Nachdruck auf die Erziehung und Ausbildung des Willens gelegt, was nötig ist, um die Aufmerksamkeit unverwandt auf alle die verschiedenen Teile der Wandlungen und Verschiedenheiten in den Bildern, der Musik oder den Gedankenformen gerichtet zu halten. Alles dies zeigt sich am auffallendsten im lebhaften Glühen des Kausal-Körpers, aber es findet auch eine Rückwirkung auf den Mental-Körper und selbst auf das physische Gehirn statt, das im Ganzen bei diesen Pionieren der sechsten Wurzel-Rasse merklich größer zu sein scheint als bei den Menschen der fünften. Vielfach pflegt man anzunehmen, dass viel Studieren und intellektuelle Entwicklung sehr dahin wirken, die Kraft des Visualisierens zu verkümmern oder zu zerstören, dies ist jedoch bei den Andächtigen des gelben Tempels durchaus nicht der Fall. Vielleicht ist der Unterschied der, dass in den alten Tagen Studieren in so ausgedehntem Maße ein Studium bloßer Worte war, während in diesem Falle alle diese Menschen sich viele Leben hindurch auch der Meditation gewidmet haben, die notwendigerweise in hohem Grade beständige Übung des Visualisierens bedingt.

DER GRÜNE TEMPEL.

Noch bleibt uns eine andere Art von Tempel zu beschreiben übrig, ein Typus, dessen Verzierungen in lieblichem Blassgrün bestehen, weil die dort geschaffenen Gedankenformen genau diese Farbe haben. Von den schon erwähnten Tempeln scheinen der karminrote und der blaue vieles gemeinsam zu haben, und ein ähnliches Band scheint den gelben Tempel mit dem grünen zu verbinden. Man kann vielleicht sagen, der blaue und der karminrote Tempel entsprechen den zwei Arten von Bhakti-Yoga, wie die indische Benennung lautet. In diesem Falle kann der gelbe Tempel gedacht werden als uns Jnana-Yoga bietend und der grüne Tempel Karma-Yoga. In unsrer Sprache ließen sie sich beziehungsweise als die Tempel der Liebe — Hingebung, des Intellektes und der Tat bezeichnen. Auch die Gemeinde des grünen Tempels arbeitet hauptsächlich auf der Mentalebene, aber ihr besonderes Gebiet, ihre spezielle Richtung ist das Umsetzen der Gedanken in die Tat: etwas fertig zu bringen. Es gehört zu ihrem regelrechten Tempeldienst, wohlüberlegte Gedankenströme auszusenden, in erster Linie zur eigenen Gemeinde, aber durch sie auch auf die Welt im Allgemeinen und großen Ganzen. Der Außenwelt gedenkt man in den andern Tempeln auch, denn die Gedanken der Liebe und der Hingebung, oder intellektuell genommen, schließen sie mit ein; aber die Idee, der Gedanke dieser Leute vom grünen Tempel, heißt Tat in Beziehung auf alles, sie sind der Ansicht, dass sie eine Idee nicht fest erfasst haben, solange sie sie nicht in die Tat umgesetzt haben.

Sie hegen im Geiste mächtige und konzentrierte Pläne, und in einigen Fällen wurde bemerkt, dass viele von ihnen sich vereinigen, um einen Plan auszudenken und etwas Bestimmtes zustande zu bringen. Sorgfältig sammeln sie alles Wissen über jeden Gegenstand, welchen sie speziell aufnehmen. Des Öfteren wählt jeder eine Gegend der Welt, wohin er seine Gedankenformen zu einem bestimmten Zweck hinsendet. Einer zum Beispiel beschäftigt sich mit der Erziehung Grönlands oder mit Sozialreformen in Kamtschatka. Natürlicherweise nehmen sie sich allerlei abgelegener Gegenden an, weil mittlerweile alles denkbar Mögliche für jeden Ort, von dem wir im gewöhnlichen Leben je gehört haben, bereits getan ist. Des Hypnotismus bedienen sie sich jedoch nicht; sie versuchen in keiner Weise den Willen irgendeines Menschen zu beherrschen, dem sie helfen möchten; sie versuchen einfach, ihre Gedanken und Ideen von Verbesserungen seinem Gehirn einzuprägen.

RICHTUNG UND BAHN DER HEIL-DEVAS.

Wiederum ist der allgemeine Plan ihres Gottesdienstes den andern gleich. Sie bringen keine physischen Instrumente, aber sie haben ihre Mentalformen genau wie die Intellektuellen, nur haben sie in diesem Falle stets Pläne zur Betätigung bereit. Jeder hat irgendeinen besonderen Plan, dem er sich gewidmet hat, obgleich er sich gleichzeitig durch ihn dem Logos weiht. Sie halten sich ihre Pläne und die Verwirklichung derselben vor Augen, genau so, wie die anderen die Gedanken. oder Farbenformen. Beachtenswert ist, dass diese Pläne stets den Stempel einer sehr hoben Auffassung tragen. Zum Beispiel würde jemandes Plan zur Organisation eines zurückgebliebenen Landes die Idee der geistigen und sittlichen Hebung seiner Bewohner in sich schließen und hauptsächlich darin konzentrieren. Diese Andächtigen vom grünen Tempel sind nicht eigentlich philanthropisch im alten Sinne des Wortes, wenngleich ihre Herzen von Sympathie mit ihren Mitmenschen erfüllt sind, Sympathie, die in dem überaus herrlichen Ton ihrer charakteristischen Farbe zum Ausdruck kommt. Tatsächlich scheint nach unserm flüchtigen Einblick in die äußere Welt alltägliche Wohltätigkeit offenbar ganz überflüssig, da jede Armut verschwunden ist. Ihre Entwürfe sind Pläne, den Menschen zu helfen oder irgendwie die Lebensbedingungen zu verbessern.

Vorschläge über alle Arten und Klassen der Betätigung finden hier ihre Stätte und erregen das Interesse der werktätigen oder heilenden Devas, jenes Typus, den die christlichen Mystiker mit der Hierarchie des Erzengels Raphael identifizieren. Ihr Devapriester führt ihnen als Text oder als Hauptgedanken des Gottesdienstes etwas vor, was ein Aspekt all ihrer Ideen ist und jede derselben stärkt. Sie bemühen sich, ihre verschiedenen Pläne recht deutlich vorzuführen, und indem sie versuchen, mit anderen Leuten zu fühlen und ihnen zu helfen, nehmen sie zu an eigener Entfaltung. Nach dem vorbereitenden sich stimmen, und nach dem Eröffnungssegen kommt auch hier wiederum das Darbieten ihrer Pläne. Der Segen am Anfang kann gedacht werden als die Gabe, als das Darbringen der Sympathie der Devas für all ihre Pläne und das Sich-Identifizieren des Devapriesters mit jedem einzelnen derselben.

Wenn der Augenblick des Sich-Erhebens gekommen ist, bringt jeder seinen Plan als etwas, was er von seinem Eigensten geben kann, als seinen Beitrag, als die Frucht seines Geistes, die er vor den Herrn bringt. Auch hat er dabei den Gedanken, dass er auf diese Weise sich selbst und sein Leben in seinen Plänen als ein Opfer, um des Logos willen gebracht, hingibt. Auch hier dieselbe majestätische Wirkung, der blendende Hintergrund, der Springquell, das große, glühende Meer von hell leuchtendem Sonnenuntergangsgrün und dazwischen die Flammen dunkleren Grüns, die von den mitempfindenden Gedanken jedes Anwesenden emporschießen. Genau wie vorher wird alles vom Devapriester in einem Brennpunkt gesammelt und von ihm einem Kreise von Heil-Devas über ihm emporgeschickt und durch diese dem Oberhaupte ihres Strahles, der wiederum diesen Aspekt der Welt dem Logos darbringt.

Wenn sie sich und ihre Gedanken auf diese Weise darbieten, dann strömt die große Flut der Antwort zurück, die Ausgießung des Segens und Wohlwollens, der nun seinerseits das Opfer, welches sie dargebracht haben, durchleuchtet, durchstrahlt nach der Richtung, welcher jeder sich zugewendet hat. Die großen Devas scheinen den Menschen zu magnetisieren und seine Kraft nach dieser und verwandten Richtungen zu vergrößern und zu verstärken, indem sie sie zu höheren Höhen heben, schon während sie die Kraft vermehren. Die Erwiderung stärkt nicht allein solche Gedanken zum Guten, die sie schon haben, sondern sie eröffnet ihnen auch Verständnis für neue Wirkungskreise für ihre Gedanken. Es vollzieht sich mittels eines Aktes der Projektion, und zwar während einer Zeit stillen Meditierens nach Empfang des Segens.

Es gibt viele Typen unter diesen Menschen; sie versetzen verschiedene Chakrams oder Zentren im Mental-Körper in Tätigkeit, und ihre Fluten, ihre Ströme von Gedanken-Kraft werden manchmal aus diesem Chakram und manchmal aus jenem projiziert und übertragen. Im letzten Segenspenden scheint es, als ob der Logos durch seine Devas sich selbst in sie ergießt und dann durch sie wieder auf die Gegenstände ihrer Sympathie, so dass eine weitere Umwandlung der Kraft stattfindet und der Höhepunkt ihrer Tat darin gipfelt, ein tätiger Vermittler seiner Tat zu sein. Intensives Mitfühlen ist das von diesen Leuten am meisten gepflegte Gefühl; es ist ihr Grundton, mittels dessen sie allmählich durch den Mental- und den Kausal-Körper zum Intuitionellen gelangen, wo sie den Höhepunkt der Sympathie erreichen, weil hier der Gegenstand ihres Mitfühlens, ihrer Sympathie nicht mehr außerhalb ihrer selbst, sondern in ihnen selbst ist.

Die Predigt besteht in diesem Fall häufig in einer Erläuterung der Anpassungsfähigkeiten und der Anwendbarkeit verschiedener Arten von Elementar-Essenz für die Gedankenkraft, derer sie bedürfen. Solch eine Predigt wird in ihrem Verlauf ergänzt, indem die Gedankenformen von dem Deva vor der Gemeinde aufgebaut und für sie materialisiert werden, damit sie gut lernen, wie man am besten diese Formen hervorbringt und welches das beste Material ast, um sie aufzubauen.

UNABHÄNGIGE.

In der speziellen Richtung der Entfaltung dieser Tempel scheint eine seltsame, eigenartige, leise Anspielung auf die vier niederen Unterebenen der Mentalebene zu liegen, wie sie sich während des Lebens nach dem Tode darstellen. Man wird sich entsinnen, dass Liebe das Hauptmerkmal einer dieser Ebenen ist, Hingebung das einer andern, Betätigung um der Gottheit willen einer dritten und die klaren Verständnisses für Recht um des Rechtes willen, das der vierten. Es ist jedoch ganz offenbar, dass kein Unterschied im Fortschritt besteht zwischen den Egos, die der einen oder der andren Richtung folgen. All diese Pfade sind sichtlich gleichwertig, alle sind gleicherweise Stufen, die von der Ebene der Durchschnittsmenschheit zum Pfade der Heiligkeit führen, der zur Ebene und zur Höhe der Adeptschaft emporsteigt. Zu dem einen oder andern dieser Typen gehört die große Mehrzahl der Gemeinde, so dass alle diese Tempel täglich von Scharen Andächtiger erfüllt sind.

Einige wenige wohnen keinem dieser Gottesdienste bei, aus dem einfachen Grunde, weil keiner derselben für sie der geeignetste Weg der Entwicklung ist. Niemand jedoch hat je die Empfindung, als seien diese wenigen darum unreligiös oder wären irgendwie geringer als die regelmäßigen Tempelbesucher. Man weiß durchaus, dass viele Pfade zum Gipfel des Berges führen, und dass jeder unbedingte Freiheit hat, den einzuschlagen, der ihm der beste scheint. In den meisten Fällen wählt jeder seinen Pfad und bleibt dabei, aber es würde niemanden einfallen, seinen Nachbar zu tadeln, weil er einen anderen wählt, selbst wenn er es ablehnt, einen der vorgesehenen einzuschlagen. Jeder versucht auf seine Weise sein Bestes, sich für die Arbeit tauglich zu machen, die er in Zukunft zu tun haben wird, wie auch nach bestem Vermögen die gegenwärtig vor ihm liegende Arbeit zu tun. Keiner hegt das Gefühl: „Ich bin auf besseren Wegen als der und der", weil er einen andern anders handeln sieht. Die ständigen Besucher eines Tempels besuchen auch öfters die anderen; ja, einige versuchen sie alle der Reihe nach, je nach der Stimmung des Augenblicks, sie sagen sich: „Ich glaube, ich brauche heute morgen ein wenig Gelb, um meinen Intellekt aufzuhellen." Oder: „Ich werde vielleicht zu metaphysisch, versuchen wir als Gegenmittel den grünen Tempel", oder anderseits: „Ich habe mich kürzlich stark in intellektueller Richtung angestrengt, jetzt will ich eine Wendung zur Liebe oder Hingebung machen."

DIE GEMEINDE DER TOTEN.

Viele besuchen auch planmäßig die großartigen, wenn auch einfacheren Gottesdienste, die hauptsächlich des Öfteren für Kinder in den Tempeln gehalten werden. Sie werden eingehend beschrieben werden, wenn wir die Erziehung behandeln. Es ist interessant, zu beobachten, dass die Eigenart der Tempelgottesdienste augenscheinlich dieser Gemeinde in der Astralwelt große Aufmerksamkeit erregt hat, denn ganze Scharen Verstorbener wohnen regelmäßig den Gottesdiensten bei. Sie haben die Mitwirkung des Devas dabei entdeckt, und die ungeheuren Kräfte, die infolgedessen bei der Gelegenheit durch sie wirken, und offenbar wollen sie des Vorteils ebenfalls teilhaftig werden. Diese Gemeinde der Toten stammt ausschließlich von der Außenwelt, denn in der Gemeinde gibt es keine Toten, da jeder sofort einen andern physischen Körper annimmt, sobald er den einen ablegt, um das Werk fortzusetzen, dem er sich geweiht hat.

DIE MEISTER DER RELIGION.

Die religiöse und erzieherische Seite des Lebens der Gemeinde ist unter der Leitung des Meisters K. H.; und Er selbst macht es sich zur Pflicht, alle Tempel nacheinander zu besuchen. Er nimmt dann den Platz des den Gottesdienst leitenden Deva ein und verleiht dadurch der Tatsache Ausdruck, dass Er in sich selbst im höchstmöglichen Grade alle Eigenschaften aller Typen vereinigt. Die Devas, deren Arbeitsfeld mit Religion und Erziehung zusammenhängt, unterstehen alle seinen Anordnungen. Einige Glieder der Gemeinde werden von den Devas speziell geschult und wahrscheinlich werden diese im Laufe der Zeit in die Deva-Entwicklung übergehen.

Kapitel XXV.
Familie und Erziehung.

DIE ERZIEHUNG DER KINDER.

Wie zu erwarten ist, wendet diese Gemeinde der Erziehung der Kinder große Aufmerksamkeit zu. Die allergrößte Bedeutung wird dieser Frage beigemessen; nichts, was der Sache irgendwie förderlich sein kann, wird unterlassen, und alle Hilfsquellen werden herangezogen; Farbe, Licht, Ton, Form, Elektrizität, alle werden in ihren Dienst gestellt, und die Devas, die großen Anteil an der Arbeit nehmen, stellen ganze Heerscharen von Naturgeistern in ihren Dienst. Man ist sich bewusst geworden, dass vieles früher Übersehene oder als bedeutungslos im Erziehungswesen doch von Einfluss und Gewicht und wohl am Platze ist, beispielsweise, dass die für das Studium der Mathematik günstigste Umgebung durchaus nicht notwendigerweise die geeignetste für Musik oder Geographie ist.

Man hat gelernt, dass die verschiedenen Teile des physischen Gehirns durch verschiedenartige Lichtbestrahlungen und verschiedene Farben angeregt werden können — dass für gewisse Gegenstände eine schwach mit Elektrizität geladene Atmosphäre nützlich ist, während sie für andere ausgesprochen schädlich ist. In der Ecke jedes Klassenzimmers steht daher ein Umschalter auf einem Stromerzeuger, mittels dessen die sie umgebenden Bedingungen beliebig verändert werden können. Einige Räume sind mit Gelb behangen, ausschließlich mit gelben Blumen geschmückt und von gelbem Lichte durchflutet. In anderen herrschen blau, rot, violett, grün oder weiß vor. Man hat auch entdeckt, dass verschiedene Wohlgerüche eine anregende Wirkung haben, und auch diese finden nach einem regelrecht ausgearbeiteten Plane Verwendung.

Die wichtigste Neuerung ist vielleicht die Betätigung der Naturgeister, die eine helle Freude an der Ausführung der Aufgaben haben, die ihnen anvertraut sind. Den Eifer der Kinder zu erwecken und ihnen zu helfen, ist ihr Entzücken, etwa wie Gärtner Freude im Hervorbringen besonders schöner Pflanzen finden mögen. Unter anderem nehmen sie alle geeigneten Einflüsse von Licht und Farbe, Ton und Elektrizität auf, ziehen sie in einem Brennpunkt zusammen und sprühen sie sozusagen über die Kinder aus, um auf diese Weise die größtmögliche Wirkung hervorzubringen. Sie werden auch in speziell individuellen Fällen von den Lehrern herangezogen. Wenn zum Beispiel ein Schüler in der Klasse nicht versteht, worum es sich handelt, so wird sofort ein Naturgeist geschickt, um bei ihm ein bestimmtes Zentrum seines Gehirns zu berühren und anzuregen, und im Augenblick ist der Schüler imstande, zu begreifen. Alle Lehrer müssen hellsehend sein; es ist eine unumgängliche Vorbedingung für ihren Beruf. Diese Lehrer sind Mitglieder der Gemeinde, Männer und Frauen ohne Unterschied. Devas materialisieren sich oft anlässlich besonderer Gelegenheiten oder um Unterricht gewisser Art zu erteilen, aber sie scheinen nie die ganze Verantwortung für eine Schule zu übernehmen.

Die vier durch die Tempel versinnbildlichten großen Typen finden wir auch hier. Die Kinder werden sorgfältig beobachtet und den Ergebnissen der Beobachtung gemäß behandelt. In den meisten Fällen reiben sie sich schon in sehr frühem Alter selbst in die eine oder die andere dieser Entwicklungsrichtungen ein, und jede Gelegenheit wird ihnen geboten, damit sie die ihnen zusagendste wählen. Auch hier herrscht kein Zwang. Selbst ganz kleine Kinder sind vollkommen mit dem Zweck der Gemeinde vertraut und begreifen durchaus, dass es ihre Pflicht und ihr Vorrecht ist, ihr Leben entsprechend zu gestalten. Man darf nicht vergessen, dass alle unmittelbare Reinkarnationen sind und die meisten wenigstens einige Erinnerung an all ihre vergangenen Leben mitbringen, so dass für sie Erziehung einfach ein Vorgang ist, der darin besteht, so schnell wie möglich Herrschaft über eine neue Gruppe von Vehikeln zu gewinnen, und so schnell es geht, Verbindungen wiederherzustellen, die im Verlauf des Überganges von einem physischen Körper zum anderen verloren gegangen sein könnten.

Daraus folgt natürlich nicht, dass die Kinder eines Mannes, der (sagen wir) der musikalischen Richtung angehört, selbst musikalisch sein müssen. Da Eltern und Lehrern ihre früheren Geburten stets bekannt sind, so wird ihnen jede Erleichterung zuteil, um sich entweder nach der Richtung ihres letzten Lebens weiterzuentwickeln oder in irgendeiner anderen, die ihnen am leichtesten zu fallen scheint. Innigstes Zusammenwirken verbindet Eltern und Lehrer. Wir bemerkten, dass ein Mitglied der Gemeinde seine Kinder dem Lehrer brachte und ihm jede Einzelheit über sie mitteilte und erläuterte und ihn beständig besuchte, um zu beraten, was für sie das beste wäre. Glaubt der Lehrer zum Beispiel, eine gewisse Farbe sei für einen besonderen Schüler besonders wünschenswert, so teilt er seine Ansicht den Eltern mit, und sowohl zu Hause als in der Schule wird das Kind dann mit dieser Farbe umgeben, sie wird bei seiner Kleidung verwendet usf. Alle Schulen stehen unter der Oberleitung des Meisters K. H. und jeder Lehrer ist ihm persönlich verantwortlich.

SCHULUNG DER GESTALTUNGS- UND EINBILDUNGSKRAFT.

Nehmen wir als Beispiel den Brauch einer dem gelben Tempel zugehörigen Schule und sehen wir, wie dort in der untersten Klasse der Intellekt entwickelt wird. Zuerst legt der Lehrer vor die Kinder eine kleine glänzende Kugel und sagt ihnen, dass sie sich im Geiste ein Bild davon machen möchten. Einige, kaum dem jüngsten Kindesalter entwachsen, können es wirklich schon gut. Der Lehrer sagt:

„Ihr könnt mein Gesicht sehen; schließt nun die Augen; könnt ihr es noch sehen? Jetzt seht diesen Ball; könnt ihr eure Augen schließen und ihn dennoch sehen?"

Der Lehrer kann kraft seiner hellseherischen Befähigung wahrnehmen, ob die Kinder befriedigende Nachbildungen formen oder nicht. Diejenigen, welche es zuwege bringen, lässt man jeden Tag mit einfachen Formen und Farben aller Art diese Übung wiederholen. Dann lässt man sie sich jenen Gegenstand in Bewegung vorzustellen und annehmen, dass er gleich einer Sternschnuppe eine Spur hinter sich zurückließe, sich dann ein Bild von der leuchtenden Bahn gleich einer Linie vorzustellen. Dann werden sie aufgefordert, sich diese Linie vorzustellen als in rechtwinkliger Bewegung zu sich selbst begriffen, während jeder Punkt der Linie eine ähnliche Spur hinterlässt, und so entwickeln sie im Geiste ein Quadrat. Dann werden die mannigfaltigsten Verwandlungen und Teilungen dieses Quadrates ihnen vor Augen geführt. Es wird in Dreiecke verschiedenster Art zerlegt und ihnen erklärt, wie in Wirklichkeit all diese Dinge lebendige Symbole mit tieferer Bedeutung sind. Sogar ganz kleinen Kindern wird einiges davon gelehrt.

„Was bedeutet der Punkt für dich?"
„Eins."
„Wer ist Eins?"
„Der liebe Gott."
„Wo weilt Er?"

„Er ist überall."

Und dann lernen sie sogleich, dass zwei die Zweiheit von Geist und Materie bedeutet und dass drei Punkte von einer gewissen Art und Farbe die drei Aspekte der Gottheit bedeuten, während drei andere von abweichender Art die Seele des Menschen bedeuten. Eine höhere Klasse weiß von einer dazwischenliegenden Drei, die offenbar für die Monade steht. Auf diese Weise, durch Verbindung großer Ideen mit einfachen Gegenständen, gelangen selbst sehr kleine, im zartesten Alter stehende Kinder zu viel theosophischem Wissen, was jedem ganz überraschend erscheinen würde, der an ein älteres und weniger geistreiches Erziehungssystem gewöhnt wäre. Man bemerkte eine sinnreiche Art Kindergartenmaschine, eine Art Elfenbeinkugel, — wenigstens sah sie wie Elfenbein aus, die, nachdem man eine Feder berührt, sich zu einem Kreuze mit einer darauf gezeichneten Rose öffnet, dem Symbol der Rosenkreuzer gleich, aus welchem eine Anzahl kleiner Kugeln hervorgehen, die sich ihrerseits wieder teilen. Durch einen weiteren Griff wird das Ganze wieder geschlossen, während der Mechanismus geschickt verborgen bleibt. Dies wird als Sinnbild gedacht, um die Idee zu erläutern, dass Eine viel wird und die vielen schließlich in Das Eine zurückkehren.

VORGESCHRITTENERE KLASSEN.

Für eine höhere Klasse wird jenes leuchtende Quadrat seinerseits im rechten Winkel zu sich selbst in Bewegung gesetzt und wird zu einem Würfel. Noch später bewegt sich der Würfel rechtwinklig zu sich selbst und bringt ein Tesserakt hervor (eine vierdimensionale Figur), und die meisten Kinder sind imstande, es zu sehen und sich im Geiste ein deutliches Bild davon vorzustellen. Kinder, die dafür begabt sind, lehrt man Bilder zu malen: Bäume und Tiere, Landschaften und Szenen aus der Geschichte, und jedes Kind wird darin unterrichtet, sein Bild zu beleben. Es wird gelehrt, dass Konzentration seiner Gedanken das physische Bild wirklich verändern kann, und die Kinder sind stolz, wenn es ihnen gelingt, es zu vollbringen. Nachdem sie ein Bild, so gut sie nur können, gemalt haben, konzentrieren sich die Kinder darauf und versuchen, es durch ihre Gedanken zu verbessern und diesen anzugleichen. In ungefähr einer Woche, während sie täglich einige Zeit an dieser Gedankensammlung arbeiteten, gelingen ihnen bedeutende Wandlungen und Modifikationen, und ein vierzehnjähriger Knabe kann sie durch viel Übung ganz schnell zustande bringen.

Nachdem das Kind seine Änderungen an dem Bilde gemacht hat, wird es gelehrt, eine Gedankenform davon zu bilden, das Bild anzusehen, genau und fest zu betrachten, darauf die Augen zu schließen und es zu visualisieren, es sich im Geiste sichtbar zu machen. Zuerst nimmt das Kind gewöhnlich physische Bilder, dann erhält es ein mit farbigem Gas gefülltes Glasgefäß, und durch Anstrengung seines Willens soll es das Gas in gewisse Formen umbilden, es also durch Gedanken gestalten, so dass es innerhalb des Gefäßes zu einer Kugel wird, zu einem Würfel, einem Tetraeder oder zu andern derartigen Figuren. Nach ein wenig Übung können viele Kinder es sehr gut. Dann sagt man ihnen, sie sollen dem Gase die Gestalt eines Menschen geben, dann dem Bilde gleichgestalten, welches sie zuvor beschauten. Wenn sie diese gasartige Materie ziemlich gut beherrschen, versuchen sie es in ätherischer, dann in astraler und endlich in reiner Mentalmaterie. Der Lehrer selbst macht Materialisationen für sie, um, wenn nötig, die ihrigen daran zu prüfen, und auf diese Weise arbeiten sich die Kinder allmählich zu vorgeschritteneren Taten von Gedanken-Schöpfungen empor. Alle diese Klassen stehen Besuchen von Eltern und Freunden offen, und oft wohnen ältere Leute dem Unterrichte bei und beteiligen sich an den Aufgaben der Kinder.

DAS SCHULSYSTEM.

Schul-Pensionate, Internate oder dergleichen gibt es nicht. Alle Kinder leben glücklich zu Hause und besuchen die für sie am günstigsten gelegene Schule. Vereinzelt bilden Devapriester Kinder dazu heran, später ihre Nachfolger zu werden, aber selbst in diesen Fällen wird das Kind nicht dem Elternhause entzogen, wenn es der Regel nach auch mit einer besonderen Schutzhülle umgeben wird, damit der Einfluss, den der Deva über das Kind ausgießt, nicht durch andere Schwingungen unterbrochen werde.

Ein Kind gehört überhaupt nicht in derselben Weise zu einer Klasse, wie es zur Zeit der älteren Methoden der Fall war. Jedes Kind hat ein Verzeichnis mit dem Stundenplan für die verschiedenen Gegenstände: es kann in einem Gegenstand der ersten Klasse angehören, in einem anderen der dritten, wiederum in einem anderen der fünften Klasse. Selbst für kleine Kinder scheinen die getroffenen Anordnungen weit mehr denen eines Hörsaals als denen eines Klassenzimmers zu gleichen. Wenn wir das System zu verstehen suchen, dürfen wir keinen Augenblick die Wirkung der unmittelbaren Wiederverkörperungen vergessen, und dass infolge derselben diese Kinder durchschnittlich nicht nur weit intelligenter und gereifter sind als andere Kinder ihres Alters, sondern auch ungleich entwickelter. Einige Vierjährige entsinnen sich besser einer früheren Inkarnation und des damals Gelernten als andere Kinder von acht oder neun Jahren. Und wieder einige Kinder erinnern sich voll und klar eines gewissen Gegenstandes und haben trotzdem ihre Kenntnisse von andern Gegenständen, die ebenso leicht zu sein scheinen, fast gänzlich verloren, so dass wir es mit ganz außergewöhnlichen Verhältnissen zu tun haben und die angewandten Methoden ihnen angepasst werden müssen. Zu Beginn, entsprechend unserem Schulanfang, stehen alle beisammen und singen etwas. Der Vormittagsunterricht besteht aus vier Lehrstunden, diese aber sind kurz und immer durch eine dem Spiele eingeräumte Zwischenpause getrennt. Wie all ihre Häuser, haben auch die Schulzimmer keine Wände, sondern werden einzig durch Säulen gestützt, so dass die Kinder wie die übrige Gemeinde eigentlich ihr ganzes Leben in freier Luft zubringen. Nichtsdestoweniger aber werden die Kinder nach jeder Unterrichtsstunde selbst aus diesen Umrissen eines Zimmers hinausgeschickt und ihrem Spiel in den die Schule umgebenden Anlagen draußen überlassen. Mädchen und Knaben werden gemeinsam unterrichtet. Dieser Vormittagsunterricht umfasst alle obligaten Fächer, wie wir sie nennen würden, also die Fächer, die jeder lernt; am Nachmittag werden Extrastunden in ferneren Gegenständen denjenigen erteilt, die sie zu nehmen wünschen, eine ansehnliche Anzahl Kinder lassen es indessen bei der Morgenarbeit bewenden.

DER STUNDENPLAN.

Der Stundenplan der Schule ist anders als der des zwanzigsten Jahrhunderts. Die Lehrfächer an und für sich sind meistens andere und selbst diejenigen, die die gleichen sind, werden auf ganz andere Weise gelehrt. Arithmetik, die Rechenkunst, zum Beispiel ist sehr vereinfacht; es gibt keine verwickelten Gewichte und Maße mehr, alles fußt auf dem Dezimalsystem. Sie rechnen nur wenig und die genauen Rechenaufgaben mit langen vierstelligen Zahlenreihen würden als unerträglich langweilig bezeichnet und abgelehnt werden. Nur was im späteren Leben dem Durchschnittsmenschen voraussichtlich von Nutzen sein dürfte, wird gelehrt, alles Übrige schlägt man nach. In früheren Jahrhunderten hatte man Logarithmenbücher zum Nachschlagen, um lange und verwickelte Berechnungen zu vermeiden; jetzt ist dasselbe System im Gange, aber viel ausgedehnter und doch gleichzeitig viel gedrängter. Es ist ein System, mittels dessen das Resultat von fast jeder beliebigen schwierigen Rechnung in ein paar Sekunden von jemand nachgesehen werden kann, der in dem Buche Bescheid weiß. Die Kinder können rechnen, so wie jemand verstehen mag, sich seine Logarithmen selbst auszurechnen und doch gewöhnlich sich der Tabellen bedient, um keine Zeit mit ermüdendem Ausrechnen und langen Zahlenreihen zu verlieren.

Arithmetik ist bei ihnen kaum ein Fach für sich, sondern wird nur zu Berechnungen herangezogen, die mit Geometrie zusammenhängen, die von den körperhaften Figuren und den höheren Dimensionen handelt und dazu führt. Die ganze Sache unterscheidet sich so sehr von früheren Vorstellungen, dass es nicht leicht ist, sie klar zu beschreiben. Beispielsweise ist bei keiner Rechenaufgabe der Kinder von Geld die Rede oder von komplizierten Rechenexempeln. Das Fazit zu verstehen und herauszubringen genügt. Der Lehrer geht nicht davon aus, das kindliche Gehirn vollzupfropfen, sondern die Fähigkeiten zu entfalten und den Kindern zu sagen, wo sie Tatsachen finden. Niemanden würde es zum Beispiel einfallen, zwei sechsstellige Zahlen miteinander zu multiplizieren, man würde dazu entweder eine Rechenmaschine nehmen (diese werden viel gebraucht) oder in einem der erwähnten Bücher nachschlagen.

Das ganze Schreib- und Leseproblem ist viel einfacher als früher, denn die Rechtschreibung ist phonetisch und die Aussprache kann nicht falsch sein, wenn einer bestimmten Silbe immer ein bestimmter Laut entspricht. „Die Schrift macht etwa den Eindruck von Kurzschrift. Es ist recht viel daran zu lernen, aber wiederum, wenn das Kind sie gelernt hat, ist es damit im Besitz eines feineren und biegsameren Werkzeuges als in einer der älteren Sprachen, kann es doch mindestens so rasch schreiben, wie man im allgemeinen zu sprechen fähig ist. In dieser Schrift beruht sehr viel auf allgemein üblicher, durch den Brauch eingeführter Zeichen, und ein ganzer Satz wird oft zum Teil durch ein Zeichen, einem Blitzstrahl gleich, wiedergegeben.

Die Sprache, die sie sprechen, ist die englische, da die Gemeinde in einem englisch sprechenden Lande erstanden ist, aber sie ist bedeutend vereinfacht. Viele Partizipialformen sind verschwunden und einige Worte sind anders. Alles wird jetzt so anders gelernt. Niemand lernt Geschichte außer einzelner Geschichten von interessanten Vorgängen, jeder aber hat zu Hause ein Buch, in dem man einen Abriss der Weltgeschichte finden kann. Die Kinder wissen, wo die verschiedenen Rassen leben, und sehr genau, worin diese Rassen sich unterscheiden, und welche Eigenschaften sie entwickeln. Aber die kaufmännische Seite ist weggefallen; keiner kümmert sich um die Ausfuhrartikel von Bulgarien; niemand weiß, wo wollene Sachen hergestellt werden, oder hat den Wunsch, es zu wissen. All das kann man jeden Augenblick in Büchern nachschlagen, die einen Teil des freien Hausrates jeden Hauses bilden, und man würde es als Zeitvergeudung ansehen, das Gedächtnis mit derartig wertlosen Tatsachen zu beschweren. Der Plan ist in jeder Beziehung streng der Nutzanwendung entsprechend; sie lehren die Kinder nichts, was man mühelos einer Enzyklopädie entnehmen kann. Sie haben ein System entwickelt, um Erziehung auf notwendige und wertvolle Kenntnisse zu beschränken. Ein zwölfjähriger Knabe hat gewöhnlich in seinem physischen Gehirn das vollständige Gedächtnis dessen, was er in früheren Leben wusste, wieder gegenwärtig. Es ist Brauch, von einem Leben zum andern einen Talisman zu tragen, welcher dem Kinde hilft, in den neuen Vehikeln sein Gedächtnis wiederzuerlangen. Es ist ein Talisman, den es in seinem früheren Leben trug, so dass er durch und durch mit dem Magnetismus jener Verkörperung geladen ist und jetzt die gleichen Schwingungen wieder erregen kann.

KINDER-GOTTESDIENST.

Ein anderer interessanter Zug ihrer Erziehungsweise sind die so genannten Kindergottesdienste im Tempel. Außer Kindern wohnt ihnen manch ein Erwachsener bei, besonders solche, die noch nicht ganz auf der Höhe der anderen schon beschriebenen Gottesdienste sind. Der Kindergottesdienst im Musiktempel ist außerordentlich schön; die Kinder vollführen eine Reihe anmutiger Reigen und singen und spielen auf Instrumenten während sie sich bewegen. Der Gottesdienst im Farbentempel hat etwas von einer besonders prunkhaften Bühnen-Pantomime und ist augenscheinlich in vielen Proben sorgfältig eingeübt worden.

In einem Falle führten sie den Chortanz der Priester Babylons wieder auf, der die Bewegung der Planeten um die Sonne darstellt. Er wird im Freien aufgeführt, wie es im alten Assyrien üblich war, und Gruppen von Kindern sind in besondere (die verschiedenen Planeten bezeichnende) Farben gekleidet; sie bewegen sich rhythmisch-harmonisch und empfangen auf diese Weise beim Spiele gleichzeitig astronomische Stunden. Aber man darf nicht außer acht lassen, dass sie durchaus davon erfüllt sind, dass sie an einem heiligen religiösen Ritus teilnehmen, und dass, dies gut und mit ganzer Seele zu tun, nicht nur ihnen selbst zu statten kommt, sondern es auch ein Mittel ist, ihre Dienste der Gottheit darzubringen. Es ist ihnen gesagt worden, dass dies so vor vielen Tausenden von Jahren in einer alten Religion Brauch war.

Den Kindern macht es große Freude und es herrscht ordentlich etwas Ehrgeiz unter ihnen, um beispielsweise als Teil der Sonne gewählt zu werden! Eltern sehen voller Stolz auch zu und freuen sich, sagen zu können: „Mein Junge ist heute ein Teil vom Merkur" usw. Die Planeten haben alle ihre Trabanten — in einigen Fällen sogar mehr als allgemein bekannt waren, so dass die Astronomie offenbar Fortschritte gemacht hat. Die Ringe des Saturn werden auffallend gut von einer Anzahl Kinder dargestellt, welche in beständiger Bewegung in einer Figur sind, die der „Grande Chaine" am Anfang der fünften Tour im Lancier sehr ähnlich ist. Von ganz besonderem Interesse ist die Tatsache, dass sogar der innere Schleier und „Nebelring" des Saturn wiedergegeben wird, denn die der Innenseite des nächsten Ringes zugehörenden Kinder halten einen gazeartigen Stoff webend vor sich, um ihn so darzustellen. Die Trabanten sind einzelne Kinder oder Paare von Kindern, die außerhalb des Ringes tanzen. Die ganze Zeit über, trotzdem sie mit außer-gewöhnlicher Freude dabei sind, vergessen sie keinen Augenblick, dass sie an der Ausführung einer religiösen Handlung teilnehmen und sie vollziehend Gott darbringen. Ein anderer Tanz stellt offenbar die Übertragung des Lebens von der Mondkette zur Erdkette vor. Auf diese Weise wird den Kindern Belehrung aller Art geboten, die halb Spiel, halb religiöse Zeremonie ist.

SYMBOLISCHE TÄNZE.

Jeder Tempel feiert hohe Feste durch besondere Aufführungen dieser Art, und bei solchen Gelegenheiten leisten alle ihr Bestes, was strahlende, prachtvolle Ausschmückung betrifft. Durch gewisse Vorrichtungen hebt man die Umrisse der Gebäude in einer Art von dauernder Phosphoreszierung hervor, nicht durch eine Reihe von Lampions, sondern durch ein Glühendmachen, das aus der Masse selbst zu kommen scheint. Die Linien der Bauten sind sehr anmutig und daher bringt dies eine herrliche Wirkung hervor.

Der Kinder-Gottesdienst ist eine Erziehung zu Farben, in Farben. Die Zusammensetzungen sind wirklich wundervoll und die Schulung der Kinder vorzüglich. Eine Menge Kinder, gleich gekleidet in den lieblichsten Farbentönen, zart und doch leuchtend, bewegen sich ein und aus untereinander in den verschlungenen Figuren. In ihren Chortänzen, ihren Reigen lehrt man sie, dass sie die Farbe des Sternes nicht nur für die Zuschauer tragen, sondern auch versuchen sollten, im Geiste die gleiche Farbe hervorzubringen. Man lehrt sie, sich vorzustellen, sie selbst seien diese Farben, und zu versuchen zu denken, dass sie tatsächlich Teile des Planeten Merkur oder der Venus seien, wie der Fall liegen mag. Während sie sich bewegen, singen und spielen sie, jeder Planet hat seine besonderen Akkorde, so dass alle Planeten, während sie sich um die Sonne bewegen, eine Nachbildung der Sphärenmusik hervorzubringen vermögen. An diesen Kindergottesdiensten beteiligen sich die Devas auch oft und helfen mit Farben und Musik. Sowohl Kama- als auch Rupa-Devas bewegen sich ganz frei unter den Menschen und nehmen am täglichen Leben teil.

Der Kinder-Gottesdienst in Verbindung mit dem gelben Tempel ist außerordentlich interessant. Hier tanzen sie oft geometrische Figuren, aber die Touren und Figuren, die sie ausführen, sind schwer zu beschreiben. Eine Aufführung zum Beispiel ist äußerst hübsch und effektvoll. Zweiunddreißig Knaben, in goldene Brokatgewänder gekleidet, sind in bestimmter Ordnung aufgestellt, nicht alle stehen auf gleicher Höhe, sie stehen auf aufwärtssteigenden Stufen. Offenbar stellen sie die Winkel einer kubischen Figur vor. In den Händen halten sie Seile, aus goldfarbenen Fäden gesponnen, und diese Seile halten sie so, dass sie die Umrisse einer gewissen Figur andeuten, sagen wir eines Dodekaeders. Plötzlich, bei einem vereinbarten Zeichen, lassen sie ein Ende des Seiles los, indem sie es einem anderen Knaben zuwerfen, und im Augenblick ist daraus der Umriss eines Ikosaeders entstanden. Es ist wundervoll, ausdrucksvoll, gibt einen ganz auffallend illusorischen Eindruck davon, wie eine geometrische Figur sich in eine andere verwandelt. Alle Änderungen werden in einer bestimmten Ordnung ausgeführt, die irgendwie in Zusammenhang steht mit der Entwicklung der Materie der Ebenen bei der Entstehung eines Sonnen-Systems. Eine andere Aufführung soll offenbar etwas von der Bildung der Atome aus Blasen veranschaulichen. Die Kinder stellen die Bläschen vor. Eine Anzahl derselben stürzt aus der Mitte und ordnet sich in bestimmter Weise, läuft schnell wieder zurück zur Mitte und stürzt noch weiter hervor, um sich in ganz anderer Weise zu gruppieren. All das bedarf vieler Übung, aber die Kinder scheinen mit großer Begeisterung dabei zu sein.

DER ZUGRUNDE LIEGENDE GEDANKE.

Erziehung und Religion sind so eng verknüpft, dass es schwer ist, eines vom anderen auseinander zu halten. Die Kinder spielen im Tempel. Der zugrunde liegende Gedanke, der ihnen stets vor Augen gehalten wird, ist der, dass all dies nur die physische Seite von etwas weit Großartigerem und Gewaltigerem ist, von etwas, was zu höheren Welten gehört, so dass sie fühlen, dass allem, was sie tun, eine innere Seite zugrunde liegt, und sie hoffen, das zu erkennen und imstande zu sein, es alsbald zu sehen und zu verstehen; und das wird ihnen immer als schließlicher Lohn für ihre Anstrengungen vorgestellt.

GEBURT UND TOD.

Die verschiedenen Einflüsse, die in so hervorragenden Maßen bei der Erziehung der Kinder herangezogen werden, lässt man schon vor ihrer Geburt spielen. Nochmals müssen wir darauf zurückkommen, dass, sobald ein Mensch zur Welt kommen soll, Vater, Mutter und alle anteilnehmenden Personen sehr wohl wissen, welches Ego zu ihnen kommen wird und sie achten daher schon Monate vor der Geburt darauf, dass die Umgebung in jeder Hinsicht jenem Ego angemessen sei, um zur Bildung eines vollkommenen physischen Körpers beizutragen. Großer Wert wird auf den Einfluss schöner Umgebung gelegt. Die künftige Mutter hat stets liebliche Bilder, anmutige Statuen vor Augen. Diese Idee der Schönheit durchdringt das ganze Leben, umso mehr als man es als Verbrechen an der Gemeinde betrachten würde, wenn irgendein Gegenstand hässlich oder ungraziös sein würde. In der ganzen Baukunst ist diese Schönheit der Linie gleich wie die der Farbe vor allem Bedingung und das gleiche gilt für die kleineren Nebensächlichkeiten des Lebens. Schon vor des Kindes Geburt werden Vorbereitungen für das Kind getroffen. Seine Mutter kleidet sich vorwiegend in gewisse Farben und umgibt sich mit Blumen und Licht, die für die geeignetsten gehalten werden.

Elternschaft ist Übereinkunft zwischen den Beteiligten und der Tod ist gewöhnlich freiwillig. Da die Glieder dieser Gemeinde durchaus gesundheitsgemäß leben und von vollkommen gesunden Bedingungen umgeben sind, ist Krankheit praktisch ausgeschaltet, so dass ausgenommen bei einem selten vorkommenden Unfall niemand anders als in hohem Alter stirbt, und sie den Körper erst ablegen, wenn er unbrauchbar geworden ist. Sie haben überhaupt nicht das Gefühl, als ob sie das Leben aufgäben, sondern nur, dass sie ein abgenutztes Gerät wechseln. Der Wegfall von Sorgen und ungesunden Lebensbedingungen hat sicherlich dahin gewirkt, das physische Leben im Ganzen zu verlängern. Niemand sieht vor achtzig Jahren alt aus und viele leben über ein Jahrhundert.

Sobald jemand seine Kräfte versagen und schwinden fühlt, sieht er sich nach wünschenswerter Wiedergeburt um. Er wählt sich einen Vater, eine Mutter, von denen er glaubt, dass sie zu ihm passen und geht zu ihnen, um sie zu fragen, ob sie gewillt seien, ihn aufzunehmen. In diesem Falle teilt er ihnen mit, dass er wohl bald sterben würde, übergibt ihnen seinen persönlichen Talisman, den er sein Leben lang getragen hat, und schickt ihnen auch einiges andere, was ihm persönlich gehörte, was er in sein nächstes Leben hinüber zu nehmen wünscht. Der Talisman ist gewöhnlich ein Edelstein von der besonderen Art, die dem Ego eigen ist, dem Zeichen des Tierkreises entsprechend, dem er als Ego angehört, und unter dessen Einfluss er Individualität erlangte. Dieses Amulett trägt er immer, damit es durch und durch mit seinem Magnetismus geladen wird, und so sorgt er dafür, dass er es bei seiner nächsten Geburt wieder erhält, es soll ihm im neuen Körper helfen, das Gedächtnis früherer Leben zu erwecken, und es ihm also erleichtern, das Bewusstsein des ununterbrochenen Lebens als das eines Ego als Wirklichkeit in sich aufrecht zu erhalten. Dieses Amulett entspricht stets seinem Namen als dem eines Egos, dem Namen, den er von Leben zu Leben trägt. In vielen Fällen führen manche diesen Namen schon im gewöhnlichen Leben, während andere den Namen beibehalten, den sie trugen, als sie in die Gemeinde kamen, indem sie ihn von Leben zu Leben weiterführen und die Endung dem jeweiligen männlichen oder weiblichen Geschlechte entsprechend ändern. Jeder hat daher dauernd denselben ihm eigenen Namen, dem er in jeder Verkörperung den der Familie hinzufügt, in die er gerade oder seinem Wunsche gemäß geboren wird.

Das persönliche Eigentum schließt nichts Geldähnliches in sich, denn Geld wird nicht mehr gebraucht und auf Häuser, Ländereien oder anderes Eigentum hat man nur ein lebenslängliches Anrecht. Manchmal jedoch besitzt man einige Bücher oder irgendwelchen persönlichen Schmuck, das man zu bewahren wünscht, und so übergibt man es seinen voraussichtlichen Eltern, welche, sobald sie erfahren, dass sein Tod nahe, alles vorbereiten können. Man ändert seine gewohnte Lebensweise nicht, tut nichts, was im geringsten an Selbstmord begehen gemahnt; man verliert einfach den Willen zu leben, lässt sein Leben schwinden und geht gewöhnlich kurze Zeit darauf sanft im Schlafe dahin. Ja, der Regel nach zieht man zu seinen künftigen Eltern sobald das Übereinkommen getroffen ist und stirbt in ihrem Hause.

Da der Tod nicht als Ereignis von irgendwelcher Wichtigkeit betrachtet wird, so gibt es keine Begräbnisfeierlichkeiten. Der Körper wird nicht verbrannt, sondern in eine Art Retorte gebracht; die mit einem chemischen Präparat gefüllt wird, wahrscheinlich einer Säure. Die Retorte wird dann luftdicht versiegelt und ein Strom, ähnlich der Elektrizität aber weit stärker, durch dieselbe geleitet. Die Säure zischt mächtig auf und in wenigen Minuten ist der ganze Körper vollständig aufgelöst. Wenn man die Retorte öffnet, nachdem der Prozess sich vollzogen hat, ist nichts übrig geblieben als ein feiner grauer Staub. Dieser wird weder aufbewahrt noch mit irgendwelcher Ehrfurcht betrachtet. Über den Körper ist schnell verfügt, das Werk ist leicht zu Hause ausgeführt, da der Apparat auf Wunsch dorthin gebracht wird. Man veranstaltet keine Feier irgendwelcher Art und die Freunde des Verstorbenen versammeln sich nicht bei dieser Gelegenheit. Indessen kommen sie bald nach seiner Wiedergeburt und besuchen ihn, da man annimmt, dass ihr Anblick dazu beiträgt, das Gedächtnis in dem neuen Kinderkörper wieder zu erwecken. Unter diesen Umständen finden natürlich keine Gebete oder Zeremonien irgendwelcher Art für den Dahingegangenen statt, auch bedarf es keiner Hilfe auf der Astralebene, denn jedes Glied der Gemeinde erinnert sich seiner vergangenen Leben und kennt genau den Körper, den er nehmen wird, sobald dieser für ihn bereitet werden kann. Viele Glieder der Gemeinde sind auch fernerhin noch unsichtbare Helfer für die übrige Welt, innerhalb der Gemeinde selbst aber ist nichts Derartiges nötig.

Der Manu hat sorgfältig alle aufeinander folgenden Inkarnationen jedes Gliedes seiner Gemeinde vermerkt, und in einigen seltenen Fällen tritt er bei der Wahl der Eltern eines Ego dazwischen. Der Regel nach haben sich alle Glieder der Gemeinde von einem derart schweren Karma schon befreit, dass sie sich in ihrer Wahl beschränken müssten, und sie wissen auch genug über ihren eigenen Typus und die Bedingungen, deren sie bedürfen, um keine ungeeignete Wahl zu treffen, so dass sie in fast allen Fällen vollkommen frei sind, ihre eigenen Anordnungen zu treffen. Es geschieht jedoch stets mit Wissen des Manus, so dass er den Plan ändern kann, wenn er ihn nicht billigt.

Der Regel nach steht dem Dahingehenden die Wahl des Geschlechtes in seinem nächsten Hiersein frei und viele scheinen es sich zur Regel zu machen, abwechselnd als Mann und als Frau geboren zu werden. Eigentliche Bestimmungen darüber gibt es nicht und alles darf sich so frei wie möglich gestalten. Indessen muss das Verhältnismäßige der Geschlechter in der Gemeinde aufrechterhalten bleiben, und wenn die Zahl in dem einen oder dem anderen Geschlechte zeitweilig zurückbleibt, so ruft der Manu Freiwillige auf, um den Lauf der Dinge wieder ins Gleichgewicht zu bringen. Die Eltern haben der Regel nach eine Familie von zehn bis zwölf Kindern, im Allgemeinen ebenso viele Mädchen wie Knaben. Zwillinge und selbst Drillinge sind durchaus nichts Außergewöhnliches. Zwischen der Geburt eines Kindes und des nächsten liegen meistens zwei bis drei Jahre, und sie handeln hier offenbar nach ihren eigenen Theorien. Das große Ziel ist, vollkommene Kinder zur Welt zu bringen und Krüppel oder Verunstaltete sieht man nirgends, auch gibt es keine Kindersterblichkeit. Soviel steht fest, die Leiden bei der Geburt des Kindes sind fast ganz verschwunden, kaum einige Unannehmlichkeiten verblieben vielleicht bei der Geburt des ersten Kindes.

HEIRAT.

Dies bringt uns zur Frage der Heirat. Hierin herrscht keine Beschränkung, mit Ausnahme der einen großen Bedingung, dass niemand außerhalb der Gemeinde heiraten darf. Im Allgemeinen jedoch wird es als wenig wünschenswert angesehen, dass sich Leute von demselben Typus religiöser Stimmung verbinden. Es gibt keine Vorschrift dagegen, aber man weiß, dass der Manu es im Ganzen lieber sieht, wenn es unterbleibt. Sie haben einen bestimmten, allem genügenden Ausspruch, der jedem Hin- und Widerreden überhaupt ein Ende macht: „Es ist nicht sein Wunsch."

Man wählt seinen Lebensgefährten, man liebt sich fast wie vordem, aber der alles beherrschende Gedanke der Pflicht bleibt ihnen immer das Höchste, und selbst in Herzensangelegenheiten gestattet sich niemand, etwas zu tun oder zu fühlen, was er nicht als zum Besten der Gemeinde dienend hält. Der große Beweggrund ist nicht Leidenschaft, sondern Pflicht. Die gewöhnlichen Leidenschaften der Geschlechter sind überwunden, so dass man sich jetzt nur in der ausgesprochenen Absicht vereinigt, die Gemeinde fortzupflanzen und zu diesem Zweck gute Körper zu schaffen. Sie betrachten das Eheleben hauptsächlich als diesem Zweck entsprechende Gelegenheit, und das dazu Nötige ist eine religiöse und magische Handlung, die mit Umsicht und Sorgfalt vollzogen werden muss. Sie bildet einen Teil des dem Logos dargebrachten Opfers ihrer selbst, so dass niemand in Verbindung damit sein seelisches Gleichgewicht oder seinen Verstand zu verlieren braucht.

Wenn die Menschen in Liebe zueinander entbrennen und, wie wir es nennen würden, sich verloben, gehen sie zum Manu selbst und bitten um seinen Segen zu ihrer Vereinigung. Der Regel nach verabreden sie sich auch mit einem in Aussicht genommenen Sohne oder einer Tochter, so dass sie, wenn sie zum Manu gehen, ihm sagen, dass der und der ihr Kind zu werden wünscht, und so bitten sie um die Erlaubnis, heiraten zu dürfen. Der Manu prüft sie, um zu sehen, ob sie zueinander passen, und wenn er das Bündnis billigt, spricht er über sie die folgende Formel: „Möge Euer Zusammenleben gesegnet sein." Man betrachtet die Heirat fast gänzlich vom Gesichtspunkte der Nachkommenschaft. Manchmal ist es sogar diese, welche die Ehe bestimmt. Jemand besucht einen anderen und sagt:

„Ich werde in kurzer Zeit dahingehen, und da mich karmische Bande, die ich auswirken möchte, mit Euch Beiden verknüpfen, so möchte ich Euch gern zu Vater und Mutter haben; würde Euch das genehm sein?"

Nicht selten scheint der Vorschlag angenommen zu werden und alles geht gut. Bei einem, den wir aufs Geratewohl zum Zweck der Nachforschung ins Auge fassten, zeigte es sich, dass drei Egos sich durch ihn zu inkarnieren wünschten, so dass, als er die von ihm in Aussicht genommene Gattin zum Manu führte, er zu ihm sagte: „Dürfen wir beide uns heiraten, diese drei Egos warten darauf, durch uns wiedergeboren zu werden?"

Und der Manu gab seine Einwilligung. Dieser Segensspruch des Manus ist die einzige Zeremonie, auch bildet eine Hochzeit keine Gelegenheit zu einem Festmahl oder zu Geschenken.

Alles fußt natürlich auf Monogamie und es gibt weder Ehekontrakte noch Elsescheidungen, obgleich das Übereinkommen auf Grund gegenseitigen Einverständnisses stets lösbar ist. Man heiratet eben mit der Absicht, einer bestimmten Seele ein Vehikel zu schaffen, und wenn das geschehen ist, scheint es ihnen vollkommen freizustehen, das Bündnis zu erneuern oder nicht. Da die Eltern mit Umsicht gewählt werden, wird in den meisten Fällen das Abkommen erneuert und sie bleiben Mann und Frau fürs Leben; aber es gibt Fälle, wo das Übereinkommen aufgehoben wird und beide Teile neue Verbindungen eingehen. Auch hier wie in allen anderen ist die Pflicht der bestimmende Faktor und jeder ist bereit, seine persönliche Vorliebe aufzugeben zugunsten dessen, was man für das Beste der Gemeinde hält. Im Leben dieser Menschen herrscht weit weniger Leidenschaft als in denen der älteren Jahrhunderte, und die stärkste und innigste Liebe ist wohl die zwischen Eltern und Kindern. Es gibt Fälle, in denen das ungeschriebene Gesetz, niemand desselben Typus zu heiraten, abgelenkt wird, wie zum Beispiel, wenn man wünscht, Kinder zu bilden, die von den Devas als Priester für einen besonderen Tempel erzogen werden können. In dem seltenen Fall, da jemand durch Unfall ums Leben kommt, wird er sofort im Astral-Körper festgehalten und Vorkehrungen für seine Wiedergeburt getroffen. Viele wünschen als Kinder der Mitglieder des Rates geboren zu werden; diese jedoch haben nur die übliche Zahl Kinder, damit die Art sich nicht verliere. In der Familie des Manus selbst geboren zu werden, ist die größte Ehre, aber es versteht sich von selbst, dass er seine Kinder selbst wählt. Man macht keinen Unterschied zwischen den Geschlechtern und jeder übernimmt die Arbeit, die es zu erledigen gibt. Über diesen Punkt wird es von Interesse sein, die Anschauung eines Zugehörigen jener Periode zu vernehmen, welche in dieser besonderen Absicht geprüft wurde. Dieser scheint nicht viel vom Unterschied zwischen Mann und Frau zu halten. Er sagt, beide müssen da sein, um die Rasse zu begründen, wir wissen aber, dass eine bessere Zeit für die Frauen anbricht. Er fühlt, dass die Frauen, indem sie die Kinder zur Welt bringen, den schwereren Teil der Arbeit tragen und man ihnen daher Mitgefühl und Schutz zuteil werden lassen müsse. Der Rat besteht jedoch nur aus Männern, und unter der Leitung des Manus versuchen dessen Mitglieder gedankengeborene Körper hervorzubringen und zu schaffen. Einige ganz gute Nachbildungen des Menschen sind ihnen gelungen, jedoch konnten sie damit noch nicht den Manu zufrieden stellen.

Kapitel XXVI.

Gebäude, Sitten und Gebräuche.

RASSENEIGENHEITEN.

Dem Aussehen nach ist die Gemeinde noch wie die sechste Unter-Rasse, welcher sie entstammt — das heißt, es ist eine Weiße Rasse, wenn auch einige mit dunkleren Haaren und Augen darunter sind, und von spanischer oder italienischer Hautfarbe. Die Größe der Rasse hat auffallend zugenommen, denn kein Mann ist unter 1,80 m und die Frauen sind fast ebenso groß. Alle sind muskulös und ebenmäßig, und großer Wert wird auf Körperübungen und gleichmäßige Entwicklung der Muskeln gelegt. Beachtenswert ist, dass sie bis ins hohe Alter eine ungezwungene und anmutige Körperhaltung bewahren.

ÖFFENTLICHE GEBÄUDE.

Schon am Anfang wurde erwähnt, dass, als die Gemeinde gegründet wurde, man einen weiten Block mit in der Mitte befindlichen Bauten aufführte und dass die ersten Ansiedler sich um diese gruppierten, aber stets mit reichlichem Spielraum für schöne Gärten. Inzwischen sind in ihrem Bereich schon viele kleinere Städte entstanden, wenn vielleicht auch das Wort Städte den Leser des zwanzigsten Jahrhunderts irreführen könnte, da sie der Art von Stadt, an die er gewöhnt ist, in nichts gleichen.

Die Niederlassungen können vielmehr inmitten lieblicher Parkanlagen und Gärten weit verstreut gelegener Gruppen von Villen genannt werden. Indessen haben alle derartigen Niederlassungen ihre Tempel, so dass jeder Einwohner stets leicht einen Tempel der von ihm bevorzugten Stimmung erreichen kann. Der bewohnte Teil des Landes ist nicht sehr groß, einige 64—80 km, so dass selbst die großen Bauten im Mittelpunkte jedem, der sie besuchen will, noch ganz bequem erreichbar sind. Jeder Tempel ist gewöhnlich umgeben von einem Häuserkomplex anderer öffentlicher Gebäude, einer Art Versammlungshalle, einer ausgedehnten Bibliothek und auch einer Reihe von Schulgebäuden.

DIE WOHNHÄUSER.

Die vor der Gründung für die Gemeinde errichteten Häuser waren alle nach demselben allgemeinen Plan erbaut, und wenngleich viel individueller Geschmack in den seither erbauten Gebäuden zum Ausdruck kommt, so ist das große grundlegende Prinzip das gleiche. Die beiden Hauptmerkmale ihrer Bauart, durch welche sie sich so sehr von fast allem bisher Dagewesenen unterscheiden, sind der Mangel an Wänden und Ecken. Häuser, Tempel, Schulen, Fabrikgebäude, alle bestehen nur aus Dächern, die von Säulen getragen werden, Säulen, fast überall so hoch wie die der ägyptischen Tempel, wenn auch viel leichter und graziöser. Es sind jedoch Vorkehrungen getroffen, um nötigenfalls den Raum zwischen den Säulen zu schließen, etwas den Rollgitterläden früherer Jahrhunderte Ähnliches, diese aber können nach Belieben durchsichtig gemacht werden. Man nimmt jedoch nur selten seine Zuflucht hierzu, und das Leben der Leute spielt sich in Wirklichkeit Tag und Nacht in Gottes freier Natur ab.

Die Kuppeln mannigfacher Art und Größe verleihen den Orten ein ausgesprochenes Gepräge. Einige gleichen dem Dome von St. Peter, sind aber kleiner, einige sind niedrig und breit wie die von San Giovanni degli Eremiti in Palermo, einige in der Form einer Lotusknospe wie die mohammedanischer Moscheen. Diese Wölbungen sind voller Fenster oder bestehen oft ganz aus einer durchsichtigen Masse, die von verschiedener Farbe ist. Jeder Tempel hat eine große Mittelkuppel und jedes Haus besitzt auch mindestens eine. Der allgemein übliche Stil für ein Wohnhaus sieht eine große runde oder ovale, für alle als Wohnzimmer gedachte Halle unter der Kuppel vor. Drei Viertel ihres Umfanges ist ganz offen, hinter dem letzten Viertel aber befinden sich öfters Zimmer und Räume aller Art, die sich gewöhnlich nur zu halber Höhe der Säulen erheben und über sich andere, kleine, als Schlafzimmer dienende Räume haben. Alle diese Räume haben keine Außenwände, wenngleich sie unter sich durch Abteilungen getrennt sind, so dass man auch in ihnen so gut wie im Freien lebt. Ecken gibt es nirgends; jedes Zimmer ist rund oder oval. Auf einem Teil des Daches kann man spazieren gehen. Jedes Haus ist voller Blumen und Statuen, und was außerdem auffällt, ist der Überfluss an Wasser; überall sind Springbrunnen, künstliche Wasserfälle, kleine Seen und Teiche.

Die Häuser werden stets vom Dach aus erleuchtet. Man sieht weder Lampen noch Laternen, sondern man lässt die Kuppel in einem Meer von Licht erglühen, dessen Farbe nach Belieben verändert werden kann; und in den kleineren Räumen ist ein Teil der Decke so eingerichtet, dass sie in derselben Weise zum Aufglühen gebracht werden kann. Alle Parks und Straßen werden abends mittels eines milden, mondscheinähnlichen Lichtes ausgiebig erleuchtet, es ist ein dem Tageslicht weit näher kommendes Licht als je irgendein früher erreichtes.

DIE EINRICHTUNG.

Mobiliar glänzt hauptsächlich durch Abwesenheit. Kaum findet man einige Stühle in den Häusern; und in den Tempeln oder in den öffentlichen Sälen gibt es keine Sitze irgendwelcher Art. Die Leute ruhen auf Kissen nach orientalischer Art, oder vielleicht eher noch nach Art der alten Römer, denn sie sitzen nicht mit untergeschlagenen Beinen. Die Kissen jedoch sind seltsam eigenartig, es sind stets entweder Luftkissen oder solche mit Pflanzenstoffen gefüllt, mit einer besonders weichen, unserer Kokosnussfaser nicht unähnlichen Faser. Sie sind waschbar und werden tatsächlich oft gewaschen. Geht man zum Tempel, zur Bibliothek oder zu einer öffentlichen Zusammenkunft, so hat jeder sein Luftkissen bei sich; im Hause aber sieht man zum allgemeinen Gebrauch eine reichliche Menge davon umherliegen. Man hat kleine niedrige Tischchen, vielleicht besser als Bücherpulte zu bezeichnen, die man flach wie einen Tisch umstellen kann. Alle Fußböden sind aus Marmor oder aus einem wie Marmor polierten Stein, oft von satt karminrotem Ton. Die Betten sind mit Luft oder Wasser gefüllt oder werden aus demselben Pflanzenstoff wie die Kissen hergestellt, man legt sie auf den Fußboden oder hängt sie wie Hängematten auf, aber Bettgestelle werden nicht verwendet. In einigen Fällen, wo man verhältnismäßig ständige Wände hat, wie beispielsweise zwischen den Schlafzimmern, Wirtschaftsräumen und der großen Halle, sind sie stets mit schönen Landschaften und geschichtlichen Gemälden bemalt. Eigentümlicherweise kann all dies umgewechselt werden, und es besteht ein Amt, wo man jederzeit vorbereitet ist, einen Umtausch vorzunehmen, es ist sozusagen eine Art von Leihanstalt für Wandschmuck, durch deren Vermittlung jeder, sobald er will, die sein Heim schmückenden Wandpaneele, Statuen usw. umtauschen kann.

KLEIDUNG.

Die Kleidung der Leute ist einfach und gefällig, graziös, gleichzeitig aber streng vernünftig und praktisch. Zum großen Teil ist sie der indischen Tracht nicht unähnlich, obgleich wir sie manchmal der altgriechischen Tracht sich nähern sehen. Nichts Uniformartiges haftet ihr an und man trägt allerlei verschiedenartige Gewänder. Alles ist harmonisch, alles zeugt von vollendetem Geschmack. Sowohl leuchtende als zarte Farben werden von Männern wie von Frauen gleicherweise getragen, und die Geschlechter unterscheiden sich nicht in der Tracht. Nichts besteht aus Wolle, sie wird nie getragen. Man verwendet ausschließlich Leinen oder Baumwolle, aber mit einem chemischen Präparat durchtränkt, welches die Faser erhält, so dass die Gewänder lange halten, trotzdem sie täglich gewaschen werden. Der chemische Prozess verleiht dem Stoff einen seidenartigen Glanz, nimmt ihm aber nichts von seiner Weichheit und Schmiegsamkeit. Die Mitglieder der Gemeinde tragen weder Schuhe noch Sandalen oder irgendeine andere Art Fußbekleidung, und kaum einer trägt einen Hut, obgleich einige wenige den Panamas ähnliche Hüte trugen und ein- oder zweimal kleine Leinenkappen gesehen wurden. Die Idee besonderer Kleidung für bestimmte Ämter ist verschwunden; Uniformen irgendwelcher Art werden nicht getragen, nur der Deva materialisiert während des Zelebrierens eines Gottesdienstes um sich selbst Gewänder in der Farbe des Tempels, und die Kinder, wie vorher beschrieben, werden in gewisse Farben gekleidet, wenn sie sich an den religiösen Festen beteiligen.

NAHRUNG.

Die Gemeinde lebt streng vegetarisch, da es eine der stehenden Regeln ist, dass nichts getötet werden darf. Selbst die Außenwelt nährt sich mittlerweile größtenteils von Pflanzen, da man anfängt, zu erkennen, dass Fleischgenuss roh, gemein und vor allen Dingen unmodern ist! Verhältnismäßig wenige nehmen sich die Mühe, ihre eigenen Mahlzeiten zu bereiten oder im eigenen Hause zu essen, obgleich ihnen dies vollkommen freisteht. Die meisten besuchen Restaurants, wie man sie wohl nennen darf, da sie aber fast nur unter freiem Himmel sind, kann man sie sich besser wie Teegärten vorstellen. Früchte sind ein Hauptbestandteil der Nahrung dieser Zeit. Wir begegnen einer verwirrenden Mannigfaltigkeit an Früchten, denn Jahrhunderte lang hat man große Sorgfalt auf wissenschaftliche

Kreuzung von Früchten verwandt, um die allervollkommensten Nährprodukte zu erzielen und ihnen gleichzeitig vielerlei seltsamen Wohlgeschmack zu verleihen.

Sehen wir uns eine Obstzüchterei an, so finden wir, dass jede für eine Fruchtart bestimmte Abteilung stets wieder in kleinere Unterabteilungen geteilt ist, jede ist mit einem ihr eigenen Geschmack begabt. Zum Beispiel können wir Trauben und Äpfel, sagen wir, mit Erdbeer-, oder mit Nelken- oder Vanillegeschmack usw. haben — Mischungen, die vom Standpunkte derer, die daran nicht gewöhnt sind, eigentümlich anmuten würden. Es ist ein Land, in dem fast kein Regen fällt, so dass alle Kultur und Zucht mit Hilfe von Berieselung geschieht, während des Bewässerns der verschiedenen Abteilungen werfen sie so genannte „Pflanzennahrung" ins Wasser, und durch Veränderung derselben gelingt es ihnen, den Pflanzen verschiedenerlei Geschmack mitzuteilen. Durch Änderung der Pflanzennahrung kann das Wachstum beschleunigt oder verzögert und die Größe der Frucht ebenfalls geregelt werden. Das Land der Gemeinde erstreckt sich bis ins Gebirge, so dass sie Gelegenheit haben, in verschiedener Höhe fast alle nur möglichen Arten von Früchten zu ziehen.

Die am meisten genossene Speise ist eine Art „blanc-manger". Man kann sie in allen Färbungen haben, und ebenso wie im alten Peru bezeichnet die Färbung den Geschmack. Man hat eine große Auswahl. Vielleicht nimmt der Gebrauch der verschiedenen Würzen beim Essen bis zu einem gewissen Grade den Platz vieler nunmehr verschwundener Gewohnheiten ein, wie z. B. Rauchen, Weintrinken oder Konfektessen. Es gibt auch etwas, das wie Käse aussieht, aber es ist süß. Käse ist es gewiss nicht, da keine tierischen Stoffe Verwendung finden und keine Tiere in der Kolonie gehalten werden, es sei denn als Lieblingstiere. Milch wird genossen, aber es ist ausschließlich vegetabile Milch, die von dem so genannten Kuhbaum (Brosimum galaktodendron) gewonnen wird, oder eine täuschend ähnliche Nachahmung, die aus einer Art von Bohnen hergestellt wird. Messer und Gabeln sieht man nicht, aber Löffel sind noch in Gebrauch und die meisten bringen ihre eigenen mit. Der Aufwartende ist mit einer Art kleiner Hacke versehen, mit der er Früchte und Nüsse öffnet. Sie besteht aus einer Legierung, welche alle Eigenschaften des Goldes besitzt, aber eine so feste, harte Schneide hat, dass sie augenscheinlich nie wieder geschliffen zu werden braucht. Möglicherweise ist sie aus einem der selteneren Metalle wie Iridium hergestellt. Auch in diesen Restaurationsgarten gibt es keine Stühle, jeder liegt halb zurückgelehnt in einer Marmornische des Bodens, eine Marmorplatte kann dem Gaste zugedreht werden, auf die er seine Speisen stellen kann, er klappt sie nach beendeter Mahlzeit in die Höhe und dann rieselt Wasser über sie.

Im Ganzen essen diese Leute entschieden weniger als im zwanzigsten Jahrhundert. Allgemeiner Brauch ist, in der Mitte des Tages eine richtige Mahlzeit zu sich zu nehmen und morgens und abends einen leichten Imbiss aus Früchten. Alle frühstücken gleich nach Sonnenaufgang, denn man ist dann immer schon auf oder sogar ein wenig früher. Das leichte Abendmahl wird gegen fünf Uhr eingenommen, denn die meisten begeben sich zeitig zur Ruhe. Soweit wir gesehen, setzt man sich abends nicht zu einem reichen Mahle; aber es herrscht vollständig individuelle Freiheit in diesen Dingen, so dass die Leute ihren eigenen Neigungen folgen. Tee- und Kaffeetrinken wurde nicht beobachtet; überhaupt scheint man wenig Getränke zu sich zu nehmen, wahrscheinlich, weil soviel Früchte genossen werden.

Wasser ist überall reichlich verfügbar, trotzdem es fast nie regnet. Sie haben kolossale Werke zum Destillieren des Seewassers, welches danach zu großer Höhe gehoben wird, worauf es in freigebigster Weise ausgesandt wird. Jedoch ist beachtenswert, dass das zum Trinken besonders abgeleitete Wasser nicht das reine Ergebnis der Destillation ist; man fügt ihm eine kleine Menge Chemikalien bei, da die Ansicht herrscht, dass rein destilliertes Wasser nicht das zum Trinken gesündeste ist. Der Vorsteher der Destillationswerke erklärt, dass sie, soweit es reicht, natürliches Quellwasser gebrauchen, dass sie aber nicht annähernd genug davon erhalten können und es daher durch destilliertes Wasser ersetzt werden muss; dann aber ist es nötig, die chemikalischen Substanzen hinzuzufügen, um es frisch, perlend und wirklich durstlöschend zu machen.

BIBLIOTHEKEN.

Die literarischen Einrichtungen sind eigenartig, aber vollendet. Jedes Haus erhält frei und als Teil der ständigen Ausstattung ein großes, dem Konversationslexikon ähnliches Werk umfassendster Art, das so kurz und bündig wie nur möglich tatsächlich alles Bekannte im Auszug enthält; trotzdem ist es mit einem großen Reichtum von Einzelheiten ausgestattet, so dass es einem Durchschnittsmenschen über jeden Gegenstand allen nur irgendwie wissenswerten Aufschluss zu bieten vermag. Sollte er jedoch aus irgendeinem Grunde mehr wissen wollen, so braucht er nur zur nächsten Bezirksbibliothek zu gehen, deren es je eine in Verbindung mit jedem Tempel gibt. Dort findet er eine weit umfassendere Enzyklopädie, in welcher der Abschnitt über irgendeinen beliebigen Gegenstand einen sorgfältigen Auszug jeden Buches enthält, das je darüber geschrieben wurde, es ist ein wahres Riesenwerk. Wünscht er noch mehr zu wissen, oder will er die in den alten Sprachen gedruckten Originalwerke nachsehen oder lesen, oder die mit alten römischen Buchstaben gedruckten, so muss er zur Zentralbibliothek der Gemeinde gehen, die in einem dem Britischen Museum gleichkommenden Maßstabe angelegt ist. Übersetzungen ins Englische des Tages, in jener kurzschriftähnlichen Schrift gedruckt, sind diesen Originalwerken stets beigegeben.

So ist es jedem ermöglicht, jeden ihn interessierenden Gegenstand im vollen Maße zu studieren, denn alle Instrumente für Forschungszwecke und Bücher stehen ihm in dieser Weise kostenlos zur Verfügung. Neue Bücher werden während der ganzen Zeit über alle erdenklichen Gegenstände geschrieben. Die Dichtungen des Tages fußen fast gänzlich auf Reinkarnation, die Charaktere erscheinen Leben auf Leben und dienen als Beispiele für das Wirken von Karma: in diesen Tagen aber schreibt ein Romandichter nicht um des Ruhmes oder Geldes willen, sondern stets zum Besten der Gemeinde. Einige schreiben kurze Artikel, die immer in den Hallen ihres eigenen Distriktstempels auslegen. Jeder kann hingeben und sie dort lesen, auch wird jedem, der sich dafür interessiert, auf Wunsch ein Exemplar mitgegeben. Schreibt jemand ein Buch, so wird es kapitelweise auf diese Weise ausgelegt. Das ganze Leben ist auf diese Weise kommunal; die Leute teilen mit ihren Nachbarn alles, was sie tun, während sie es tun.

ZEITUNGEN.

Die Tageszeitung ist verschwunden, oder sollten wir lieber sagen, dass sie in einer sehr verbesserten Form weiterlebt? Um dies verständlich zu machen, muss vorausgeschickt werden, dass sich in jedem Hause eine Maschine befindet die eine Art Zusammensetzung von Telefon und Bandstreifendruckmaschine ist. Diese steht in Verbindung mit einem Zentralamt in der Hauptstadt und ist so eingerichtet, dass man nicht nur durch sie wie durch ein Telefon sprechen kann, sondern dass alles, auf einer besonders bereiteten Platte Geschriebene oder Gezeichnete und in die Büchse der großen Maschine der Zentralstelle Geworfene, automatisch auf Streifen wiedergegeben wird, die in den Kasten der in jedem Hause aufgestellten Maschinen fallen. Das, was die Stelle des Morgenblattes vertritt, kommt auf diese Weise zustande. Man kann sagen, dass jedem seine Zeitung im eigenen Hause gedruckt wird. Läuft zu irgendeiner Zeit eine wichtige Nachricht ein, so wird sie augenblicklich auf diese Weise in jedes Haus der Gemeinde gesandt; eine besondere Sammlung solcher Neuigkeiten aber wird jeden Morgen ausgeschickt und gewöhnlich die „Gemeinde-Frühstücksplauderei" genannt. Sie ist verhältnismäßig klein und hat eine gewisse Ähnlichkeit mit einer Inhaltsangabe oder einem Register, denn sie gibt die Neuigkeiten im kürzesten Auszug, fügt aber jeder Notiz eine Zahl bei, in welcher die verschiedenen Rubriken in verschiedenen Farben gedruckt werden. Wünscht jemand ausführliche Auskunft über irgendeinen der Gegenstände, so braucht er nur die Zentralstelle anzurufen und um Einzelheiten betreffs Nummer so und so zu bitten, und alles Erhältliche wird sofort mittels Draht übersandt und fällt vor ihm in seinen Kasten. Die Zeitung jedoch unterscheidet sich sehr von denen aus alter Zeit. Sie enthält kaum politische Nachrichten, denn selbst die Außenwelt hat sich in mancher Beziehung geändert. Nachrichten über wissenschaftliche Gegenstände und neuen Theorien wird viel Platz eingeräumt. Notizen über Tun und Lassen der Königsfamilie findet man noch darin, aber sie sind ganz kurz gefasst. Eine Abteilung übermittelt die Neuigkeiten über die Gemeinde, aber selbst diese gibt sich hauptsächlich mit wissenschaftlichen Artikeln, Erfindungen und Entdeckungen ab, wenngleich sie auch über Heiraten und Geburten berichtet.

Derselbe Apparat wird auch angewendet, um, wenn es nötig ist, Nachträge für das Haus-Konversationslexikon zu liefern. Extrastreifen werden täglich ausgesandt, wenn etwas zu sagen ist, was ebenso wie die Zeitung den ganzen Tag über in Streifen geliefert wird, so dass dann und wann kleine Streifen ankommen, die den verschiedenen Teilen der Enzyklopädie hinzugefügt werden können.

ÖFFENTLICHE VERSAMMLUNGEN.

In Verbindung mit jedem Tempel gibt es einen bestimmten Komplex von Gebäuden für Erziehungszwecke, so dass, allgemein gesprochen, die Schularbeit jedes Bezirks im Schutze seines Tempels steht. Der große Tempel in der Mitte hat in Verbindung damit weite freie Pläne für Versammlungen, wo sich, wenn nötig, fast die ganze Gemeinde zusammenfinden kann. Gewöhnlich aber, wenn der Manu irgendeine Verordnung oder eine Mitteilung zu verkünden wünscht, spricht er selbst zu all den Seinen im großen Tempel in der Mitte, und was er sagt, wird gleichzeitig mittels eines durchaus verbesserten phonographischen Systems in allen andern Tempeln wiedergegeben. Es scheint, als ob jeder Distriktstempel eine Art von vertretenden Phonographen im Mitteltempel hat, der am andern Ende der Strecke alles, was sich dort ereignet, wiedergibt, so dass alle Einzelheiten auf diesem Wege sofort mitgeteilt und weitergegeben werden.

WISSENSCHAFTLICHE ABTEILUNGEN.

In Verbindung mit dem großen Zentraltempel ist schon der großen Zentralbibliothek Erwähnung getan worden. Im Anschluss daran, als ein anderer Teil derselben großen Masse von Gebäuden, befindet sich hier ein vollständiges sind aufs beste geordnetes Museum, desgleichen das was Universität genannt werden kann. Viele Studien-Gebiete werden hier aufgenommen, aber alles wird anders betrieben als vor Zeiten. Das Studium von Tieren und Pflanzen beispielsweise geschieht nur und ausschließlich mittels Hellsehens und niemals durch irgendwelches Vernichten, da Professoren und Studenten dieser Fakultäten nur Menschen sind, die genügend Gesicht entwickelt haben, um auf diese Weise zu arbeiten und zu forschen. Es gibt eine Abteilung für physische Geographie, wie wir sie nennen können, welche bereits die ganze Erde in einer sehr großen Anzahl von Modellen in großem Maßstabe nachgebildet hat, welch letztere durch farbige Zeichen und Inschriften nicht nur die Beschaffenheit des Erdbodens auf der Oberfläche anzeigen, sondern auch alles was bis zu einer bedeutenden Tiefe an Mineralien und Fossilien gefunden wird.

Dort befindet sich auch eine ausgedehnte ethnographische Abteilung; sie enthält die lebensgroßen Statuen aller Menschenrassen, die je auf Erden gelebt haben, desgleichen Modelle derer, die auf anderen Planeten dieser Kette leben. Es gibt sogar eine Abteilung mit Beziehung auf andere Ketten des Sonnensystems. Zu jeder Statue gehört eine erschöpfende Beschreibung nebst Diagrammen, die erklären, in welcher Weise seine höheren Vehikel voneinander abweichen. Das ganze ist von dem Standpunkte des Manus aus übersichtlich eingeteilt und so geordnet, um zu zeigen, welcher Art die Entwicklung der Menschheit in den verschiedenen Rassen und Unter-Rassen gewesen ist. Viel wird auch von der Zukunft gezeigt und auch dafür sind Modelle mit ausführlichen Erklärungen vorgesehen. Außerdem gibt es noch eine anatomische Abteilung, die sich mit der ganzen Anatomie des menschlichen und tierischen Körpers in Vergangenheit, Gegenwart und Zukunft bis ins einzelne beschäftigt. Eine richtige medizinische Fakultät gibt es nicht, da Krankheiten nicht mehr vorkommen; sie sind ausgemerzt. Es besteht noch Wundheilkunde und Chirurgie für Unglücksfälle, jedoch auch bedeutend verbessert. Nur wenige Professoren dieser Kunst sind nötig, denn Unfälle ereignen sich natürlicherweise selten. Den großen Krankenhäusern früherer Zeiten Entsprechendes gibt es nicht mehr, nur ein paar helle luftige Räume, in welchen im Notfalle die Opfer von Unglücksfällen zeitweilig untergebracht werden können.

In Verbindung mit dem Mittelpunkt der Gelehrsamkeit besteht ein sorgfältig eingerichtetes, durchgearbeitetes und ausgedehntes Kunst- und Gewerbemuseum, worin alles vertreten ist, was je auf Erden von Anfang an davon vorhanden war. Dort sind auch Modelle aller Arten von Maschinen, von denen die meisten uns neu sind, da sie zwischen dem zwanzigsten und achtundzwanzigsten Jahrhundert erfunden worden sind. Hier steht auch viel längstvergessenes Maschinenwerk aus Atlantis, so dass in dieser Richtung jedem Studium eine vollständige Übersicht zur Verfügung steht.

Noch schreibt man Geschichte und seit mehr als hundert Jahren beschäftigt man sich damit; aber sie wird niedergeschrieben, nachdem man die Akashachroniken gelesen (reading of lee reads) - Sie wird mittels einer uns ganz neuen Methode illustriert, einer Methode, die eine Szene aus den Akashachroniken herabprojiziert bringt, wenn es für wichtig gehalten wird. Eine Reihe von Modellen, welche die Geschichte der Welt zu allen Zeiten veranschaulichen, gehören dazu. In der Zentralbibliothek gibt es bestimmte kleine Zimmer, ähnlich Telefonzellen, in denen Studenten Einsicht in die Aufzeichnungen über irgend ein bedeutendes Ereignis der Geschichte nehmen können, und indem sie die Platte, worauf die Aufzeichnung steht, durch Einschaltung in einem Apparat in Bewegung setzen, können sie die ganze Szene hörbar und sichtbar wieder hervorrufen, nebst genauer Vorführung der Erscheinung und Gestalt der Beteiligten und ihrer Worte genau in dem Tonfall, in dem sie gesprochen.

Auch eine astronomische Abteilung finden wir hier mit höchst interessanten Apparaten; welche jeden Augenblick die genaue Stellung alles am Himmel Sichtbaren anzeigen. Sie besitzen recht viel Wissen und reiche Kenntnisse über alle diese Welten. Es sind zwei Abteilungen, eine für direkte Beobachtung durch verschiedene Mittel und eine andere für eine übersichtliche Zusammenstellung von Kenntnissen und Mitteilungen, die auf Grund bezeugter Aussagen erlangt wurden. Sehr viel von diesen Mitteilungen und Kenntnissen haben Devas übermittelt, die in Beziehung zu verschiedenen Planeten und Sternen stehen, dies wird jedoch von den Ergebnissen direkter Beobachtung stets ganz getrennt gehalten. Chemie ist zu wundervoller Höhe und Tiefe gelangt. Alle möglichen Verbindungen versteht man jetzt vollkommen und die Wissenschaft hat viel erfahren durch ihr Verbundensein mit, respektive durch ihre Beziehungen zur Elementaressenz, welche zur ganzen Frage der Naturgeister und Devas als eines bestimmten wissenschaftlichen Gebietes umleitet, hat diese Wissenschaft viel Erfahrungen gesammelt. Alles wird mittels erläuternder Modelle studiert. Auch gibt es eine Abteilung für Talismane, so dass jeder Sensitive durch Psychometrie hinter das, was den Modellen zugrunde liegt, gelangen und die Dinge selbst sehen kann.

DIE KÜNSTE.

Es scheint, Vorträge nehmen keinen hervorragenden Platz ein. Wer das Studium eines Gegenstandes aufgenommen hat, mag wohl gelegentlich vor einigen Freunden darüber sprechen, wenn er aber darüber hinaus etwas zu sagen wünscht, so übermittelt er es den Beamten und es kommt unter die Tagesneuigkeiten. Schreibt jemand Gedichte oder Abhandlungen, so teilt er sie seiner Familie mit und veröffentlicht sie vielleicht in der Halle seines Bezirkes. Noch malt man, aber gewissermaßen nur zur Erholung. Niemand widmet der Malerei jetzt seine ganze Zeit. Die Kunst durchdringt jedoch das Leben in viel ausgedehnterem Maße als je zuvor, denn alles, selbst der einfachste für den täglichen Gebrauch bestimmte Gegenstand, ist ein Kunstwerk, man legt etwas von sich selbst in seine Arbeit und versucht beständig neues.

Es existiert nichts dem Theater entsprechendes, und wenn man einem Einwohner einen Begriff davon machen will, so definiert er es in seinem Sinn so, als wäre es ein Ort, an dem Leute laut deklamierend herumliefen und vorgäben, etwas anderes zu sein, als was sie in Wirklichkeit sind und so die Bulle berühmter Leute spielten. Es ist für sie archaisch, vorsintflutlich und kindisch. Vielleicht können die großen Chortänze und Prozessionen als theatralisch gelten, in ihren Augen indessen sind es religiöse Vorführungen.

Spiele und Freiübungen herrschen vor und werden in diesem neuen Leben viel gepflegt. Man hat Turnhallen und der physischen Entwicklung der Frauen wie der Männer wird große Aufmerksamkeit geschenkt. Ein Spiel, das viel Ähnlichkeit mit Lawn Tennis hat, ist vor allem beliebt. Die Kinder spielen genau wie früher herum und erfreuen sich großer Freiheit.

WILLENSKRAFT.

Die Kraft des Willens wird in der Gemeinde allgemein anerkannt und vieles wird kraft unmittelbarer Betätigung desselben vollführt. Naturgeister sind wohlbekannt und spielen eine hervorragende Rolle im täglichen Leben der Leute, von denen die meisten sie sehen können. Fast alle Kinder sind imstande, sie zu sehen und sie sich auf verschiedene Weise dienstbar zu machen, aber sie verlieren oft etwas von dieser Kraft, wenn sie heranwachsen. Die Anwendung solcher Willens-Methoden sowie auch die der Telepathie sind bei den Kindern eine Art Spiel; die Erwachsenen erkennen ihre Überlegenheit in dieser Hinsicht an, und, falls sie einem Freunde eine Botschaft aus der Ferne übermitteln wollen, rufen sie oft das nächste Kind herbei und bitten es, die Botschaft lieber zu übermitteln, als dass sie es selbst tun. Es kann die Botschaft einem Kinde am andern Ende einer Straße, eines Gartens usw. telepathisch übersenden, das sie dann demjenigen, dem sie zugedacht ist, sofort übermittelt; das ist eine vollkommen zuverlässige und gebräuchliche Art des Verkehrens und Mitteilens. Erwachsene verlieren oft die Kraft, wenn sie heiraten, einige wenige erhalten sie sich, wenngleich die Ausübung ihnen viel mehr Mühe verursacht als einem Kinde.

VOLKSWIRTSCHAFTLICHE UND ÖKONOMISCHE VERHÄLTNISSE.

Man bemühte sich, die ökonomischen Zustände und Verhältnisse der Kolonie zu verstehen, aber es war nicht leicht, sie zu begreifen. Die Gemeinde erhält sich selbst und erzeugt alles, was sie braucht. Die einzigen Einfuhrgegenstände von draußen sind Kuriositäten, wie z. B. alte Manuskripte, Bücher und Kunstgegenstände. Diese werden stets von den Beamten der Gemeinde bezahlt, die eine gewisse Summe von Touristen und Besuchern hineingebrachten Geldes der Außenwelt besitzen. Sie haben auch das Geheimnis gelernt, Gold und verschiedene Arten Edelsteine auf alchimistischem Wege herzustellen und verwenden diese öfters an Zahlungsstatt für die wenigen von draußen eingeführten Gegenstände. Wenn ein Privatmann etwas gern hätte, was nur von der Außenwelt gekauft werden kann, so teilt er seinen Wunsch einem Beamten mit, der ihm am nächsten ist und ihm wird eine Arbeit als Zugabe zu seiner normalen Tagesarbeit zugewiesen, so dass er sich hiermit den Wert jedes erwünschten Gegenstandes verdienen kann.

Jeder tut irgendeine Arbeit zum Besten der Gemeinde, aber man überlässt es gewöhnlich ganz und gar jedem einzelnen, zu wählen, worin sie bestehen soll. Keine Art von Arbeit wird für vornehmer als eine andere angesehen und von irgendwelchen Standes und Kastenunterschieden ist keine Rede. In bestimmtem Alter wählt jedes Kind die Art von Arbeit, die es zu tun beabsichtigt, und es steht ihm immer frei, von einer Arbeit zu einer anderen überzugehen, nachdem es vorher gebührend Mitteilung davon gemacht. Die Erziehung ist frei, aber der freie Unterricht der Zentraluniversität wird nur denen zuteil, die sich schon als besonders bewandert in den Fächern erwiesen haben, die sie aufzunehmen wünschen. Nahrung und Kleidung empfangen alle frei oder besser gesagt, von Zeit zu Zeit wird an alle eine Anzahl von Marken ausgeteilt, für deren eine man in jedem beliebigen großen Restaurationsgarten irgendwo in der Kolonie eine Mahlzeit erhalten kann. Oder wer will, kann eins der großen Warenhäuser aufsuchen und dort Nahrungsmittel erhalten, sie nach Hause nehmen und nach Wunsch zubereiten. Die Einrichtung erscheint Außenstehenden verwickelt, aber bei denen, die sie gründlich verstehen, geht sie glatt vonstatten.

Jeder arbeitet für die Gemeinde und dazu gehört die Herstellung von Nahrung und Kleidung, deren Verteilung die Gemeinde dann vornimmt. Nehmen wir z. B. eine Kleiderstofffabrik. Es ist die Staatliche Fabrik, die durchschnittlich so und so viel Kleiderstoffe liefert, aber sie kann ihren Umsatz beliebig vergrößern oder verringern. Die Arbeit liegt hauptsächlich in den Händen von Mädchen, die freiwillig in die Fabrik gehen; tatsächlich bewerben sich viele vergeblich um Annahme und Zutritt, denn nur eine beschränkte Anzahl ist nötig. Ist keine Nachfrage, so wird nichts hergestellt. Ist Nachfrage, so ist die Fabrik dazu da, um die Stoffe herzustellen, wenn nicht, so steht sie einfach still. Der Vorsteher der Stofflager der Regierung berechnet, dass er im Verlauf einer gewissen Zeit so und so viel Stoffe brauchen wird, dass er so und so viel auf Lager hat, und dass er daher zur Erneuerung des Bestandes so und so viel braucht und bestellt dementsprechend; hat er keinen Bedarf, so sagt er, dass er genug hat. Die Fabrik wird nie geschlossen, wenn auch die Arbeitsstunden bedeutende Änderungen erfahren.

In dieser Kleiderstofffabrik sind hauptsächlich Frauen tätig, recht junge, sie tun wenig mehr, als gewisse Maschinen zu beaufsichtigen und darauf zu achten, dass sie richtig gehen. Jede bedient eine Art Webstuhl, in den sie eine Anzahl Muster gelegt hat. Stellen wir uns etwas Ähnliches vor wie ein großes Zifferblatt einer Uhr mit einer Menge beweglicher Nagelknöpfe darauf. Setzt ein Mädchen ihre Maschine in Gang, so ordnet es diese Knöpfe nach ihren eigenen Ideen und durch den Gang der Maschine geht ein dementsprechendes bestimmtes Muster hervor. Die Maschine kann so eingestellt werden, dass sie fünfzig Stück Stoff liefert, jedes mit einem anderen Muster, und dann überlässt man die Maschine sich selbst. Jedes Mädchen stellt ihre Maschine anders, und hier setzt die Kunst mit ein; jedes Stück wird anders als das andere, es sei denn, sie ließe ihre Maschine ohne Umschaltung weiterlaufen, nachdem die fünfzig Stück fertig sind. Sind die Maschinen in Gang gesetzt, so brauchen die Mädchen ihnen nur gelegentlich wieder ihre Aufmerksamkeit zuzuwenden, denn das Maschinenwerk ist so vollkommen, dass sozusagen nie etwas verkehrt geht. Sie laufen fast geräuschlos, so dass in der Wartezeit eins der Mädchen den übrigen aus einem Buche vorliest.

DIE NEUE KRAFT.

Ein gewaltiger Unterschied in allen Verhältnissen ist durch die Art und Weise, wie Kraft geliefert wird, herbeigeführt worden. Weit und breit sind alle Feuer erloschen und daher gibt es weder Hitze, noch Ruß, noch Rauch und kaum noch Staub. Alle Welt ist zurzeit ebenso über die Verwendung von Dampf hinaus wie über jede andere Kraft, deren Erzeugung der Hitze bedarf. Es scheint eine Zwischenzeit gegeben zu haben, nachdem man eine Methode entdeckt hatte, elektrische Kraft ohne Stromverlust über riesige Entfernungen zu leiten, und damals wurden alle verfügbaren Wasserkräfte der Erde gesammelt und durch Syndikate verwaltet. Wasserfälle in Zentralafrika und an allerhand entlegenen Orten mussten ihren Teil dazu beisteuern, und alles wurde in großen Zentralstationen gesammelt und international verteilt. Wie ungeheuer die auf diese Weise verfügbare Kraft auch war, jetzt ist sie vollständig überflügelt und der ganze mühsam ausgebreitete Betrieb ist nutzlos geworden durch die Entdeckung der besten Methode, dynasphärische Kraft zu verwerten, wie sie der verstorbene Mr. Keely (ein von H. P. B. oft erwähnter amerikanischer, seiner Zeit vorausgeborener Erfinder) nannte; es ist die Kraft, die in jedem Atom physischer Materie verborgen ist. Man wird sich entsinnen, dass schon im Jahre 1907 Sir Oliver Lodje darauf aufmerksam machte, dass der Totalertrag einer Elektrizitätsmenge von einer Million Kilowatt seit dreißig Millionen Jahren dauernd da ist, aber gegenwärtig unzugänglich in jedem Kubikmillimeter des Raumes vorhanden ist. (Siehe: „Philosophical Magazine" April 1907 p. 493) Zu der Zeit, die wir jetzt beschreiben, ist diese Kraft nicht mehr unzugänglich und infolgedessen wird auf dem ganzen Erdenrund jeder in unbegrenztem Maße mit dieser Kraft frei versorgt. Wie Gas oder Wasser kann sie in jedem Hause und in jeder Fabrik dieser Gemeinde und wo sie sonst noch gebraucht wird, mittels eines Hahnes angedreht und für alle möglichen Zwecke, zu denen Kraft gebraucht wird, verwendet werden. Jede Art von Arbeit wird jetzt in aller Welt auf diese Weise verrichtet. Heizung und Beleuchtung sind einfach Ausdrucksformen davon. Beispielsweise denkt in keinem zivilisierten Lande, wo Wärme gebraucht wird, jemand daran, die umständliche und verschwenderische Prozedur vorzunehmen, ein Feuer anzuzünden. Er dreht einfach die Kraft an, und mittels eines winzigen Instrumentes, so klein, dass man es in der Tasche tragen kann, setzt er sie in Hitze von genau dem erwünschten Wärmegrade um. Im Augenblick kann überall eine Temperatur von vielen tausend Grad erzeugt werden, selbst auf einen Flächenraum, nicht größer als ein Stecknadelkopf.

Diese Kraft treibt alle Maschinen der Fabrik, die wir besichtigten, und eine Folge davon ist, dass am Ende des Tages alle Arbeiter die Fabrik verlassen, ohne sich auch nur die Hände beschmutzt zu haben. Eine andere Folge ist, dass die Fabrik nicht mehr das hässliche und öde Schreckbild ist, an welches wir in früheren Zeiten so schmerzlich gewöhnt waren. Die Fabrikanlage ist herrlich geschmückt, alle Fabriken sind mit Säulen verziert und vielfältigen und kunstvollen Verzierungen umwunden, Statuen, weiß, rosa und purpurn, letztere aus wunderschön poliertem Porphyr, stehen überall umher. Wie alle übrigen Gebäude, hat auch die Fabrik keine Wände, sondern nur Säulen. Die Mädchen tragen Blumen im Haar und tatsächlich schmückten überall Blumen die Fabrik. Architektonisch ist sie ebenso schön wie ein Privathaus.

ARBEITSBEDINGUNGEN.

In liebenswürdigster Weise stellt der Besucher, welcher vorspricht, um sich die Fabrik anzusehen, der Geschäftsführerin einige Fragen. Sie ist ein junges Mädchen, die in ihrem schwarzen Haar ein prächtiges Gewinde scharlachroter Blumen trägt und ihm folgendermaßen antwortet: „Uns wird gesagt, wie viel wir zu tun haben. Der

Geschäftsführer der Gemeinde-Stoffvorräte rechnet damit, dass er zu einer bestimmten Zeit so viele Stück Stoff brauchen wird. Manchmal wird wenig, manchmal wird viel verlangt, aber immer etwas, und wir richten unsere Arbeit danach ein. Den Bestellungen gemäß sage ich dann meinen Mädchen die Arbeitsstunden für den nächsten Tag an; eine Stunde oder zwei oder vier, je nachdem, was zu tun ist; drei Stunden entsprechen ungefähr einer guten Durchschnittstagesleistung, aber sie haben schon fünf Stunden lang an einem Tage gearbeitet, wenn hohe Feste in Aussicht waren. Und zwar weniger darum, weil neue Gewänder für das Fest verlangt wurden, sondern weil die Mädchen selber eine Woche ganz frei haben wollten, um am Feste teilzunehmen. Wir wissen stets im Voraus, was wir in einer gegebenen Woche oder in einem Monat herzustellen haben und berechnen dann, dass wir dies liefern können, wenn wir, sagen wir, täglich zweieinhalb Stunden arbeiten. Wünschen die Mädchen zwischendurch eine Woche Ferien für ein Fest, so können wir die Arbeit zweier Wochen in nur eine zusammenrücken, indem wir die eine Woche fünf Stunden täglich arbeiten und können daher während der nächsten ganz schließen und trotzdem die aufgegebene Menge Stoff zur festgesetzten Zeit liefern. Natürlich arbeiten wir nur selten fünf Stunden; gewöhnlich dehnen wir die Arbeit der Ferienwoche über etwa drei vorhergehende Wochen aus, so dass wir mit einer Überstunde jeden Tag alles Nötige schaffen können. Manches Mädchen wünscht öfters solch einen Ferien-Tag und kann ihn stets haben, wenn sie eine andere bittet, sie zu vertreten, oder die anderen Mädchen arbeiten alle recht gerne ein paar Minuten länger, um alles fertig zu machen, was auf ihr Teil gekommen wäre. Alle sind gute Freunde und glücklich. Wenn sie sich einen Feiertag machen, besuchen sie gewöhnlich die Zentralbibliothek oder die Kathedrale, wozu sie einen ganzen Tag frei haben müssen, um alles in Ruhe tun zu können."

Ein Besucher aus der Außenwelt wundert sich, dass man überhaupt arbeitet, wo niemand gezwungen wird, und fragt, warum die Leute es dennoch tun, findet aber wenig Sympathie oder Verständnis bei den Einwohnern.

„Was meinen Sie damit?" fragt eine von ihnen dagegen, „wir sind hier, um zu arbeiten. Wenn Arbeit zu tun ist, so wird sie in Seinem Namen getan. Gibt es keine, so ist es ein Unglück, dass dem so ist, aber Er weiß alles am besten."

„Hier ist eine andere Welt!" ruft der Besucher aus.

„Aber wie ist eine andere Welt möglich?" fragt der bestürzte Kolonist dagegen; „wozu ist denn der Mensch da?"

Der Besucher gibt die Sache in Verzweiflung auf, fragt aber: „Wer befiehlt Ihnen denn aber zu arbeiten, und wann und wo?"

„Jedes Kind gelangt zu einer gewissen Stufe", antwortet der Kolonist, „ist sorgsam von Lehrern und andern beobachtet worden, damit man sieht, nach welcher Richtung seine Stärke am ehesten neigt. Dann wählt es dementsprechend, vollkommen frei, aber auf Grund des Rates anderer, die ihm helfend zur Seite stehen. Sie meinen, die Arbeit müsse dann und dann beginnen? Darüber aber einigen sich die Arbeiter untereinander, und zwar jeden Tag nach Übereinkunft."

Dieser Unterredung zu folgen, verursacht gewisse Schwierigkeiten, denn wenn schon die Sprache dieselbe ist, so sind doch recht viele neue Worte eingeführt worden und die Grammatik ist sehr vereinfacht. Zum Beispiel gibt es ein gemeinsames Fürwort, das sowohl „er" als auch „sie" bedeutet. Wahrscheinlich ergab sich die Notwendigkeit hierfür aus der Tatsache, dass sich die Menschen ihrer Inkarnationen erinnern und oft von diesen in beiden Geschlechtern sprechen müssen.

In den verschiedenen Fabriken aller Art, die wir besuchten, sind die Arbeitsmethoden so ziemlich dieselben. Überall besteht die Arbeit der Leute darin, die Maschinen zu beaufsichtigen, damit sie gehen, gelegentlich Stellungsvorrichtungen zu berühren oder die Maschine aufs Neue in Gang zu setzen. In allen sind dieselben kurzen Arbeitsstunden Regel, nur in den Restaurant-Gärten ist die Einteilung eine etwas andere. In diesen kann sich das ganze Personal nicht gleichzeitig entfernen, da Speisen zu jeder Zeit bereit sein müssen, so dass ein Teil der dort Wirkenden stets auf dem Posten bleibt und niemand darf, ohne vorher Rücksprache genommen zu haben, den ganzen Tag über wegbleiben. Überall, wo eine ununterbrochene Bedienung erforderlich ist, wie in Speisehäusern, in gewissen Reparaturwerkstätten und in einigen anderen Abteilungen, haben sie ein sorgfältig ausgearbeitetes System für Stellvertretungen. Der Stab ist stets weit zahlreicher, als die an ihn gestellten Anforderungen gebieten, so dass nur ein kleiner Teil davon zur gegebenen Zeit den Dienst versieht. Das Kochen oder das Anrichten der Speisen beispielsweise wird in jedem der Speisehäuser von einem Manne oder einer Frau für jede Mahlzeit extra erledigt, — für die Hauptmahlzeit am Mittag ist eine Person da, eine andere morgens für das Frühstück und eine dritte für den Fünfuhrtee nachmittags, wobei jeder ungefähr drei Stunden im Dienst ist.

Die Kochkunst hat eine gänzliche Umwandlung erfahren. Die

Dame, die diese Arbeit tut, sitzt an einer Art Arbeitspult mit einem ganzen Wald von Schaltknöpfen in erreichbarer Nähe. Bestellungen empfängt sie telefonisch; sie drückt auf gewisse Knöpfe, welche beispielsweise einer Maisspeise die gewünschte Würze geben; diese wird dann in einer Art Röhre hinuntergelassen und gelangt so zu dem Angestellten, der unten im Garten wartet. In anderen Fällen soll etwas warm werden, auch das bewerkstelligt sie ohne sich von ihrem Platz zu erheben mittels anderer Hebel und Knöpfe. Eine Anzahl kleiner Mädchen sind um sie herum und bedienen sie, kleine, acht- bis vierzehnjährige Mädchen. Es sind offenbar Schülerinnen, die ihre Lehrzeit durchmachen; man sieht sie Flüssigkeiten aus Fläschchen gießen, dann andere in kleinen Schüsseln unter Speisen rühren und mischen. Aber selbst diese kleinen Mädchen bitten schon einander, ihren Platz zu übernehmen, falls sie auf einen Tag oder eine Woche fort wollen, und der Bitte wird stets entsprochen, wenn auch natürlich die Vertreterin nicht immer so geschickt ist, so sind doch die Gefährtinnen stets so eifrig und hilfsbereit, dass nie Schwierigkeiten eintreten. In allem herrscht Gegenseitigkeit und bereitwilliges Entgegenkommen, aber das eifrig beflissene Wohlwollen allüberall fällt vielleicht am ehesten ins Auge, da jeder bestrebt ist, jedem zu helfen und keiner denkt, ihm geschehe Unrecht oder er werde übervorteilt.

Es berührt auch, wie schon erwähnt, angenehm, zu sehen, dass keine Art von Arbeit für geringer als eine andere gehalten wird. Aber es gibt auch tatsächlich keine niedrige oder schmutzige Arbeit mehr. Bergbau wird nicht mehr betrieben, da alles, was man braucht, in der Regel auf alchimistischem Wege mit viel weniger Mühe hergestellt werden kann. Die Kenntnisse von der inneren Seite der Chemie sind derartig, dass fast alles auf diese Weise herbeigeschafft werden kann, aber manches ist schwer zu bewerkstelligen und daher für den gewöhnlichen Gebrauch nicht zugänglich. Es gibt viele Legierungen, die der älteren Welt nicht bekannt waren.

Alle Feldarbeit wird jetzt von Maschinen verrichtet und niemand braucht noch beim Graben oder Pflügen Hand anzulegen. Ja sogar den eigenen Privatgarten pflegt man nicht mehr mit dem Spaten umzugraben, sondern verwendet dazu eine eigentümliche kleine Maschine, die ungefähr wie ein mit Füßen versehenes Fass aussieht, das je nach der Einstellung Löcher von jeder gewünschten Tiefe und in beliebigen Zwischenräumen gräbt und sich automatisch in einer Richtung fortbewegt, so dass man nur dafür sorgen muss, dass es, am Ende angelangt, wieder umkehrt. Es gibt keine Handarbeit in der herkömmlichen Bedeutung des Wortes, denn sogar der Maschinenbetrieb selbst wird nunmehr mittels anderer Maschinen besorgt, und wenn auch die Maschinen geölt werden müssen, so scheint selbst das in reinlicher Weise zu geschehen. Es wird wirklich keine niedrige oder schmutzige Arbeit mehr verlangt. Es gibt nicht einmal mehr Abzugkanäle, da alles chemisch verwandelt und schließlich ein geruchloses graues Pulver wird, wie Asche, die man zum Düngen des Gartens benutzt. Jedes Haus besitzt für diesen Umwandlungsprozess seinen eigenen Apparat.

Bei einer derartigen Lebensführung sind keine Dienstboten nötig, denn es gibt sozusagen nichts für sie zu tun; aber stets sind viel willige Hände bereit, mit zuzugreifen und zu helfen, wo es nötig ist. Kommen Zeiten, in denen die Hausfrau vorübergehend verhindert ist, ihren Haushalt zu besorgen, so kommt immer jemand, um zu helfen, manchmal eine befreundete Nachbarin, ein andermal eine Art Stütze der Hausfrau, die, ohne Bezahlung zu nehmen, froh ist, helfen zu dürfen. Bedarf eine Hausfrau einer derartigen Hilfe, so sendet sie einfach mittels der üblichen Beförderungsmittel ein Gesuch an die geeignete Stelle und sofort meldet sich jemand freiwillig.

PRIVATEIGENTUM.

Den Begriff Privateigentum kennt man kaum. Die ganze Kolonie zum Beispiel gehört der Gemeinde. Jemand bewohnt ein Raus und die Gärten gehören ihm, so dass er sie nach Belieben anlegen oder ändern kann, aber er schließt weder andere irgendwie davon aus, noch macht er sich nachbarlicher Gebietsübertretungen schuldig. Das Leitmotiv der Gemeinde ist nicht, Dinge zu besitzen, sondern sich ihrer zu erfreuen. Stirbt jemand, so ist er darauf bedacht, alle nötigen Verfügungen zu treffen, da er gewöhnlich freiwillig dahingeht. Lebt seine Gattin noch, so bleibt sie bis zu ihrem Tode oder ihrer Wiederheirat im Besitze seines Hauses. Da, mit Ausnahme sehr seltener Fälle, alle ein hohes Alter erreichen, passiert es kaum, dass Kinder schutzlos zurückgelassen werden; sollte aber ein derartiger Fall eintreten, so sind stets Freiwillige gern bereit, sich des Kindes anzunehmen. Beim Tode beider Eltern, wenn die Kinder alle verheiratet sind, fällt das Haus an die Gemeinde zurück und wird dem nächsten jungen Paar aus der Nachbarschaft, das gerade heiratet, übergeben. Es ist üblich, dass ein junges Ehepaar in ein neues Haus zieht, aber es gibt Fälle, wo ein Sohn oder eine Tochter von den Eltern gebeten wird, bei ihnen zu bleiben, um ihnen den Haushalt zu führen. Manchmal wird für ein sich verheiratendes Enkelkind ein Anbau an ein Haus gemacht, damit es in nächster Nähe der alten Leute bleiben kann; aber das geschieht nur ausnahmsweise.

Es gibt kein Verbot, um jemand zu hindern, bewegliches Eigentum zu erwerben und es vor dem Tode dem für das nächste Leben gewählten Elternpaar zu übergeben. Dies geschieht, wie schon gesagt, stets mit dem Talisman, und nicht selten gesellen sich zu diesem einige Bücher, manchmal vielleicht ein Lieblingsbild oder ein Kunstgegenstand. Jemand kann, wie erwähnt, Geld verdienen, wenn er will, und kann sich in der üblichen Weise Sachen kaufen, aber er ist nicht gezwungen, es zu tun, da Nahrung, Kleidung und Wohnung ihm frei zur Verfügung stehen und Privateigentumsrechte an anderen Gegenständen keinen besonderen Reiz haben.

EINE PARKARTIGE STADT.

Obgleich in dieser Gemeinde so viele in einer Hauptstadt und anderen Nebenorten zusammenleben, ist doch nichts von Gedränge zu merken. Es gibt jetzt nichts, was auch nur im Geringsten dem ähnlich ist, was man unter dem inneren Teil einer Großstadt früherer Jahrhunderte verstand. Im Herzen der großen Hauptstadt steht die Kathedrale mit ihren dazugehörigen Gruppen von Gebäuden, dem Museum, der Universität und den Bibliotheken. Das hat vielleicht eine gewisse Ähnlichkeit mit den Bauten des Kapitols und der Kongress-Bibliothek in Washington, obgleich sie doch nach größerem Maßstabe angelegt sind. So wie dort, umgibt auch hier ein großer Park diesen Stadtteil. Die ganze Stadt, ja die ganze Gemeinde lebt in einem Park — einem Park, den man auf Schritt und Tritt verschwenderisch mit Springbrunnen, Bildsäulen und Blumenschmuck ausgestattet hat. Fast das Auffallendste ist der bewunderungswürdige Reichtum an Wasser ringsumher. Nach jeder Richtung hin sieht man herrliche Fontänen, die ähnlich denen im einstigen Kristallpalast hoch emporschießen. Oft erkennt man mit Vergnügen genaue Nachbildungen altbekannter Schönheiten und vertrauter Prachtbauten, zum Beispiel ist ein Springbrunnen genau der Fontana di Trevi in Rom nachgebildet. Die Wege sind durchaus nicht Straßen im alten Sinne, sondern mehr wie durch die Parkanlagen führende Fahrwege, von denen die Häuser stets weit abliegen. Es ist nicht erlaubt, sie unter einer gewissen Mindestentfernung voneinander zu errichten.

Staub gibt es eigentlich gar nicht, also auch keine Straßenkehrer. Das Straßenpflaster ist wie aus einem Stück, nicht aus Blöcken zusammengesetzt, denn Pferde, die ausgleiten könnten, gibt es jetzt nicht. Es ist ein schöner, polierter Stein, mit marmorähnlichem Glanz, jedoch dem Aussehen nach granitähnlich gezeichnet. Die Wege sind breit und haben zu beiden Seiten kleine Randsteine; oder deutlicher gesagt, die Fahrstraße liegt ein klein wenig tiefer als die Rasenflächen zu jeder Seite, und die Randsteine gehen bis zur Höhe des Grases. Das Ganze ist also eine Art flacher Rinne aus poliertem Marmor; sie wird jeden morgen unter Wasser gesetzt, so dass ohne das übliche Heer der Straßenreiniger die Wege auf diese Weise rein und fleckenlos gehalten werden. Der Stein ist von verschiedener Farbe. Die meisten großen Verkehrswege sind in einem lieblichen lichten Rosenrot, aber einige sind in Blassgrün angelegt.

So gehen die Leute wirklich nur auf Rasen und glatt poliertem Stein, was den Umstand erklärt, dass sie immer barfuß gehen können, und zwar nicht nur ohne Unbequemlichkeit, sondern mit großem Behagen. Selbst nach einem langen Ausgang sind die Füße kaum befleckt; dessen ungeachtet aber befindet sich am Tore jedes Hauses und jeder Fabrik eine Vertiefung in dem Stein — eine Art flacher Mulde, durch die ununterbrochen frisches Wasser rieselt. Vor Betreten des Hauses stellt man sich in diese Rinne und sofort sind die Füße kühl und rein. Alle Tempel sind von einem Ringe leichtfließenden Wassers umgeben, so dass jeder vor dem Betreten sie durchschreiten muss. Es ist so, als ob eine der Stufen, die zum Tempel führen, eine Art flacher Mulde wäre, so dass niemand auch nur ein Stäubchen in den Tempel bringt.

VERKEHRSMITTEL.

Diese ganze parkähnliche Anlage und die Abstände zwischen den einzelnen Häusern machen die Hauptstadt unserer Gemeinde entschieden zu einer „Großstadt großartiger Entfernungen". Dies verursacht jedoch nicht die geringsten praktischen Unannehmlichkeiten, denn jedes Haus besitzt mehrere leicht laufende Wagen von anmutiger Form. Sie sind zwar keiner der verschiedensten Automobiltypen auch nur im entferntesten ähnlich — vielmehr gleichen sie in leichter Metallfiligranarbeit wahrscheinlich aus Aluminium hergestellten Rollstühlen mit Radreifen aus irgendeinem außerordentlich elastischen Material; anscheinend aber sind sie nicht pneumatisch. Sie laufen vollkommen glatt, können eine große Geschwindigkeit erreichen und sind so leicht, dass man selbst die größten bequem mit einem Finger schieben kann. Sie werden mittels der Universalkraft in Bewegung gesetzt, und wer eine Reise machen will, lädt davon aus dem

Krafthahn, eine Art flachen, schmalen Kastens, der unter den Sitz passt. Das genügt, um ihn, ohne anhalten und neu füllen zu müssen, von einem Ende der Gemeinde zum andern zu fahren; und braucht er mehr, so sucht er einfach das nächste Haus auf und bittet um Erlaubnis, seinen Akkumulator ein paar Augenblicke an den Hahn zu setzen. Diese kleinen Wagen sind in ständigem Gebrauch, es sind eben die gewöhnlichen Fahrgelegenheiten, und die schönen flachen, polierten Straßen sind fast ausschließlich ihnen überlassen, da die Fußgänger meistens auf den schmalen Rasenpfaden gehen. Wenig schwere Lasten sind zu befördern und man sieht keine großen schwerfälligen Lastfuhrwerke. Jede größere Menge Stückgut oder Rohstoff wird in einer Anzahl kleiner Fahrzeuge befördert, und sogar lange Bohlen und Tragbalken legt man auf mehrere kleine Rollwagen, welche das Gewicht verteilen. In der Außenwelt sind Flugmaschinen allgemein in Gebrauch, in der Gemeinde aber sind sie nicht Mode. Da die Mitglieder glauben, imstande zu sein, in ihren Astral-Körpern sich leicht von Ort zu Ort bewegen zu können, sehen sie von anderen Mitteln der Beförderung durch die Luft ab. In der Schule lehrt man sie das astrale Bewusstsein zu gebrauchen und sie erhalten regelrechten Unterricht in der Projektion des Astral-Körpers.

GESUNDHEITSPFLEGE UND BEWÄSSERUNG.

Die Wahrung der öffentlichen Gesundheit bietet keine Schwierigkeiten; das früher erwähnte chemische Wandlungsverfahren schließt das Geruchlosmachen in sich, und die sich dabei entwickelnden Gase sind in keiner Weise schädlich. Es scheinen hauptsächlich Kohlen- und Stickstoffgase (Karbon und Nitrogen) zu sein mit etwas Chlor (Chlorine), aber ohne Kohlensäure (Karbondioxyde). Die Gase werden durch Wasser geleitet, das eine Lösung enthält, die fast ganz einer scharfen Säure ähnelt. Alle diese Gase sind vollkommen unschädlich, ebenso das graue Pulver, von dem nur wenig vorhanden ist. Alle üblen Gerüche verstoßen jetzt, selbst in der Außenwelt, gegen das Gesetz. Ein besonderes Geschäftsviertel, wie wir es nennen würden, ist in der Stadt nicht mehr vorhanden, obgleich gewisse Fabriken verhältnismäßig nahe aneinandergebaut sind, um den Austausch verschiedener Erzeugnisse zu erleichtern. Zwischen einer Fabrik und einem Wohnhause besteht jedoch ein so geringer Unterschied, dass es schwer fällt, sie zu unterscheiden, und da die Fabrik weder Lärm noch Geruch verbreitet, ist sie in keiner Weise ein unangenehmer Nachbar.

Einen großen Vorteil, den diese Menschen voraushaben, ist das Klima. Richtigen Winter kennen sie dort nicht und während der Jahreszeit, die diesem entspricht, ist das ganze Land doch noch ebenso mit Blumen bedeckt wie zu anderen Zeiten. Selbst Brachland wird berieselt, und das System des Bewässerns erstreckt sich vielfach auf Wiesen, Wälder und das umliegende Land im Allgemeinen, selbst da, wo keine direkten Bebauungen und Anpflanzungen sind. Sie haben aus der Mohnblumenfamilie die Eschscholtzia veredelt, die in Kalifornien schon seit Jahrhunderten sehr verbreitet war und haben viele Varietäten davon gezogen, scharlachrote und leuchtend orangefarbene, und sie überall angepflanzt und wild wachsen lassen. Am Anfang haben sie offenbar Saat aller Art aus allen Teilen der Welt ausgiebig eingeführt. Manchmal werden Pflanzen in ihren Gärten gezogen, die ins Winter Extrawärme brauchen, diese empfangen sie jedoch nicht durch Einstellen in ein Gewächshaus, sondern indem man sie mit kleinen Strahlungen der Kraft in Wärmeform umgibt. Sie hatten es noch nicht nötig, sich irgendwo in der Nähe der Grenze der Gemeinde anzubauen, auch sind auf ziemliche Entfernung auf der anderen Seite der Grenze keine Städte oder Dörfer zu sehen. Der ganze Besitz war, ehe sie ihn kauften, ein riesengroßes Gut und ist hauptsächlich von kleineren Gütern umgeben. Die Gesetze der Außenwelt kümmern oder berühren die Gemeinde nicht, und da die Regierung auf dem Festlande jährlich nominell einen Tribut von ihr empfängt, mischt sie sich in keiner Weise ein. Die Gemeinde ist über die Außenwelt gut unterrichtet; schon die Schulkinder wissen Namen und Lage aller größeren Städte in der Welt.

Kapitel XXVII.

Schluss.

DER STAATENBUND, DIE FÖDERATION DER NATIONEN.

Der ganze Zweck dieser Untersuchungen war der, soweit wie möglich über die Anfänge der sechsten Wurzel-Rasse Aufschluss zu erhalten und über die von dem Manu und dem Hohenpriester im Hinblick darauf gegründete Gemeinde. Daher wurde natürlich anderen Teilen der Welt keine besondere Aufmerksamkeit gezollt. Nichtsdestoweniger hatten wir gelegentlich einige Einblicke in andere Teile der Welt, und es ist vielleicht von Interesse, von diesen Kenntnis zu nehmen, doch werden sie ohne den Versuch niedergeschrieben, sie zu ordnen oder zu vervollständigen, sondern eben nur wie sie beobachtet wurden.

Die ganze Welt ist sozusagen eine Föderation geworden. Europa scheint eine Konföderation mit einer Art „Reichstag" zu sein, zu dem alle Länder ihre Abgeordneten und Vertreter senden. Diese Zentralkörperschaft ordnet die Angelegenheiten, und die Könige der verschiedenen Länder sind abwechselnd der Reihe nach Präsidenten der Konföderation. Die Neugestaltung der politischen Maschine, welche diesen wundervollen Wechsel herbeiführte, ist das Werk Julius Cäsars, der sich im Laufe des 20. Jahrhunderts inkarnierte und in Verbindung mit Christus erschien, der wiederkam, die Weisheit zu verkünden. Gewaltige Fortschritte und Verbesserungen sind nach allen Richtungen hin gemacht und man muss wahrlich staunen über die außerordentliche Fülle des Reichtums, die man aufs freigebigste dazu verwendet haben muss. Nachdem es Cäsar gelungen ist, den Staatenbund, die Föderation zu bilden und alle Länder zu bestimmen, Kriege für immer aufzugeben, versteht er es so einzurichten, dass alle Staaten für eine gewisse Reihe von Jahren die Hälfte oder ein Drittel des Geldes beiseite legt, das man bisher auf Rüstungen zu verwenden pflegte, und dieses dann für gewisse, von ihm näher angegebene soziale Verbesserungen zu verwenden. Seinem Plane gemäß werden die

Steuern in der ganzen Welt allmählich herabgesetzt, nichtsdestoweniger aber wird genügend Geld zurückbehalten, um alle Armen zu ernähren, alle unsauberen Viertel zu zerstören und um wunderbare Verbesserungen in allen Städten einzuführen. Er einigt sich mit allen Ländern, in denen allgemeine Wehrpflicht die Regel war dahin, diesen Brauch noch eine Zeitlang beizubehalten, aber die ausgehobenen Rekruten für den Staat zu verwerten, indem man durch sie Parks und freie Plätze anlegen, verkommene Stadtviertel abbrechen und überall Straßen und Verkehrswege bauen lässt. Er richtet es so ein, dass die alten Lasten allmählich erleichtert werden sollen, aber es gelingt ihm auch noch, mit dem, was davon übrig bleibt, die Welt zu erneuern. Er ist wirklich ein großer Mann, ein außerordentliches, ein wundervolles Genie.

Zuerst scheinen Hindernisse im Wege gelegen zu haben und Streitigkeiten bei den Vorarbeiten, aber er bringt eine außerordentlich tüchtige Schar von Menschen zusammen, eine Art Ministerium aus den besten Organisatoren, die die Welt hervorgebracht hat — Reinkarnationen von Napoleon, Scipio Africanus, Akbar und anderen —, eine der besten zu praktischer Arbeit auserlesene Körperschaft von Menschen, wie sie nur je vorhanden war. Alles geschieht in großartigem Maßstabe. Wenn sich alle Könige und Ministerpräsidenten versammelt haben, um über die Grundlage der Konföderation zu beraten sind zu beschließen, baut Cäsar für die Gelegenheit eine kreisrunde Halle mit einer großen Anzahl von Türen, so dass alle gleichzeitig eintreten können und kein Herrscher vor dem anderen den Vortritt hat.

DIE RELIGION VON CHRISTUS.

Und Cäsar setzt die Maschine dieser wundervollen Umwälzung in Gang, aber sein Werk wird ihm hauptsächlich durch die Ankunft Christi Selbst und die Erneuerung von dessen Lehre ermöglicht, so dass wir uns hier einer in jedem Sinne neuen Ära gegenübersehen, nicht allein im äußeren Aufbau, sondern ebenso an innerem Gehalt und Wert. Dies alles vollzog sich lange vor der Zeit, die wir beobachteten, und der Christ kommt den Menschen jetzt ein wenig mythisch vor, ungefähr so, wie er den meisten Menschen zu Anfang des 20. Jahrhunderts erschienen sein mag. Die Religion der Welt ist jetzt die, welche er gegründet; es ist D i e Religion und außer ihr gibt es keine andere von irgendwelcher Bedeutung, obgleich noch einige Überreste vorhanden sind, welche die übrige Welt ein wenig herablassend duldet und sie als wunderliche, phantastische Religionen oder seltsamen Aberglauben betrachtet. Noch gibt es einige Repräsentanten der älteren Form des Christentums, derer, die sich im Namen Christi weigerten, ihn zu empfangen, als er in einer neuen Gestalt kam. Die meisten betrachten diese Leute als hoffnungslos altmodisch. Im ganzen ist der Stand der Dinge auf dem ganzen Erdenrund unverkennbar weit befriedigender als in früheren Zivilisationen. Heere und Flotten sind verschwunden oder sind nur durch eine Art kleiner Militärmacht vertreten, die Polizeizwecken dient. Armut ist auch aus allen zivilisierten Ländern so gut wie verschwunden. Alle üblen Stadtviertel der Großstädte sind nicht mehr vorbanden, niedergerissen und an ihre Stelle sind nicht andere Gebäude errichtet, sondern Parks und Gärten angelegt worden.

DIE NEUE SPRACHE.

Dieses eigentümlich veränderte Englisch, das in einer Art Kurzschrift mit vielen grammatikalischen Zusammenziehungen geschrieben wird, ist als allgemeine Sprache für Handel und Literatur angenommen worden. Die Durchschnittsgebildeten aller Staaten beherrschen sie neben ihrer eigenen und tatsächlich unverkennbar ist, dass in den oberen Klassen und im Kaufmannsstande die neue Sprache die verschiedenen Landessprachen rasch verdrängt. Natürlich spricht das Volk nach wie vor in jedem Lande seine alte Muttersprache, aber selbst die Völker sehen ein, dass der erste Schritt, um in der Welt vorwärts zu kommen, der ist, die Universalsprache zu lernen. Beispielsweise weitaus die meisten Bücher werden nur in dieser Sprache gedruckt, es sei denn, sie seien dazu bestimmt, sich speziell an die Ungeschulten zu wenden. Hierdurch wird es jetzt möglich, dass ein Buch eine viel größere Verbreitung findet als je vorher. Noch gibt es Universitätsprofessoren und Gelehrte, welche alle alten Sprachen beherrschen, aber sie sind eine Meine Minderheit, und alle besonders guten Bücher aller Sprachen sind vor langer Zeit in diese Universalsprache übersetzt worden.

In jedem Lande gibt es viele Leute des Mittel- und des oberen Standes, die keine andere Sprache kennen oder nur die wenigen Worte der Sprache des Landes sprechen, die nötig sind, um mit Angestellten und Arbeitern zu verkehren. Was sehr dazu beigetragen hat, diesen Wechsel zu bewirken, ist die neue und verbesserte Methode des Schreibens und Druckens, die zuerst in Verbindung mit der englischen Sprache eingeführt wurde und sich daher besser dazu eignet als jede andere. In unserer Gemeinde sind alle Bücher dunkler Blaudruck auf blass seegrünem Papier, da offenbar die Ansicht herrscht, dass dies die Augen weniger anstrengt als das alte System von schwarz auf weiß. Dasselbe System findet weit und breit Aufnahme in der übrigen Welt. Die Oberhoheit der Kulturstaaten oder die Kolonisierung hat sich über viele früher wilde und chaotische Teile der Welt ausgebreitet, und tatsächlich gibt es jetzt fast keine wirklichen Wilden mehr.

DIE ALTEN NATIONEN.

Das Nationalgefühl ist keineswegs irgendwie überwunden. Die Länder bekriegen einander nicht mehr, aber jede Nation blickt voll Stolz auf sich selbst. Der größte Gewinn ist, dass sie einander jetzt nicht mehr fürchten und dass weder Misstrauen noch Argwohn herrschen und daher weit größere Brüderlichkeit. Im Ganzen aber haben sich die Menschen nicht viel geändert; nur hat jetzt ihre bessere Seite mehr Gelegenheit, sich zu entfalten. Soweit haben sich die Nationen noch nicht viel untereinander vermischt; die meisten heiraten noch immer in ihrer eigenen Nachbarschaft, denn wer die heimatliche Scholle bebaut, neigt stets dazu, am selben Ort zu bleiben. Verbrechen kommen gelegentlich vor, aber viel seltener als früher, da die Leute im Ganzen mehr wissen, aber hauptsächlich, weil sie viel zufriedener sind.

Die neue Religion hat sich weit verbreitet und ihr Einfluss ist zweifellos stark. Es ist eine rein wissenschaftliche Religion, so dass, wenn Religion und Wissenschaft auch noch getrennte Einrichtungen sind, sie einander doch nicht mehr im Wege sind, wie dies früher der Fall. Natürlich argumentiert man noch, obschon die Streitfragen nicht die uns so wohlbekannten sind. Sie erörtern zum Beispiel die verschiedenen Arten des Verkehrs mit Geistern und streiten darüber, ob es gut ist, auf Geister zu hören, es sei denn einer von denen, die von den orthodoxen Autoritäten der Zeit anerkannt und verbürgt sind. Schulen gibt es überall, aber sie stehen nicht mehr unter Aufsicht der Kirche, die niemand anders ausbildet als die, die ihre eigenen Prediger werden sollen. Der üblichen Wohltätigkeit bedarf es nicht, da es so gut wie keine Armut gibt. Noch gibt es Krankenhäuser, es sind Staatsanstalten. Alles untersteht behördlicher Aufsicht, so dass ernste Preisschwankungen nicht vorkommen können. Alle Arten Luxusgegenstände und Überflüssiges — Kunstgegenstände und derartiges — bleibt noch dem Privathandel überlassen. Aber selbst hierin herrscht nicht viel Wettbewerb, sondern mehr Geschäfts-Teilung; öffnet jemand einen Laden, um Schmuck und derlei Gegenstände zu verkaufen, so ist es nicht wahrscheinlich, dass ein anderer ein ähnliches Geschäft in der Nähe auftut einfach, weil nicht genügend Umsatz für beide wäre; aber darin hat jeder die Freiheit, zu tun, was er will.

LAND- UND BERGBAU.

Der Charakter des Eigentumsrechtes von Privatbesitz, Land, Bergwerken und Fabriken hat sich sehr geändert. Ein großer Teil, des Grund und Bodens mindestens, wird nominell vom König gepachtet auf Grund einer Überlassung, wodurch das Land bedingungslos nach Verlauf von tausend Jahren an ihn zurückfällt; aber er hat stets das Recht, wenn er es wünscht, es auch in der Zwischenzeit gegen gewisse Entschädigungen wieder an sich zu nehmen. Inzwischen kann es vom Vater auf den Sohn übergehen, verkauft oder geteilt werden, aber nie ohne Einwilligung der Autoritäten. Viele dieser Besitzungen unterliegen auch beträchtlichen Einschränkungen in Bezug auf die Art der Gebäude, die dort aufgeführt werden dürfen. Alle Fabriken für Herstellung notwendiger Dinge sind Staatseigentum, trotzdem gibt es kein Verbot, das jemand hindern würde, eine ähnliche Fabrik zu gründen, wenn er Lust dazu hat. Man betreibt noch Bergbau, aber viel weniger als früher. Die Höhlen und unterirdischen Gänge der alten Minen und verlassenen Zechen im nördlichen Teil Europas werden jetzt als Heilstätten für die selten vorkommenden Fälle von Schwindsucht, Bronchial-Husten oder andere Leiden benutzt, da sie Sommer und Winter eine gleichmäßige Temperatur haben. Es gibt auch Vorrichtungen, um Metalle aus großen Tiefen heraufzubefördern, die nicht gerade Gruben genannt werden können, denn es sind vielmehr Brunnen. Sie können als moderne und verbesserte Bergbaueinrichtungen betrachtet werden. Wenig Arbeit wird von Menschen unter der Erde getan; vielmehr besorgen Maschinen die Ausgrabungen, schneiden große Schichten ab und heben sie empor. Letzten Endes gehört all das dem Staate, vielfach aber pachten Privatbesitzer sie ihm ab. Eisen wird irgendwie aus verschiedenen Erden gebrannt. und dieses Material wird mit weniger Mühe als ehemals gewonnen.

DIE REGIERUNG VON BRITANNIEN.

Die Regierung Englands ist bedeutend anders geworden. Alle wirkliche Macht liegt in den Händen des Königs, wenngleich es auch

Minister für die einzelnen Posten gibt. Ein Parlament existiert nicht, dagegen herrscht ein System, dessen Wirken, bei dem eiligen Blick, den wir nur hierauf werfen konnten, nicht leicht vollkommen zu begreifen ist. Es ist mehr oder weniger eine Art Referendum. Jeder hat das Recht, Klagen und Vorstellungen zu machen, und diese gehen durch die Hände einer Körperschaft von Beamten, deren Aufgabe es ist, Beschwerden, Bittschriften und Eingaben entgegenzunehmen. Decken diese Gesuche irgendwelche Ungerechtigkeit auf, so wird diese rasch wieder in Ordnung gebracht, ohne Verständigung mit den höheren Instanzen. Jede solche Petition wird berücksichtigt, wenn sie vernünftig ist, aber sie gelangt gewöhnlich nicht bis zum König, es sei denn, dass viele Forderungen derselben Art einlaufen. Die Monarchie ist noch erblich, regiert immer noch mit Berufung auf die Abstammung von Cerdic. Das Britische Reich scheint so ziemlich wie im zwanzigsten Jahrhundert zu sein, aber es wurde früher eine Föderation als die größere und natürlich erkennt es ständig einen einzigen König an, während der Weltbund, die Welt-Föderation den Präsidenten wechselt. Einige, die früher Gouverneure in den Kolonien waren, haben jetzt ihre Ämter erblich und sind mehr den tributpflichtigen Monarchen gleich.

LONDON.

London existiert noch und ist größer denn je, aber sehr verändert, denn jetzt gibt es in der ganzen Welt keine Feuer mehr und daher keinen Rauch. Einige der alten Straßen und Plätze sind noch in allgemeinen Umrissen zu erkennen, aber man hat sehr viel niedergerissen und großzügige Verbesserungen eingeführt. Die St. Paulakathedrale steht noch und wird mit großer Sorgfalt als Bau-Denkmal gehütet und instand gehalten. Der Tower ist teilweise neu gebaut. Die Einführung einer einzigen unbegrenzten Kraft hat auch hier große Wirkungen hervorgebracht und alles, was man in der Richtung braucht, scheint man mittels Hahnandrehens zu bekommen. Auch hier kochen nur noch wenige für sich zu Hause, man geht wie in der Kolonie auswärts speisen, wenngleich hier die Speisen anders aufgetragen werden.

ANDERE STÄTTEN.

Streift der Blick Paris, so bemerkt man, dass auch dies sich sehr verändert hat. Alle Straßen sind breiter und die ganze Stadt ist gleichsam weitläufiger. Man hat ganze Häuser-Blocks abgebrochen und in Gärten verwandelt. Nichts ist wieder zu erkennen. Bei einem Blick auf Holland sehen wir auf ein derart dicht bevölkertes Land, dass es wie eine einzige große Stadt aussieht. Amsterdam kann man jedoch noch deutlich unterscheiden. Auch haben sie ein System eingeführt, durch welches sie die Zahl der Kanäle vermehrt haben und es zuwege bringen, alles Wasser darin täglich zu erneuern. Es ist kein natürlich fließendes Wasser, aber es besteht eine eigentümliche Zentral-Saugvorrichtung, eine Art riesenhaften Röhrensystems mit einer tiefen Zentralhöhlung. Die Einzelheiten sind nicht klar; aber irgendwie leeren sie den Raum-Inhalt und ziehen alle Sielwasser und derartiges dorthin, was in einem großen Kanal unter dem Meere eine bedeutende Strecke hinausgeführt wird, um draußen mit kolossaler Gewalt ausgestoßen zu werden. In der Nähe dieser Plätze darf kein Schiff sich sehen lassen, da die Gewalt des Ausstoßens zu groß ist. Auch hier, wie in der Kolonie, wird das Seewasser destilliert und man gewinnt vielerlei daraus, indem man demselben Stoffe entzieht, aus denen vielerlei gefertigt wird, unter anderem Nahrungsmittel, aber auch Farbstoffe. In einigen Straßen gedeihen Tropen-Bäume im Freien, da man um sie herum einen fortwährenden Strom der Universalkraft in ihrer Wärmegestaltung erhält.

Vor Jahrhunderten begann man damit, die Straßen zu überdachen und sie warm zu halten wie einen Wintergarten; aber als die unbegrenzte Kraft bekannt wurde, beschlossen sie, die Bedachungen, die allerhand Unbequemlichkeiten mit sich brachten, abzuschaffen. Bei flüchtigen Blicken auf andere Teile der Welt wurde fast nichts Erwähnenswertes gesehen. China scheint einige Wechselfälle erlebt zu haben. Noch ist diese Rasse da und scheint nicht abgenommen zu haben. In einigen Städten sind recht viel oberflächliche Veränderungen vor sich gegangen, aber die große Masse der Rasse hat ihre Zivilisation nicht wirklich geändert. Die Mehrzahl der Landbevölkerung spricht noch in ihrer eigenen Zunge, aber alle leitenden Persönlichkeiten verstehen die Universalsprache.

Ein anderes Land, in dem nur wenig Veränderung zu bemerken ist, ist Indien. Das indische Dorf ist noch dasselbe, wie es seit unvordenklichen Zeiten gewesen, aber Hungersnöte gibt es nicht mehr. Das Land zerfällt in zwei oder drei große Königreiche, bildet aber noch immer einen Teil des einen Großen Reiches. Augenscheinlich herrscht gegen früher in den oberen Klassen eine weit größere Vermischung und viel mehr Mischehen mit weißen Rassen, wodurch klar zutage tritt, dass ein großer Teil der Gebildeten in ausgedehntem

Maße mit dem Kastensystem gebrochen hat. Tibet scheint nun weit mehr erschlossen zu sein, da man jetzt mittels Flugmaschinen leichten Zugang such dorthin hat. Selbst diese unterliegen jedoch gelegentlichen Schwierigkeiten, die der Dünne der Luft in großen Höhen zuzuschreiben sind. Zentralafrika ist radikal verändert und die Umgegend des Viktoria Nyanza ist eine Art Schweiz, voll großer Hotels, geworden.

ADYAR.

Natürlich ist es interessant zu erschauen, was inzwischen unser Hauptquartier in Adyar erlebt hat, und es ist höchst erfreulich, es noch gedeihen zu sehen, und von viel großartigerem Umfange als in den alten Tagen anzutreffen. Eine Theosophische Gesellschaft ist noch dort, aber da ihr erster Grundsatz in hohem Grade verwirklicht ist, widmet sie sich hauptsächlich dem zweiten und dem dritten. Adyar hat sich zu einer großen Zentraluniversität zur Förderung von Studien auf diesen beiden Gebieten entwickelt und beigeordnete Zentren in verschiedenen Teilen der Welt bilden Zweigstätten.

Das gegenwärtige Gebäude des Hauptquartiers hat einer Art großartigen Palastes Raum gemacht mit einer Riesenkuppel, dessen Mittelteil eine Nachbildung des Tāj Mahāl in Agra sein muss, aber in viel größerem Maßstabe In diesem großen Bau werden durch Säulen und Inschriften gewisse Plätze als Erinnerungsstätten bezeichnet, wie: „Hier war Madame Blavatakys Zimmer." „Hier wurde dies und dies Buch geschrieben." „Hier war der ursprüngliche Heiligen Schrein-Raum" usw. Sie besitzen sogar Statuen von einigen von uns und Nachbildungen aus Marmor von den Statuen der Gründer in der großen Halle. Selbst diese Marmornachbildungen werden jetzt als heilige Überreste aus grauer Vorzeit angesehen. Die Gesellschaft besitzt jetzt den Adyarfluss zu eigen und auch den Grund und Boden am gegenüberliegenden Ufer, damit drüben nichts gebaut werde, was ihren Ausblick verderben könnte, auch hat sie das Flussbett mit einer Art Stein ausgepflastert, um es rein zu halten. Der Besitz ist mit Gebäuden bedeckt und ungefähr zweieinhalb Quadratkilometer der Meeresküste entlang hat man noch neu erworben. Über die Olcott-Gärten hinaus besitzen sie eine Abteilung für okkulte Chemie, dort sind auch alle Originalplatten, in größerem Maßstabe hergestellt, vorhanden, und außerordentlich schöne Modelle von allen verschiedenen Arten chemischer Atome. Sie besitzen ein großartiges Museum und eine ebenso schöne Bibliothek und einiges, was hier zu Anfang des zwanzigsten Jahrhunderts war, sieht man noch. Ein schönes, altes, emailliertes Manuskript oder auf Email geschriebenes, ist noch vorhanden, aber es ist zweifelhaft, ob es noch Bücher gibt, die bis auf das zwanzigste Jahrhundert zurückgehen. Sie haben Exemplare der „Geheimlehre", aber sie sind alle in die Universalsprache übertragen.

DIE THEOSOPHISCHE GESELLSCHAFT.

Die Theosophische Gesellschaft nimmt einen wichtigen Platz in der Welt ein. In der wissenschaftlichen Welt bildet sie eine besondere Abteilung mit einer Reihe von Spezialfächern, die man sonst nirgends zu lehren scheint. Sie gibt eine große Menge Bücher heraus; möglicherweise das, was wir Urschriften nennen würden und hält das Interesse an alten Religionen und vergessenen Dingen wach. Sie ist mit der Herausgabe einer großen Serie von Werken beschäftigt, das der alten „Sacred books of the East"-Serie ähnlich ist, aber in großartigerem Maßstabe. Der gerade herausgegebene Band trägt Nummer 2159. Sie haben dort viele gelehrte Brahmanen, die Autoritäten in Dingen der Vergangenheit sind. Jeder von ihnen scheint das Spezialstudium eines Buches aufzunehmen. Er kennt es auswendig, weiß alles darüber und hat alle Kommentare darüber gründlich studiert. Die Literatur-Abteilung ist enorm und der Mittelpunkt einer weltweiten Organisation. Wenngleich sie sich noch des Englischen bedienen, so sprechen sie es anders, aber das archaische Motto der Gesellschaft haben sie in der ursprünglichen Schreibweise beibehalten. Die Sektionen der Gesellschaft in andern Teilen der Welt sind tatsächlich gleichsam unabhängig — große Institute und Universitäten in allen Hauptländern; aber alle blicken auf Adyar als den Mittelpunkt und Ursprung der Bewegung und machen es zu ihrem Wallfahrtsort. Wenn auch Oberst Olcott als Statthalter des Manus in der Kolonie in Kalifornien arbeitet, so ist er dem Namen nach Präsident der Gesellschaft und besucht das Hauptquartier alle zwei Jahre mindestens einmal. Er kommt herüber und leitet die Feierlichkeiten vor den Statuen der Gründer.

DREI ARTEN DER REINKARNATION.

Da bei den hinsichtlich der Kalifornischen Gemeinde angestellten Untersuchungen sehr viele ganz deutlich als Freunde des zwanzigsten Jahrhunderts wieder zu erkennen waren, so scheint es erwünscht, zu forschen, wie sie dahin gekommen sind. Ob sie eine Anzahl rasch aufeinander folgender Inkarnationen auf sich genommen haben, oder ob sie ihre Zeit in der Himmelswelt so berechneten, dass sie im rechten Augenblick eintreffen.

Die Untersuchung führt in unerwartete Richtungen und verursacht mehr Mühe als vorhergesehen, indessen sind wenigstens drei Arten, die Zwischenzeiten auszufüllen, entdeckt worden. Erstens gehen einige der Mit-Arbeitenden allerdings in das Himmelsieben ein, verkürzen es aber bedeutend und gestalten es intensiver. Dieser Vorgang aber des Kürzens und Kondensierens verursacht bedeutende und durchgreifende Unterschiede im Kausal-Körper. Die Wirkungen können keineswegs weder als bessere noch als schlechtere bezeichnet werden, aber sie unterscheiden sich ganz gewiss von anderen. Es ist ein Typus, der dem Einfluss der Devas weit zugänglicher ist, als andere, und das ist einer der Wege, durch welche Modifikationen herbeigeführt werden. Dieses kürzere Himmelsleben spielt sich nicht in seiner eigenen kleinen abgeschlossenen Welt ab, sondern ist in ausgiebigem großem Maß dem Einfluss des Devas geöffnet. Das Gehirn derer, die diese Richtung eingeschlagen haben, ist anders, weil sie Aufnahmefähigkeitswege voll bewahrten, die in anderen Fällen atrophiert sind. Sie können seitens unsichtbarer Wesen viel leichter zum Guten beeinflusst werden, dem aber tritt eine entsprechende Empfänglichkeit für weniger erwünschte Einflüsse gegenüber. Die Persönlichkeit ist weniger wach, aber der innere Mensch ist im Verhältnis dementsprechend wacher. Alle, die das längere Himmelsleben auf sich zu nehmen vorziehen, konzentrieren gewissermaßen ihr ganzes Bewusstsein gleichzeitig und auf eine Stelle; Menschen von anderem Typus tun das nicht. Ihr Bewusstsein ist gleichmäßiger über verschiedene Ebenen verteilt und infolgedessen sind sie gewöhnlich weniger konzentriert auf der physischen Ebene und weniger fähig, in Verbindung damit etwas zu vollbringen.

Anderen ist eine andere Gelegenheit geboten, denn sie wurden gefragt, ob sie sich fähig fühlten, eine Reihe rasch aufeinander folgender Inkarnationen angestrengter dem Aufbau der Theosophischen Gesellschaft gewidmeter Arbeit zu ertragen. Natürlich ergeht eine solche Aufforderung nur an die, welche endgültig zu einem Punkt gelangt sind, der sie für die Zukunft verwendbar macht; solche, die streng und anhaltend genug arbeiten, um genug zu versprechen. Diesen wird die Gelegenheit geboten, ihre Arbeit ohne Unterbrechung fortzusetzen, indem sie Verkörperung auf Verkörperung, unter allen Himmelsstrichen in verschiedenen Teilen der Welt annehmen, um die Theosophische Bewegung zu dem Punkte zu bringen, von dem aus sie diesen großen Zuzug für die Gemeinde stellen kann. Die Gemeinde ist zu der Zeit, da wir sie beobachteten, bei weitem größer als die Theosophische Gesellschaft des zwanzigsten Jahrhunderts; aber diese Gesellschaft ist in den dazwischen liegenden Jahrhunderten in geometrischer Progression gewachsen, dass, obgleich so gut wie alle hunderttausend Mitglieder der Gemeinde in den Reihen der Gesellschaft gestanden haben (die meisten von ihnen viele Male), doch noch eine große Gesellschaft übrig bleibt, um die Arbeiten in Adyar und den anderen großen Zentren in aller Welt weiter fortzuführen.

Wir haben schon zwei Methoden verfolgt, mittels welcher Personen, die der Gesellschaft im zwanzigsten Jahrhundert angehören, an der Gemeinde des achtundzwanzigsten Jahrhunderts teilnehmen können, nämlich durch verstärkte Intensivität und Konzentration in dem Himmelsleben und durch das Aufsichnehmen besonderer und wiederholter Inkarnationen. Eine andere Methode ist noch weit seltsamer als diese beiden, etwas, dem möglicherweise nur in vereinzelten Fällen und bei seltenen Veranlassungen stattgegeben wird. Der Fall, der unsere Aufmerksamkeit auf sich lenkt, war der eines Menschen, welcher sich dem Meister für diese Arbeit gegen Ende seiner Verkörperung im zwanzigsten Jahrhundert gelobte, und der sich rückhaltlos der Vorbereitung dafür weihte. Die ihm bestimmte Vorbereitung war in der Tat höchst ungewöhnlich, denn er bedurfte einer Entfaltung besonderer Art, um seinen Charakter abzurunden und ihn wirklich wertvoll zu machen, einer Entfaltung, die nur unter Bedingungen zu erreichen war, welche auf einem anderen Planeten der Kette existieren. Daher wurde er während einiger Leben auf jenen Planeten versetzt und dann wieder hierher zurück, ein besonderes Experiment, das nur mit der Erlaubnis des Maha-Chohan selbst gemacht wurde. Dieselbe Erlaubnis wurde in einigen Fällen von Seiten anderer Meister für ihre Schüler erwirkt, obgleich solch äußere Maßnahme selten nötig ist.

Die meisten Mitglieder der Gemeinde haben jedoch eine gewisse Reihe besonderer Inkarnationen auf sich genommen und bewahrten sich daher all diese Leben hindurch dieselben astralen und mentalen Körper. Folglich haben sie auch dasselbe Gedächtnis behalten, und das bedeutet, dass sie verschiedene Leben hindurch alles über die Kolonie wussten und die Idee davon vor Augen hatten. Normalerweise wird eine solche Reihe spezieller und schneller Inkarnationen nur für die vorgesehen, die schon die erste große Einweihung durchgemacht haben. Für sie ist es selbstverständlich, dass durchschnittlich sieben solcher Leben sie zur Arhat-Initiation führen, und dass nachdem diese erreicht ist, sieben weitere genügen, die bleibenden fünf Fesseln abzuwerfen, und die vollkommene Befreiung auf der Asekha-Stufe zu erlangen. Diese Zahl der vierzehn Verkörperungen wird nur als Durchschnitt angegeben, und es ist möglich, die Zeit durch besonders ernste und hingebungsvolle Arbeit bedeutend abzukürzen, oder anderseits sie durch Lauheit oder Sorglosigkeit zu verlängern. Die Vorbereitung für die Arbeit der Gemeinde bildet jedoch eine Ausnahme von der allgemeinen Regel, und obgleich all ihre Glieder fest entschlossen dem Pfade zustreben, dürfen wir nicht daraus schließen, dass alle schon die größeren Höhen erreicht haben.

Eine bestimmte kleine Anzahl von Menschen der Außenwelt, die schon von den Idealen der Gemeinde erfüllt sind, kommen manchmal und wünschen ihr beizutreten und einige von ihnen wenigstens werden angenommen. Es wird ihnen nicht gestattet, sich mit Mitgliedern der Gemeinde ehelich zu verbinden, weil besondere Reinerhaltung der Rasse Bedingung ist, aber man gestattet ihnen, dorthin zu übersiedeln, um unter den übrigen zu leben, und sie werden genau wie alle anderen behandelt. Sterben solche Glieder, so reinkarnieren sie in Körpern, die zu Familien der Gemeinde gehören.

Der Manu hat Großes im Auge in Bezug auf den Fortschritt, welchen er, von der Gemeinde als Ganzes betrachtet, zu gegebener Zeit erwartet. Im Haupttempel führt er eine Art Aufzeichnung hierüber, einer Wetterkarte ähnlich, auf der durch Linien angegeben wird, was er erwartet hat und wie viel mehr oder weniger vollbracht worden ist. Der ganze Plan der Gemeinde wurde von unseren beiden Meistern ausgearbeitet und das Licht ihres wachsamen Sorgens schwebt stets über ihr. Alles was hier niedergeschrieben wurde, enthüllt nur einen kleinen Schimmer jenes Lichtes, es ist nur ein unvollkommenes Vorausbeleuchten dessen, was sie ins Werk zu setzen beabsichtigen.

WIE WIR UNS VORBEREITEN KÖNNEN.

Es ist gewiss nicht ohne bestimmte Absicht, dass gerade zu dieser Zeit in der Geschichte unserer Gesellschaft Erlaubnis gegeben wurde, dieses erste bestimmte und ins Einzelne gehende Voraussehen des großen Werkes, das es zu tun gilt, derart zu veröffentlichen. Es unterliegt wohl kaum einem Zweifel, dass wenigstens einer der Zwecke der Großen, dies zu gestatten, nicht nur der ist, unsere getreuen Mitglieder zu ermutigen und anzuregen, sondern um ihnen zu zeigen, in welcher Richtung sie sich besonders entwickeln müssen, falls sie des unschätzbaren Vorrechtes teilhaft werden möchten, Erlaubnis zu erhalten, an dieser glorreichen Zukunft teilzunehmen und ferner (wenn überhaupt), was sie tun können, um den Weg für die Wandlungen, die kommen sollen, zu ebnen. Eins, was hier und jetzt getan werden kann, um auf diese herrliche Entwicklung vorzubereiten, ist die ernste Förderung des ersten unserer drei Grundsätze, Förderung eines besseren Verständnisses zwischen den verschiedenen Nationen, Ständen, Geschlechtern und Glaubensbekenntnissen.

Darin kann jeder von uns helfen, wie beschränkt unsere Kräfte auch sein mögen, denn jeder von uns kann versuchen, die Eigenschaften anderer, uns fremder Nationen zu verstehen, zu würdigen und zu schätzen; hört jemand eine törichte oder voreingenommene Bemerkung gegen Angehörige einer anderen Nation, so kann jeder die Gelegenheit ergreifen, um die andere Seite der Frage vorzubringen und zu empfehlen, die Aufmerksamkeit auf ihre guten Eigenschaften zu lenken, statt auf ihre Schwächen. Jeder von uns kann die Gelegenheit ergreifen, gegen Ausländer, mit denen er gelegentlich in Berührung kommt, besonders zuvorkommend zu sein und sich der großen Wahrheit bewusst zu werden, dass, wenn ein Fremder unser Land besucht, wir uns alle ihm gegenüber zeitweilig in der Lage von Gastgebern befinden. Wenn es sich trifft, dass wir ins Ausland gehen (und keiner, dem eine solche Gelegenheit sich bietet, sollte sie versäumen), müssen wir daran denken, dass wir in dem Augenblick Vertreter unseres Landes jenen gegenüber sind, denen wir gerade begegnen, und dass wir es unserem Lande schulden, den möglichst besten Eindruck von Güte und Freundlichkeit zu machen, sowie von Bereitwilligkeit, die mannigfachen Schönheiten zu schätzen, die wir gewahren werden, während wir gleichzeitig über alles hinweggehen, was uns als mangelhaft auffallen könnte, und uns so gut wie möglich damit abfinden.

Noch ein Weg, um bei der Vorbereitung helfen zu können, ist, sich zu bemühen, Schönheit in ihrer ganzen Vielseitigkeit zu fördern, selbst in den alltäglichsten Dingen um uns herum. Ein sehr hervorragender Zug der Gemeinde der Zukunft ist ihre große Liebe zur Schönheit, so dass selbst das gewöhnlichste Gerät in seiner Einfachheit ein Kunstgegenstand ist. Wir sollten darauf achten, dass wenigstens im Bereiche unseres Einflusses es heute schon so ist. Das soll aber nicht heißen, dass wir uns selbst mit kostbaren Schätzen umgeben sollen, sondern dass wir vielmehr in der Wahl der einfachen Notwendigkeiten und Gebrauchsgegenstände des täglichen Lebens stets Harmonie, Angemessenheit und Anmut in Erwägung ziehen. In dem Sinne und bis zu dem Grade müssen wir alle danach streben, Künstler zu werden; wir müssen in uns jene Kraft der Anerkennung und des Verständnisses entfalten, welche den großartigsten Zug im Charakter des Künstlers bildet.

Während wir indessen uns andrerseits so bemühen, die guten Seiten des Charakters eines Künstlers zu entwickeln, müssen wir die weniger wünschenswerten Eigenschaften, die er manchmal hat, sorgfältig vermeiden. Der künstlerisch Begabte kann sehr leicht durch seine Hingabe an die Kunst aus seinem gewöhnlichen Alltagsselbst emporgehoben werden. Gerade durch die Glut seiner Gefühle hat er nicht nur sich selber wunderbar erhoben, sondern er erhebt auch alle, die empfänglich genug sind, seine Anregungen nachzufühlen. Wenn er jedoch kein außergewöhnlich seelisches Gleichgewicht besitzt, folgt diesem wunderbaren Erhobensein unfehlbar die Reaktion, d. h. eine entsprechende große Niedergeschlagenheit. Dieser Zustand dauert gewöhnlich nicht nur viel länger als der erstere, sondern die Gedanken- und Gefühlswellen, die er verbreitet, beeinflussen fast jeden innerhalb eines beträchtlichen Umkreises, während nur wenige (aller Wahrscheinlichkeit nach) dem erhebenden Einfluss der Kunst haben entsprechen können. In der Tat ist es die Frage, ob nicht manche Menschen künstlerischen Temperamentes im ganzen mehr Schaden stiften als Gutes tun; der Künstler der Zukunft aber wird die Notwendigkeit und den Wert vollkommenen Gleichmutes, vollkommener Ausgeglichenheit lernen und so das Gute ohne das Schädliche hervorrufen, und danach müssen wir streben.

Es ist offenbar, dass für die Arbeit des Manus und des Hohenpriesters Helfer nötig sind, und dass bei einem solchen Werke für alle nur erdenklichen Verschiedenheiten der Begabung und der Neigung Raum ist. Niemand braucht die Hoffnung aufzugeben, nützlich sein zu können, weil er denkt, dass es ihm an Intelligenz oder begeisterungsfähiger Gefühlswärme gebricht; für alle ist Raum, und Eigenschaften, die jetzt fehlen, können unter den in der Gemeinde herrschenden besonderen Verhältnissen und Bedingungen schnell entwickelt werden. Es bedarf des guten Willens und der Fügsamkeit des vollkommenen Vertrauens in die Weisheit und die Fähigkeit des Manus und vor allem des Entschlusses, sich selbst gänzlich zu vergessen und nur für die Arbeit zu leben, die es im Interesse der Menschheit zu leisten gilt. Ohne dieses letztere sind alle anderen Eigenschaften nur „Wassertropfen in der Wüste."

Wer sich zur Hilfe anbietet, muss in gewisser Weise vom Geiste eines Heeres beseelt sein, dem Geiste völliger Selbstaufopferung, der Hingabe an den Führer und des Vertrauens zu ihm. Vor allem müssen sie loyal, gehorsam, gewissenhaft und selbstlos sein. Sie mögen außerdem sehr wohl viele andere gute Eigenschaften haben und je mehr, desto besser, diese aber müssen sie besitzen. Ein freies Feld für den durchdringendsten Verstand wird gegeben sein, für den größten Scharfsinn, die größte Geschicklichkeit nach jeder Richtung hin; all diese aber werden nutzlos sein, ohne die Eigenschaft des augenblicklichen Gehorsams und vollkommenen Vertrauens in die Meister. Selbstverblendung und Dünkel sind eine absolute Scheidewand und schließen jede Möglichkeit aus, sich hier nützlich zu machen. Wer keinem Befehl gehorchen kann, weil er stets glaubt, dass er alles besser als die Autoritäten wisse, wer seine Persönlichkeit nicht gänzlich über der ihm aufgetragenen Arbeit vergessen und mit seinen Mitarbeitern in Eintracht zusammenwirken kann, hat keinen Platz in dem Heere des Manus, wie weit voraus er auch in seinen anderen Fähigkeiten sein mag. All das liegt vor uns und es wird ausgeführt werden, ob wir unseren Teil dazu beitragen oder nicht. Da uns aber die Gelegenheit geboten wird, wären wir sträflich töricht, sie zu versäumen. Schon jetzt beginnt die Vorbereitung, die Ernte wahrlich ist reich, bis jetzt aber sind der Arbeiter noch allzuwenige. Der Herr der Ernte ruft nach willigen Helfern; wer unter uns ist bereit dem Ruf zu folgen?

Nachwort.

Es ist klar, dass die Skizze von der kalifornischen Gemeinde und der Welt des 28. Jahrhunderts nur ein unendlich kleines Bruchstück des „Wohin" des Weges ist, den die Menschheit wandern wird. Es ist ein Zoll oder zwei der endlosen Meilen, die sich zwischen uns und dem Ziele unserer Kette erstrecken und selbst danach dehnt sich vor uns wieder ein „Wohin". Die Skizze erzählt von den ersten kleinen Anfängen der sechsten Wurzel-Rasse, von Anfängen, die so ziemlich in demselben Verhältnis zur Lebensdauer dieser Rasse stehen, wie die Menschheit der wenigen Tausend an der Küste jenes Meeres, das den südöstlichen Teil von Ruta bespülte, sich zur großen fünften Wurzel-Rasse, die jetzt in der Welt die Führung hat, verhält. Wir wissen nicht, wie viel Zeit von jenen friedlichen Tagen an verrinnen wird bis zu den Jahren, in denen Amerika durch Erdbeben und vulkanische Ausbrüche zerrissen und zerborsten sein und ein neuer Kontinent im Stillen Ozean emporgehoben werden wird, um die Heimat der sechsten Wurzel-Rasse zu werden. Wir sehen, dass später der Streifen Landes im fernen Westen von Mexiko, auf dem die Gemeinde lebt, zu einem Streifen im fernen Osten des neuen Kontinentes werden wird, während Mexiko und die Vereinigten Staaten der Vernichtung anheim fallen werden. Allmählich wird jener neue Kontinent emporgehoben werden unter manch einem wilden Ausbruch vulkanischer Tätigkeit, und das Land, das einst Lemurien war, wird aus seinem äonenlangen Schlaf erwachen und wieder den Sonnenstrahlen unseres Erdentages offen liegen.

Vermutlich werden diese gewaltigen, großen seismischen Erschütterungen sehr lange Zeit brauchen, ehe das neue Land für die neue Rasse fertig sein wird und ihr Manu und ihr Bodhisattva sie dorthin führen werden.

Dann werden die Zeiten kommen, während welcher ihre sieben Unter-Rassen erstehen, herrschen und verfallen werden. Von der siebenten wird die Auslese der Keime der siebenten W u r z e l- Rasse seitens ihres künftigen Manus und seines Bruders, des neuen Bodhisattvas, stattfinden, bis sie ihrerseits zu einer fertigen neuen Rasse heranwachsen wird und die Erde erbt. Auch sie wird ihre sieben Unter-Rassen haben, die aufblühen, herrschen, vergehen und verschwinden werden, bis die Erde selbst in Schlaf versinkt und in ihre vierte Verdunkelung eingeht.

Die Sonne des Lebens wird über einer neuen Erde aufgehen, dem Planeten Merkur, und dieser liebliche Himmelskörper wird seinen Tag der Zeitalter erleben, und wiederum wird jene Sonne untergehen und die Nacht sich senken; ein neuer Aufgang, ein neuer Untergang auf den Globen F und G unserer Runde und das Ende der Runde und das Ernten und Sammeln ihrer Früchte im Busen ihres Samen-Manus.

Dann, nach langer Ruhepause, die fünfte, sechste und die siebente Runde, ehe unsere Erdenkette in Vergangenheit versinken soll. Dann weiter noch nach einem Zwischenketten-Nirvana, wird noch das Werden und Vergehen der fünften, sechsten und siebenten Kette kommen, ehe der Tag der Hohen Götter sich seinem Abend zuneigen wird, die sanfte stille Nacht über einem ruhenden System lagert und auf der vielköpfigen Schlange der Zeit der Große Erhalter rastet.

Aber selbst dann noch erstreckt sich das „Wohin" weiter fort in die endlosen Ewigkeiten unsterblichen Lebens. Die glanzgeblendeten Augen schließen sich, das betäubte Gehirn versagt. Oben aber, unten, auf jeder Seite erstreckt sich das grenzenlose Leben, welches G o t t ist, und in Ihm werden immerdar die Kinder der Menschen leben, weben und sein.

Friede allen Wesen!

Anhang.

I

DIE MOND-KETTE.

Die Namen derjenigen, denen man durch die Zeitalter nachgegangen und die mit vielen nachträglichen Ergänzungen aus „Risse im Schleier der Zeit" [Rents in the Veil of Time, Theosophist 1910—1912] übernommen wurden, sind so weit wie möglich in den Anhang verwiesen werden. In einem Buche, das für das allgemeine Publikum bestimmt ist, würden zu viele dieser Namen lästig fallen. Andererseits sind sie für Mitglieder der Theosophischen Gesellschaft von großem Interesse, da manche dadurch einige Spuren ihrer früheren Inkarnationen finden können. Wir haben diese Namen im Texte gelassen, wo der Gang der Geschichte es erforderte, und eine große Anzahl von ihnen, ferner Familienverwandtschaften usw. in Form von Nachträgen hinzugefügt.

S. [23]. Ast Globus D der vierten Runde der Mondbette, individualisierten: MARS und MERKUR; wahrscheinlich wie viele andere, die Meister in der Erdkette geworden sind. Noch erhabenere Wesen individualisierten in trüberen Ketten. So schieden der MAHAGURU und SURYA vom Globus D der siebenten Runde der zweiten Kette aus an seinem Tage des Gerichtes und kamen nach Globus D der dritten oder Mondkette in der vierten Runde, als primitive Menschen mit Tieren der zweiten Kette, die reif zur Individualisierung waren. JUPITER war wahrscheinlich unter diesen; auch VAIVASVATA MANU — der Manu der fünften Rasse auf der vierten Runde der Erdkette.

S. [24]. Auf Globus D in der fünften Runde individualisierten: Herakles, Sirius, Alcyone, Mizar und mutmaßlich alle, die später die Dienenden genannt wurden, welche all die Zeiten hindurch zusammenarbeiteten. Viele andere, die große Fortschritte in anderer Richtung gemacht haben, individualisierten wahrscheinlich während dieser Runde. Auf Globus D in der fünften Runde individualisierten auch Scorpio und manch einer von dieser Sippe; aber sie schieden am

Tage des Gerichtes in der sechsten Runde wieder aus. Diese wurden zuerst in der sechsten Runde bemerkt, offenbar auf derselben Stufe wie Herakles, Sirius, Alcyone und Misse; sie müssen daher in der fünften Runde individualisiert haben.

II

IN DER STADT DER GOLDENEN TORE UM 220 000 V. CHR.

In diesen Listen werden alle genannt werden, die bis zur Zeit, da dies geschrieben wurde, erkannt sind, ob im Text erwähnt oder nicht, um den Leser in den Stand zu setzen, ohne viel Mühe eine genealogische Tafel anzulegen, wenn er Lust hat, dies zu tun.

MARS war Kaiser, der Kronprinz Vajra, der Hierophant des Ulysses Merkur. Ulysees war Hauptmann der Schlosswache. In der kaiserlichen Garde wurden erkannt: Herakles, Pindar, Beatrix, Gemini, Capella, Lutetia, Bellona, Apis, Arcor, Capricorn. Theodorus, Scotus, Sappho. Herakles hatte zu Dienern drei Tlavatli Jünglinge: Alcmene, Hygeia und Boötes — die von seinem Vater in der Schlacht gefangen genommen und ihm gegeben wurden.

III

DAS ALTE PERU.

Als die Artikel über das alte Peru in der „Theosophical Review" erschienen, schrieb Mr. Leadbeater die folgende Einführung dazu, die hier wiederzugeben, angebracht ist. Sie wurde im Jahre 1899 verfasst.

Als ich beim Schreiben über den Gegenstand des Hellsehens auf die großartigen Möglichkeiten hinwies, welche die Nachforschung in den Aufzeichnungen der Vergangenheit (records of the past) dem Geschichtsforscher eröffneten, bedeuteten verschiedene Leser mir, dass seitens unseres theosophischen Publikums ein lebhaftes Interesse für alle Bruchstücke entgegengebracht würde über die Ergebnisse solcher Nachforschungen, die ihnen mitgeteilt werden konnten. Das ist zweifellos richtig, aber so leicht, wie man wohl glauben möchte, ist es nicht, auf den Vorschlag einzugehen. Man muss daran denken, dass Nachforschungen weder aus Vergnügen an der Sache unternommen werden, noch zur Befriedigung bloßer Neugierde, sondern nur, wenn sie zufällig zur ordentlichen Ausführung einer Arbeit, oder zur Aufklärung irgendeines dunklen Punktes in unseren Studien nötig sind. Die meisten Szenen aus der vergangenen Geschichte der Welt, die unsere Wissensdurstigen so interessierten und entzückten, tauchten vor uns im Laufe der Untersuchung der einen oder der anderen Reihe der aufeinander folgenden Leben auf, die weit zurück in die früheren Zeiten mit der Absicht verfolgt wurden, über die Wirkung der großen Gesetze von Karma und Reinkarnation Aufschluss zu erlangen; danach ist das, was wir über das ferne Altertum wissen, mehr in der Art einer Folge flüchtiger Blicke, als eine auch nur irgendwie wirklich durchgeführte Ausschau, mehr eine Bildergalerie als eine Geschichte.

Nichtsdestoweniger ist selbst auf diese verhältnismäßig zufällige und unzusammenhängende Weise vieles von großem Interesse vor unseren Augen enthüllt worden, vieles nicht nur in Bezug auf die herrlichen Zivilisationen Ägyptens, Indiens und Babyloniens, ebenso wie über die weit jüngeren Staaten Persien, Griechenland und Rom, sondern auch in Bezug auf andere weit gewaltigere und großartigere als selbst diese — denen gegenüber diese tatsächlich nur wie Knospen von gestern sich ausnehmen; mächtige Reiche, deren Anfänge in die graue Urzeit zurückgehen, wenn auch trotzdem ein paar Reste ihrer Spuren noch auf Erden vorhanden sind für jene, die Augen haben zu sehen.

Das Größte von allen diesen war vielleicht das großartige und weltumspannende Reich der Göttlichen Herrscher der Stadt der Goldenen Tore im alten Atlantis, denn mit Ausnahme der ursprünglichen arischen Zivilisation um die Küsten des Meeres in Zentralasien sind alle Reiche, welche die Menschen seither groß genannt haben, nur schwache und teilweise Nachbildungen seiner wunderbaren Organisation, während vordem es nie etwas ihm zu vergleichendes gegeben hat, da die einzigen Versuche zu einer Regierung in wirklich großem Maßstabe, die der Ei-köpfigen Unter-Rasse der Lemurier und die der Myriaden von Tlavatli-Scharen, den Erbauern der Schanzhügel, im fernen Westen des ersten Atlantis gewesen waren.

Ein Umriss von ihrer Politik, die während so vieler Tausende von Jahren ihren Mittelpunkt in der glorreichen Stadt der Goldenen Tore fand, sind schon in einer der Transactions der Londoner Loge gegeben worden. Jetzt beabsichtige ich, eine flüchtige Skizze von einer ihrer späteren Nachbildungen zu geben, die, wenn auch nur im kleinen Maßstabe im Vergleich zu ihrem mächtigen Mutterstaate, doch fast bis in die Zeiten, die wir gewohnt sind historische Zeiten zu nennen, viel von dem herrlichen Gemeinsinne und dem hervorragenden Pflichtgefühl bewahrte, die das eigenste, innerste Leben des großartigen alten Systems selbst bildeten.

Der Teil der Welt also, auf den wir zu diesem Zweck unsere Aufmerksamkeit lenken müssen, ist das alte Königreich Peru — ein Königreich jedoch, das weit mehr vom südamerikanischen Kontinent umschloss als die Republik, der wir jetzt diesen Namen geben, oder selbst der Strich Landes, den im sechzehnten Jahrhundert die Spanier im Besitz der Inkas fanden. Wohl wahr, dass die Regierungsform in diesem Königreich, die Pizarros Bewunderung erregte, erstrebte, die Verhältnisse der früheren und großartigeren Zivilisation wieder einzuführen, jener Zivilisation, von der ich jetzt sprechen werde. Wunderbar jedoch wie selbst jene schwache Nachahmung anerkanntermaßen war, müssen wir uns vergegenwärtigen, dass es nur eine Nachahmung war, die von einer weit niedrigeren Rasse Tausende von Jahren später in dem Bestreben organisiert wurde, Überlieferungen wieder zu beleben, deren beste Züge zum Teil vergessen worden waren.

Die erste Einführung unserer Forscher in diese hochinteressante Epoche fand, wie schon angedeutet, im Laufe eines Versuches statt, eine lange Reihe von Inkarnationen zurückzuverfolgen. Man fand, dass nach zwei vornehm verlebten Leben voll harter Arbeit und Mühen (diese scheinbar die Folge eines ernsten Versagens in dem diesen beiden vorangehenden Leben) der Mensch (Erato), in dessen Geschichte man forsche, unter günstigen Bedingungen in diesem großen peruanischen Reiche geboren worden war und dort ein Leben lebte, das, obschon gewiss auch erfüllt von ebenso schwerer Arbeit wie die beiden vorangegangenen, doch sich von ihnen dadurch unterschied, dass es ein weit über das allgemeine Maß geehrtes, glückliches und erfolgreiches Leben war.

Natürlich zog ein Staat sofort unsere Aufmerksamkeit auf sich, in dem die meisten sozialen Probleme gelöst schienen, in dem keine Armut, keine Unzufriedenheit und tatsächlich keine Verbrechen waren, wenn wir auch derzeit nicht bei einer näheren Prüfung verweilen konnten. Als es sich aber nachher herausstellte, dass verschiedene andere Reihen von Leben, die uns interessierten, sich auch zur selben Zeit in jenem Lande zutrugen und wir auf diese Weise anfingen, mehr und mehr über seine Sitten und Gebräuche zu lernen, wurde es uns allmählich klar, dass wir auf ein wahrhaftiges physisches Utopien gestoßen waren — auf eine Zeit und an einen Ort, wo auf alle Fälle das physische Leben der Menschen besser geordnet, glücklicher und nützlicher war, als es vielleicht jemals anderswo gewesen ist.

Sicherlich werden viele sich fragen: „Wie sollen wir wissen, ob dieser Bericht sich von denen anderer Utopien unterscheidet, wie können wir sicher sein, dass die Forscher sich nicht von schönen Träumen täuschen ließen und ihre eigenen theoretischen Ideen in die Visionen hineinlegten, die zu sehen sie sich einredeten — kurzum, wie können wir uns wirklich dessen versichern, dass dies mehr als eine bloße Märchenerzählung ist?"

Die einzige Antwort, die auf derartige Fragen gegeben werden kann, ist, dass es dafür keinen sicheren Beweis gibt. Die Forscher selber sind ihrer Sache gewiss — gewiss auf Grund langer Ansammlung mannigfacher Beweise, die vielleicht oft an sich klein, aber unwiderleglich im Zusammenhang sind — gewiss auch auf Grund ihrer allmählich durch manche beharrliche Versuche erworbenen Kenntnisse von dem Unterschied zwischen Beobachtung und Einbildung. Sie wissen sehr wohl, wie oft sie sich dem absolut Unerwarteten und Unvorstellbaren gegenübersahen und wie gänzlich ihnen weite vorgefasste Meinungen von Grund aus umgestoßen wurden. Außerhalb der Reihen der wirklichen Forscher gibt es einige wenige andere, die so gut wie die gleiche Gewissheit erlangt haben, entweder Kraft eigener Intuition oder infolge persönlicher Bekanntschaft mit jenen, die die Arbeit tun; der übrigen Welt müssen natürlich die Ergebnisse aller Forschungen aus einer so fernen Vergangenheit notwendigerweise nur Hypothesen bleiben. Mögen sie diesen Bericht über die uralte Zivilisation Perus als eine bloße Märchenerzählung ansehen, doch selbst dann glaube ich, auf ihre Zustimmung hoffen zu dürfen, dass es ein schönes Märchen ist.

Ich denke mir, dass es unmöglich wäre, heutzutage irgendwelche Spuren der Zivilisation wieder zu finden, deren Prüfung wir jetzt unternehmen, außer mittels dieser hellseherischen Methoden. Ich bezweifle nicht, dass es noch Spuren gibt, aber es würde mutmaßlich ausgedehnter und wohlgeplanter weitgehender Ausgrabungen bedürfen, um uns genügend Material an die Hand zu geben, sie mit einiger Gewissheit von jenen anderer und späterer Rassen zu trennen. Vielleicht werden in Zukunft Altertumsforscher und Archäologen ihre Aufmerksamkeit mehr wie bisher auf diese wunderbaren Länder Südamerikas lenken, und dann gelingt es ihnen vielleicht, die mannigfachen Fußspuren der verschiedenen Rassen voneinander zu scheiden, die nacheinander diese Länder bewohnten und beherrschten; gegenwärtig aber ist alles, was wir über das alte Peru (abgesehen durch Hellsehen) wissen, das Wenige, was uns von den spanischen Eroberern mitgeteilt wurde; und die Kultur, die sie in so großes Staunen versetzte, war nur ein schwacher und weit entfernter Widerschein der älteren und großartigeren Wirklichkeit.

Die Rasse selbst hatte sich geändert; denn wenn auch die, welche die Spanier im Besitz des Landes antrafen, noch einem Ausläufer jener herrlichen dritten Unter-Rasse der Atlantier angehörten, die mit soviel mehr Ausdauer und Lebenskraft ausgestattet zu sein scheint als irgendeine der ihr nachfolgenden, so ist es doch augenscheinlich, dass dieser Schössling in mancher Beziehung im letzten Stadium von Altersschwäche dahinsiechte und mancherweise barbarischer, herabgekommener und weniger verfeinert war als der viel ältere Zweig, von dem wir zu sprechen haben.

Dieses kleine Blatt der wahren Geschichte der Welt — dieser flüchtige Schimmer auf just ein einziges Bild aus den weiten Galerien der Natur — enthüllt uns einen Staat, der sehr wohl im Vergleich mit irgendeinem heutzutage existierenden als Idealstaat gelten kann. Und teilweise beruht das Interesse, welches er für uns hat, auf der Tatsache, dass alle Ergebnisse, die unsere modernen sozialen Neugestalter anstreben, dort schon vollständig eingeführt waren, aber durch Methoden erreicht, die den meisten jetzt in Vorschlag gebrachten diametral zuwiderlaufen. Die Leute lebten in friedlichen und glücklichen Verhältnissen, etwas wie Armut war unbekannt und es gab so gut wie kein Verbrechen; kein einziger hatte Grund zur Unzufriedenheit, denn jedem wurde Gelegenheit geboten, sein Talent zu betätigen (sollte er solches besitzen), und jeder wählte sich selber seinen Beruf oder sein Tätigkeitsfeld, was es auch sein mochte. Kein Fall kam vor, wo zu harte oder zu schwere Arbeit irgendeinem Menschen aufgebürdet wurde; jeder hatte reichlich freie Zeit übrig für irgendwelche Lieblingsbeschäftigung oder Fertigkeit; die Erziehung war ausgiebig, unentgeltlich, wirksam und die Kranken und Bejahrten wurden mit vollendeter, ja verschwenderischer Sorgfalt behandelt. Und doch wurde dies ganze wunderbar durchdachte System zur Förderung physischen Wohlergehens unter einer Autokratie durchgeführt, und soweit uns ein Urteil möglich, hätte es nur unter dieser durchgeführt werden können, die eine der absolutesten gewesen ist, die die Welt je gekannt hat.

IV

PERU UM 12 000 V. CHR.

Dies ist eine der größten Vereinigungen derer, die jetzt in der Theosophischen Gesellschaft arbeiten. MARS war zurzeit Kaiser, und die Listen beginnen mit seinem Vater und seiner Mutter; sie waren unter drei Familien jener Zeit verteilt, die von JUPITER, SATURN und Psyche abstammten.

JUPITER heiratete VULKAN und hatte zwei Söhne, MARS und URANUS. MARS' Familie bestand durch seine Heirat mit BRHASPATI aus zwei Söhnen, Siwa und Pindar, die beziehungsweise Proteus und Tolosa heirateten. Siwa und Proteus hatten auch zwei Söhne, Corona und Orpheus, Corona heiratete Pallas und hatte Ulysses und OSIRIS zu Söhnen und Theodoros zur Tochter — Ulysses heiratete Cassiopeia, ihr Sohn war VIRAJ; OSIRIS heiratete ATHENA und Theodoros heiratete Deneb; Orpheus heiratete Hestia, von der er zwei Söhne hatte — Thor und Rex — die Iphigenia beziehungsweise Ajax heirateten. Pindar und Tolosa hatten drei Töchter, Herakles, Adrona und Cetus, und einen Sohn — Olympia. Herakles heiratete Castor, Adrona Berenice, Cetus Procyon und Olympia Diana.

URANUS heiratete Hesperia und hatte drei Söhne — Sirius, Centaurus und Alcyone — und zwei Töchter, Aquarius und Sagittarius. Die Gattin von Sirius war Spica und Follux; Vega und Castor waren ihre Söhne, Alcestis und Minerva ihre Töchter. Fides war ein angenommener Sohn und heiratete Glaukus. Pollux heiratete Melpomene und hatte drei Söhne — Cyrene, Apis, Flora — und zwei Töchter, Eros und Chamæleon. Apis heiratete Boötes, Eros Pisees und Chamæleon Gemini. Vega heiratete Pomona, sie hatten einen Sohn, Ursa, der Lacerta ehelichte, und zwei Töchter, Circe und Ajax, letztere mit Rex verheiratet. In Ursas Familie befand sich Cancer (Tochter), Alastor (Sohn), Phocea (Tochter) und Thetis (Sohn). Von diesen heiratete Alastor Clio und hatte eine Tochter, Trapezium, und einen Sohn, Markab. Castor heiratete Herakles, ihnen erwuchsen: Vajra und Aurora (Söhne), der letztere mit Wenceslas verheiratet, und Töchter, Lacerta, Alcmene und Sappho, die beziehungsweise Ursa, Hygeia und Dorado heirateten. Alcestis heiratete Nicosia, sie hatten einen Sohn — Formator. Minerva heiratete Beatus. Der zweite Sohn von URANUS war Centaurus, der Gimel heiratete, ihr Sohn war Beatus. Alcyone hatte Mizar zur Frau und ihre Kinder waren Perseus,

Leo, Capella, Regulus und Irene (Söhne) und Ausonia (Tochter) Perseus heiratete Alexandros. Leo heiratete Concordia, ihre Kinder waren — Deneb, dessen Frau Theodoros, Egeria, deren Mann Telemachus, Calliope, dessen Frau Parthenope, Iphigenia, deren Mann Thor, und Daleth, deren Mann Polaris war. Capella heiratete Soma, sie hatten zwei Söhne — Telemachus und Aquila — und eine Tochter, Parthenope, die Calliope heiratete. Telemachus heiratete Egeria, sie hatten einen Sohn, Beth. Ausonia heiratete Rama. Regulus heiratete Mathematiens, sie hatten eine Tochter, Trefoil, die Aquila heiratete. Irene heiratete Flos. Von den Töchtern des URANUS heiratete Aquarius Virgo und Sagittarius Apollo.

Die zweite große Familie aus dieser Zeit war die von SATURN, der VENUS zur Gattin hatte. Sie hatten sechs Kinder — Hesperia (Tochter), die URANUS heiratete; MERKUR (Sohn), der Lyra heiratete (von der er zwei Söhne, SURYA und Apollo, hatte und eine Tochter, Andromeda, die Argus heiratete); Calypso (Sohn), der Avelledo heiratete, von der er einen Sohn, Rhea, hatte (der Zama heiratete und zwei Söhne hatte, Sirona und Lachesis) und eine Tochter, Amaltheia; Crux (Tochter) heiratete NEPTUN, welche fünf Kinder gebar — Melete, Sohn (heiratete Erato, Söhne Hebe, Stella, Tolosa, Tochter, heiratete Pindar), Virgo, Sohn (heiratete Aquarius — Sohn Euphrosyne, der Canopus heiratete), Alba, Tochter (heiratete Altair), Leopardus, Sohn (heiratete Auriga); Selene (Sohn), der Beatrix heiratete, welche ihm sechs Kinder gebar, Erato, Tochter, die Melete heiratete, Aldebaran, Sohn, der Orion heiratete (Kinder: Theseus, seine Frau Dactyl; Arcor, ihr Mann Capricorn — ihre Kinder Hygeia, dessen Frau Alcmene; Boötes, deren Mann Apis; Gemini, dessen Frau Chamæleon; Polaris, dessen Frau Daleth — Fomalhaut ihr Sohn; Areturus, ihr Mann Nictoris; und Canopus, ihr Mann Euphrosyne); Spica, Tochter, heiratete Sirius, Albireo, Sohn, heiratete Hektor, Leto, Sohn, heiratete Fons (Kinder: Norma, seine Frau Aulus, Seotus, seine Frau Elsa, Sextans, ihr Mann Pegasus), und Elektra; Vesta (Sohn), der Mira heiratete, sie hatten einen Sohn, Bellatrix (heiratete Tiphys, Söhne Juno, der Minorca heimführt, und Proserpina, der Colossus ehelicht) und vier Töchter: Orion, die Aldebaran heiratete, Mizar, die Alcyone heiratete, Achilles, die Demeter heiratete (Kinder: Elsa, ihr Mann Scotus; Aletheia, seine Frau Ophindins, denen zwei Söhne geboren werden, Dorado und Fortuna — die Sappho beziehungsweise Sappho und Eudoxia heiraten; Aries und Taurus Söhne und Procyon, seine Frau Cestus), und Philae, die Cygnua heiratete.

Die dritte Familie war die von Psyche, dessen Frau Libra war.

Ihnen wurden als Kinder geboren: Rigel — Tochter, die Betelgneuse heiratete, welche sechs Kinder gebar: Altair, seine Frau Alba (Sohn Ara heiratet Pepin); Hektor, ihr Mann Albireo (Söhne Pegasus, dessen Frau Sextans, Berenice, dessen Frau Adrona); Auriga, ihr Mann Leopardus (Tochter Flos heiratete Irene); Viola, seine Frau Elektra (Tochter Aulus heiratete Norma, Sohn Nitocris heiratete Arcturus); Cygnus, seine Frau Philae (Tochter Minorca heiratete Juno); und Demeter, dessen Frau Achilles — Mira, deren Mann Vesta; und Algol, dessen Frau Iris war, welche ihm fünf Kinder gebar: Helios, seine Frau Lomia (Tochter Mathematiens heiratete Regulus); Draco, seine Frau Phoenix (Sohn Atalanta heiratete Herminins); Argus, seine Frau Andromeda (Töchter: Pepin heiratete Ara und Dactyl heiratete Theseus); Fons, Tochter, und Xanthos, Sohn. Boreas wird auch als einer der Charakter bemerkt.

V

AN DEN UFERN DES GOBI-MEERES UM 72 000 V. CHR.

Der MANU hat MARS, Vajra, Ulysses, VIRAJ und Apollo zu Enkelkindern; MARS heiratete MERKUR, ihre Söhne waren: Sirius, Achilles, Alcyone, Orion und eine Tochter: Mizar. Sirius heiratete Vega und hatte zu Kindern: Mira, Rigel, Ajax, Bellatrix und Proserpina, die alle umgebracht wurden. Achilles heiratete Albireo und hatte eine Tochter Rektor. Alcyone heiratete Leo und hatte zu Söhnen: URANUS und NEPTUN und als Töchter SURYA und BRHASPATI; alle diese wurden von dem großen Morden gerettet, und herangewachsen, heiratete SURYA SATURN, der zur selben Zeit gerettet wurde, und VAIVASVATA MANU, VIRAJ und MARS waren ihre Kinder. In der nächsten Generation war Herakles der Sohn von MARS. Zu den Kindern von MARS und MERKUR zurückgekehrt, sehen wir Mizar mit Herakles verheiratet, den Sohn von VIRAJ; sie hatten drei Söhne: Capricorn, Areor und Fides, und zwei Töchter: Psyche und Pindar. Corona heiratete Deneb und hatte zwei Söhne, von denen einer Dorado war. Adrona hatte Pollux zum Sohn. Cetus heiratete Clio. Andere, die wir sahen, waren Orpheus, VULKAN und VENUS, die beide gerettet wurden, und JUPITER, das Haupt der Gemeinde. Vega und Leo waren Schwestern, so wie Albireo und Helios, die letztere eine sehr hübsche und kokette junge Dame. Scorpio erschien unter den turanischen Angreifern.

VI

IN SHAMBALLA UM 60 000 V. CHR.

Mars, ein Toltekischer Prinz aus Poseidonis, heiratete JUPITER, die Tochter des MANU. Sie hatten VIRAJ zum Sohn, der SATURN heiratete, sie waren die Eltern des MANU VAIVASVATA.

VII

IN DER STADT DER BRÜCKE UND DEM TALE DER ZWEITEN UNTER-RASSE UM 40 000 V. CHR.

Zwei Familien stellten hauptsächlich die Auswanderer, Corona und Theodorus, die zwei Söhne sandten, nämlich Herakles und Pindar, und Demeter und Formalhaut, die ihre Söhne Vega und Aurora sandten, desgleichen ihre Töchter Sirius und Dorado; ihre übrigen Kinder, der Sohn Mira und die Tochter Draco, blieben bei ihnen in der Stadt. In der Stadt waren auch Castor und Rhea. Lachesis, mit Amalthea verheiratet, hatte Velleda zum Sohn; und Calypso, die mit Amalthea entfloh, Crux, ein Fremder, kam mit Phocea zu Besuch.

Herakles heiratete Sirius und ihre Kinder waren: Alcyone, Mizar, Orion, Achilles, URANUS, Aldebaran, Siwa, Selene, NEPTUN, Capricorn und einige andere, nicht erkannte. Alcyone heiratete Perseus und VULKAN, Bellatrix, Rigel, Algol und Areturus waren ihre Kinder. Mizar heiratete Deneb und ihre Kinder waren Wenceslas, Ophinchus und Cygnus nebst vielen unerkannten. Orion heiratete Eros und seine Familie bestand aus Sagittarius, Theseus und Mu. Achilles heiratete Leo und ihre Kinder waren Ulysses, Vesta, Psyche und Cassiopeia. URANUS heiratete Andromeda und ihnen wurden MARS und VENUS geboren. Aldebaran heiratete Pegasus und unter ihren Kindern befanden sich Capella und Juno. Selene heiratete Albireo und in ihrer Familie erschien MERKUR; sie heiratete MARS und ihr Sohn war VAIVASVATA MANU. Capricorn heiratete ihren rechten Vetter Polaris und ihre Kinder waren Vajra, Adrona, Pollux und Diana.

Pindar heiratete Beatrix und ihre Kinder waren Gemini, Arcor und Polaris. Gemini heiratete einen Ausländer, Apis, und Spica und Fides wurden ihnen als Zwillinge geboren.

Die Kinder von Sirius sind oben angeführt; sein Bruder Vega

heiratete Helios und ihre Kinder waren Leo, Proserpina, Canopus, Aquarius und Ajax. Aurora heiratete Rektor und eins ihrer Kinder war Albireo. Dorado hatte eine Tochter Aletheia, die Argus heiratete.

VIII

IN DER STADT DER BRÜCKE UND DEM TALE DER DRITTEN UNTER-RASSE UM 32 000 V. CHR.

Der MANU war mit MERKUR verheiratet und Sirius war einer ihrer jüngeren Söhne. Sirius heiratete Mizar und hatte zu Kindern: Alcyone, Orion, VENUS, Ulysses, Albireo und SATURN und zog nach dem Tale. Alcyone heiratete Achilles, die die Tochter von Vesta und Aldebaran war, und Libra war ihr Bruder. Orion heiratete Herakles, einen Akkadier, sie hatten sechs Söhne: der älteste, Capella, war ein gewandter Reiter; Fides ein guter Läufer, schlank und leicht gebaut; Dorado ein gewandter Reiter und bei Spielen der erste, Liebhaber einer Art Wurfscheibenspiels, bei welchem man Ringe auf senkrecht aufgestellte Stäbe wirft; Elektra, Canopus und Arcor der dritte, fünfte und sechste. Die Töchter waren: Gemini, die in merkwürdiger Wiederholung der Geschichte von vor 8000 Jahren Apis heiratete, einen Araber, der so weit von seinem Vaterlande fortgewandert war; Fortuna, Draco, Hygesa, ein sehr starkes Mädchen, an der das Kindlein Capricorn mit ganzer Kraft hing, und ein leidenschaftliches Kind; Polaris, das auf ihrem Rücken gesehen würde, aus vollem Halse schreiend, weil ein Tier sein Spielzeug weggetragen hatte. Albireo heiratete Rektor, und Pegasus, Leo und Berenice befanden sich in ihrer Familie. Pallas und Helios waren, wie im Text angegeben, im Tale.

IX

IN DEM AUSWANDERERZUG UM 30 000 V. CHR.

VAIVASVATA MANU als Führer: Seine Hauptleute: MARS (Gattin NEPTUN), Corona (Gattin OSIRIS) sein Bruder, VULKAN (Gattin VENUS), Theodoros (Gattin Aldebaran), Vajra. In der Leibwache: Ulysses, Herakles, Sirius, Arcor, Leo, Alcyone, Polaris. MERKUR heiratete Rama, Vajra heiratete URANUS. Ulysses heiratete Spica. Herakles, Sohn des MARS, heiratete Psyche, seine Söhne waren Capella, Dolphin, Lutetia und Canopus, eine Tochter, Daphne. Sirius heiratete Achilles und Aurora Dorado. Capella heiratete Bellatrix. Leo heiratete Leto. Alcyone heiratete Fides und ihre Kinder waren Cygnus, Mira, Perseus, Proserpina, Demeter. Polaris heiratete Minerva. Vega heiratete Helios. Castor heiratete Aries und hatte einen Sohn Lachesis, der Rhea heiratete. Calypso heiratete Amalthea; Tolosa war eins ihrer Kinder. Unter Velledas Kindern befanden sich Cyrene und Sirona. Markab war ein Soldat und heiratete Clio. Vesta, Mizar, Albireo, Orion, Ajax, Rektor, Crux und Selene wurden auch gesehen. Trapezium war ein Anführer der Aufständigen.

X

DIE ERSTE ARISCHE EINWANDERUNG IN INDIEN, 118 875 V. CHR.

MARS heiratete MERKUR, ihre Söhne waren URANUS, Herakles und Alcyone, ihre Töchter BRHASPATI und Demeter. BRIIASPATI heiratete zuerst VULKAN und nach dessen Tode Corona, den Sohn von VIRAJ und hatte einen Sohn, Trefoil, der Arcturus heiratete, und fünf Töchter: Fides, die Betelgueuse heiratete; Thor, die Iphigenia heiratete; Rama, die Perseus heiratete; Dndalus, die Elsa heiratete; und Rektor, die Fomalhaut heiratete. SATURN war König in Südindien und hatte Crux zum Sohn; SURYA war Hoher-Priester und OSIRIS Stellvertreter des Hohen-Priesters.

Herakles heiratete Capella und seine Söhne waren Cassiopeia, Altair und Leto, seine Töchter Argus und Centaurus. Alcyone heiratete Theseus und hatte vier Söhne: Andromeda, Betelgueuse, Fomalhaut und Perseus und drei Töchter: Draco, NEPTUN und Arcturus. Demeter heiratete Wenceslas und ihre Söhne waren Elsa, Iphigenia und Diana, die beziehungsweise Dudalus, Thor und Draco heirateten. Cassiopeia heiratete Capricorn und hatte Cetus, Spica und Adrona zu Söhnen, Sirona zur Tochter; Spica heiratete Kudos, Altair heiratete Polaris und hatte Toloss als Sohn. Leto heiratete Gemini. Argus heiratete Andromeda und unter ihren Söhnen befand sich Areor, der Mizar heiratete, die Tochter von NEPTUN und Hektor, letzterer hatte auch Siwa und Orphens zu Söhnen. Diomede heiratete Orpheus. Regulus und Irene waren Töchter von Arcor und Mizar. Argus heiratete zum zweiten Mal Mathematicus und hatte drei Töchter, Diomede, Judex, die Beatus heiratete, und Kudas. Centaurus heiratete Concordia. Von Alcyones Söhnen heiratete, wie schon gesagt, Andromeda Argus und starb früh; Betelgueuse heiratete Fides und ihre Söhne waren Flos und Beatus, der Judex heiratete. Fomalhaut heiratete Rektor, Perseus heiratete Rama, Draco Diana, NEPTUN Hektor und Areturus Trefoil. Alcyones Frau, Theseus, war die Tochter von Glaukus und Telemachus und letztere hatte eine Schwester, Soma. Alastor war in Zentralasien. Taurus, ein Mongole, hatte Procyon zur Frau und Cygnns, die Aries heiratete, zur Tochter.

XI

EINE ARISCHE EINWANDERUNG NACH INDIEN, 17 455 V. CHR.

JUPITER heiratete SATURN und hatte MARS zum Sohn und MERKUR zur Schwester. MARS heiratete NEPTUN und hatte Söhne, Herakles, Siwa und Mizar, Töchter OSIRIS, Pindar und Andromeda. Herakles heiratete Cetus und hatte als Söhne Gemini und Arcor, als Töchter Polaris, die Diana heiratete, Capricorn, die Glaukus heiratete, und Adrona. Siwa heiratete Proserpina, Mizar heiratete Rama und hatte zu Söhnen: Diana und Dædalus; zu Töchtern: Diomede und Kudos. OSIRIS heiratete Perseus.

VULKAN heiratete Corona und ihre drei Töchter Rama, Rektor und Thor heirateten beziehungsweise Mizar, Trefoil und Leto. Psyche, ein Freund von MARS, heiratete Arcturus und seine Söhne waren Alcyone, Albireo, Leto und Ajax; seine Tochter Beatrix, Procyon und Cygnus. Alcyone heiratete Rigel und hatte zu Söhnen: Cassiopeia, der Diomede heiratete; Crux, der Kudos heiratete und Wenceslas, der Regulus heiratete. Sie hatten auch drei Töchter: Taurus, die Concordia, Irene, die Flos und Theseus, die Dædalus heiratete. Albiseo heiratete Hektor und hatte eine Tochter, Beatus, die Iphigenia heiratete. Leto heiratete Thor und hatte einen Sohn Flos. Ajax heiratete Elsa, Beatrix Mathematicus und Cygnus Fomalhaut. Capella, ein anderer Freund von MARS, heiratete Judex und hatte zu Söhnen Perseus, der OSIRIS und Fomalhaut, der Cygnus heiratete. Die Töchter waren Hektor, Demeter, die Aries und Elsa, die Ajax heiratete. Vajra heiratete Orpheus und hatte Draco und Altair als Söhne, BRHASPATI, URANUS und Proserpina als Töchter. Draco heiratete Argus und hatte Concordia zum Sohne, der Taurus heiratete. Altair heiratete

Centaurus und ihre Tochter Regulus Wenceslas. Betelgueuse heiratete Canopus, und ihre Söhne waren Spica und Olympia, ihre Tochter, Rigel. Spica heiratete Telemachus und hatte zwei Söhne, Glaukus und Iphigenis, deren Heiraten oben erwähnt sind. Castor heiratete Pollux und seine Söhne waren krieg und Alastor, seine drei Tochter, Minerva, Sirona und Pomona.

XII

EINE ARISCHE EINWANDERUNG NACH INDIEN, 15 950 V. CHR.

SURYA war der Vater von MARS und MERKUR, MARS heiratete BRHASPATI und hatte Söhne, JUPITER, Siwa und VIRAJ; Töchter OSIRIS, URANUS und Ulysses. JUPITER heiratete Herakles und ihre Söhne waren: Beatrix, der Pindar heiratete, Aletheia, der Taumus heiratete, Betelgueuse; und ihre Töchter: Canopus, die Fomalhaut, Pollux, die Melpomene und Hektor, die NEPTUN heiratete. URANUS heiratete Leo und Ulysses Vajra; die letzteren hatten zu Söhnen: Clio, der Concerdia heiratete, Melpomene und Alastor, der Gemini heiratete; zu Töchtern: Irene, die Adrona, Sirona, die Spica und Beatus, die Soma heiratete.

MERKUR heiratete SATURN und ihre Söhne waren: Selene, Leo, Vajra und Castor und ihre Töchter Herakles, Alcyone und Mizar. Selene heiratete Aurora und ihre Söhne waren: Wenceslas, der Crux, Theseus, der Lignus und Polaris, der Proserpina heiratete; ihre Töchter Taurus, der Aletheia, Arcturus, der Perseus und Argus, der Draco heiratete. Leo heiratete URANUS und hatte zu Söhnen: Leto, der Demeter heiratete, ferner Draco, Fomalhaut — beide verheiratet wie oben — und zu Töchtern: Centaurus, die Altair heiratete, Proserpina und Concordia, die Clio heiratete. Castor heiratete Iphigenia. Alcyone heiratete Albireo und hatte vier Söhne: NEPTUN, der Hektor heiratete, Psyche heiratete Clarion, Perseus heiratete Arcturus und Ajax Capella; die Töchter waren Rigel, die Centurion, Demeter, die Leto und Algol, die Priam heiratete. Mizar heiratete Glaukus und hatte zwei Söhne, Soma und Flos. Die Töchter, Diomede und Telemachus heirateten Trefoil beziehungsweise Betelgueuse; VULKAN heiratete Cetus und hatte einen Sohn, Procyon, und drei Töchter, Olympia, Minerva und Pomona. Arcor heiratete Capricorn und hatte vier Söhne: Altair, Adrona, Spica und Trefoil und vier Töchter: Pindar,

Capella, Crux und Gemini. Corona heiratete Orpheus und hatte drei Söhne: Rama, der VENUS heiratete, Cassiopeia, der Rektor heiratete, und Armes; von den Töchtern heiratete Andromeda Dædalus, Elsa Mathematicus und Pallas Diana. Thor heiratete Kudos; seine Söhne waren Mathematicus, Diana und Dudalus — die drei Schwestern, wie oben, heirateten — und Judex; ihre Tochter war Rektor.

Auf dem einen Pole menschlicher Entwicklung standen zur Zeit dieser Einwanderung die vier KUMARAS, der MANU und der MAHAGURU; tief unten, dem anderen zu, Skorpio, der Hohepriester Yauli.

XIII

IM NÖRDLICHEN INDIEN, 12 800 V. CHR.

MARS und MERKUR sind Brüder. MARS heiratete SATURN und hatte zwei Söhne, Vajra und VIRAJ, und zwei Töchter, VULKAN und Herakles. Vajra heiratete Proserpina und hatte drei Söhne: Ulysses, Fides und Selene und drei Töchter, Beatrix, Hektor und Hestia. VIRAJ heiratete OSIRIS, VULKAN heiratete URANUS und Herakles Polaris. Ulysses heiratete Philn, sie hatte drei Söhne: Cygnus, der Diana heiratete, Calliope, der Parthenope heiratete und Pisces Ajax; die Töchter waren Bellatrix, die Thor, Aquarius, die Clarion und Pepin die Lignus heiratete. Zu den Söhnen Vajras zurückkehrend haben wir: Fides, der Iphigenia heiratete und drei Söhne hatte: Aquila, der Sappho heiratete, Kudos Concordia und Beatus Gimel. Sie hatten vier Töchter; Herminius an Nicosia verheiratet, Sextans an Virgo, Sagittarius an Clio, Parthenope an Calliope. Selene heiratete Achilles und hatte zwei Söhne: Aldebaran mit Elektra und Helios mit Lomia verheiratet. Es waren fünf Töchter vorhanden: Vega mit Leo, Rigel mit Leto, Alcestis mit Aurora verheiratet, Colossus heiratet Aries und Eros Juno. Von Vajras Töchtern heiratete Beatrix Albireo und hatte zwei Söhne, Berenice, der Canopus heiratete und Deneb. Die Töchter Pindar und Lyra heirateten Capella, beziehungsweise Euphrosyne. Hektor heiratete Wenceslas; sie hatten zu Söhnen: Leo, Leto, Norma mit Melete, Nicosia mit Herminins verheiratet; die Töchter waren: Ajax mit Pisces und Crux mit Demeter verheiratet. Hestia heiratete Telemachus; ihre Söhne waren: Thor, Diomede mit Chrysos verheiratet; die Töchter waren Sappho, Trefoil, Minorca mit Lobelia verheiratet, und Magnus mit Calypso. Herakles, die Tochter von MARS, heiratete Polaris; ihre drei Söhne, Viola, Dorado und Olympia heirateten Egeria, beziehungsweise Dactyl und Mira; die Tochter Phœnix heiratete Atalanta. Viola und Egeria hatten vier Söhne: Betelgueuse an Iris, Nitocris an Brunhilda verheiratet, Taurus an Tiphys und Perseus an Fons; eine Tochter Lomia heiratete Helios, die andere, Libra, Boreas. Dorado und Dactyl hatten Söhne: Centurion mit Theodoros, Pegasus mit Priam verheiratet, Scotus mit Ausonia; Töchter: Areturus mit Rektor und Brunhilda mit Nitocris verheiratet. Olympia heiratete Mira und hatte vier Söhne; Clarion heiratet Aquarius, Pollux Cancer, Procyon Avelledo und Capricorn Zama. Die Tochter, Arcor, heiratete Centaurus. Phœnix, die Tochter von Herakles, die Atalanta heiratete, hatte drei Söhne: Gemini, Lignus und Virgo, die Adrona, Pepin und Sextans heirateten; es waren drei Töchter vorhanden: Daleth heiratete Regulus, Dolphin Formator und Daphne Apis. Damit endigen die Nachkommen von MARS.

MERKUR, sein Bruder, heiratete VENUS und hatte NEPTUN und URANUS zu Söhnen, OSIRIS, Proserpina und Tolosa als Töchter. URANUS heiratete VULKAN und hatte zwei Söhne, Rama und Albireo, die Glaucus und Beatrix heirateten; und zwei Töchter, BRHASPATI und ATHENA, die Apollo und JUPITER heirateten. Rama und Glaukus hatten Juno und Ara zu Söhnen, die Eros und Ophiuchus heirateten; ihre vier Töchter waren: Canopus an Berenice verheiratet, Diana an Cygnus, Chrysos an Diomede und Judex an Irene. Albireos Kinder sind oben angegeben, da er in die Familie von Vajra heiratete. BRHASPATI und Apollo hatten drei Söhne: Capella, an Pindar verheiratet, Corona und Siwa; ihre Tochter, Proteus, heiratete Rex. OSIRIS heiratete VIRAJ und seine Söhne waren JUPITER und Apollo, letzterer mit BRHASPATI verheiratet. Ihre Tochter, Pallas, heiratete Castor; sie hatten fünf Söhne: Clio, der Sagittarius, Markah, der Cetus, Aries, der Colossus, Aglaia, der Pomona, und Sirona, der Quies heiratete. Damit endigen die Nachkommen von MERKUR.

Algol heiratete Theseus und hatte zum Sohne Alcyone, der Mizar heiratete, die Tochter von Orpheus und Schwester von Psyche. Alcyone und Mizar hatten fünf Söhne: Fomalhaut, der Alexandros heiratete, Altair Alba, Wenceslas Hektor, Telemachus Hestia, Soma Flos; ihre drei Töchter waren: Iphigenia, an Fides verheiratet, Glaukus, an Rama, Philæ, an Ulysses. Fomalhaut und Alexandros hatten drei Söhne: Rex, der Proteus heiratete, Rektor, der Arcturus heiratete, und Leopardus; ihre drei Töchter waren: Melete, die Norma, Ausonia, die Scotus, und Concordia, die Kudos heiratete.

Altair und Alba hatten drei Söhne: Apis, der Daphne, Centaurus, der Arcor heiratete, und Flora; ihre Töchter waren Chamæleon, Gimel, die Beatus heiratete, und Priamus, die Pegasus heiratete. Die Kinder von Wenceslas sind unter den Nachkommen von MARS angegeben, ebenso die von Telemachus, Iphigenia und Philæ, während die von Glaukus unter den Abkömmlingen MERKURS stehen. Soma und Flos hatten vier Söhne: Alastor mit Melpomene verheiratet, Boreas mit Libra, Regulus mit Daleth, Irene mit Judex; die zwei Töchter, Phocea und Dædalus, heirateten Zephyr und Leopardus.

Aletheia nahm Spes zum Weibe und hatte zwei Söhne, Mona und Fortuna, und vier Töchter: Achilles, Aulus, Flos und Alba. Mona heiratete Andromeda und ihre Söhne waren: Lobelia, der Minorca, und Zephyr, der Phocea heiratete; ihre Töchter waren: Adrona, die Gemini, Cetus, die Markab, Melpomene, die Alastor, und Avelledo, die Procyon heiratete. Fortuna heiratete Auriga und ihre beide Söhne, Hebe und Stella, heirateten Trefoil und Chamæleon; ihre Töchter waren: Iris, Tiphys, Eudoxia, mit Flora und Pomona, mit Aglaia verheiratet. Aulus heiratete Argus und sie hatten drei Söhne: Calypso, mit Magnus verheiratet, Formator, mit Dolphin, und Minerva; die Töchter, Elektra und Ophiuchus, heirateten Aldebaran und Ara.

Psyche, der Bruder von Mizar, heiratete Mathematicus und sie hatten drei Töchter: Egeria, Elsa, die Beth heiratete, und Mira. Elsa und Beth hatten Aurora, Demeter und Euphrosyne zu Söhnen und heirateten Alcestis, Crux und Lyra; ihre Töchter waren: Theodoros, mit Centurion und Fons, mit Perseus verheiratet.

Draco heiratete Cassiopeia; ihre Söhne waren: Argus, Beth, Atalanta und Castor, der Pallas heiratete; seine Töchter waren: Andromeda, Dactyl, Alexandros, Auriga. Vesta war auch gegenwärtig.

XIV

DIE ARIANISIERUNG ÄGYPTENS.

Im Hauptteil dieses Buches haben wir dreimal auf die Expedition hingewiesen, die von dem MANU aus Südindien mit dem ausdrücklichen Zweck ausgesendet wurde, die edlen Familien Ägyptens zu arianisieren. Während der Drucklegung des Buches wurden weitere Nachforschungen unternommen, die neues Licht über den Gegenstand werfen und ihn einigermaßen mit der anerkannten Geschichte Ägyptens verbinden. Da der erste Teil des Buches bereits gesetzt ist, beschränkt sich alles, was wir hier tun können, darauf, einen Artikel anzufügen, der geschrieben wurde, um die späteren Entdeckungen zu erläutern.

Im Hinblick auf unsere vorher gemachte Bemerkung, dass „Manethos Geschichte augenscheinlich von dieser arischen Dynastie handele", sehen wir jetzt, dass er, ganz vernunftgemäß, mit der Wiederherstellung der Einheit Ägyptens unter dem MANU beginnt und dass der Zeitpunkt, den unsere Nachforschungen dieser Wiedervereinigung zuweisen (wenn auch noch nicht mit völliger Genauigkeit festgestellt), ungefähr um 5510 v. Chr. fällt, welches Jahr von den hervorragendsten lebenden Ägyptologen als letzte Auslese für den Beginn der Ersten Dynastie bezeichnet wurde. Die neuen ägyptologischen Theorien setzen jetzt den Zeitpunkt von Pharao Unas ungefähr 200 Jahre f r ü h e r an als wir.

Andere unserer Charaktere, außer den wenigen, die Mars mit sich nahm, werden um 13 500 in Ägypten angetroffen; eine vollständige Liste von allen diesen geben wir, wenn „Die Leben von Alcyone" in Buchform erscheinen.

*

In dem sechsten Leben Alcyones verfolgten wir die erste große arische Auswanderung von den Ufern dessen, was damals das große „Mittelasiatische Meer" war, nach dem südlichen Teil der indischen Halbinsel. Das Priester-Königreich, das die Arier dort errichteten, wurde im Laufe der Jahrhunderte vom MANU als aushilfsweiser Mittelpunkt für Ausbreitung benützt, wie wir bereits gesagt haben.

Von Südindien aus wurde ebenfalls die Expedition ausgesandt, welche bestimmt war, die Arianisierung Ägyptens zu vollbringen; dieses wurde auf sehr ähnliche Art und von vielen derjenigen Egos ausgeführt, welche fünftausend Jahre zuvor ihre Rolle in der Wanderung aus Zentralasien gespielt hatten, auf welche wir soeben hingewiesen haben.

Um das Jahr 13 500 v. Chr. (kurz nach der Zeit des 13. Lebens von Alcyone und des 12. von Orion, als so viele unserer Charaktere in der Tlavatli-Rasse Geburt genommen hatten, welche den südlichen Teil der Insel Poseidonis bewohnte) war VIRAJ Beherrscher des großen südindischen Reiches. Er hatte BRHASPATI geheiratet und MARS war einer ihrer Söhne. Der MANU erschien dem Kaiser astral und beauftragte ihn, MARS über das Meer nach Ägypten zu senden und den Weg über Ceylon zu nehmen. VIRAJ gehorchte, und Mars trat seine lange Reise an; er nahm (der ihm zuteilgewordenen Anweisungen gemäß) eine Schar Junger Männer und Frauen mit sich, von welchen wir 12 zu erkennen vermögen: Ajax, Betelgeuse, Deneb, Leo, Perseus und Theodoros unter den Männern und Arcturus, Canopus, Olympia, VULKAN, Pallas und OSIRIS unter den Frauen. Bei ihrer Ankunft in Ägypten, welches damals unter Toltekischer Herrschaft stand, wurden sie von JUPITER empfangen, dem damaligen Pharao. Er hatte nur ein Kind — seine Tochter SATURN —, da seine Gemahlin im Kindbett gestorben war. Der Hohe-Priester SURYA war in seiner Vision vom MAHAGURU beauftragt worden, die Fremdlinge mit allen Ehren zu empfangen und JUPITER den Rat zu geben, seine Tochter mit MARS zu verheiraten, was dieser auch tat; und in verhältnismäßig kurzer Zeit wurden Heiraten zustande gebracht zwischen dem eingesessenen Adel und den neuen Ankömmlingen.

Wie unbeträchtlich diese Einführung arischen Blutes auch war, so hatte sie doch in wenigen Generationen die Gesamtheit des ägyptischen Adels gefärbt, da nämlich, seit der Pharao das Siegel seiner erlauchten Zustimmung auf diese Misch-Heiraten gedrückt hatte, alle Patrizierfamilien sich eifrig um die Ehre einer Verbindung mit den Söhnen und Töchtern der Neuangekommenen bewarben. Die Vermischung der beiden Rassen brachte einen neuen und ausgesprochenen Typus hervor, welcher hocharische Züge, aber das toltekische Kolorit aufwies — der Typus, den wir von den ägyptischen Monumenten her so gut kennen. So mächtig ist das arische Blut, dass es immer noch, sogar nach Jahrhunderten der Verdünnung, seine unverkennbaren Spuren zeigt; und von dieser Zeit an zählte eine Inkarnation in den vornehmsten Klassen Ägyptens als eine Geburt in der ersten Unter-Rasse der fünften Wurzel-Rasse.

Viele Veränderungen fanden im Laufe der Jahrhunderte statt, und die Anregung, die durch die arische Verjüngung gegeben wurde, schwand nach und nach. Das Land sank niemals auf eine so niedrige Stufe, wie die gleichlaufende Zivilisation von Poseidonis, hauptsächlich infolge der Aufrechterhaltung der arischen Überlieferung durch einen gewissen Stamm, dessen Mitglieder die gerade Abstammung von der königlichen Linie MARS und SATURN ausschließlich für sich beanspruchten. Dieser Stamm regierte das Land mehr als tausend Jahre nach der Arianisierung und ihr Haupt war stets der Pharao; doch kam eine Zeit, da der regierende Herrscher aus politischen Gründen eine fremde Prinzessin heiratete, welche nach und nach einen so großen Einfluss über ihn gewann, dass es ihr gelang, ihn der Überlieferung seiner Vorväter abwendig zu machen und neue Formen des Gottesdienstes einzuführen, welche der Stamm als ein Ganzes nicht anerkennen wollte. Das Land, der arischen Strenge müde, folgte seinem Herrscher in Zügellosigkeit und Luxus; der Stamm schloss seine Reihen in finsterer Missbilligung zusammen und seine Mitglieder hielten sich künftighin ausgesprochen abseits; — nicht dass sie Ämter im Heer oder Staatsdienst zurückgewiesen hätten, aber sie heirateten nur untereinander und hatten es sich zur festen Regel gemacht, die alten Sitten und was sie sowohl die Reinheit der Religion als auch der Rasse nannten, aufrechtzuerhalten.

Nachdem fast viertausend Jahre vergangen waren, finden wir eine Lage der Dinge vor, in welcher das ägyptische Reich sowie seine Religion und sogar seine Sprache gleicherweise entartet und in Verfall geraten waren. Nur in den Reihen des konservativen Stammes können wir einen schwachen Widerschein von dem Ägypten früherer Tage finden. Um diese Zeit standen unter den Priestern des Stammes einige auf, welche Propheten waren und in Ägypten die Botschaft wiederholten, die in Poseidonis verkündet worden war; — eine Warnung, dass, wegen der Gottlosigkeit dieser mächtigen und lange bestehenden Zivilisation, sie zum Untergang verurteilt seien und dass es den wenigen Gerechten gezieme, eiligst vor dem Zorn., der hereinbrechen würde, zu fliehen. Geradeso, wie ein ansehnlicher Teil der Bergbewohner der weißen Rasse Poseidonis verließ, so schüttelten die Glieder des Stammes, wie ein Mann den Staub Ägyptens von ihren Füßen, durchschifften das Rote Meer und fanden Zuflucht in den Bergen Arabiens.

Wie wir wissen, erfüllte sich die Prophezeiung zur richtigen Zeit, und im Jahre 9564 v. Chr. versank die Insel Poseidonis im Atlantischen Ozean. Die Wirkung dieser Sintflut auf die übrige Welt war von allerernstester Art und für das Land Ägypten besonders verderblich. Bis zu diesem Zeitpunkt hatte Ägypten im Westen eine ausgedehnte Seeküste gehabt, und wenngleich seicht, so war das Sahara-Meer doch hinreichend für die großen Flotten von verhältnismäßig kleinen Schiffen, welche die Handelsgüter nach Atlantis und den algerischen Inseln trugen. Bei dieser großen Katastrophe hob sich das Bett des Sahara-Meeres, eine große Flutwelle spülte über Ägypten hin und fast die ganze Bevölkerung ging zugrunde. Ja, sogar als alles wieder zur Ruhe kam, war das Land eine Wildnis, im Westen nicht mehr von einem klaren und friedlichen Meer begrenzt, sondern von einem ausgedehnten Salzsumpf, der im Laufe der Jahrhunderte zu einer unwirtlichen Wüste eintrocknete. Von allem Glanze Ägyptens blieben nur die in einer verlassenen Einöde emporragenden Pyramiden übrig — in einer Einöde, die 1500 Jahre andauerte, ehe der aus eigener Wahl sich verbannte Stamm, inzwischen zu einer großen Nation angewachsen, aus seiner Bergeszufluchtstätte zurückkehrte.

Lange vorher jedoch hatten sich halbwilde Stämme ins Land gewagt; sie fochten ihre urwüchsigen Schlachten an den Ufern jenes großen Flusses aus, der einst die großen Kriegsschiffe einer mächtigen Zivilisation getragen hatte und dem es bestimmt war, nochmals Zeuge einer Wiederbelebung jener uralten Herrlichkeit zu werden und die stattlichen Tempel von Osiris und Amen-ra zu spiegeln. Professor Finders Petrie beschreibt fünf von diesen früheren Rassen, die verschiedene Teile des Landes überschwemmten und sich planlos untereinander bekämpften.

1. Eine Rasse mit Adlernase, des Libyo-Amorite-Typus, welche einen großen Teil des Landes besetzte und sich länger als irgendeine andere behauptete, indem sie Jahrhunderte lang eine gewisse Zivilisationsstufe aufrechterhielt.

2. Eine hethitische Rasse mit krausem Haar und geflochtenen Bärten.

3. Ein Volk mit spitzigen Nasen und langen Zöpfen, Bergbewohner, die lange grobe Gewänder trugen.

4. Ein Volk mit kurzen Stülpnasen, die sich einige Zeit in dem Innern des Landes niederließen.

5. Eine andere Spielart dieser Rasse mit längeren Nasen und vorstehenden Bärten, welche hauptsächlich das Sumpfland nahe dem Mittelmeer besetzten. Alle diese sind hellseherisch wahrnehmbar, aber sie haben sich so vermengt, dass es oft schwer fällt, sie zu unterscheiden; und außer allen diesen und wahrscheinlich früher am Platze als irgend eine von jenen, eine wilde Negerrasse aus dem Inneren Afrikas, welche so gut wie kein Zeugnis ihres Kommens und Gehens hinterlassen hat.

Von Priestern geführt, kam unser Stamm über die See aus seinen arabischen Hügeln in dieses Durcheinander vermischter Rassen und fasste nach und nach festen Fuß in Oberägypten, — er errichtete seine Hauptstadt in Abydos und nahm langsam immer mehr des umgebenden Landes in Besitz, bis er endlich, kraft seiner höheren Zivilisation, als die herrschende Macht anerkannt wurde. Durch alle die frühen Jahrhunderte war seine Politik gewesen, weniger zu kämpfen als in sich aufzunehmen — aus diesem Völkerchaos eine Rasse aufzubauen, der er seine erblichen Hauptmerkmale aufdrücken könnte. Tausend Jahre waren seit ihrer Ankunft vergangen, da wir im einundzwanzigsten Leben Alcyones MARS, als Beherrscher eines bereits hochorganisierten Reiches, vorfinden. Aber erst vierzehnhundert Jahre später vereinigte der MANU selber (sie haben seinen Namen jetzt in Menes verdorben) das ganze Ägypten unter einer einzigen Herrschaft und gründete zu gleicher Zeit die erste Dynastie und seine große Stadt Memphis, indem er so in Person die Initiative zu einem neuen Abschnitt der Arbeit gab, die unter seiner Leitung 13 500 v. Chr. begonnen worden war.

Clio und Markab wurden unter einer Gruppe von Staatsmännern wahrgenommen, welche die arische Einwanderung missbilligten und gegen dieselbe Ränke schmiedeten. Clios Frau Adrona und Markabs Frau Avelledo waren in die Verschwörung mitverwickelt.

Alle vier wurden schließlich verbannt, ebenso Cancer, die Schwester von Adrona.